"十二五"普通高等教育本科国家级规划教材
普通高等教育"十二五"规划教材

机 械 原 理

主　编　师忠秀
副主编　王继荣　杨咸启
参　编　张艳平　戴作强　张继忠
主　审　张春林

机械工业出版社

本书是根据教育部机械基础课程教学指导分委员会 2009 年 12 月发布的"机械原理课程教学基本要求"和"机械原理课程教学改革建议"的精神，并结合作者多年的教学和科研实践编写而成的。全书主要介绍机构的组成原理及各种机构的类型、特点、功能、运动分析和运动设计基本理论和方法，并在此基础上介绍了机械执行系统方案设计及机械系统的平衡、调速等动力学问题。本书主要内容包括：机构的组成原理与结构分析、平面机构的性能分析与效率、平面连杆机构、凸轮机构、齿轮机构、轮系等典型机构的分析与综合、机械系统运动方案设计、机械系统动力学、机械的平衡等。

全书体现创新教育理念，注重现代设计方法与手段的应用，贯穿了培养学生科学思维、创新意识及机械系统运动方案创新设计能力和应用现代设计方法和手段解决工程实际问题能力的思想。

本书可作为普通高等院校机械类各专业"机械原理"课程的教材，也可作为有关工程技术人员从事产品开发和创新设计的参考书。

图书在版编目（CIP）数据

机械原理/师忠秀主编. —北京：机械工业出版社，2012.1（2023.12 重印）
普通高等教育"十二五"规划教材
ISBN 978 - 7 - 111 - 36799 - 4

Ⅰ.①机…　Ⅱ.①师…　Ⅲ.①机构学—高等学校—教材　Ⅳ.①TH111

中国版本图书馆 CIP 数据核字（2011）第 259247 号

机械工业出版社（北京市百万庄大街 22 号　邮政编码 100037）
策划编辑：刘小慧　责任编辑：刘小慧　章承林　邓海平
版式设计：霍永明　责任校对：陈延翔
封面设计：张　静　责任印制：郜　敏
北京富资园科技发展有限公司印刷
2023 年 12 月第 1 版第 4 次印刷
184mm×260mm・18.5 印张・454 千字
标准书号：ISBN 978 - 7 - 111 - 36799 - 4
定价：49.80 元

电话服务　　　　　　　网络服务
客服电话：010-88361066　机　工　官　网：www.cmpbook.com
　　　　　010-88379833　机　工　官　博：weibo.com/cmp1952
　　　　　010-68326294　金　书　网：www.golden-book.com
封底无防伪标均为盗版　　机工教育服务网：www.cmpedu.com

前 言

　　机械原理课程是机械类各专业中研究机械共性的一门主干技术基础课程。它的主要任务是使学生掌握各种基本机构及由其所组成的机械系统的基础理论、基本知识、分析和设计方法，并具备进行机械系统运动方案设计的初步能力。在机械类高级工程技术人才培养的全局中，具有启迪学生创新意识、培养学生创新思维、增强学生机械技术工作适应能力和开发创新能力的重要作用。

　　本书从机械原理课程教学的这一宗旨出发，牢牢把握以"设计为主线，分析为设计服务，落脚点是机械系统的方案设计"的课程体系，在以下几个方面进行了改革和提高。

　　1）在内容编排上，将机构的组成与结构分析、运动分析、力分析、摩擦和效率等一起安排在教材的前面，之后介绍了各种常用机构的运动设计和机械动力设计，最后介绍了机械系统的方案创新设计，可结合课程设计和课外科技活动来讲授，以适应课程设计的改革和当前课外科技活动新形势的要求。

　　2）在内容阐述上，注重机构学和机械动力学基本理论、基本知识和基本技能的掌握，以及科学思维方法和解决实际问题能力的培养，加强机构创新设计及机械系统运动方案创新设计的基本理论、方法、技巧、原则及评价等内容。力图激发学生求知欲望和创新精神，启发学生触类旁通、举一反三的创新思维，加强学生机械系统运动方案拟定、分析、设计、评价的综合能力和整体素质的培养。

　　3）在内容取舍上，注意了科学处理实用性和先进性的关系、基本理论基本方法与新知识新方法的关系。随着机械向高速、精密化、自动化、轻量化发展，现代设计方法及计算机技术的迅速发展和广泛应用，主要以图解法进行机构分析与设计已不能满足工程实际的需要。而解析法通过建立机构运动参数与尺寸参数之间的数学关系，可以快速实现机构分析与综合的最佳效果。因此，本书在有选择地保留了部分工程中实用性较强的内容的基础上，以矩阵分析解析法进行机构分析与综合为主的课程体系取代了以图解法为主的体系，增加了数值算法和优化设计内容，并配以相应的计算机应用实例，有利于培养学生应用现代设计方法和手段解决工程实际问题的能力。

　　4）在教材篇幅上，注意到应用型大学工科专业以满足实际需求出发，恰当处理知识传授与能力培养的关系，内容取材以够用为度，理论分析以实用为度，重在工程背景教育和方法技能的掌握，避免体系结构冗繁、内容庞杂，基本保证在"教学基本要求"所推荐的学时内完成教学任务。

　　5）在教材模式上，应用现代多媒体电教技术，配备了多媒体教学软件，充分利用生动的图像、形象的动画、再现真实机械工作过程的工程视频、反映现代学科和工程技术发展的网络媒体资源、学生参加实践创新活动所取得的创新成果等丰富多彩的素材资源和网络信息技术有效开展多种媒体教学，生动、直观、形象地引导学生理解机械的组成原理、运动过程、工作特点,解决传统黑板教学难以将机构运动过程时空关系表达清楚的难点,了解所学课程知识在工程中的应用,加强理论教学和工程应用背景的联系,激发学生的学习热情、求知欲望和创新激情,提高课堂效率和教学效果。

参加本书编写的有师忠秀、王继荣、杨咸启、张艳平、戴作强、张继忠。由张春林教授担任主审,对本书做了仔细认真的审阅,并提了许多极为宝贵的建议。在本书编写和出版过程中得到了机械工业出版社的热情关注和大力支持。在此对所有给予本书的编写和出版以关心和支持的人们谨致以由衷的感谢和敬意。

本书是根据教育部机械基础课程教学指导分委员会2009年12月发布的"机械原理课程教学基本要求"和"机械原理课程教学改革建议"精神,借鉴国内外优秀教材和近十多年来教改成果,并结合作者多年来教学和科研实践编写而成的。但由于作者水平有限,漏误及欠妥之处敬请广大同仁和读者不吝指正。如果本书的出版能对机械原理课程教学改革做出一些贡献,对培养学生的科学思维方法,增强学生的综合设计和创新能力,提高学生应用现代设计方法和手段解决工程实际问题的能力有所裨益的话,将使作者感到由衷的欣慰。

编　者

目　　录

前言

第一章　绪论 …………………………………… 1
　第一节　机械的基本概念 …………………… 1
　第二节　机械原理课程的研究对象和内容 … 3
　第三节　机械原理课程的地位及学习
　　　　　本课程的目的 ……………………… 4
　第四节　机械原理课程的性质与
　　　　　学习方法 …………………………… 5
　第五节　机械原理学科的发展动向 ………… 6
第二章　机构的组成和结构分析 ……………… 8
　第一节　机构的组成 ………………………… 8
　第二节　机构运动简图 …………………… 11
　第三节　机构自由度及机构具有确定
　　　　　运动的条件 ……………………… 14
　第四节　机构的组成原理与结构分析 …… 20
第三章　平面连杆机构及其设计 …………… 27
　第一节　平面四杆机构的基本类型
　　　　　及其演化 ………………………… 27
　第二节　平面四杆机构的运动特性 ……… 34
　第三节　平面四杆机构的传力特性 ……… 39
　第四节　平面连杆机构的特点、
　　　　　功能和应用 ……………………… 41
　第五节　平面连杆机构的运动设计 ……… 45
　第六节　平面连杆机构的优化设计 ……… 66
第四章　平面连杆机构的运动分析 ………… 70
　第一节　速度瞬心法进行平面机构的
　　　　　速度分析 ………………………… 70
　第二节*　用相对运动图解法进行
　　　　　平面机构的运动分析 …………… 73
　第三节　用解析法进行平面连杆机构的
　　　　　运动分析 ………………………… 79

第五章　平面机构的力分析和
　　　　机械效率 …………………………… 95
　第一节　机构力分析的目的和方法 ……… 95
　第二节　运动副中的摩擦及考虑摩擦时
　　　　　机构的静力分析 ………………… 96
　第三节　平面机构的动态静力分析 ……… 102
　第四节　机械的效率和自锁 ……………… 106
第六章　凸轮机构及其设计 ………………… 112
　第一节　凸轮机构的组成、类型
　　　　　及其应用 ………………………… 112
　第二节　从动件运动规律 ………………… 115
　第三节　凸轮轮廓曲线的设计 …………… 122
　第四节　凸轮机构基本参数的确定 ……… 128
　第五节　凸轮机构计算机辅助设计示例 … 131
第七章　齿轮机构及其设计 ………………… 135
　第一节　齿轮机构的类型和特点 ………… 135
　第二节　齿廓啮合基本定律及
　　　　　渐开线齿廓 ……………………… 138
　第三节　渐开线标准直齿圆柱齿轮的基本
　　　　　参数及尺寸计算 ………………… 141
　第四节　渐开线标准直齿圆柱齿轮的
　　　　　啮合传动 ………………………… 145
　第五节　渐开线齿轮的加工 ……………… 151
　第六节　渐开线变位齿轮及其
　　　　　啮合传动 ………………………… 157
　第七节　斜齿圆柱齿轮传动 ……………… 161
　第八节　蜗杆蜗轮机构 …………………… 167
　第九节　锥齿轮机构 ……………………… 171
第八章　轮系 ………………………………… 176
　第一节　定轴轮系及其传动比 …………… 176
　第二节　周转轮系及其传动比 …………… 178

第三节　混合轮系及其传动比 …………… 182
第四节　轮系的功用 ……………………… 185
第五节　行星轮系的效率及选型 ………… 189
第六节　行星轮系各轮齿数和行星轮
　　　　个数的选择 …………………… 192

第九章　其他常用机构简介 ………………… 195
第一节　棘轮机构 ………………………… 195
第二节　槽轮机构 ………………………… 200
第三节　不完全齿轮机构 ………………… 205
第四节　凸轮式间歇运动机构 …………… 207
第五节　万向联轴器 ……………………… 208
第六节　螺旋机构 ………………………… 210

第十章　机械的运转及其速度
　　　　波动的调节 ……………………… 213
第一节　作用在机械上的力及机械的
　　　　运转过程 …………………………… 213
第二节　机械的运动方程及等效
　　　　动力学模型 ………………………… 215

第三节　机械运动方程式的建立与
　　　　求解 ……………………………… 218
第四节　机械的速度波动及其调节 …… 222

第十一章　机械的平衡 …………………… 229
第一节　机械平衡的类型和方法 ……… 229
第二节　刚性转子的平衡 ……………… 230
第三节　平面机构的平衡设计 ………… 236

第十二章　机械执行系统运动方案
　　　　　及其创新设计 ………………… 241
第一节　机械执行系统的功能
　　　　原理设计 ………………………… 242
第二节　执行系统的运动规律设计 …… 242
第三节　执行机构型式设计 …………… 245
第四节　机械执行系统运动协调设计 … 272
第五节　机械运动方案的评价 ………… 276

参考文献 …………………………………… 286

第一章 绪 论

【内容提示】 何为机械?机械原理课程研究的对象和内容是什么?机械原理课程在学生的知识、能力和素质培养体系中所处的地位和作用是什么?如何学习机械原理这门课程?这些正是本章要回答的问题。

【基本要求】 了解机械原理课程的研究对象和内容以及地位、任务和作用,机器、机构和机械的概念,机器和机构的用途、共性和区别。

第一节 机械的基本概念

机械是机器与机构的总称。机械原理是机器理论与机构学(Theory of machines and mechanisms)的简称,顾名思义,机械原理是研究机器和机构的组成原理、工作原理、分析和设计原理(方法)的学科。

一、机器

在日常生活和工作中,人们见到过或用到过许多机器,如家庭中用的缝纫机、洗衣机、洗碗机、照相机等,用于交通运输的自行车、汽车、飞机、轮船等,工业生产中使用的各种金属切削机床、纺织机械、印刷机械、工业机器人、机械手等,工程建设中使用的起重机、推土机、自卸车等,现代办公中使用的绘图仪、打印机、复印机等。机器的种类繁多,其构造、用途和性能也各不相同。但就其组成而言,又具有共同特征。下面通过两个具体的实例来说明。

图 1-1 所示为一单缸四冲程内燃机。它可以把燃气燃烧时产生的热能转化为机械能。其工作原理是:燃气由进气管通过进气阀 5 被下行的活塞 4 吸入气缸,然后进气阀 5 关闭,活塞 4 上行压缩燃气,当到达上止点时,火花塞点火使燃气在密闭的气缸中燃烧、膨胀产生压力,推动活塞 4 下行,通过连杆 3 带动曲轴 2 转动,向外输出机械能。当活塞 4 再次上行时,排气阀 6 打开,燃气燃烧产生的废气通过排气管排出。从而完成了吸气、压缩、膨胀和排气四个冲程,继而将进入下一个循环,如此往复循环。推杆 7 和凸轮轴 8 用来启、闭进气阀 5 和排气阀 6;齿轮 9、10 则用来将曲轴的回转运动传递到两个凸轮轴上,并保证进气阀、排气阀和活塞之间形成一定规律的运动。以上各部分协同配合动作,便能将燃气燃烧产生的热能转变为曲轴转动的

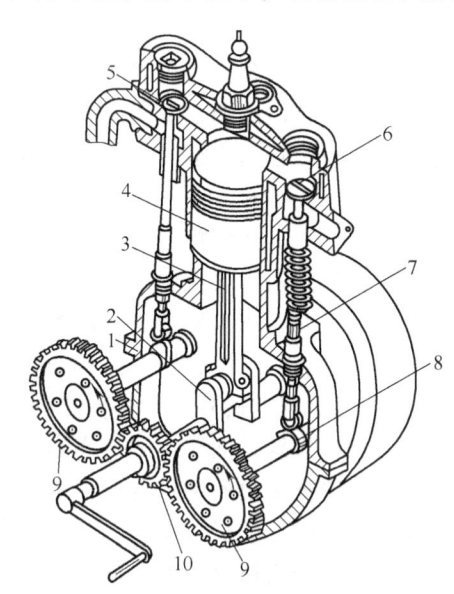

图 1-1 内燃机
1—气缸 2—曲轴 3—连杆 4—活塞
5—进气阀 6—排气阀 7—推杆
8—凸轮轴 9、10—齿轮

机械能。

又如图1-2所示的牛头刨床是由电动机1、小齿轮2、与大齿轮3固联在一起的滑块4和6、导杆5、刨头7、工作台8、丝杠9、床身10等组成的。当电动机经带传动并通过齿轮传动使曲柄回转时，便通过导杆5使刨头7带着刨刀作往复刨削动作。同时，动力还通过其他辅助部分（图中未画出）带动丝杠作间歇回转，使工作台横向移动，实现工件的进给动作。从而将电能转换为有用的机械功，完成对工件的刨削动作。

通过以上两例可以看出，虽然机器的种类繁多，各种机器的构造、用途和性能各不相同，但从其组成、各部分间的运动关系及功能关系来看，都具有以下几个共同的特征：

1）它们都是一种人为的实物（机件）的组合体。

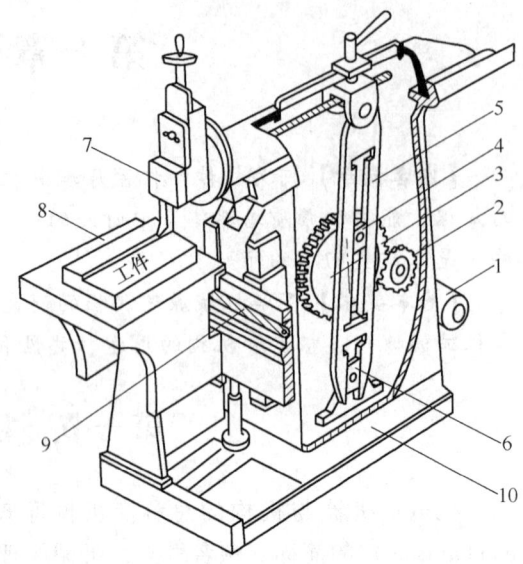

图1-2 牛头刨床
1—电动机 2、3—齿轮 4、6—滑块 5—导杆
7—刨头 8—工作台 9—丝杠 10—床身

2）组成它们的各部分之间都具有确定的相对运动。

3）能够用来转换机械能或完成有益的机械功以减轻甚至代替人的劳动。

凡同时具备上述三个特征的实物组合体就称为机器。

二、机构

当我们进一步分析机器的组成及其运动特征时发现，一般的机器还不是能实现预期运动的最基本组合体。如在上述内燃机中，活塞、连杆、曲轴和气缸体组合在一起，将活塞的往复运动变为曲轴的连续转动。两个齿轮与气缸体组合在一起用于传递两轴之间的运动，并可以改变转速大小和方向。凸轮、顶杆和气缸体组合，将凸轮的连续转动转换为顶杆按预期规律的往复移动。我们将这些能实现预期机械运动的机件的基本组合体称为机构。上述三个机构依次称为曲柄滑块机构、齿轮机构和凸轮机构，如图1-3所示。

由此可以看出，机构具有机器的前两个特征：

1）它们都是人为的实物（机件）的组合体。

2）组成机构的各运动实体之间具有确定的相对运动。

可见，机构是能够用来传递运动和力或完成运动形式转换的多件实物（机件）的组合体，而机器则是由各种机构按一定规律巧妙组合而成的能实现预期机械运动并完成有用机械功或转换机械能的机构系统。两者研究问题的着重点不同，前者主要以组成原理、运动的分析和设计原理为研究内容，而后者主要强调减轻或代替人的劳动的功能作用，但就结构和运动的观点来看，两者之间并无区别。因此，人们常将两者统称为"机械"。

值得指出的是，随着近代科学技术的发展，机器和机构的概念也有了相应的扩展。例如，组成机构的机件在某些情况下已不能再简单地视为刚体，有些时候气体和液体也参与了实现预期的机械运动，特别是很多机器包含了使其内部各机构正常动作的控制系统和信息处

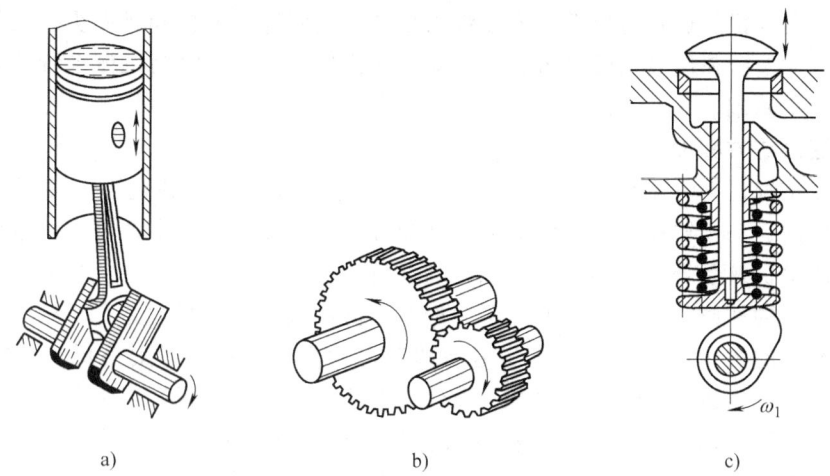

图 1-3 组成内燃机的机构
a）曲柄滑块机构 b）齿轮机构 c）凸轮机构

理与传递系统等。

现代机器通常是由动力部分、传动部分、执行机构系统和信息处理、传递与控制系统四部分组成。其中信息处理与控制多由计算机来完成，实现了机电一体化，如各种数控机床、加工中心、智能机器人、全自动照相机等。但无论现代机器多么先进，机器与其他装置的主要区别是产生确定的机械运动，并通过运动来实现能量、物料及信息的传递和变换。因此，现代机器的概念可以表述为：通过其内部的信息处理与控制装置使其实现预期的机械运动，用以变换和传递能量、运送物料及处理信息，从而减轻或代替人的劳动的机电一体化综合系统。

第二节 机械原理课程的研究对象和内容

机械原理是研究机器和机构的组成原理、工作原理、分析和设计原理（方法）的课程。该课程是研究关于机构学和机械动力学的基本理论、基本知识和进行机械系统方案设计的基本方法和基本技能。概括起来主要有以下三大部分：

一、机构的结构和运动设计

如上所述，机器是由机构组成的。机器的种类虽然繁多，但组成这些机器的基本机构的种类却不是很多，即使是较复杂的机器，也无非是由连杆机构、齿轮机构、凸轮机构、间歇运动机构等一些常用机构组合而成的。所以各种常用机构是机器的共性机构，也是本课程研究的重要内容。

分析和研究机构的组成原理以及各种常用机构的类型；机构运动的可能性和具有确定运动的条件；从运动几何学观点研究在给定原动件运动的条件下，机构各点的轨迹、位移、速度和加速度等运动特性和动力特性。研究各种常用机构的基本设计理论和设计方法，为机构创新设计和机械系统的方案设计打下必要的运动学基础。

二、机构和机器动力学设计

分析和研究机械运动过程中机构各运动副中摩擦、机械效率的计算方法及提高机械效率途径；分析和研究机械运转时惯性力和惯性力矩的平衡问题；分析和研究机械在外力作用下的真实运动规律及其速度波动的调节；通过对这些内容的研究，将为机械系统的方案设计打下必要的动力学基础。

三、机械系统方案设计

介绍机械系统运动方案设计的内容、要求及基本步骤，机构的选型、变异、组合和创新，执行机构的运动规律和机械系统运动协调设计的基本原则，方案评价与优选等；使学生初步具有对简单机械系统进行运动方案拟定与评价的能力。

按解决问题的性质，机械原理课程研究的基本问题又可分为两大类：机构分析与机构设计。前者对给定的机构进行结构分析、运动和动力性能分析；后者则是机构分析的逆向问题，根据预定的机构运动特性和传力特性设计新的机构，包括选择适当类型的机构，并确定其与运动有关的尺寸即运动学尺寸。在解决机构的设计问题时，仅限于根据运动和动力要求，确定机构各部分与运动相关的尺寸，并不涉及各个具体零件的强度要求、形状尺寸、材料选择及工艺性要求问题，得出的结果是机构运动简图，而并非工程上作为加工制造依据的结构设计图。所以本学科通常称机构设计为机构综合。

需要指出的是，随着现代科学技术的发展，各种新概念、新理论、新方法、新工艺不断涌现，处于机械工业发展前沿的机械原理学科，其新的研究课题和研究方法也日益增多。如各种机、电、光、气液综合机构、自动控制机构、机器人机构等的应用，为机械原理学科的应用开拓了更广阔的空间。计算机的广泛应用和计算技术的快速发展，为机械原理的研究提供了先进的工具和新的途径（如优化、仿真等），使得机构和机器分析和综合中的一些复杂问题成为实际可行。测试技术的进步为机械运动学和动力学的研究创造了有利条件。这就要求我们在学习和研究机构学和机械动力学基本理论的同时，注意更新观念，把机、电、光、液、气的技术结合起来考虑问题，并积极应用现代研究手段，发展和创新机械原理学科，将机械原理学科的研究推向新的阶段。

第三节 机械原理课程的地位及学习本课程的目的

在高等学校机械类专业培养计划中，机械原理课程是将普通物理、工程图学、理论力学及计算机语言等先修课程的基础理论引导于机械技术的应用课程，同时又是为后续专业课程的学习打下基础的课程。一方面，它比物理、理论力学等基础课更加接近工程实际；另一方面，它又不同于汽车设计、机械制造设备等专业课。各专业课是研究某一类机械所具有的特殊问题，而机械原理研究的是各种机械所具有的共性问题，比专业课具有更宽的研究面和更广的适应性。它的任务是通过理论教学和各种课内外的实践教学环节使学生掌握机构学和机械动力学的基本理论、基本知识和进行机械系统方案设计的基本方法和基本技能，并使学生在创新意识和创新思维方面得到一些必要的训练，培养学生的机械工程背景、工程实践能力和创新设计能力。它既在教学中起着承上启下的作用，同时学生在该门课程所掌握的知识和所培养的对机械技术工作的适应能力和开发创新能力将直接有益于毕业后从事机械工程领域的实际工作。因此它是高等院校机械类各专业的一门十分重要的主干技术基础课，在机械类各专业高素质人才培养全局中占有非常重要的位置。

机械设计与制造业是国民经济的支柱产业，从事机械工程技术工作的基本任务可分为两大类：设计制造新机器和合理使用现有机械设备。随着科学技术的发展和市场经济体制的建立，机械产品的竞争也越来越激烈，产品更新换代的周期不断缩短。要使产品在国际市场上竞争中立于不败之地，就要不断设计制造出大量种类繁多、性能优良的新机械。产品的生命是创新，创新来自于设计。任何一部新机器的设计与创造都是一个复杂的系统工程，现代机械设计更是多学科知识的综合应用，一般需要经历产品规划设计、总体方案设计、结构技术设计和生产施工设计四个阶段。而产品是否具有创新性，在很大程度上取决于总体方案设计的创新与突破。总体方案确定之后，为使机器能实现预期的运动，必须按照机构理论和方法，正确设计出各机构的运动学尺寸。而这些正是机械原理课程所研究的主要内容。

对于机械工程师来说，要想充分发挥现有机械设备的潜力，必须掌握机构和机器的分析方法，才能更好地了解机械的性能和更合理地使用机械；必须掌握机构和机器的设计方法，才能对现有机械的革新改造提出可行方案。改革开放以来，我国引进了大量国外的先进技术和设备，要使这些技术和设备更好地为国民经济建设服务，关键在于消化和吸收。因而，学好机械原理课程是非常必要的。

第四节 机械原理课程的性质与学习方法

本课程作为技术基础课，它既有基础理论课程的性质，又与工程应用实际联系紧密，所以在学习方法上要作相应的转变。

1）首先，同理论基础课一样，它具较强的理论性、严密的逻辑性和完整的系统性。本课程同理论力学有着特别紧密的联系，可以说是理论力学的延续与扩展，它将理论力学的有关质点和刚体的运动学和动力学基本原理应用于实际机械。在学习的过程中，应注意将理论力学的有关知识灵活地运用到本课程的学习中。

2）机械原理课程与工程实际联系密切，其研究对象是在生产实际中广泛应用的机械，所要解决的问题大多数是工程中的实际问题。在学习的过程中，要特别注意理论联系实际。与本课程有关的教学环节有实验、课程设计、机械设计大奖赛及课外科技活动等，将为学生提供理论联系实际和学以致用的机会。要重视实验课和各个实践教学环节，在实践教学环节中培养工程素养和实践动手能力。

3）要注重在学习知识的同时，进行能力的培养，而后者比前者更为重要。随着机械学科的发展，新成果和新方法在不断涌现；同时随着教学观念的更新和教学改革的深入，为了减轻学生负担，扩大学生自主学习的空间，课程教学学时又在压缩。在本课程的教学内容较多而教学时数相对较少的情况下，教师在授课时，将着重讲重点、讲难点、讲思路、讲方法，同时介绍课程发展前沿；同学们在学习本课程时，也应着重掌握研究问题的基本思路和方法，要学会对所学知识的归纳和梳理、对事物本质和规律的把握，用心领会和掌握本课程的基本研究方法（如杆组法、转换机架法、反转法、等效法等），触类旁通、举一反三。这样，就培养了自主学习和终身学习能力，就可以利用你的能力去获取新的知识，这一点在知识更新速度加快的当今世界，尤为重要。

4）本课程理论严密，但同时又有工程特点，要注重把一般原理和方法与具体运用密切联系起来。要重视用所学知识观察日常生活与生产实际遇到的各种机械，在发展逻辑思维的同时，培养形象思维能力；要重视在课外作业和实践教学环节，理论联系实际地深入思考，将理论的严密性与工程实际的灵活性、可行性结合起来，培养运用所学理论知识和现代分析与设计方法去分析和解决工程实际问题的能力。

5）创新是一个民族的灵魂，创新是技术与经济发展的原动力。我们不仅要善于学习，更要勇于创新。创新不是无中生有，创新思维是建立在知识信息的积累和敏锐的观察之上的高层次思维。现实生活中有各种各样构思巧妙和设计新颖的机构，在学习本课程的过程中，要重视综合应用所学知识，去留意观察、分析、比较和判断，并结合实际，培养和锻炼自己开拓思路、巧妙构思、敢于创新的创新意识、创新思维和创新能力。这样，当你将来从事机械设计工作时，就有可能从日常的积累中获得创造灵感。

第五节　机械原理学科的发展动向

"机械原理"是"机器原理与机构学"的简称。它作为机械学学科的重要组成部分，是机械工业和现代科学技术发展的重要基础性学科，也是前沿性学科。随着现代机器人技术、宇航技术、控制技术、医疗器械和海洋开发等新兴技术的发展，促使现代机械日益向高速、重载、高精度、自动化、微型化、智能化等方向发展，新的研究课题层出不穷；新概念、新理论、新技术、新工艺的不断涌现，使研究方法也日新月异。机械原理学科和电子学、光学、信息科学、计算机科学、生物科学、材料科学以及管理科学等相互渗透，相互结合，促进了机构学许多新分支的出现，如广义机构学、运动弹性动力学、机器人机构学、微型机构学、仿生机构学等，也推动了新的设计理论和方法的发展。目前机械原理学科，研究领域十分广阔，内容非常丰富，新的研究成果不断涌现，充满着生机与活力。机械原理学科的发展动向主要表现在以下一些方面。

现代科学技术发展和多学科的交叉融会，推动了机械工业和机械原理学科的发展，形成了新的学科分支，也形成了各种新型机构。如机构学与微电子学、材料科学、计算机技术、控制技术等学科交叉形成了微型机械；机构学与生物学结合形成了仿生机械等；机器人、步行机、人工假肢、仿生机械的研究与发展，使机构的结构由平面机构扩展到空间机构，由单自由度单闭环简单机构扩展到多自由度、多闭环的多杆机构。随着电子技术、计算机技术和材料科学的发展，各种类型的驱动元件的不断开发和应用，机构的工作介质由刚体构件扩展到光、电、磁、液、气等非刚性元件，使机构及机械具有更加优良的工作性能及智能化控制特性。出现了所谓"广义机构学"的研究领域。

电子计算机及其相应的数学方法发展的新成果，为机构综合及机构优化设计提供了全新的科学手段。现代解析法、数值计算方法以及各种优化方法的广泛应用，提高了机构分析与设计的速度和精确性。许多成熟、大型的通用或专用的计算机程序被普遍用作机构的分析与综合，通过简单的人机对话，或由计算机自动调整参数，即能在数秒钟之内对复杂机构作出详尽的分析或寻找出符合设计师意愿的机构。特别是概率设计、优化设计方法及CAD使大量的非线性规划问题、随机问题、不确定条件下的设计等都能得到解决，使机构的分析与设计更能符合工程实际，使所设计的机械能更好地满足科学技术发展的需要。

随着机械向高速、重载、轻型、精密的方向发展，机构及其系统的动力学问题更加突出，按动力性能要求进行机构的分析与综合越来越受到重视。机构的分析与设计由静力分析向动力分析，由静态设计向动态设计方向发展。考虑构件弹性、运动副间隙、含变质量、变尺度构件的机构动力学分析和计算方法、机构的运动弹性动力学、机械动力学测量技术、机构系统的动力学建模技术和动力分析综合方法、机构系统的振动主动控制等方面均有不少深入的研究，并取得了不少研究成果。在转子动力学中，对转子的振动特性及其影响因素、临界转速的精确计算及挠性转子的动平衡理论与方法、凸轮机构动力学、齿轮机构动力学的研究都有很大的进展。

凸轮机构应用于高速机械时，要求具有良好的动力性能。因此，人们对凸轮机构动力学的兴趣不断提高，对从动件运动规律的选择和组合、凸轮系统质量分布、弹性变形、间隙、阻尼，以及外界干扰频率、不平衡力的影响、表面润滑等诸多因素进行了广泛深入的研究。在凸轮—从动件系统动力学模型的建立及其运动微分方程式的求解方法、系统动力响应的分析、机构参数的选择与优化设计、考虑动力效应、弹性变形及热变形问题的凸轮廓线动力学设计等方面，取得了许多重要的研究成果，使凸轮机构的动力性能更加切合高速、重载、高精度机构的工程实际需要。

高速、重载大功率机械的齿轮传动机构，要求具有磨损轻、噪声小、效率高、寿命长等特性。因此，人们致力于研究共轭齿廓曲面的基本规律、分析其啮合特性、探寻新型啮合传动齿廓曲面，发展了齿轮啮合原理，提出了许多性能优异的新型齿廓曲线和新型传动，加速了对高速齿轮、精密齿轮、微型齿轮的研制；制造高质量的弧齿锥齿轮和准双曲线齿轮的成套技术代表了目前齿轮啮合理论中最高水平的新成就。

机器人机构学及其应用领域的研究非常活跃并日渐深入。关于空间开链多自由度机器人机构已有较深入的研究，如机器人工作空间、机器人运动学和动力学问题、机器人轨迹规划和控制等问题，各种装配机器人、焊接机器人、喷漆机器人在工业生产中已得到广泛应用。步行机对实现在特殊条件下的机械作业意义很大，例如在核电车间的操作、在沙漠地带的勘探、对煤气管道内部故障的检测都需要有各种各样的步行机，已开发出六足、四足和二足步行机，并已进入实用或实验阶段。目前关于机械手夹持器的结构、夹持原理和计算方法问题，关于机械手的定位精度、缓冲装置和运动稳定性等问题，关于并联机器人机构的运动学和动力学、考虑构件弹性和运动副中间隙的动力学问题，关于步行机的行走机理、机械结构和控制技术问题，关于智能机器人对环境、状态的感觉和识别、并对作业进行自动检查能力问题等，均已取得不少可喜的研究成果。

近年来考虑构件的制造误差、运动副中的间隙、构件的振动和弹性变形、机构装配误差及输入运动误差等可控因素及不可控随机因素的存在，对机构进行概率分析与综合的研究也越来越深入，并取得一些进展。

以上只是对机械原理学科发展动向的一个粗略概述。但从中可以看到，随着现代科学技术的发展，现代机器的工作原理、结构组成、分析和设计方法已大大不同于传统机械。机械原理学科研究领域十分广阔，内涵非常丰富，发展十分迅猛，大量富于挑战性的课题需要我们去研究。但是，作为机械类专业一门技术基础课程，根据教学要求，只能研究有关机械的一些最基本的原理及最常用的机构分析和综合的方法。为今后的技术工作和创新以及进一步研究机械原理新课题奠定必要的坚实的基础。

第二章 机构的组成和结构分析

【内容提示】如绪论所述，机构是具有确定运动的人为实物组合体。那么，机构是怎样组成的？机构的可动性和运动确定性条件是什么？本章介绍机构组成的一般规律、机构运动简图及其画法、机构自由度的计算方法、机构运动的确定性条件等。了解和掌握这些知识，无论对于分析已有的机构还是着手创新设计新机械，都具有十分重要的指导意义。

【基本要求】了解机构的组成要素；掌握平面机构运动简图绘制、运动链自由度计算及具有确定运动而成为机构的条件、机构组成原理和结构分析的方法。

第一节 机构的组成

机构都是由构件组成的，构件和运动副是机构组成的两个基本要素。

一、构件及其分类

如前所述，机构是具有确定运动的人为实物组合体。从制造、加工的角度看，每一个可以单独加工制造的实物单元体称为零件。但是从机械实现预期运动和功能的角度来看，并不是每个零件都能独立起作用。机械中常常为了结构和工艺上的需要，将若干个零件刚性地联接在一起形成一个不可分割的独立运动单元。每一个独立运动并能独立影响机械功能的单元体称为构件。构件可以是一个能够独立运动的零件，如图 1-1 内燃机中的曲轴；也可以是由许多零件装配固接而成的，如图 2-1 所示内燃机中的连杆，它是由连杆体 1、连杆头 2、轴套 3、轴瓦 4 及联接螺栓 5、螺母 6 等零件装配组成一个刚性整体而成为一个独立运动单元。

构件与零件的本质区别在于，零件是制造的单元，而构件是运动的单元。机构中凡是本身固定不动的构件（如固定在地基上的机座），或相对于地球运动但固接于给定参考系并被视为固定不动的构件（如飞机的机体和车辆的车架）称为机架。机构中可相对于机架运动的构件称为活动构件，其中按照给定运动规律独立运动的构件称为原动件（或主动件），而其余随着原动件运动而运动的构件称为从动件。如图 1-1 所示的曲柄滑块机构中，气缸 1 为机架，活塞 4 为原动件，而曲轴 2 和连杆 3 为从动件。

需要说明的是，从现代机器发展趋势来看，机构中的各构件已不能再简单地视为刚性的，某些构件也可以是挠性的或弹性的，或是由液压、气动、电磁件构成的。

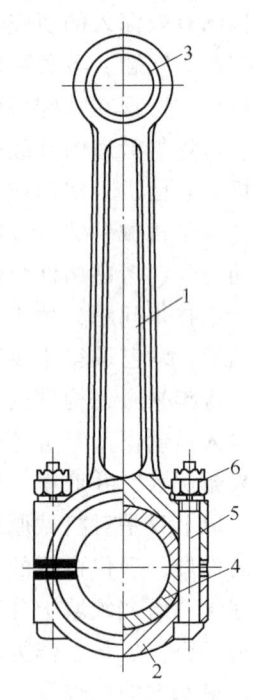

图 2-1 连杆构件
1—连杆体 2—连杆头
3—轴套 4—轴瓦
5—联接螺栓 6—螺母

二、运动副及其分类

机构的运动是通过构件间的某种联接方式而进行传递的。其中每个构件至少与另一构件相联接,而且这种联接既要使彼此联接的两构件能产生某些相对运动,又要能保证在相对运动中始终保持接触。两个构件通过直接接触所构成的可动联接称为运动副。如图 2-2 所示的轴与轴承间的联接,以及图 2-3 所示的两齿轮轮齿的啮合都构成了运动副。

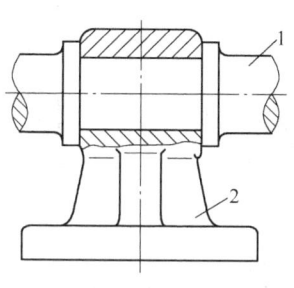

图 2-2 轴与轴承联接
1、2—构件

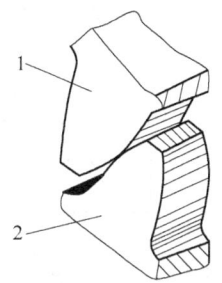

图 2-3 两齿轮轮齿啮合
1、2—构件

两个构件上构成运动副的接触表面称为运动副元素,两构件中运动副元素间的接触形式不外乎点、线、面三种。

构件所具有的独立运动的数目称为构件的自由度。如图 2-4 所示两空间构件 1 和 2,构件 2 固接于坐标系 $Oxyz$,构件 1 相当于构件 2 有 6 个独立的相对运动。可见,一个空间自由构件可产生 6 个独立运动,具有 6 个自由度。当两个构件通过运动副联接后,由于运动副元素的接触,构件的某些独立运动将受到限制,自由度随之减少。运动副对构件的独立运动所加的限制称为约束。由于两构件构成运动副后,必须保证仍能产生一定的相对运动,故运动副最多只能引入 5 个约束。运动副每引入一个约束,构件便失去一个自由度,一个空间构件的自由度数和约束数之和应等于 6。两个构件间运动副引入约束的数目和限制构件相对运动的形式,取决于运动副的类型。

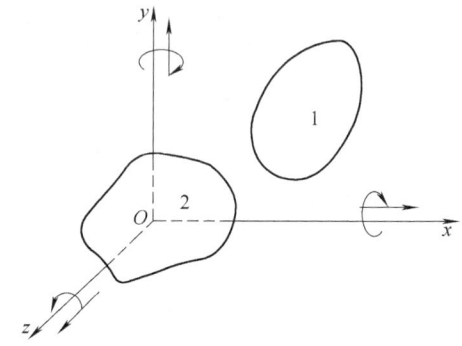

图 2-4 构件的自由度

根据组成运动副两构件间作相对空间运动或平面运动,可将运动副分为空间运动副与平面运动副。根据组成运动副两构件间作相对转动或相对移动,可将运动副分为转动副与移动副。根据两构件运动副元素间的接触形式不同,将面接触的运动副称之为低副,将点或线接触的运动副称之为高副。常见的转动副和移动副为平面低副,常见的两齿轮齿廓沿齿宽的线接触所组成的齿轮副和凸轮从动件端部(或滚子)与凸轮轮廓之间的点或线接触所组成的凸轮副为平面高副。

根据运动副引入约束的数目的不同,将引入 1 个约束的称为 1 级运动副,引入 2 个约束的成为 2 级运动副,依此类推,还有 3、4、5 级运动副。

常见的典型运动副所属类型和表示符号见表 2-1。

表 2-1 常见典型运动副类型和表示符号

名称	运动副元素	图形	基本符号	接触形式	运动副类型	自由度	引入约束 转动	引入约束 移动
球面高副	球面-平面			点	空间1级高副	5	0	1
球面低副	球面-球面			面	空间3级低副	3	0	3
球销副	球面-球面 销柱面-槽面			面线	空间4级低副	2	1	3
圆柱低副	圆柱面-圆柱面			面	空间4级低副	2	2	2
螺旋副	螺旋面-螺旋面			面	空间5级低副	1	2	3
转动副	圆柱面-圆柱面			面	空间5级（平面2级）低副	1	2	3
移动副	平面-平面			面	空间5级（平面2级）低副	1	3	2
齿轮副	曲面-曲面			线	空间4级（平面1级）高副	2	2	2

三、运动链

两个或两个以上构件通过运动副联接而成的可动构件系统称为运动链。如果组成运动链的各构件构成首末封闭的系统，则称为闭式运动链，简称闭链，其中又有单闭环链（见图 2-5a）和多闭环链（见图 2-5b）之分，多闭环链中至少有一个构件含有三个或三个以上运动副。如果组成运动链的各构件未构成首末封闭的系统（见图 2-5c），则称为开式运动链，简称开链。

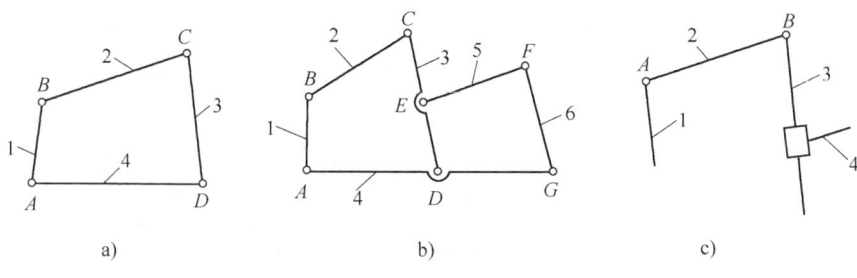

图 2-5　运动链
a）单闭环链　b）多闭环链　c）开链

一般机械中以闭式运动链为多，随着工业机器人和机械手的应用日益普遍，机械中开式运动链也逐渐增多。

四、机构

在运动链中，若将某一构件加以固定而成为机架，让另一个（或几个）构件按给定运动规律相对于该机架运动，而其余各构件都能得到确定的相对运动，则此运动链成为机构。

若组成机构的各构件的相对运动为平面运动，则此机构称为平面机构；若机构中各构件的相对运动为空间运动，则此机构称为空间机构。因为在各种机械中广泛应用的机构大多数为平面机构，所以本章仅讨论平面机构的结构问题。

第二节　机构运动简图

一、机构运动简图

机器通常由多个机构组成，各种机构都是由构件通过运动副的联接而构成的。而组成机构的构件和运动副的外形结构往往是较复杂的。无论是构思新机械的运动方案还是对现有机械进行运动和力的分析，都需要用一种简明直观的机构图来表明其组成结构和运动特征。机构能否实现预定的运动和功能，是由原动件的运动规律、联接各构件的运动副类型和机构的运动尺寸（即各运动副间的相对位置尺寸）决定的，而与构件及运动副的具体结构、外形（高副机构的轮廓形状除外）、断面尺寸、组成构件的零件数目及固联方式等无关。因此，可以撇开上述那些与机构运动无关的几何结构要素，仅用国家标准规定的简单符号和线条代表构件和运动副，并按一定的比例尺表示机构的运动尺寸。这种简明图形称为机构运动简图。

机构运动简图能表明机械的组成状况、结构特征、工作原理和机构各构件间的相对运动关系，与原机构具有完全相同的运动特性，它是机构分析和设计的几何模型。

若只是为了表明机械的组成状况、结构特征和工作原理，也可以不严格按比例来绘制简图，这样的简图通常称为机构示意图。

GB4460—1984 对机构运动简图中构件、运动副及各种机构的表示符号已做了规定，表 2-2 为摘自该标准的常用构件及运动副表示方法。

表 2-2 常用构件及运动副的表示方法（摘自 GB 4460—1984）

名称	内容	常用符号
机架	固定构件	
构件	同一构件	
	双副构件	
	三副构件	
转动副	活动铰链	
	固定铰链	
	活动导路	
	固定导路	
平面高副	一般高副	
	齿轮副	
	凸轮副	

二、机构运动简图的绘制

平面机构运动简图的绘制步骤如下:

1) 分析机械的组成结构、动作原理和运动情况,找出机架、原动件和执行构件,循着运动的传递路线搞清楚原动部分的运动是如何经传动部分传递到执行部分的。

2) 搞清楚该机械有多少构件组成,逐一分析每两个构件间的接触情况和相对运动的性质,以确定运动副的类型和数目。

3) 选择机械中多数构件的运动平面或与其相平行的平面为所绘制运动简图的视图平面,必要时也可以就机械的不同部分选择两个或两个以上的视图平面,然后将其展到同一图面上。

4) 在测得各运动副间的相对位置尺寸(即机构的运动学尺寸)后,应结合图纸大小和对运动简图精确度的要求选择适当的长度比例尺。即

$$\mu_l = \frac{实际尺寸(m)}{图示长度(mm)}$$

为了清楚地表示出机构中各构件的相互关系,应选择机构运动循环中一个最一般的位置,定出各运动副的相对位置,用表 2-2 所列各种运动副的代表符号将各运动副表达出来,用简单线条连接同一构件上的运动副。最后从原动件开始,按传动顺序标出各构件的编号和运动副的代号,并在原动件上标出箭头以表示其运动方向。

例 2-1 绘制图 2-6a 所示某冲床主传动机构的运动简图。

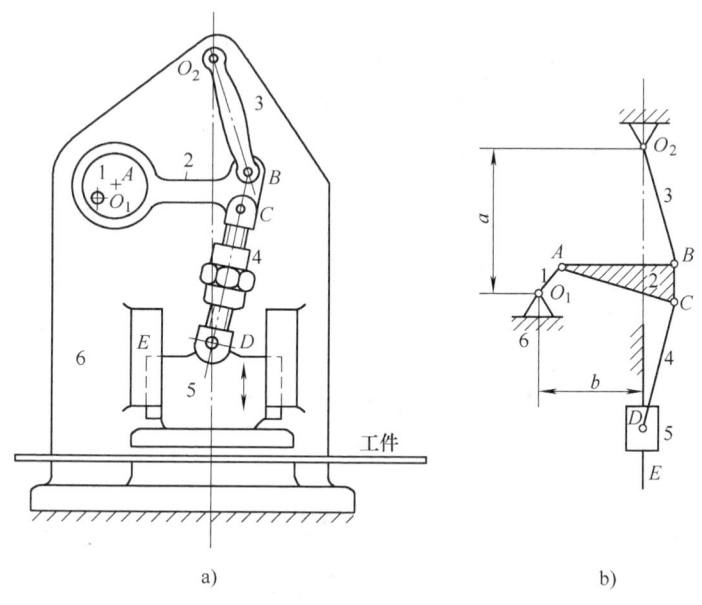

图 2-6 某冲床主传动机构及其运动简图
1—偏心轮 2—三副构件 3—摇杆 4—长度可调连杆 5—冲头 6—机架

解: 1) 分析该冲床的运动情况。冲床工作时,电动机的运动通过带传动(图中未画出)带动偏心轮 1 绕轴 O_1 转动,再经构件 2、3、4 带动冲头 5 沿铅垂导轨槽作往复移动而达到冲压工件的目的。偏心轮 1 是原动件,冲头 5 是输出构件。

2) 搞清楚构件数目,并判定各运动副类型。该机构由机架 6 和活动构件 1、2、3、4、

5 共 6 个构件组成。原动偏心轮 1 与机架 6 在 O_1 构成转动副。构件 2 是一个三副构件，它与构件 1、3、4 分别在 A、B、C 处构成转动副。构件 3 与机架 6 在 O_2 构成转动副，构件 4 与构件 5 在 D 处构成转动副，构件 5 与机架 6 之间在 E 处组成移动副。

3）选择视图平面。该机构为平面机构，以机构的运动平面作为视图平面，将机构转至适当位置。以免代表构件的线条重叠或交叉使机构运动关系表达不明朗。

4）绘制运动简图。测出机构有关的运动学尺寸：l_{O_1A}、l_{AB}、l_{AC}、l_{BC}、l_{O_2B}、l_{CD}、l_a、l_b 等，并结合图纸大小，选择适当的比例尺 μ_l，计算出各作图尺寸 O_1A、AB、AC 等，由此确定各运动副的位置。用表 2-2 所列各种运动副的代表符号将各运动副表达出来，并用简单线条连接同一构件上的运动副。最后从原动件开始，按传动顺序标出各构件的编号和运动副的代号，并在原动件上标出箭头以表示其运动方向。图 2-6b 所示即为所画出的机构运动简图。

例 2-2 试绘制图 1-1 所示内燃机的机构运动简图。

解：分析图 1-1 所示内燃机工作原理可知：此内燃机的主体机构是由气缸 1、活塞 4、连杆 3 和曲轴 2 所组成的曲柄滑块机构。此外还有齿轮 7、8 和气缸 1 构成的齿轮机构及由凸轮 6、推杆 5 和气缸 1 所构成的凸轮机构等。在燃气的压力推动下，活塞 4 首先运动，然后通过连杆 3 使曲轴 2 输出回转运动。凸轮机构用来启、闭进气阀和排气阀，而齿轮机构则用来将曲轴的回转运动传递到两个凸轮轴上，并保证进气阀、排气阀和活塞之间形成一定规律的运动。

该机构共有 8 个构件。其中，气缸 1 为机架，活塞 4 为原动件，曲轴 2 为输出构件。齿轮 8 与曲轴 2 固接在一起，是一个构件，和机架 1 构成转动副；齿轮 7（7'）与凸轮 6（6'）固接在一起，是一个构件，和机架 1 构成转动副；曲轴 2 与连杆 3、连杆 3 与活塞 4 构成转动副；齿轮 7（7'）与齿轮 8、凸轮 6（6'）与推杆 5（5'）构成高副；活塞 4 与气缸 1、推杆 5（5'）与气缸 1 构成移动副。

最后，选择适当适当比例尺，用表 2-2 所列各种运动副的代表符号表示各运动副，绘制机构运动简图，如图 2-7 所示。

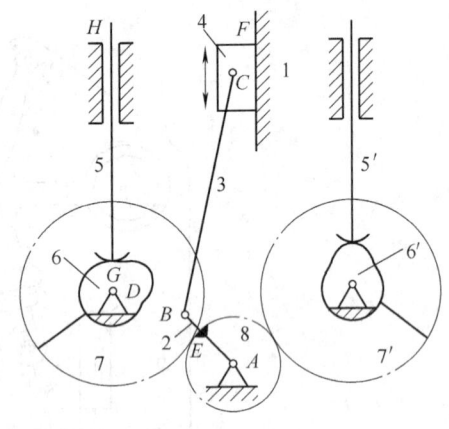

图 2-7　内燃机的机构运动简图

第三节　机构自由度及机构具有确定运动的条件

一、机构的自由度

如前所述，在运动链中，若将某一构件相对固定而成为机架，让另一个（或几个）构件按给定运动规律相对于该机架运动，而其余各构件都能得到确定的相对运动，则此运动链成为机构。显然，运动链相对于机架不能运动或无规则乱动都不能成为机构。

机构中各构件具有确定运动所具有的独立运动参数的数目称为机构的自由度。设机构中活动构件数目为 n，在用运动副将所有构件彼此联接起来之前，这些活动构件是空间的自由构件，共具有 $6n$ 个自由度。事实上，机构中各构件是用运动副彼此相联的，从而引入了相应数目的约束。设有1、2、3、4、5级运动副数目分别为p_1、p_2、p_3、p_4、p_5，这些运动副共引入了$(5p_5+4p_4+3p_3+2p_2+p_1)$个约束。由于每引入一个约束，构件就失去一个自由度，故整个机构的自由度F应为活动构件自由度的总数与运动副引入的约束总数之差，即

$$F = 6n - (5p_5 + 4p_4 + 3p_3 + 2p_2 + p_1) = 6n - \sum_{i=1}^{5} ip_i \qquad (2\text{-}1)$$

该式即为机构自由度计算的一般公式，适应于平面机构和空间机构。

有些机构由于运动副的结构和布置的特殊性，其所有构件常同时受到某些相同的约束，称为公共约束。对于具有m个公共约束的机构来说，其机构自由度计算公式为

$$F = (6-m)n - \sum_{i=m+1}^{5}(i-m)p_i \qquad (2\text{-}2)$$

对于平面机构来说，所有构件都失去了3个自由度，故有$m=3$个公共约束。所以平面机构自由度计算公式为

$$F = (6-3)n - \sum_{i=3+1}^{5}(i-3)p_i = 3n - 2p_5 - p_4 \qquad (2\text{-}3)$$

平面机构中的4级副为平面高副，5级副为平面低副，即转动副和运动副。为了方便记忆和使用方便起见，也常将平面高副数用p_H表示，将平面低副数用p_L表示，则平面机构自由度计算公式可以改写为

$$F = 3n - 2p_L - p_H \qquad (2\text{-}4)$$

可见，机构的自由度与其组成结构有关，取决于其活动构件数目及联接各构件的运动副的类型和数目。

二、机构具有确定运动的条件

如图2-8a所示的平面四杆机构，$n=3$，$p_L=4$，$p_H=0$，则其自由度为

$$F = 3n - 2p_L - p_H = 3 \times 3 - 2 \times 4 - 0 = 1$$

表明该机构具有一个独立运动。通常机构的原动件都是用转动副或移动副与机架相联的，因此每个原动件只能输入一个独立运动。若取构件1为原动件，参变量φ_1表示构件1的独立运动（角位移），构件1每产生一个角位移，构件2和3便有一个确定的相应位置，因而该机构具有确定的运动。由此可见，自由度等于1的机构在具有一个原动件时运动是确定的。如果同时使构件3也作为原动件具有独立的运动，则机构内部的运动关系将发生矛盾，导致机构卡住而不能运动，若强迫驱动，则势必造成机构的破坏。

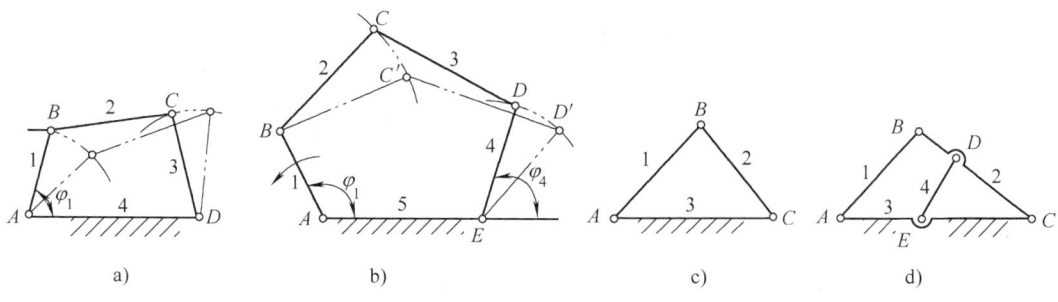

图2-8　机构具有确定运动的条件

如图 2-8b 所示的平面五构件机构，$n=4$，$p_L=5$，$p_H=0$，则其自由度为
$$F = 3n - 2p_L - p_H = 3 \times 4 - 2 \times 5 - 0 = 2$$
表明该机构具有两个独立运动。如果只取构件 1 为原动件，则当构件 1 处在 φ_1 位置时，由于构件 4 的位置不确定，构件 2 和 3 可以处在图示的实线位置或虚线位置，也可处在其他位置，即从动件的运动是不确定的，只能作无规则的运动。若同时取构件 1 和 4 为原动件，如图 2-8b 所示，每当给定构件 1 和 4 的一组位移 φ_1 和 φ_4，从动件 2 和 3 的位置便随之确定。由此可见，自由度等于 2 的机构，在具有两个原动件时才有确定的相对运动。

如图 2-8c 所示的平面三构件组合，$n=2$，$p_L=3$，$p_H=0$，则其自由度为
$$F = 3n - 2p_L - p_H = 3 \times 2 - 2 \times 3 - 0 = 0$$
该构件组合不能产生任何相对运动，为刚性桁架，因而不能成为机构。

如图 2-8d 所示的平面四构件组合，$n=3$，$p_L=5$，$p_H=0$，其自由度为
$$F = 3n - 2p_L - p_H = 3 \times 3 - 2 \times 5 - 0 = -1$$
该构件组合时由于约束过多，非但不能成为机构，且已成为超静定桁架了。

由上分析可知，机构具有确定运动的条件是：机构自由度数 $F \geq 1$，且原动件数等于自由度数。

例 2-3 试计算图 2-5 所示某冲床主传动机构的自由度。

解：由图 2-5b 所示机构运动简图可知，在该冲床主传动机构中，$n=5$，$p_L=7$，$p_H=0$，由式（2-4）可得，其机构自由度为
$$F = 3n - 2p_L - p_H = 3 \times 5 - 2 \times 7 - 0 = 1$$
该机构自由度为 1，需要一个原动件即具有确定运动。

三、计算平面机构自由度时应注意的几个问题

在应用式（2-1）和式（2-4）计算机构自由度时还应该考虑由于运动副的特殊结构及其相对位置尺寸上的特殊配置对自由度计算的影响，因此需要注意以下三个方面的问题。

1. 复合铰链

图 2-9a 表示构件 1 与构件 2、3 组成两个转动副。当两个转动副轴线间的距离缩小到零时，两轴线重合为一，如图 2-9b 所示。像这样由两个以上的构件在同一处构成轴线重合的转动副称为复合铰链。由图 2-9c 所示的侧视图可知，3 个构件汇交一处构成的复合铰链含有 2 个转动副。同理，由 m 个构件汇交一处组成的复合铰链，含有（$m-1$）个转动副。

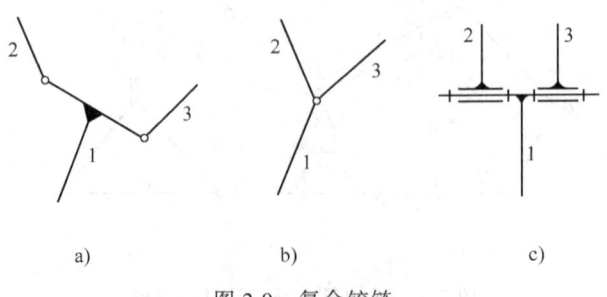

图 2-9 复合铰链

如图 2-10 所示的惯性筛机构，构件 2、3、5 在 C 处构成复合铰链，应按两个转动副计算。于是，该机构 $n=5$，$p_L=7$，$p_H=0$，其自由度为

$$F = 3n - 2p_L - p_H = 3 \times 5 - 2 \times 7 - 0 = 1$$

如果忽视了复合铰链，则会得出

$$F = 3n - 2p_L - p_H = 3 \times 5 - 2 \times 6 - 0 = 3$$

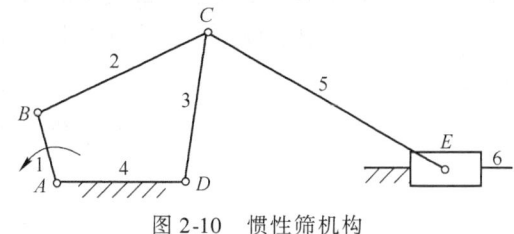

图 2-10　惯性筛机构

的错误结论。因此，在计算机构自由度时应特别注意是否存在复合铰链，以免搞错运动副的数目，得出与实际不符的错误结论。

2. 局部自由度

如图 2-11a 所示的机构，当凸轮 1 转动时，通过滚子 2 迫使从动件 3 作有规律的上、下往复运动，故该机构自由度为 1，但容易误算为

$$F = 3n - 2p_L - p_H = 3 \times 3 - 2 \times 3 - 1 = 2$$

得出与事实不符的错误结论。这是因为 2 个自由度中包含了滚子绕自身轴线转动的自由度，但该自由度只与其自身的局部运动有关，而并不影响其他构件的运动。像这种不影响整个机构运动（运动的输入与输出）的自由度称局部自由度。应用公式计算自由度时，应将作局部自由运动的构件及其相关的运动副除去不计。为了防止出现差错，可设想将滚子 3 与安装滚子的从动件 2 固结成一体，视作一个构件，如图 2-11b 所示，事先除去局部自由度，然后再进行计算。于是该凸轮机构中，$n=2$，$p_L=2$，$p_H=1$，自由度为

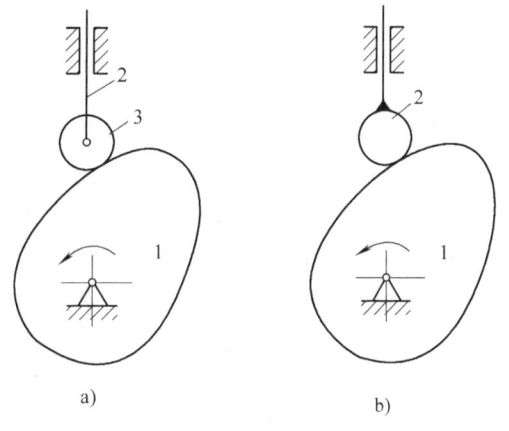

图 2-11　凸轮机构

$$F = 3n - 2p_L - p_H = 3 \times 2 - 2 \times 2 - 1 = 1$$

计算结果与实际相符。

局部自由度虽然不影响整个机构运动的输入与输出关系，但滚子的存在却可变滑动摩擦为滚动摩擦，减少高副元素接触处的磨损，故在工程实际机构中往往要用到具有局部自由度的类似结构。

3. 虚约束

图 2-12a 所示为机车车轮联动装置。图 2-12b 所示为其机构运动简图，按公式计算其自由度，得

$$F = 3n - 2p_L - p_H = 3 \times 4 - 2 \times 6 - 0 = 0$$

似乎该机构不能运动，显然计算结果与实际不符。分析出错原因，是由于该机构存在有特定的几何条件：$\overline{AB} = \overline{CD} = \overline{EF}$，且相互平行。现假想将构件 5 拆去（见图 2-12c），由于四杆机构 $ABCD$ 为平行四边形机构，构件 2 作平动，其上 B、E、C 及各点的轨迹均是以 AD 线上相应点为圆心而半径等于 $\overline{AB}$ 的圆。现若增加构件 5，并使得与 $\overline{AB}$、$\overline{CD}$ 平行且相等（见图 2-12b），则构件 5 上 E 点的轨迹和构件 2 上 E 点的轨迹同为以 F 为圆心、$\overline{EF}$ 为半径的圆

弧。即构件5及其两运动副E、F引入的约束对机构的运动起不到实际约束作用。像这种对构件的相对运动不产生实际约束效果的约束称为重复约束或虚约束。在利用公式计算机构的自由度时,应将引起虚约束的构件及其运动副除去后再进行计算,如图2-12c所示,其自由度为

$$F = 3n - 2p_L - p_H = 3 \times 3 - 2 \times 4 - 0 = 1$$

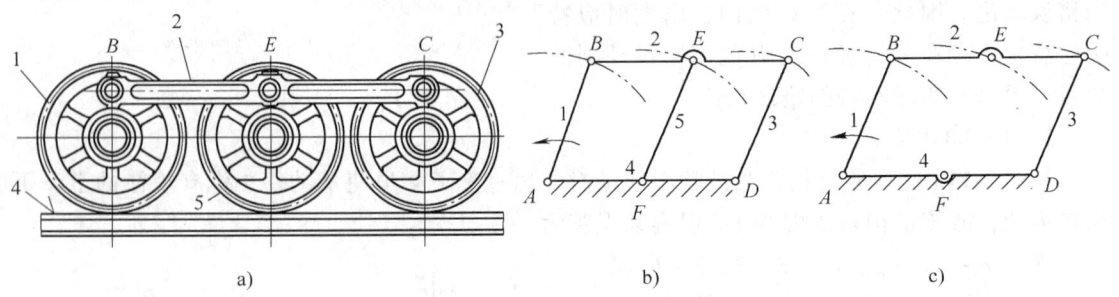

图 2-12 轨迹重合所引起的虚约束

对于平面机构,其虚约束常见于以下情况:

(1) 两个构件在多处构成性质相同的多个运动副　若两个构件在多处接触,在形式上构成性质相同的多个运动副,则在满足相应的几何条件下,将引入虚约束。

若两构件构成多个转动副,但轴线互相重合,如图2-13a中构件1和构件2在A、A'构成的转动副,这时只有一个转动副起约束作用,其余转动副都是虚约束。

若两构件组成多个移动副,但其导路重合或互相平行,如图2-13b中构件3和构件4在D和D'构成的移动副、图2-13e中构件2和构件3在B和B'构成的移动副,这时只有一个移动副起约束作用,其余都是虚约束。

若两构件组成多个平面高副,但各接触点之间的距离保持恒定,如图2-13e中构件1和构件2在D和D'两处构成平面高副,但满足凸轮轮廓在任何方向的宽度均为常数L的条件,此时将引入一个虚约束。

(2) 两活动构件上某两点的距离始终保持不变　若在机构运动过程中两活动构件上某两点的距离始终保持不变,此时若用一个构件和两个转动副将此两点相联,则将会引入一个虚约束。如图2-13c所示,在平行四边形机构ABCD的运动过程中构件1上的E点和构件3上的F点之间的距离始终保持不变,此时若用构件5及转动副E、F将此两点联接起来,将会引入一个虚约束。

(3) 用转动副联接的是两构件上运动轨迹相重合的点　如果机构中某两个构件用转动副联接,而该两个构件上的联接点在未构成运动副之前轨迹相互重合,则用运动副联接后将带入一个虚约束。如图2-13d所示的椭圆仪机构中,$\overline{AB} = \overline{BC} = \overline{BD}$,$\angle CAD = 90°$,可以证明其连杆2上除B、C、D三点外,其余各点在机构运动过程中均描绘出椭圆轨迹,而D点的运动轨迹为沿x轴的直线。此时,若在构件2上D点用转动副联接一个导路与x轴重合的滑块4,将引入一个约束。图1-12所示机构也属于此种情况。

(4) 机构中对运动不起作用的对称部分　机构中若存在对运动不起重复限制作用的对称部分,将引入虚约束。如图2-13f所示的行星轮系,为了使机构受力均衡和传递较大功

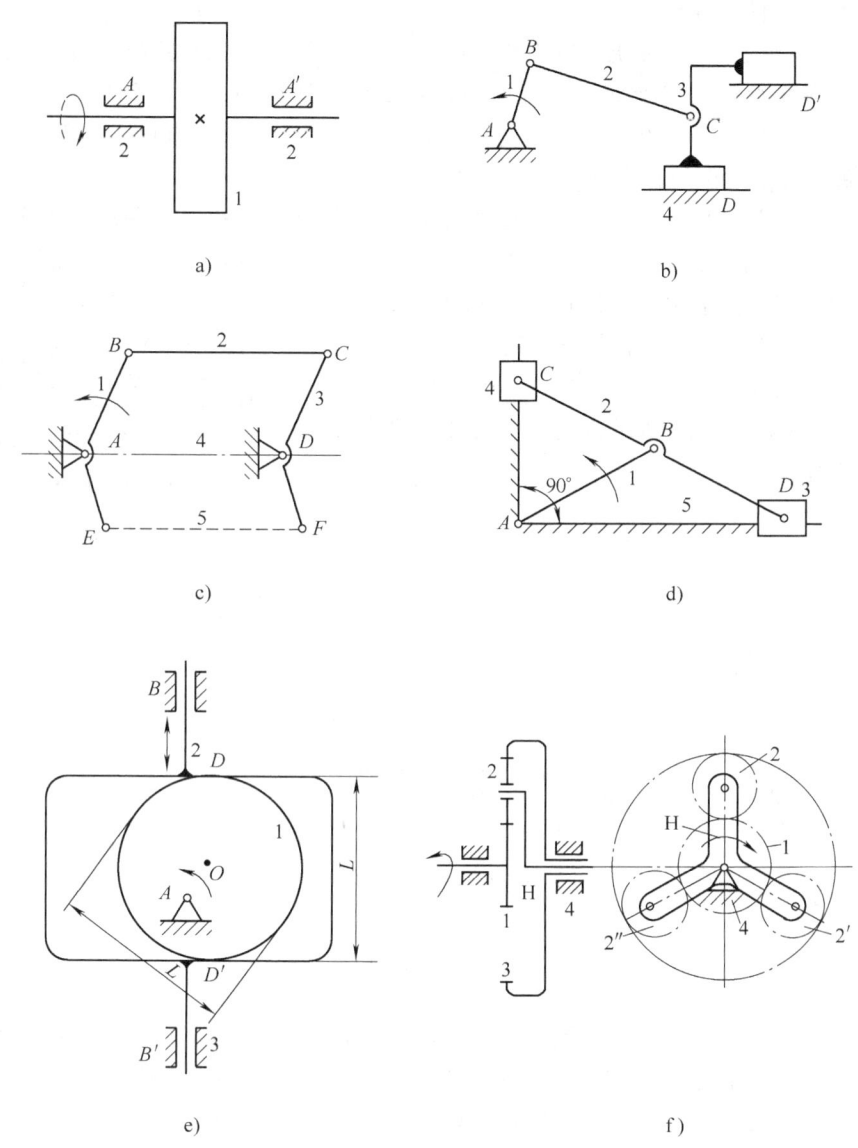

图 2-13 几种存在虚约束的情况

率,采用了三个行星轮均匀对称布置结构(见图中右视图),但从运动传递的角度看,只需要一个行星轮 2 就足够了(见图中左侧图),另外两个行星轮所引入的转动副和齿轮副均为虚约束。

需要特别指出的是,上述诸虚约束都是在一些特定的几何条件下出现的,如果这些几何条件不满足,则虚约束将变成实际有效的真约束,致使机构的自由度减少而无法运动。故从保证机构运动和便于加工装配等方面考虑,应尽量减少机构中的虚约束。但人们在设计机械时采用虚约束,总是"有的放矢"的:或是为了改善构件的受力情况,增加机构的刚性;或是为了传递较大功率;或是为了保证机构不发生反向运动;或是为了某种特殊需要。所以在实际机械中往往还要用到虚约束,这时必须严格保证设计、加工、装配的精度,以满足虚约束所需的特定几何条件。

综上所述,应用公式计算机构的自由度时,必须对其结构组成情况进行仔细分析,对所存在的以上几种情况作相应处理,方可得到正确结果。计算中,若出现自由度 F 大于原动件数目时,应首先检查是否有局部自由度未除去或复合铰链的约束未计入;而当自由度 $F \leq 0$ 时,应着重检查虚约束的存在情况。

例 2-4 试计算图 2-14 所示剪床机构的自由度。

解:该机构中转动副 C 为复合铰链,构件 6、7、8、9、10、11 及与它们相联的各转动副均为虚约束。所以,$n = 5$,$p_L = 7$,$p_H = 0$,机构自由度为
$$F = 3n - 2p_L - p_H = 3 \times 5 - 2 \times 7 - 0 = 1$$

例 2-5 试计算图 2-15 所示机构的自由度,并分析其是否具有确定运动。

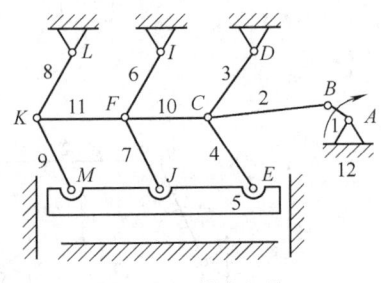

图 2-14 剪床机构

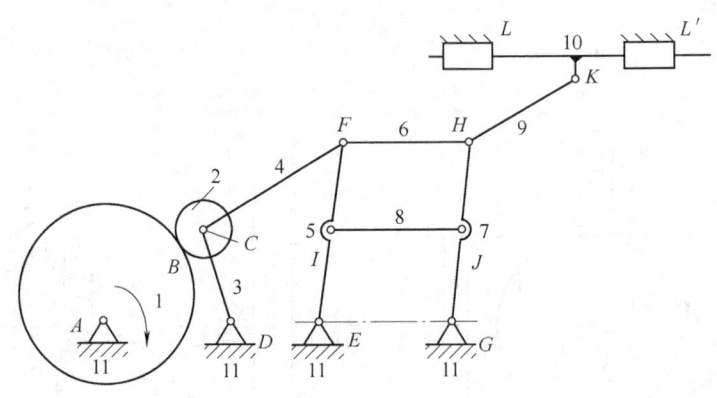

图 2-15 某机构

解:转动副 F、H 处存在复合铰链,C 处滚子产生局部自由度,构件 8 及两端的转动副 I、J 引入虚约束,构件 10 与构件 11 组成的移动副 L 和 L' 也存在一个虚约束。考虑这些因素后,可得 $n = 8$,$p_L = 11$,$p_H = 1$,其自由度为
$$F = 3n - 2p_L - p_H = 3 \times 8 - 2 \times 11 - 1 = 1$$

从运动简图上可看出,该机构中凸轮为原动件,原动件数等于自由度数,故该机构运动是确定的。

第四节 机构的组成原理与结构分析

前面学习了机构自由度计算方法及机构具有确定运动的条件。那么在由构件组成机构时应该遵循什么规律呢?

一、平面机构的高副低代

为了使平面低副机构的结构分析和运动分析方法能适用于所有平面机构,可将平面高副

根据一定条件虚拟地以平面低副代替，这种以低副代替高副的方法称为高副低代。

为保证机构的运动保持不变，进行高副低代必须满足的条件是：

1) 代替前后机构的自由度保持不变。

2) 代替前后机构的运动特性（瞬时速度和瞬时加速度）保持不变。

由前述可知，在平面机构中，一个平面高副提供的约束数为1，而含有两个低副的一个平面构件所提供的约束数也为1。故为了保证代替前后机构自由度完全相同，最简单的方法是用一个含有两个低副的虚拟构件来代替一个高副，如图2-16所示。

至于替代前后机构的瞬时运动相同的条件是否能得到满足，与该虚拟构件所含两个低副的类型（转动副、移动副）及运动副所在位置密切相关。

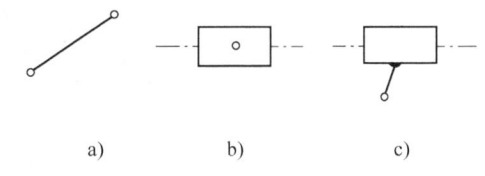

图2-16 用虚拟构件和低副代替高副

如图2-17a所示的高副机构，构件1和构件2分别绕 A 点和 B 点转动，并在 C 点接触组成高副，其高副元素为两个圆弧，它们的几何中心分别为 O_1 和 O_2。显然，两圆弧连心线 $\overline{O_1O_2}$ 即为过接触点 C 点的公法线，O_1 和 O_2 即为构件1和构件2在接触点 C 的曲率中心。在机构运动过程中，AO_1、AO_2 和两高副元素在接触点 C 的连心线长度 O_1O_2 均保持不变。因而，可以设想去掉高副，而用一个长度等于 O_1O_2 并分别与构件1、2在 O_1、O_2 组成转动副的虚拟构件4代替高副，即用图2-17b所示的低副机构替代图2-17a所示的高副机构，不会改变机构的运动特性。无疑，如此替代满足上述高副低代的两个条件。

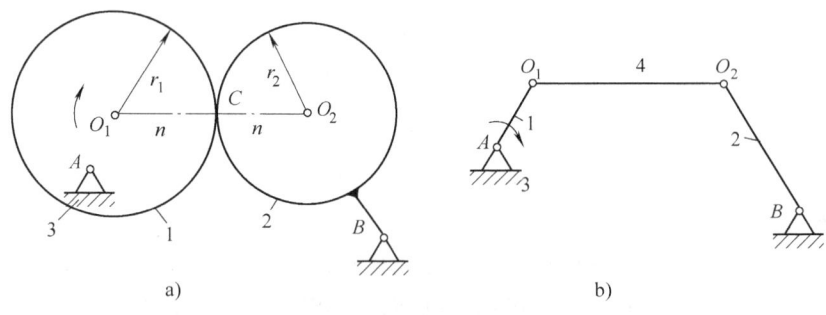

图2-17 高副低代

值得指出的是，对于高副元素为一般性非圆曲线时，随着机构的运动，两高副元素接触点的曲率半径和曲率中心的位置也在随之改变，因而在不同的位置有不同的瞬时代替机构。图2-18所示为具有任意曲线轮廓的高副机构，过接触点 C 作高副元素的公法线 nn，在此公法线上确定接触点的曲率中心 K_1、K_2，则可得到原高副机构的在该瞬时的替代机构 $O_1K_1K_2O_2$。

上述的代替方法可以推广应用到各种平面高副上。

若两高副元素之一为一点，如图2-19a所示，则因其曲率半径为零，所以曲率中心与两构件的接触点重合于点 C。

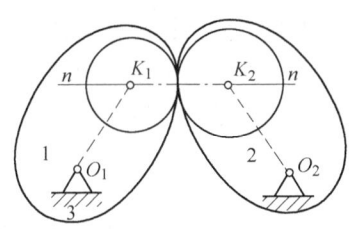

图2-18 高副低代具有瞬时性

瞬时代替机构如图2-19b所示。

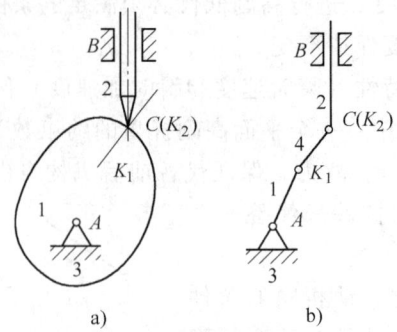

图 2-19 含有尖顶廓线的高副低代

若两高副元素之一为一直线，如图2-20a所示，则因直线的曲率半径为无穷大，曲率中心在无穷远处，所以这一端的转动副将转化为移动副。其瞬时代替机构如图2-20b或图2-20c所示。

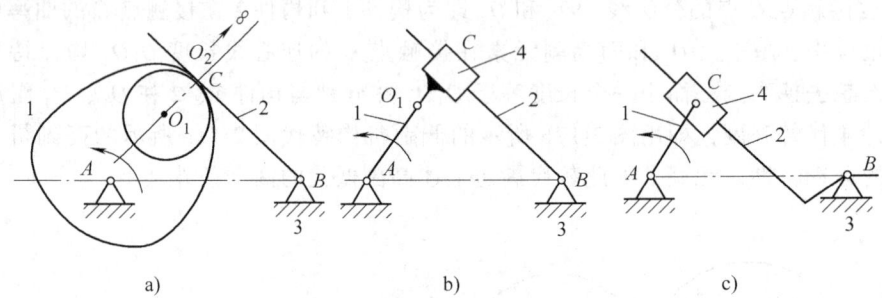

图 2-20 含有直线廓线的高副低代

由上述可知，平面机构中的高副均可用低副来代替，所以任何平面机构都可以化为只含低副的机构，对平面机构进行结构分析时，只需研究平面低副机构就可以了。

二、平面机构的结构分析

由前所述，任何机构都包含机架、原动件和从动件系统三个部分，而且机构的原动件数必须等于机构的自由度数。原动件一般用低副和机架相联，因而机构中每个原动件具有一个自由度。因此如将机构的机架及和机架相联的原动件拆出，则剩余的活动构件组（即从动件系统）自由度必为零。

1. 杆组

机构的从动件系统一般还可以进一步分解成若干个不可再分的自由度为零的构件组合，称为基本杆组，简称为杆组。

下面讨论全含低副的基本杆组的组成。设杆组中有 n 个活动构件，p_L 个低副，因杆组自由度为零，所以有

$$F = 3n - 2p_L = 0, \quad 即\ p_L = \frac{3}{2}n \tag{2-5}$$

由于构件数 n 和运动副数 p_L 必须是整数，所以满足式（2-5）的构件数 n 只能是 2、4、6 等偶数。

(1) Ⅱ级杆组（$n=2$，$p_L=3$）　最简单的杆组为由2个构件和3个低副构成的基本杆组，称为Ⅱ级组，也是应用最广泛的杆组。考虑到低副中有转动副和移动副，若用R表示转动副，用P表示移动副，则根据3个低副的不同情况，Ⅱ级组有RRR、RRP、RPR、PRP和RPP五种不同的类型，分别如图2-21a、b、c、d、e所示。通常将图中运动副B、D称为外接副，表示与组外构件联接形成运动副；运动副C为组内两构件之间组成的运动副，称为内接副。

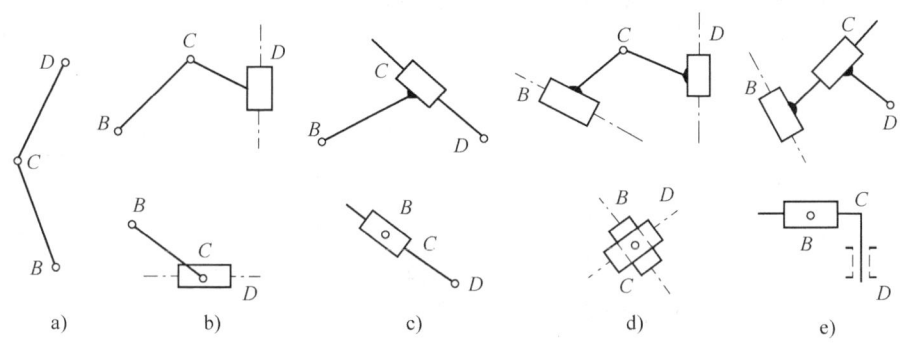

图2-21　Ⅱ级杆组的五种类型

(2) Ⅲ级杆组（$n=4$，$p_L=6$）　图2-22所示为由4个构件和6个低副所组成的Ⅲ级杆组，其特征是具有一个三副构件，而每个内副所联接的分支构件是双副构件。

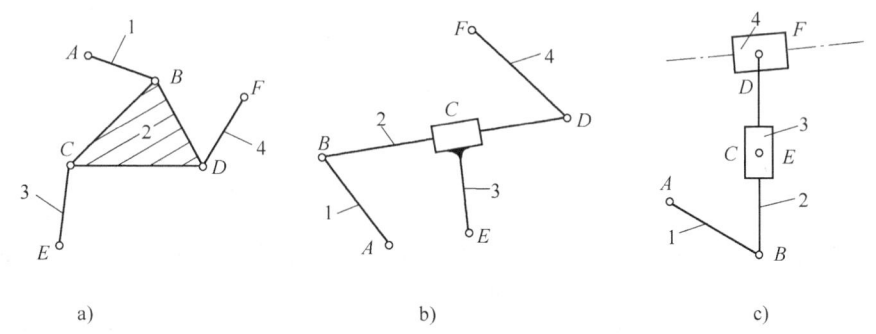

图2-22　Ⅲ级杆组的几种类型

大多数的机构都是由Ⅱ级杆组构成的，Ⅲ级杆组用在少数结构比较复杂的机构中。比Ⅲ级杆组级别更高的基本杆组，因在实际机构中很少遇到，故此处不予介绍。

2. 机构的结构分析

机构的结构分析，就是将机构拆分成基本杆组、原动件和机架，并确定机构的级别。

在同一机构中，可以包含有不同级别的基本杆组，而机构的级别则由其中最高级别的基本杆组确定。全部由Ⅱ级杆组组成的机构称为Ⅱ级机构，最高级别为Ⅲ级杆组组成的机构称为Ⅲ级机构。而把只由机架和原动件组成的最简单机构称为Ⅰ级机构。

对于全低副平面机构，其结构分析步骤如下：

1) 除去机构中的虚约束和局部自由度，正确计算机构的自由度并确定原动件。

2) 拆分基本杆组，一般先从远离原动件的部分开始试拆Ⅱ级杆组，若拆不出Ⅱ级杆组,再试拆高一级杆组,依次如此进行,直至只剩下机架和原动件为止。必须注意,每拆出一个杆组后,剩余部分必须仍为一完整的机构(其自由度与原机构相同)或若干个与机架相联的原动件。

3) 根据机构所拆出杆组的最高级别确定机构的级别。

必须指出的是:同一机构,若更换原动件,其机构的级别可能会改变。如图2-23a所示机构,若取构件1为原动件,则拆分杆组如图2-23b所示,机构为Ⅲ级机构;若改选构件7为原动件,则拆分杆组如图2-23c所示,其机构的级别将由Ⅲ级变为Ⅱ级。

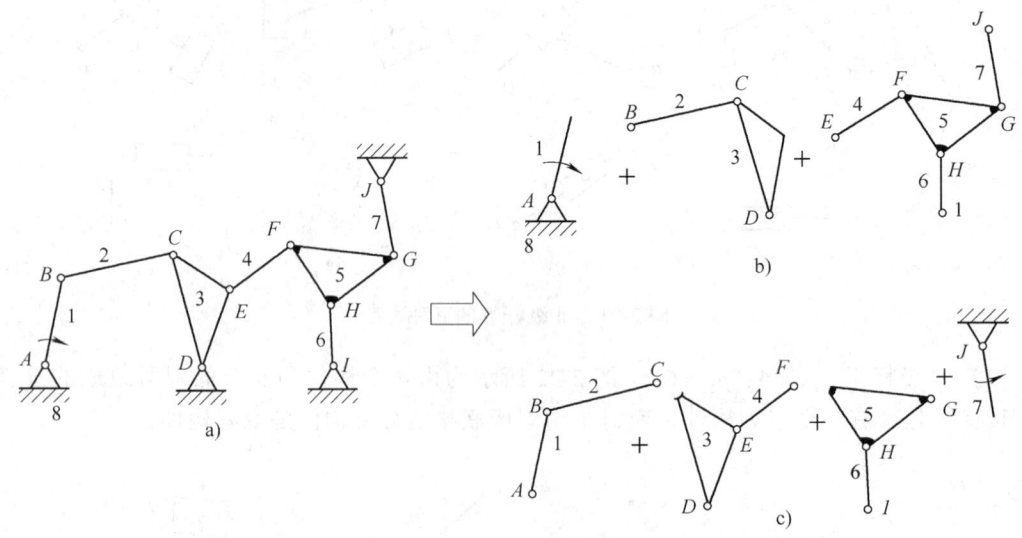

图 2-23 平面机构的结构分析

一般而论,机构中基本杆组的构件数越少、级别越低,则机构的设计与分析(运动分析、力分析)越简单。因此,在设计创造新机构时,应尽量采用由构件数较少的低级别杆组构成的机构。而对高级别机构进行分析时,如有可能,对原动件作暂时变更处理,使机构级别降低,会给分析带来很大方便。如图2-23a所示的机构为Ⅲ级机构,直接对其进行速度分析时,比较困难。但若以构件7为假定原动件,并任意给定其角速度,按Ⅱ级机构分析,便可很方便地求出原动件作变更后B点的速度v'_B的大小,然后与B点的真实速度v_B的大小相比较即可确定构件7上G点的速度v_G的实际值,从而求出机构上其他各点的速度。

例 2-6 试确定图2-24a所示平面高副机构的级别。

解:1) 先除去机构中的局部自由度和虚约束,再计算机构的自由度。

$$F = 3n - 2p_L - p_H = 3 \times 4 - 2 \times 5 - 1 = 1$$

以构件1为原动件。

2) 进行高副低代,画出其瞬时代替机构,如图2-24b所示的平面低副机构。

3) 进行结构分析。从远离原动件的部分开始试拆Ⅱ级杆组,可依次拆出构件4和3、构件2和6两个Ⅱ级杆组。最后剩下原动件1和机架5。

4) 确定机构的级别。由于拆出的最高级别的杆组是Ⅱ级杆组,故此机构为Ⅱ级机构。

第二章 机构的组成和结构分析

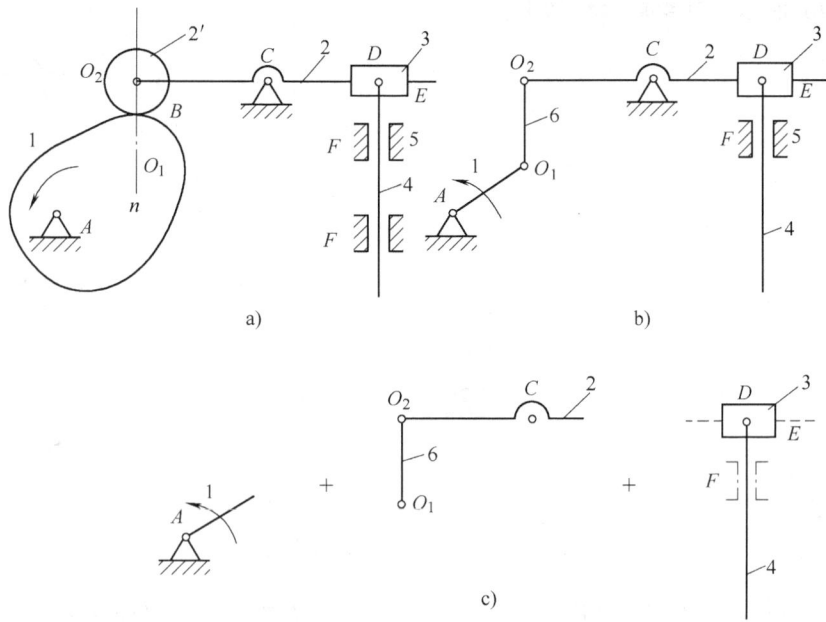

图 2-24 平面高副机构的结构分析

三、平面机构的组成原理

根据上述机构结构分析的过程可知，任何机构都是由若干个基本杆组依次联接到原动件和机架上所组成的。这就是机构的组成原理。

掌握了机构组成原理，就可以用杆组合理设计机构或创造设计新机构。设计一个新机构的运动简图时，先选定机架，并将等于该机构自由度数的若干个原动件用低副联接于机架上，然后再将各个基本杆组依次联接于机架和原动件上。

图 2-25 表示了根据机构组成原理组成图 2-23a 所示机构的过程。首先把图 2-25b 所示的 Ⅱ 级杆组 2-3 通过其外副 B、D 联接到图 2-25a 所示的原动件 1 及机架 8 上，形成图 2-25c 所示的四杆机构 ABCD。再把图 2-25d 所示的 Ⅲ 级杆组 4-5-6-7 通过外副 E、I、J 依次与图 2-25c 的构件 3 及机架联接，即组成图 2-25e（即图 2-23a）所示的八杆机构。

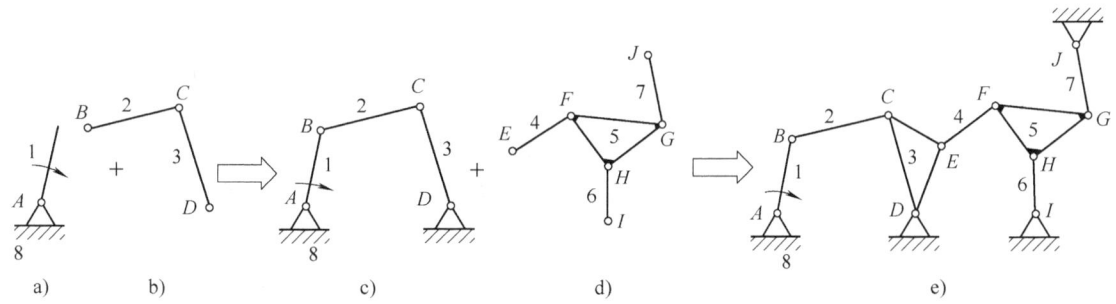

图 2-25 机构的组成过程

例 2-7 试分析图 1-2 所示牛头刨床机构的组成过程。

解：观察机构组成情况（图 2-26）并分析机构运动情况，进行高副低代，得机构运动简图如图 2-26e 所示。其组成过程如下：

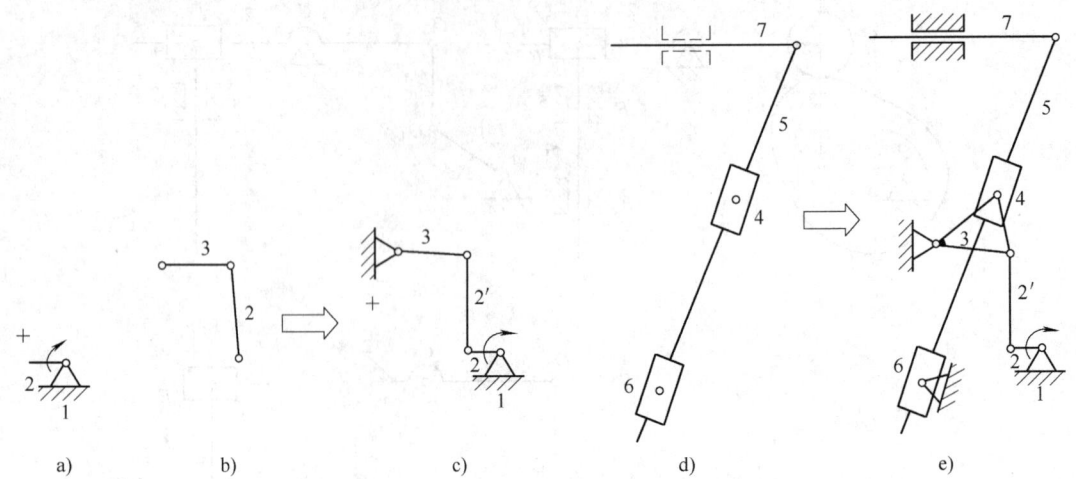

图 2-26 牛头刨床机构的组成过程

首先将Ⅱ级杆组 2-3 通过外副分别联接到原动件和机架上，形成图 2-26c 所示的铰链四杆机构。再将Ⅲ级杆组 4-5-6-7 通过外副分别与铰链四杆机构的构件 3 及机架联接，即组成图 2-26e 所示的牛头刨床机构，该机构为Ⅲ级机构。

第三章 平面连杆机构及其设计

【内容提示】 客车车门巧妙自如地开闭,机械手如同人的手臂般灵活动作,玩具马能模仿真实马的跃上、窜下、前俯、后仰的奔驰姿态,自行车方便的制动,飞机通过着陆轮安全着陆等,连杆机构在其中起到了重要作用。本章将介绍连杆机构的有关知识。

【基本要求】 了解平面连杆机构的基本类型及变异、倒置等演化方法和结构特点、功能和应用。对平面四杆机构的运动和传力性,如曲柄存在条件、从动件行程及其调整、急回特性、传动角及死点位置等,有明确的概念;掌握按连杆位置、连架杆对应位置、急回特性、连杆曲线等要求设计平面四杆机构的基本方法。

连杆机构是由若干个构件用低副联接而成的低副机构。在连杆机构中,若组成机构的所有构件都在相互平行的平面内运动,则称为平面连杆机构,否则称为空间连杆机构。

连杆机构广泛应用于各种机械和仪表中,如活塞式内燃机、牛头刨床、颚式破碎机、起重机、缝纫机、包装机械、农业机械和自动化生产线等。由于平面连杆机构较空间连杆机构应用更为广泛,故本章着重介绍平面连杆机构。

在平面连杆机构中,结构最简单、应用最广泛的是由四个构件所组成的平面四杆机构,其他多杆机构均可以看成是在此基础上依次增加杆组而组成的。

第一节 平面四杆机构的基本类型及其演化

一、平面四杆机构的基本类型

所有运动副均为转动副的平面四杆机构称为铰链四杆机构,如图 3-1 所示,它是平面四杆机构的基本形式,其他各种平面四杆机构都可以看做是在它的基础上演变而来的。在图 3-1 所示铰链四杆机构中,固定构件 4 为机架,直接与机架相连的构件 1、3 为连架杆,不直接与机架相连的构件 2 称为连杆。在连架杆中,能绕其轴线作整周回转的称为曲柄,如构件 1;仅能绕其轴线在某一角度范围内往复摆动的称为摇杆,如构件 3。如果以转动副相连的两构件能作整周相对转动,则称此转动副为整转副,如转动副 A、B;不能作整周相对转动的称为摆转副,如转动副 C、D。

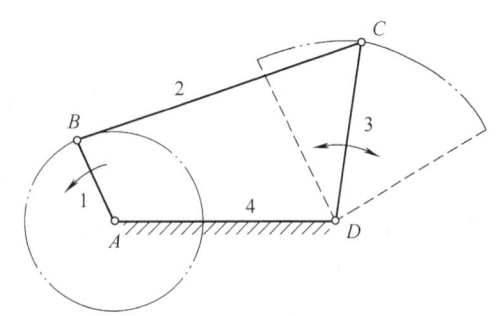

图 3-1 铰链四杆机构

在铰链四杆机构中,按两连架杆是曲柄还是摇杆,可将其分为三种基本类型。

1. 曲柄摇杆机构

在铰链四杆机构中,若两连架杆中一个为曲柄,另一个为摇杆,则称为曲柄摇杆机构。如图 3-2 所示的缝纫机踏板机构,图 3-3 所示的雷达天线俯仰角机构均为曲柄摇杆机构的应用实例。前者以摇杆3为主动件，后者以曲柄1为主动件。

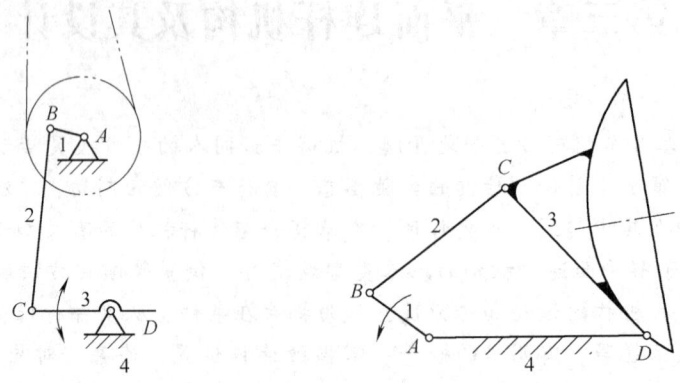

图 3-2　缝纫机踏板机构　　　　图 3-3　雷达天线俯仰角机构

2. 双曲柄机构

在铰链四杆机构中，若两连架杆均为曲柄，则称为双曲柄机构。

在双曲柄机构中，若两个曲柄长度不等，当主动曲柄连续等速转动时，从动曲柄作不等速连续转动。图 3-4 所示的惯性筛机构就是利用这种特性，将原动曲柄1的等速转动转变为从动曲柄3的变速转动，再通过构件5使筛子6具有更大的加速度，从而达到筛分物料的目的。

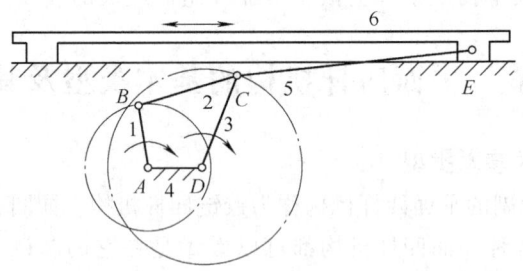

图 3-4　惯性筛机构

在双曲柄机构中，若两对边构件长度相等且平行，则称为平行四边形机构，如图 3-5 所示。这种机构的传动特点是，从动曲柄和主动曲柄以相同角速度转动，而连杆作平动。平行四边形机构在主动曲柄 AB 转动一周中，将会出现两次四杆共线的位置，在这两个位置处会出现从动曲柄 CD 转向不确定的现象（即 CD 的转向可能改变也可能不变），如图 3-5 中的机构位置 AB_3C_3D 和 $AB_3C_3'D$ 所示，此位置称为转折点。为解决此问题，工程上常采用如下方法：① 在从动曲柄 CD 上加装一个大质量的飞轮，利用其惯性闯过转折点，维持从动曲柄转向不变；② 通过引入虚约束使机构保持平行四边形，从而消除机构运动不确定现象。图 3-6 所示的机车车轮联动机构即为其工程应用实例。

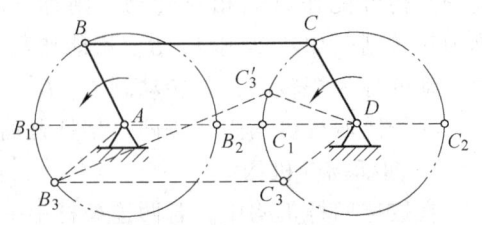

图 3-5　平行四边形机构

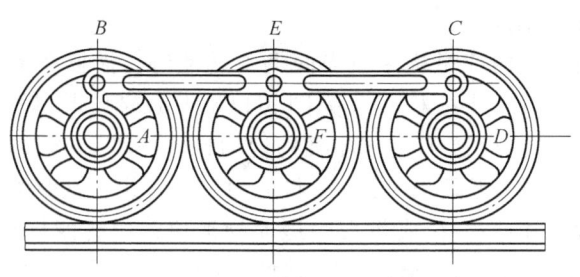

图 3-6 机车车轮联动机构

若相对两杆长度相等,但彼此不平行,则称为反向平行四边形机构,如图 3-7 所示。该机构的特点是两曲柄的转向相反。图 3-8 所示的车门启闭机构即为其工程应用实例。

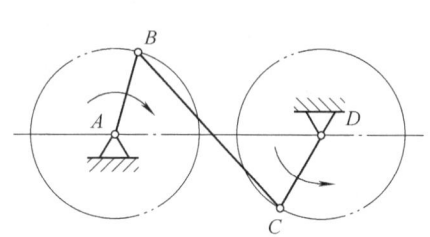
图 3-7 反向平行四边形机构

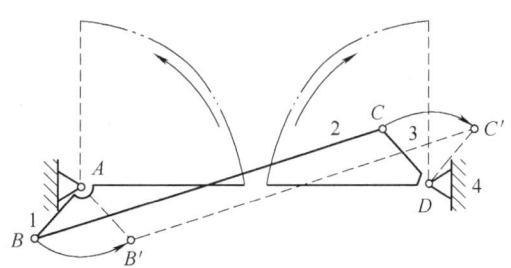
图 3-8 车门启闭机构

3. 双摇杆机构

在铰链四杆机构中,若两连架杆均为摇杆,则称为双摇杆机构,如图 3-9 所示。图 3-10 所示的鹤式起重机机构即为双摇杆机构的工程应用实例,其中 ABCD 为一双摇杆机构,当原动摇杆 AB 摆动时,从动摇杆 CD 也随之摆动,位于连杆 BC 上的重物悬挂点 E 将沿近似水平直线移动,避免重物平移时因不必要的升降而消耗能量。

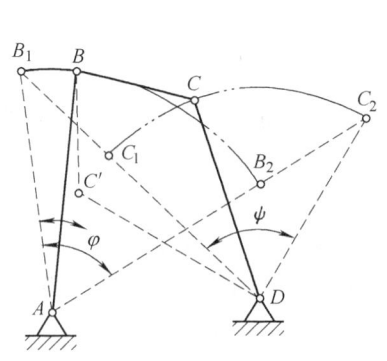
图 3-9 双摇杆机构

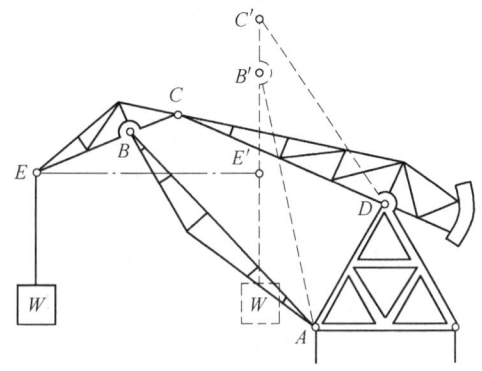
图 3-10 鹤式起重机机构

二、平面四杆机构的演化

除了上述铰链四杆机构外,在工程实际中还广泛应用着其他形式的四杆机构,而这些四杆机构都可以看做是由铰链四杆机构通过各种不同方法演化而来的。这些演化方法也是机构创新设计的常用方法。

1. 转动副演化成移动副

在图3-11a所示的曲柄摇杆机构中,当曲柄1转动时,摇杆3上C点的轨迹为以D圆心、l_{CD}为半径的圆弧mm。若将摇杆3改为图3-11b所示的弧形滑块,并使其沿着弧形滑道mm滑动,则铰链C点的轨迹不变,即机构运动特性不变。当摇杆3长度越长时,曲线mm就越平直,当摇杆3趋于无限长时,mm将成为一条直线,这时弧形滑道变成直线滑道,转动副D演化成移动副,摇杆演化成作直线运动的滑块,铰链四杆机构演化成为曲柄滑块机构,如图3-11c所示。图中滑块移动导路到曲柄回转中心A之间的距离e称为偏距。如果e不为零,称为偏置曲柄滑块机构;如果e等于零,则称为对心曲柄滑块机构,如图3-12所示。

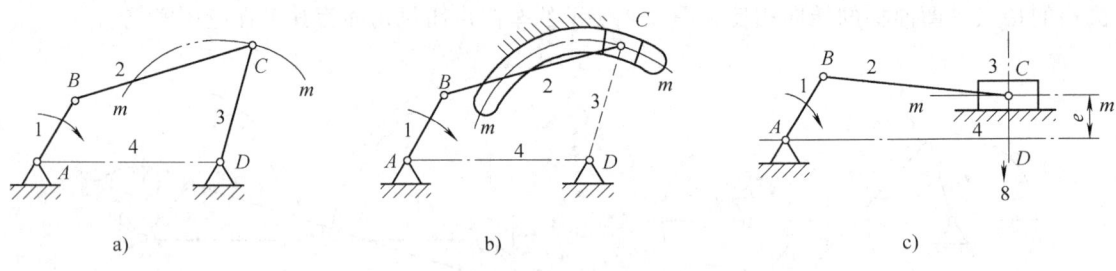

图3-11 转动副演化成移动副

曲柄滑块机构广泛应用于内燃机、空气压缩机、冲床及其他许多机械中。图3-13所示的自动送料机构即是其应用实例,曲柄2每回转一周,滑块4就从料槽中推出一个工件5。

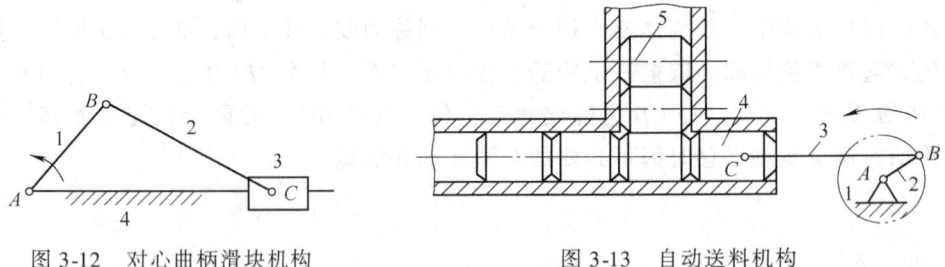

图3-12 对心曲柄滑块机构　　　　图3-13 自动送料机构

在图3-14a所示的对心曲柄滑块机构中,连杆2上的B点相对于转动副C的运动轨迹为以C为圆心、l_{BC}为半径的圆弧nn,如果设想连杆2的长度变为无限长,则圆弧nn将变成直线,转动副C演化成移动副,连杆2演化成作直线运动的滑块,该曲柄滑块机构就演化成具有两个移动副的四杆机构,如图3-14b所示。由于从动件3位移s和曲柄1转角φ的关系为$s = l_1 \sin\varphi$,故将该机构称为正弦机构。图3-14c所示为其在缝纫机跳针机构中的应用。

2. 选取不同构件为机架

低副机构中各构件间的相对运动关系,不会因取其中哪一个构件为机架而改变,这一性质称为"低副机构运动可逆性"。根据这一性质,在平面四杆机构中,取不同的构件为机架,可以生成不同形式的机构。这种通过取不同构件为机架而演化形成新机构的方式称为机构的倒置,新机构称为原机构的倒置机构。

在图3-15a所示的曲柄摇杆机构中,构件4为机架。若分别改取构件1、2、3为机架,则分别获得图3-15b、c、d所示的双曲柄机构、另一个曲柄摇杆机构、双摇杆机构。

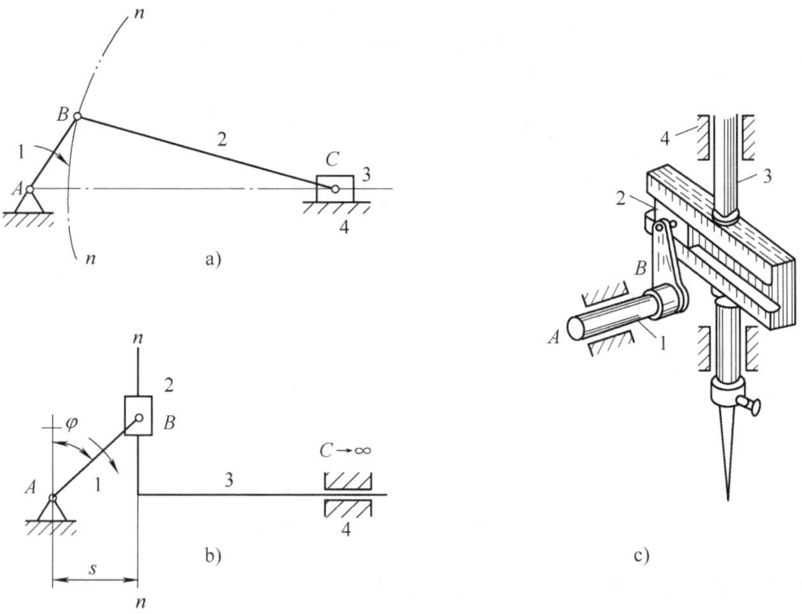

图 3-14 正弦机构及其应用

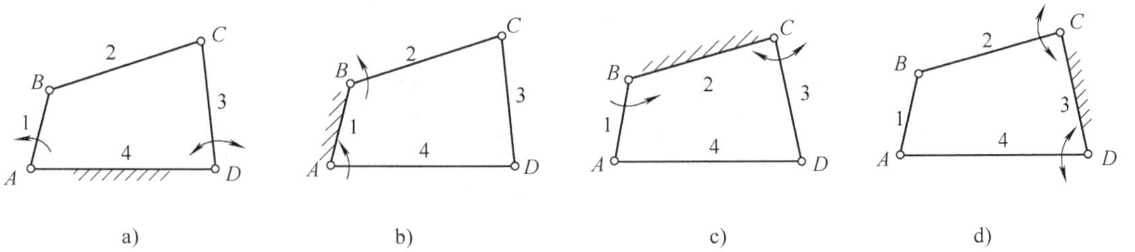

图 3-15 曲柄摇杆机构的倒置
a)、c) 曲柄摇杆机构 b) 双曲柄机构 d) 双摇杆机构

同理，根据低副机构运动可逆性，当图 3-12 所示的曲柄滑块机构中改换不同构件为机架时，便可以得到具有一个移动副的如下几种四杆机构。

若以构件 1 为机架，滑块 3 将以杆状构件 4 为导轨进行相对移动，构件 4 可作整周回转，称为转动导杆，从而得到图 3-16a 所示的转动导杆机构。图 3-16b 所示的小型刨床机构为该机构的应用实例。若杆状构件 4 只能作非整周转动，则称其为摆动导杆，得到图 3-17a 所示的摆动导杆机构。图 3-17b 所示的牛头刨床机构即为该机构的应用实例。

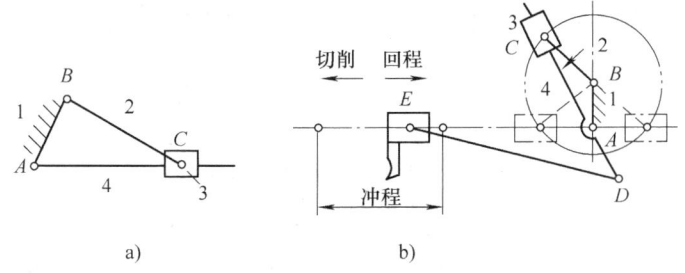

图 3-16 转动导杆机构及其应用
a) 转动导杆机构 b) 小型刨床机构

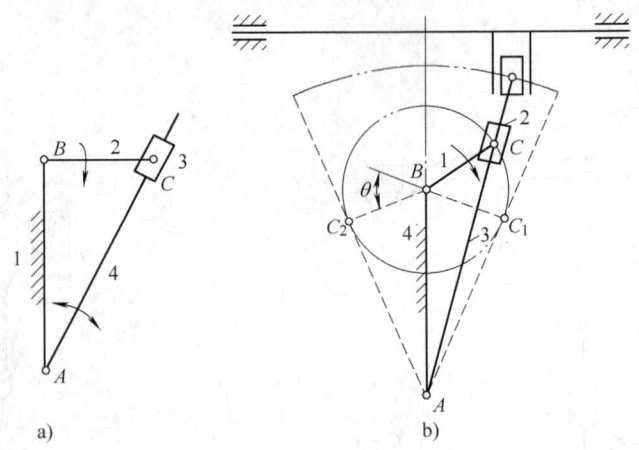

图 3-17 摆动导杆机构及其应用
a) 摆动导杆机构　b) 牛头刨床机构

若以构件 2 为机架，构件 1 仍为曲柄，而滑块 3 变为摇块，得到图 3-18a 所示的曲柄摇块机构。图 3-18b 所示的自卸汽车翻斗机构为该机构的应用实例。

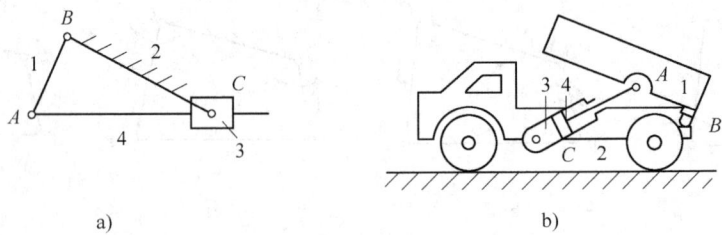

图 3-18 曲柄摇块机构及其应用
a) 曲柄摇块机构　b) 自卸汽车翻斗机构

若以构件 3 为机架，杆状构件 4 只能作移动，得到图 3-19a 所示移动导杆机构。图 3-19b 所示的手压抽水机构为该机构的应用实例。

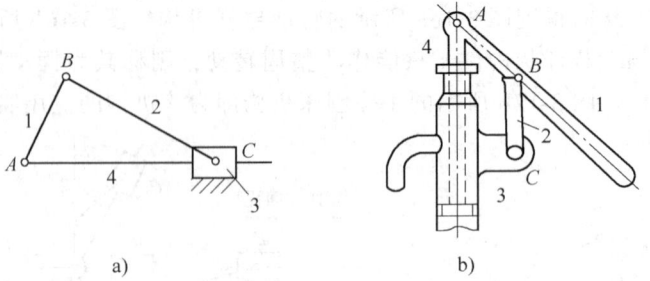

图 3-19 移动导杆机构及其应用
a) 移动导杆机构　b) 手压抽水机构

对于图 3-14b 所示的正弦机构，当改取不同构件为机架时，也可得到具有两个移动副的如下四杆机构：

1）若改取构件 1 为机架，可得到图 3-20a 所示的双转块机构。图 3-20b 所示的十字滑块联轴器机构为该机构的应用实例。

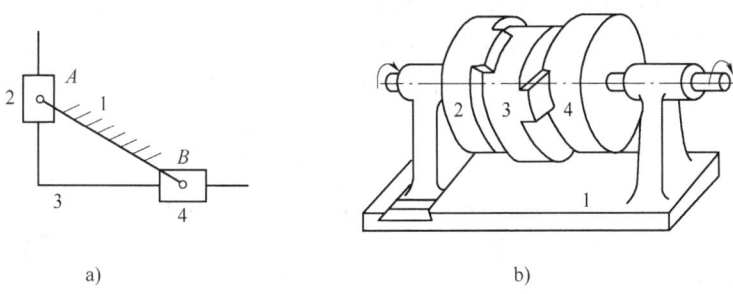

图 3-20　双转块机构及其应用
a）双转块机构　b）十字滑块联轴器机构

2）若改取构件 3 为机架，可得到图 3-21a 所示双滑块机构。图 3-21b 所示的椭圆仪机构为该机构的应用实例。

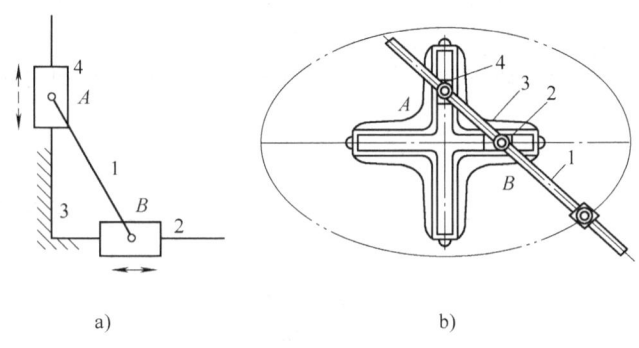

图 3-21　双滑块机构及其应用
a）双滑块机构　b）椭圆仪机构

3. 移动副元素的置换

组成移动副的两元素中，哪个作为滑块，哪个作为导路，并不影响两者的相对运动关系，故移动副元素的几何形状可以互换，从而获得运动相同而外形不同的机构形式。

在图 3-22a 所示的摆动导杆机构中，滑块 2 和导杆 3 组成移动副，互换其几何形状，将滑块 2 做成杆状构件作为导路，而把导杆 3 做成块状构件，形成如图 3-22b 所示的曲柄摇块机构。由于构件 2、3 分别与构件 1、4 组成的铰链 B、C 位置不变，所以两种机构的运动是完全相同的。

4. 扩大转动副的尺寸

组成转动副的两元素的包容和被包容关系不仅可以互换，而且两元素可以同比例地放大或缩小（但相

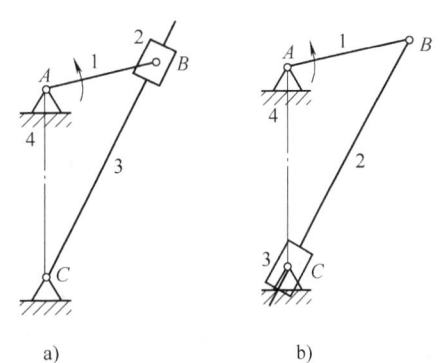

图 3-22　移动副元素的互换
a）摆动导杆机构　b）曲柄摇块机构

对转动中心不能变)。如图3-23a所示的曲柄滑块机构中,当曲柄长度过短,无法制造转动副,或曲柄销需要承受较大冲击载荷时,可将转动副B同心放大至其半径超过曲柄长度l_{AB},如图3-23b所示。此时曲柄1变成几何中心为B、回转中心为A的偏心圆盘,其偏心距e即为曲柄长度l_{AB}。该机构称为偏心轮机构,因构件1、2仍绕B点相对转动,其运动特性与原机构完全相同。偏心轮机构广泛应用于冲床、剪床、颚式破碎机等机械设备中。

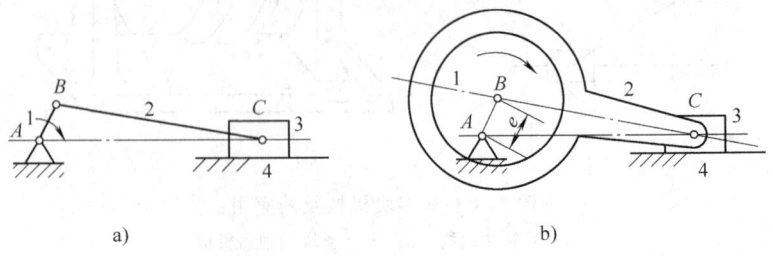

图3-23 偏心轮机构的演化
a) 曲柄滑块机构 b) 偏心轮机构

在图3-24a所示曲柄摇杆机构中,若杆2、3较长,制造不方便,或因空间位置限制,转动副C无法安装时,可将转动副C放大到D点,并将杆3改成圆弧滑块,如图3-24b所示。虽然外形改变了,机构运动特性不变,与原机构完全等价,从而解决了工程上的一些实际困难。

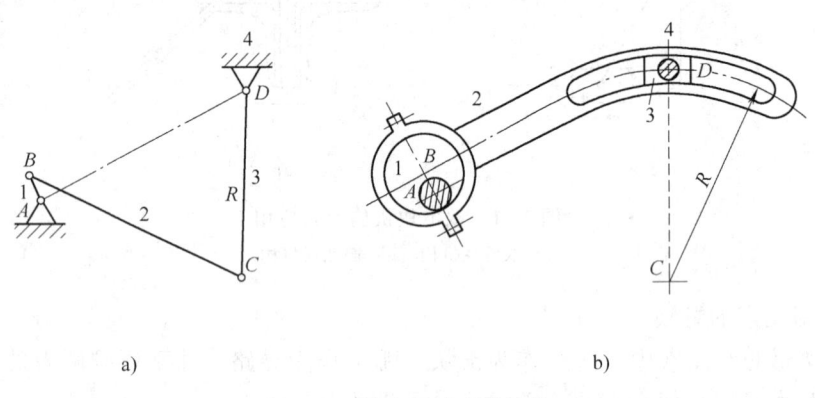

图3-24 扩大转动副的演化
a) 曲柄摇杆机构 b) 扩大转动副

第二节 平面四杆机构的运动特性

一、曲柄存在的条件

在工程实际中,用于驱动机构运动的原动机通常是作连续转动的,如电动机、内燃机等。因此,要求机构的主动件与机架构成整转副,即希望主动件为曲柄。下面以铰链四杆机构为例来分析转动副为整转副的条件,并进而给出曲柄存在条件。

如图3-25所示的铰链四杆机构ABCD,各杆长分别为a、b、c、d,AD为机架。设$a<d$,当构件AB绕转动副A转动时,铰链B、D间的距离g也随之不断改变。当铰链B到达图

示 B_1、B_2 位置时,构件 AB 和机架 AD 分别出现拉伸共线和重叠共线,g 分别达到最大值和最小值。如果铰链 B 能顺利通过 B_1、B_2 两个位置,即能构成三角形 $\triangle B_1C_1D$ 和 $\triangle B_2C_2D$,则转动副 A 为整转副,从而 AB 成为曲柄。由三角形的边长关系可得:

在 $\triangle B_1C_1D$ 中,$a+d \leq b+c$

在 $\triangle B_2C_2D$ 中,$b-c \leq d-a$

$$c-b \leq d-a$$

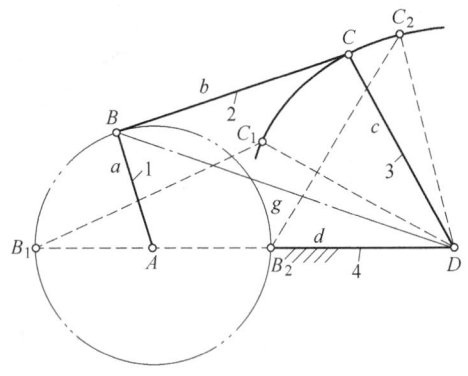

图 3-25 铰链四杆机构曲柄存在条件

将上述三式整理得机构的杆长关系为

$$\left.\begin{array}{l} a+d \leq b+c \\ a+b \leq d+c \\ a+c \leq b+d \end{array}\right\} 和 \ a \leq b, \quad a \leq c, \quad a \leq d \quad (3-1)$$

若 $d<a$,用同样的方法分析,可以得到转动副 A 为整转副时机构的杆长关为

$$\left.\begin{array}{l} d+a \leq b+c \\ d+b \leq a+c \\ d+c \leq a+b \end{array}\right\} 和 \ d \leq a, \quad d \leq b, \quad d \leq c \quad (3-2)$$

式(3-1)和式(3-2)表明,在铰链四杆机构组成整转副 A 的两个构件中,必有一个为最短杆,且该最短杆与最长杆的长度之和必小于或等于其余两杆长度之和。由此可以得出重要结论:

在铰链四杆机构中,如果某个转动副能成为整转副,则它所连接的两个构件中,必有一个为最短杆,且该最短杆与最长杆的长度之和必小于或等于其余两杆长度之和。

注意到,对于满足上述杆长条件的铰链四杆机构,在其运动的一个循环中,最短杆与其相连的两邻杆分别出现两次共线(拉伸与重叠)的位置,也就是说最短杆和与之相连的两邻杆均构成整转副。此时,若取最短杆为机架,则两连架杆均可作整周回转而成为曲柄,得双曲柄机构;若取最短杆为连架杆,则最短杆即为曲柄,而另一连架杆为摇杆,得曲柄摇杆机构;若取最短杆为连杆,两固定铰链均为摆转副,则得双摇杆机构。如果四杆机构不满足上述杆长条件,则不论选取哪个构件为机架,所得机构均为双摇杆机构。

由此得铰链四杆机构曲柄存在的充分条件为:

1)最短杆与最长杆的长度之和必小于或等于其余两杆长度之和。

2)最短杆为机架或连架杆。

由于曲柄滑块机构和导杆机构均是由铰链四杆机构演化而来的,故按照同样的思路和方法,可得出这两种机构的曲柄存在条件。

如图 3-26 所示的滑块机构,连架杆 AB 长度为 a,连杆 BC 长度为 b,偏距为 e。若 AB 为曲柄,则必须满足 $b \geq h_{max}(h_{max} = a+e)$。由此可得杆 AB 成为曲柄的条件为:

1)$a+e \leq b$。

2)AB 为最短杆。

凡满足该条件的为曲柄滑块机构,如图 3-26a 所示;不满足该条件的则为摇杆滑块机构,如图 3-26b 所示。

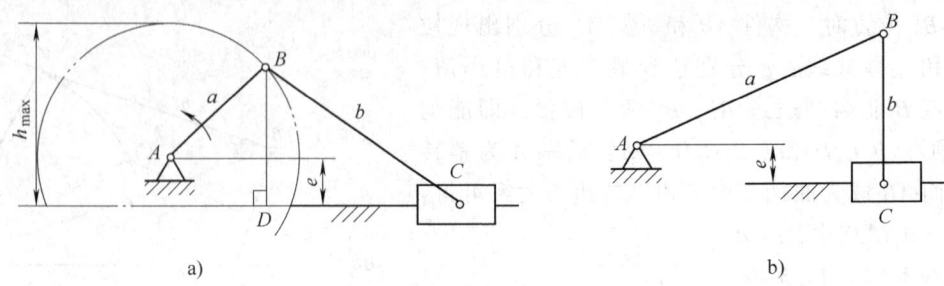

图 3-26 曲柄滑块机构的杆长条件
a) 曲柄滑块机构　b) 摇杆滑块机构

二、往复运动输出件的急回特性

在平面四杆机构中,当曲柄以匀速转动时,作往复运动的输出构件在往返两个行程中的平均速度是不同的。在图 3-27 所示的曲柄摇杆机构中,从动摇杆 3 的两个极限位置之间的摆角为 ψ。当主动曲柄 1 位于 AB_1 而与连杆 2 成拉伸共线时,从动摇杆 3 位于右极限位置 DC_1。当曲柄 1 以等角速度 ω_1 逆时针转过角 φ_1 到达 AB_2,而与连杆 2 重叠共线时,摇杆 3 向左摆动到其左极限位置 DC_2。当曲柄继续转过角 φ_2 而回到位置 AB_1 时,摇杆 3 则由左极限位置向右摆回到右极限位置 DC_1。

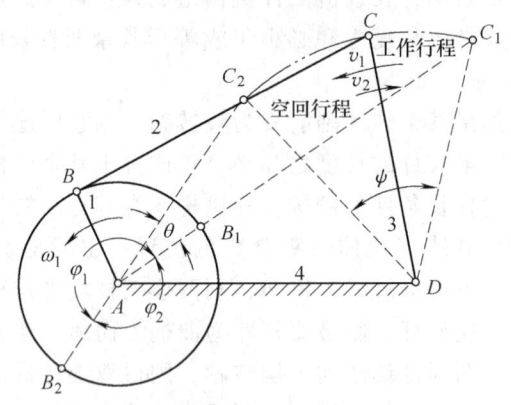

图 3-27 曲柄摇杆机构的急回特性

由图 3-27 可以看出,曲柄相应的两个转角 φ_1 和 φ_2 分别为

$$\varphi_1 = 180° + \theta, \quad \varphi_2 = 180° - \theta$$

式中,θ 为摇杆处于两极限位置时曲柄两对应位置所夹的锐角,称为机构的极位夹角。

由于 $\varphi_1 > \varphi_2$,当曲柄以等角速度 ω_1 转过这两个角度时,对应的时间 $t_1 > t_2$,故

$$v_1 = \frac{\widehat{C_1 C_2}}{t_1} < v_2 = \frac{\widehat{C_1 C_2}}{t_2}$$

由此可见,当曲柄以匀速转动时,摇杆往复摆动的平均速度是不同的,一慢一快。为了提高机械的生产率,应使机构慢速运动的行程为工作行程,快速运动的行程为空回行程。将输出件这种快速返回的运动特性称为急回特性。通常引入行程速度变化系数 K 来表征这种急回运动的相对程度,即

$$K = \frac{v_2}{v_1} = \frac{\overparen{C_2C_1}/t_2}{\overparen{C_1C_2}/t_1} = \frac{t_1}{t_2} = \frac{\varphi_1}{\varphi_2} = \frac{180° + \theta}{180° - \theta} \tag{3-3}$$

由式（3-3）可知，机构的行程速度变化系数 K 与极位夹角 θ 有关。当 $\theta \neq 0$ 时，$K > 1$，且值 θ 越大，K 值越大，表明机构急回特性越显著；当极位夹角 $\theta = 0$ 时，$K = 1$，该机构无急回特性。

类似分析可知，图 3-28a 所示偏置曲柄滑块机构和图 3-28b 所示摆动导杆机构均有极位夹角 $\theta > 0$，$K > 1$，机构具有急回特性。而对于对心曲柄滑块机构，$\theta = 0$，$K = 1$，故无急回特性。

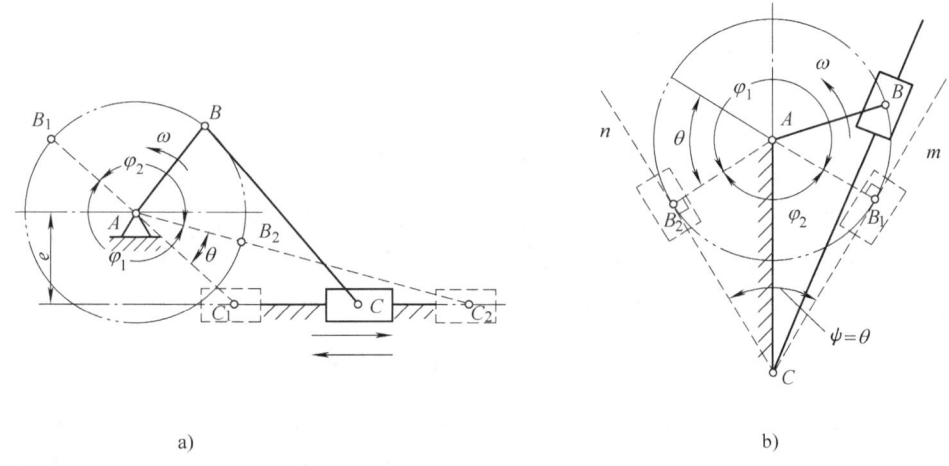

图 3-28 平面四杆机构的极位夹角
a) 偏置曲柄滑块机构　b) 摆动导杆机构

由式（3-3）可得

$$\theta = 180° \frac{K-1}{K+1} \tag{3-4}$$

对于要求有急回特性的机械（如插床、牛头刨床、送料冲压机械等），通常是根据所给定的行程速度变化系数 K 值，由式（3-4）求出极位夹角 θ 值，再结合其他条件设计机构的。

值得指出，对于多杆机构，其极位夹角 θ 同样是当作往复运动的输出件处于两极限位置时，对应的主动曲柄两位置之间所夹的锐角。

三、运动的连续性

机构运动的连续性，是指机构在运动过程中能够连续实现预定的各个位置。例如，在图 3-29 所示的曲柄摇杆机构中，当主动件曲柄 AB 连续转动时，从动件摇杆 CD 可以占据其摆角 ψ 内的某一预定位置。角度 ψ 所决定的从动件运动范围称为机构运动的可行域（图中 AD 上方的阴影区域）。

若将图 3-29a 所示曲柄摇杆机构的摇杆重新安排在机架 AD 的下方，则机构可行域为 ψ'（图中 AD 下方的阴影区域），与上方的可行域 ψ 对称于机架 AD。由图 3-29 可知，从动件摇杆不可能进入角度 δ 或 δ' 所决定的区域，这个区域称为机构运动的非可行域。一般来说，机架上、下方的两个可行域是不连通的，从动件摇杆只能在某一可行域内运动，而不可能从一个可行域经过非可行域跃入另一个可行域内。因此，从动件摇杆的可行域实际上只有一个，

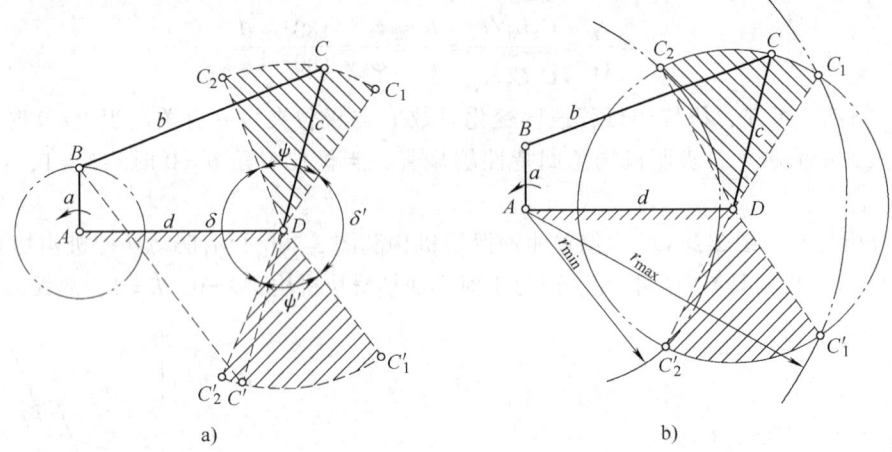

图 3-29 曲柄摇杆机构的可行域

要么在机架 AD 的上方，要么在其下方，至于在上方还是下方，则取决于机构的初始安装模式。在设计曲柄摇杆机构时，不能要求从动摇杆在两个不连通的可行域内运动。

可行域的范围取决于机构中各构件的尺寸，ψ（或 ψ'）的大小可以求出，即

$$\psi = \arccos \frac{c^2 + d^2 - (a+b)^2}{2cd} - \arccos \frac{c^2 + d^2 - (b-a)^2}{2cd} \tag{3-5}$$

ψ 的大小可以通过改变曲柄 AB 的长度来调整。AB 长度增大，可行域 ψ 增大；反之，可行域 ψ 减小。可行域 ψ 的起、止位置可以通过改变连杆 BC 或机架 AD 的长度来调整。连杆 BC 增长或机架 AD 缩短，可行域的 ψ 左、右极限均向右摆动，反之则向左摆动。此时可行域 ψ 的大小会有少量影响。此外，也可以用图 3-29b 所示的作图法求得。图中：$r_{max} = a + b$，$r_{min} = b - a$。

四、连杆曲线

平面连杆机构运动时，其连杆作平面复合运动，连杆上任一点 M 的运动轨迹为形状复杂的高阶曲线，如图 3-30 中虚线所示，称为连杆曲线。连杆可以看做是在所有方向上无限扩展的一个平面，该平面称为连杆平面。在机构的运动过程中，固接在连杆平面上的各点

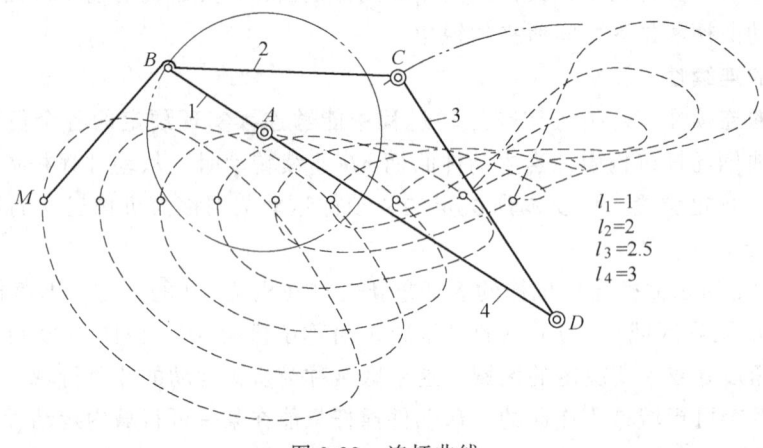

图 3-30 连杆曲线

（图中虚线上的小圆），将描绘出各种不同形状的连杆曲线。改变机构中各构件的相对尺寸，这些连杆曲线形状也随之变化。这些千变万化、丰富多彩的曲线，为工程实际应用提供了良好的可选条件。各种尺度配置的四杆机构的连杆曲线可以直接从《连杆曲线图谱》中查到。

第三节 平面四杆机构的传力特性

在机构设计中，不仅要考察机构的运动特性，还要考虑机构的动力特性。

一、压力角和传动角

在图 3-31 所示的铰链四杆机构中，如果不计构件的惯性力（矩）、重力和运动副中的摩擦力，则连杆 2 是二力共线的构件，由主动件 1 经过二力杆 2 作用于从动件 3 上的驱动力 F 沿着 BC 方向。力 F 可分解为沿着受力点 C 的速度 v_C 方向的分力 F_t 和垂直于 v_C 方向的分力 F_n。

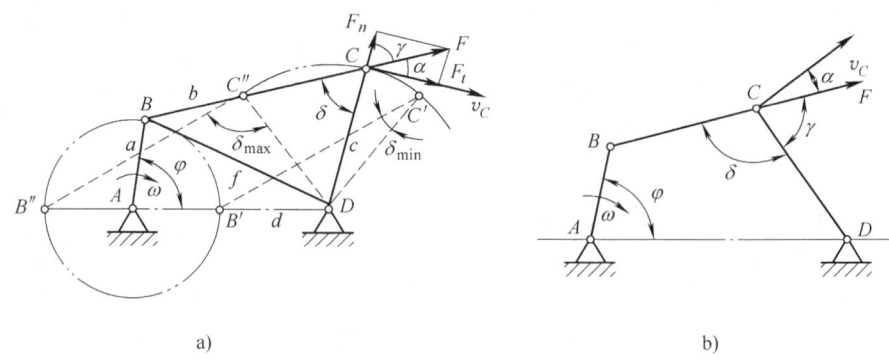

图 3-31 铰链四杆机构压力角和传动角

设力 F 与 C 点速度方向之间所夹的锐角为 α，其余角为 γ，则

$$\begin{cases} F_t = F\cos\alpha = F\sin\gamma \\ F_n = F\sin\alpha = F\cos\gamma \end{cases}$$

其中，沿速度 v_C 方向的分力 F_t 是使从动件转动的有效分力，克服工作阻力而做功；而垂直于 v_C 方向的分力 F_n 在转动副中产生的径向压力会增加运动副中的摩擦阻力矩，加剧轴承磨损，因而是有害分力。由上式可知，α 越大（γ 越小），径向压力 F_n 也越大，对传动越不利；反之，γ 越大（α 越小），有效分力 F_t 越大，对传动越有利。故称角 α 为压力角，其余角 γ 为传动角。在连杆机构中，常用传动角的大小及其变化情况来衡量机构传力性能的优劣。

在机构运动过程中，传动角 γ 的大小是随着机构位置的改变而变化的。为了保证机构具有良好的传力性能，设计时通常应使传动角的最小值大于或等于许用值，即 $\gamma_{\min} \geq [\gamma]$。一般机械中，推荐 $[\gamma] = 40°$；对于高速和大功率机械，应取 $[\gamma] = 50°$。

由图 3-31 可知，当 δ 角为锐角时，$\gamma = \delta$；当 δ 角为钝角时，$\gamma = 180° - \delta$。故传动角的最小值 $\gamma_{\min}$ 可能出现在 δ 具有最小值 $\delta_{\min}$ 或最大值 $\delta_{\max}$ 的位置，即

$$\gamma_{\min} = \min\{\delta_{\min}, 180° - \delta_{\max}\}$$

由图 3-31 不难求出

$$\delta = \arccos \frac{b^2 + c^2 - a^2 - d^2 + 2ad\cos\varphi}{2bc}$$

当 $\varphi = 0$，即 AB 与机架 AD 重叠共线时，得

$$\delta_{\min} = \arccos \frac{b^2 + c^2 - (d-a)^2}{2bc}$$

当 $\varphi = 180°$，即 AB 与机架 AD 拉伸共线时，得

$$\delta_{\max} = \arccos \frac{b^2 + c^2 - (a+d)^2}{2bc}$$

二、死点位置

在图 3-32 所示的曲柄摇杆机构中，设摇杆 CD 为主动件，当机构处于从动曲柄与连杆拉伸共线或重叠共线时，出现了传动角 $\gamma = 0°$ 的情况。这时主动件 CD 通过连杆作用于从动件 AB 上的力恰好通过其回转中心，所以无论该作用力有多大，都不能产生有效分力使构件 AB 转动，从而出现"卡死"现象。机构的此种位置称为死点位置。可见，连杆机构的死点总是出现在从动件与连杆共线的位置。

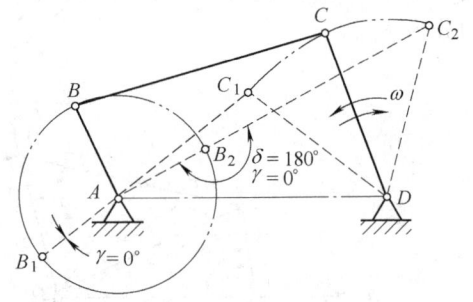

图 3-32 铰链四杆机构的死点

对于传动机构来说，机构有死点是不利的，应该采取措施使机构能顺利通过死点位置。通常是在从动曲柄上安装飞轮，借助于飞轮的惯性使机构闯过死点位置；也可以采用多个相同机构错位排列的办法，使各机构的死点位置相互错开以渡过死点。例如图 3-33 所示的缝纫机踏板机构（曲柄摇杆机构）$ABCD$，踏板（摇杆）CD 是主动件，当其处于图示两个极限位置时，机构处于死点位置，就是借助于带轮的惯性通过死点位置的。

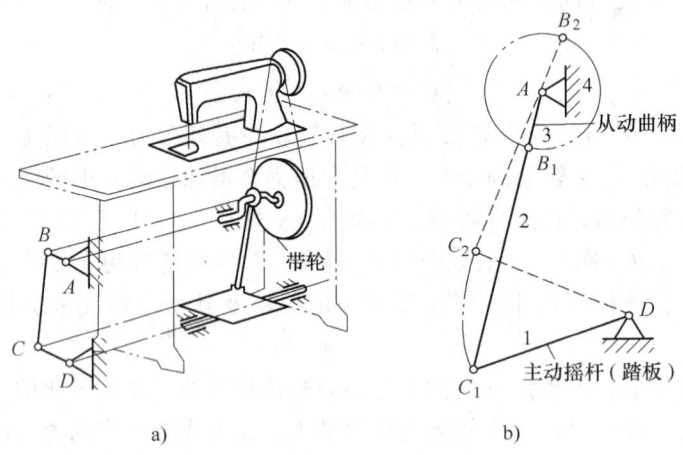

图 3-33 缝纫机踏板机构的死点位置

如图 3-34 所示的蒸汽机车车轮联动机构，就是靠两侧车轮（曲柄）位置相互错开90°的两组曲柄滑块机构 EFG 与 $E'F'G'$ 来克服死点位置的。

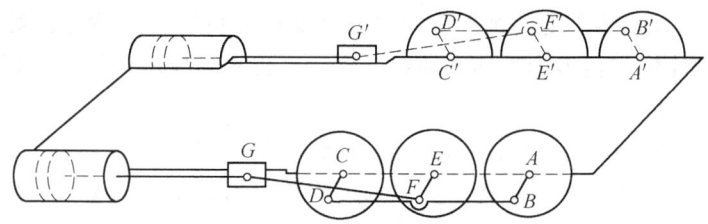

图 3-34 蒸汽机车车轮联动机构

在工程实际中，也常常利用机构的死点来实现一定的工作要求。图 3-35 所示钻床上用于夹紧工件的连杆式快速夹具，就是利用死点位置来夹紧工件的。在连杆 2 的手柄处施以压力 F 将工件夹紧后，连杆 2 与连架杆 1 成一直线。撤去外力 F 之后，在工件反弹力 P 作用下，构件 3 为主动件，从动件 1 处于死点位置，不会自行松开。即使此反弹力很大，也能保证工件在钻削加工中被可靠地加紧。当需要松开时，只要在手柄上加一个很小的反向力，机构即松开工件。图 3-36 所示为飞机起落架收放机构，在机轮被放下时，连杆 BC 与从动件 CD 位于一条直线上，机构处于死点位置，从而能够承受机轮着地时产生的巨大冲击力而不会使从动件反转，仍保持支撑着飞机的状态。

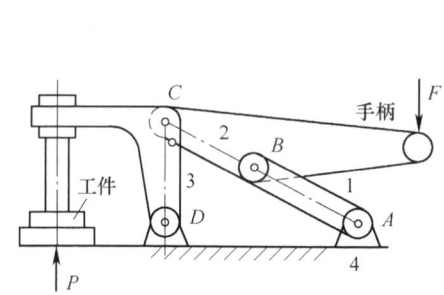

图 3-35 利用死点工作的夹具

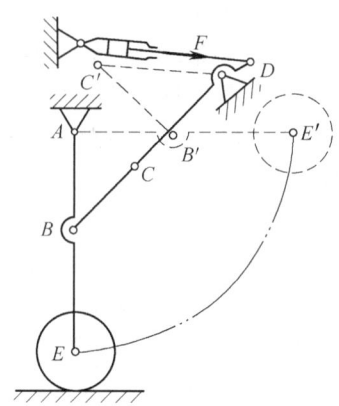

图 3-36 利用死点工作的飞机起落架机构

第四节 平面连杆机构的特点、功能和应用

一、平面连杆机构的特点

1. 平面连杆机构的主要优点

1）连杆机构中构件间以低副相连，而低副元素为面接触，在承受同样载荷的条件下压强较低，且便于润滑，所以摩擦小、磨损轻，可用来传递较大的动力。

2）由于低副元素的连接表面为平面或圆柱面，其几何形状比较简单，故制造方便，易于获得较高的制造精度。

3）构件运动形式具有多样性。连杆机构中既有绕定轴转动的曲柄、绕定轴往复摆动的摇杆、作往复直线移动的滑块，又有作平面一般运动的连杆等，所以利用连杆机构可以获得各种形式的运动。

4）在主动件运动规律不变的情况下，只要改变连杆机构各构件的相对尺寸，就可以使实现不同的运动规律和丰富多彩的连杆曲线。这为工程实际应用提供了广阔的选择空间。

2. 平面连杆机构的主要缺点

1）平面连杆机构运动链较长，运动的传递要经过中间构件，不可避免的构件尺寸制造误差和不可缺少的运动副间隙会引起较大的误差积累，因而难以准确实现任意预期的运动规律或运动轨迹。

2）在连杆机构的运动过程中，作变速运动的构件（如连杆）产生的惯性力（矩）不易平衡，会增加机构的动载荷，造成机械的强迫振动。所以，连杆机构一般不适于高速场合。

二、平面连杆机构的功能和应用

平面连杆机构的主要功能就是从原动件到输出件之间进行运动和动力的传递和变换。因其构件运动形式和连杆曲线的多样性，使得平面连杆机构易于实现多种运动规律和运动轨迹的要求，从而被广泛应用于工程实际中。其中，四杆机构由于其结构简单、设计方便，应用最为广泛；但对于工程实际中提出的一些复杂问题，则往往要借助于多杆机构。

1. 实现运动的传递和变换

从原动件到输出件的运动变换及应用主要有如下几种类型：

（1）转动（匀速）→转动（变速） 在双曲柄机构中，若两个曲柄长度不等，当主动曲柄连续等速转动时，从动曲柄作不等速连续转动。图 3-4 所示的惯性筛机构，就是利用了这种特性。若双曲柄机构为平行四边形机构，则可实现两曲柄同速转动，如图 3-6 所示的机车车轮联动机构。图 3-20b 所示的十字滑块联轴器机构则是能实现两转块同轴同速转动的双转块机构的应用实例。

（2）转动（摆动）⇌摆动 例如，曲柄摇杆机构在图 3-2 所示的缝纫机踏板机构中将踏板（摇杆）3 的往复摆动转换为带轮（曲柄）1 的连续转动。在如图 3-3 所示的雷达天线俯仰角机构中将曲柄 1 的慢速转动转换为抛物线天线（摇杆）3 的俯仰摆动。再如，双摇杆机构在图 3-37 所示电风扇摇头装置中，将连杆 AB（相当于原动件）相对于连架杆 AD 的转动，转换为两连架的往复摆动，实现风扇的摇头动作。

（3）转动⇌移动 例如，曲柄滑块机构在图 3-13 所示自动送料机构中将曲柄 2 的连续转动转换为推头 4 的往复移动，曲柄 2 每回转一周，推头 4 就从料槽中推出一个工件。而在图 3-38 所示压力表指示机构中，将反映压力大小的滑块的位移转换为曲柄 AB 的转角，再采用一对齿轮传动将曲柄转角放大后，在经过函数关系换算的指示刻度表上直接显示压力刻度值。

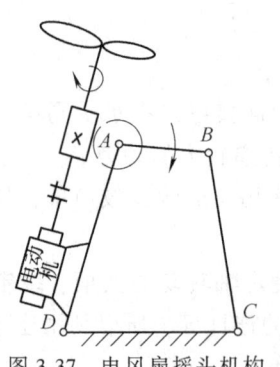

图 3-37 电风扇摇头机构

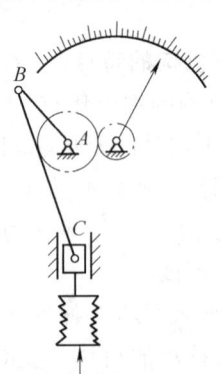

图 3-38 压力表指示机构

(4) 移动→移动 如图 3-21a 所示的双滑块机构，可以实现主、从动件的移动行程和移动方向的变换，因其连杆 AB 上各点轨迹为椭圆曲线，如图 3-21b 所示，故也称为椭圆仪。

2. 实现对输出件的位置要求或预期的运动轨迹

连杆机构利用其连杆的平面运动，可以实现对输出构件的位置要求或预期的运动轨迹。

图 3-10 所示的鹤式起重机是双摇杆机构的应用，机构在工作时，位于连杆 BC 上的重物悬挂点 E 将沿近似水平直线移动，以避免被吊运的重物作不必要的上下起伏，引起附加动载荷。

图 3-39 所示为铸造造型机的砂箱翻转机构，砂箱固结在连杆 BC 上，连杆能顺序实现图中所示的Ⅰ、Ⅱ两个位置，以便实现砂箱在震实台上造型震实和翻转 180°倒置起模。

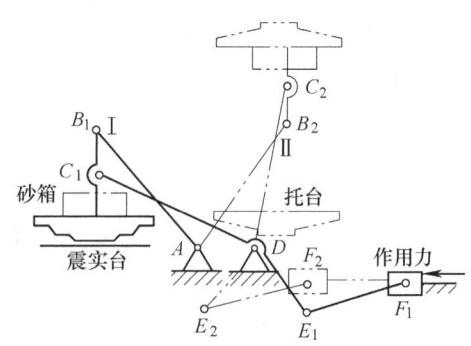

图 3-39 砂箱翻转机构

再如图 3-40 所示公共汽车车门的启闭装置使用两个摇杆滑块机构 ABC 对称并列布置。当压力气源进入车门顶上固定于车箱壁的气缸 1 内推动活塞杆 2 移动时，带动摇杆 3 由 AB 转至 AB_1 位置，作为连杆的两扇车门 4 分别沿车箱墙根作平面运动由关闭位置Ⅰ到打开位置Ⅱ，而当气源反向进入气缸驱动活塞时，则使车门逆向运动而关闭。

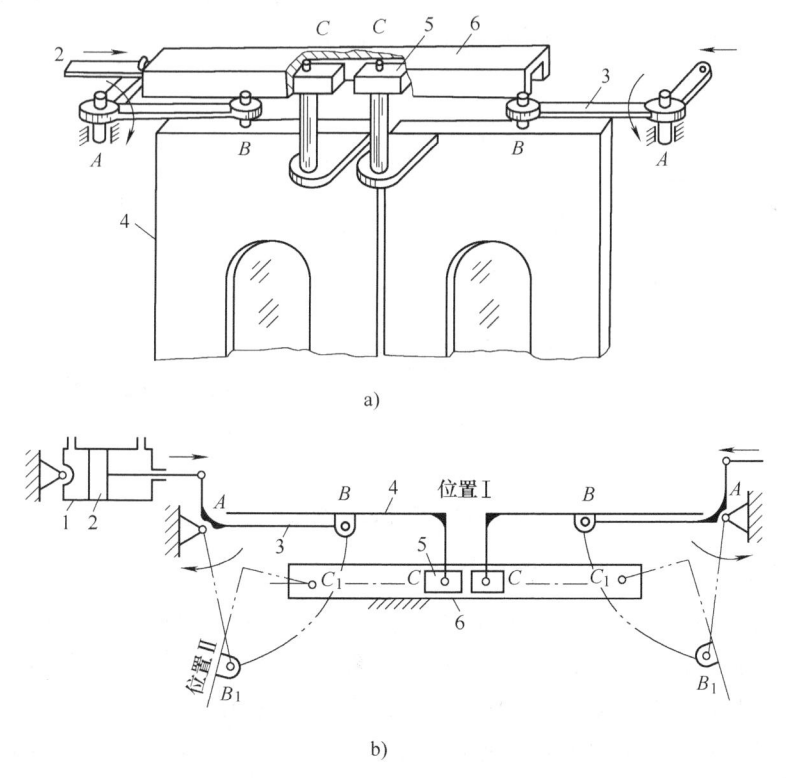

图 3-40 公共汽车车门启闭装置

3. 实现复杂的运动或改善运动特性

如图 3-41 所示汽车前轮转向机构是等腰梯形双摇杆机构，两连架杆的转角满足函数关系 $\cot\psi = \cot\varphi + l_{AD}/L$，以使汽车转弯时，两前轮轴线交于后轮轴线上的某点 P，保证各车轮与地面保持纯滚动，减小轮胎与地面之间的侧向打滑和磨损。

如图 3-42 所示的六杆机构，作平面运动的连杆 2 上 A 点的运动轨迹为一个具有自交点的 ∞ 字形曲线。当曲柄 1 回转一周时，输出构件滑块可实现两个不同行程的往复移动。

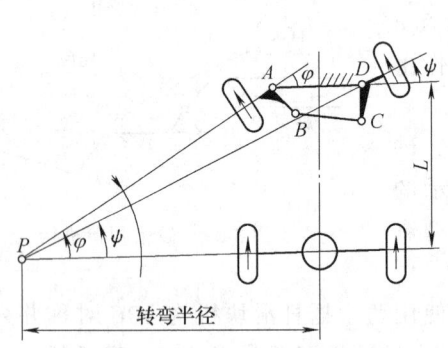
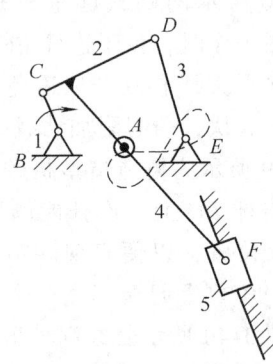

图 3-41 汽车前轮转向机构　　　图 3-42 实现从动件两次行程的六杆机构

图 3-43 所示的六杆机构用于插床的插削机构。主动曲柄 AB 匀速转动，滑块 5 在垂直于 AC 的导路上往复移动，且具有较大的急回特性。改变连杆 ED 的长度，滑块 5 可获不同运动规律，改变摇杆 DC 的长度，即可改变滑块 5 的行程。

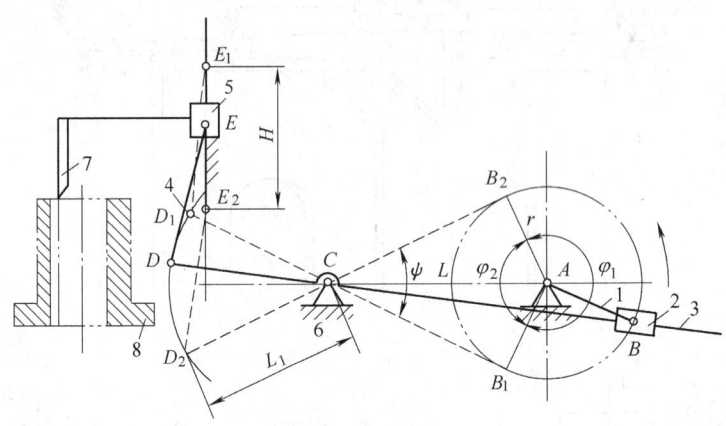

图 3-43 插床的插削机构

4. 实现复杂的工艺动作

图 3-44 所示六杆机构为丝织机的开口机构。两个摇杆滑块机构 3-4-5 和 3-6-7 并列布置，且共用曲柄摇杆机构的输出构件 3 为输入构件。当主动构件曲柄 1 转动时，使两个从动件滑块 5 和 7 实现上下往复移动，完成丝织机织平纹丝织物的开口动作。

图 3-45 所示六杆机构为摆式剪切机构。当主动构件 1 转动时，滑块 3 既相对于导杆 4 移动，又随导杆一起摆动。固接于滑块 3 上的上剪刃在相对于导杆移动的过程中与固接于导杆上的下剪刃相遇，将轧件剪断。该机构可始终保持相同的剪刃间隙，故剪切断面质量较好。

第三章 平面连杆机构及其设计

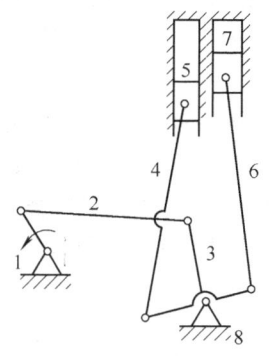

图 3-44 丝织机的开口机构

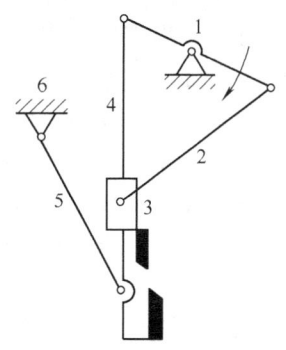

图 3-45 摆式剪切机构

5. 获得较大的机械增益

如图 3-46 所示的加压机构,因其工作位置 DCE 的构型如同人的肘关节一样而被称为肘杆机构。当机构中滑块 E 处于下死点附近时,曲柄摇杆机构 $ABCD$ 和曲柄滑块机构 DCE 的从动件 CD 和滑块 F 均处于速度零位,因而在该位置前后的较长时间内滑块速度近似为零。若不考虑摩擦损耗,则有

$$G = \frac{v_B}{v_E} F$$

因为 $v_B \gg v_E$,所以 $G \gg F$,即加于主动曲柄 AB 上很小的力 F 即可克服执行构件滑块上很大的生产阻力 G,也即可获得很大的机械增益,因而该机构广泛应用于锻压设备中。

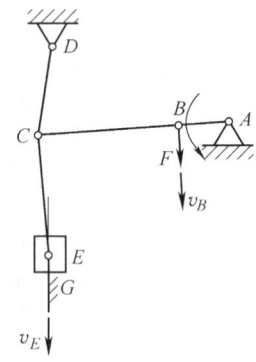

图 3-46 肘杆机构

第五节 平面连杆机构的运动设计

一、平面连杆机构运动设计的基本问题

平面连杆机构运动设计的任务,就是要根据机构所要实现的功能和给定的设计条件(如运动要求、传力要求、几何要求等)确定机构的尺度参数(一般又称为尺度综合)。根据连杆机构的功能,其运动设计可以归纳为下述三大类基本问题。

1. 刚体导引机构的设计

这类机构设计问题要求机构能引导它的一个构件(刚体)顺序通过一系列给定的位置,该构件一般是连杆。典型的例子是图 3-39 所示的铸造造型机的砂箱翻转机构,砂箱固结在连杆 BC 上,要求机构中的连杆能顺序实现图中所示的 Ⅰ、Ⅱ 两个位置,以便实现砂箱在震实台上造型震实和翻转 180°倒置起模两个动作。

2. 实现预定运动规律的机构设计

这类机构的运动设计问题要求机构主动件和从动件间的运动关系能实现某种给定的函数关系,故也称为函数生成机构的设计。典型的例子如图 3-41 所示汽车前轮等腰梯形转向机构,汽车转弯时,为使各车轮与地面保持纯滚动,减小轮胎与地面之间的侧向打滑和磨损,要求两连架杆的转角必须满足函数关系 $\cot\psi = \cot\varphi + l_{AD}/L$,以使两前轮轴线交于后轮轴线上

的某点 P。又如，在工程实际中的许多应用场合，要求机构在主动件匀速转动时，从动件的运动具有急回特性，以提高生产率。

3. 实现预定轨迹的机构设计

这类机构的运动设计问题要求机构连杆上某点能在机架平面上顺序精确地通过若干个指定点或近似地描绘出给定的曲线轨迹，故也称为轨迹生成机构的设计。其典型的例子是如图 3-10 所示的鹤式起重机，要求机构在工作时，连杆 BC 上悬挂重物的吊钩滑轮中心 E 点的轨迹近似为一水平直线，以避免被吊运的重物作不必要的上下起伏，引起附加动载荷和能量消耗。

平面连杆机构运动设计的方法有图解法、解析法和实验法。图解法应用运动几何学原理求解，概念明确、直观易懂、简单易行，对于某些简单的机构设计求解速度快，往往比解析法有效。但其设计精度低，只适用于问题简单且要求不高的场合，对于较为复杂的问题就很难解决。实验法用作图试凑或利用图谱或模型实验的方法求解，此方法直观简单，但精度不高，适用于精度要求不高的设计或机构的初步设计。解析法通过建立机构各构件尺度参数间的函数关系用数学解析法求解。此法求解精度高，能解决较复杂的问题，但计算工作量大。随着计算机技术和数值计算方法的迅速发展，解析法已得到广泛应用。值得说明的是，由于连杆机构本身固有的结构原因，使得机构只能在少数位置精确实现预期的运动要求。随着机械最优化技术的发展，优化设计逐渐得到广泛应用，以设计出尽可能逼近运动要求，同时又满足某项或多项性能要求的最优化的平面连杆机构。

三种设计方法各有特点，设计时选用哪种方法，应视具体情况而定。

二、平面四杆机构的运动设计——图解法

1. 刚体导引机构的设计

如图 3-47 所示，假设工作要求某一刚体在运动过程中能依次占据 Ⅰ、Ⅱ、Ⅲ 三个给定位置，设计一铰链四杆机构，能引导该刚体实现这一运动要求。

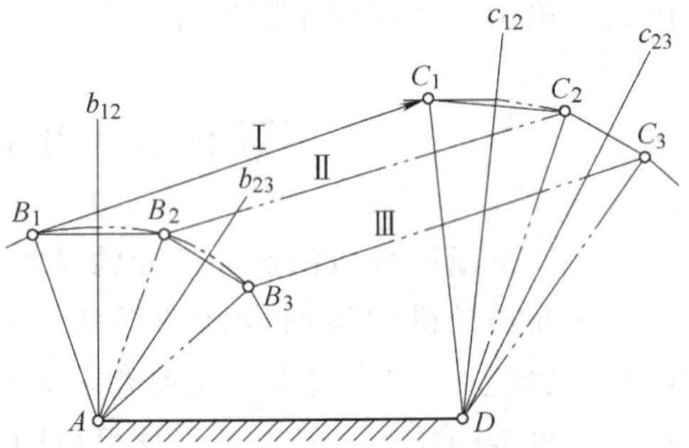

由于在铰链四杆机构中，两连架杆均作定轴转动或摆动，只有连杆作平面一般运动，故能够实现这一运动要求的刚体必是机构中的连杆。因此该设计是为实现连杆给定位置的设计。

首先根据刚体的具体结构，在其上选择合适的活动铰链点 B、C 的位置。一旦确定了 B、C 的位置，该设计问题就成为已知连杆 BC 的长度 l_{BC} 及其三个位置来确定固定铰链点 A、D 的位置。

因为在铰链四杆机构中，连架杆 AB 和 CD 分别绕两个固定铰链 A、D 作定轴转动，连杆上活动铰链 B、C 分别绕固定铰链 A、D 作圆周运动，所以连杆上 B 点的三个位置 B_1、B_2 和 B_3，应位于以 A 为圆心、AB 为半径的圆周上。因此，连接 B_1 和 B_2、B_2 和 B_3，再分别作两连线 B_1B_2、B_2B_3 的中垂线 b_{12} 和 b_{23}，其交点即为连架杆 AB 的固定铰链中心 A。同理，由连杆上 C 点的三个位置 C_1、C_2 和 C_3，可得另一连架杆 CD 的固定铰链中心 D。则 AB_1C_1D 即为所求铰链四杆机构在第一个位置时的机构运动简图。

如果只给定连杆的两个位置，则固定铰链点 A、D 的位置可分别在 B_1B_2、C_1C_2 的中垂

图 3-47 按连杆三个位置设计铰链四杆机构

线 b_{12}、c_{12} 上任取，故其解有无穷多个。设计时，可根据具体情况添加其他附加条件，如给定机构结构尺寸、最小传动角等要求，从中选择合适的机构。

如果 C 点的三个位置 C_1、C_2 和 C_3 成一条直线，如图 3-48 所示，c_{12} 和 c_{23} 将交于无限远处，这时可将连架杆 CD 改为以 C_1、C_2 和 C_3 为导路的滑块，就可获得曲柄（摇杆）滑块机构。

2. 函数生成机构的设计

（1）按照给定两连架杆的对应位置设计四杆机构　如图 3-49 所示，已知四杆机构中机架 AD 的长度 l_{AD} 和连架杆 AB 的长度 l_{AB}，要求设计一函数生成机构实现两连架杆的三组对应关系，当连架杆 AB 分别位于 AB_1、AB_2、AB_3 时，另一连架杆 CD 上某一直线 DE 分别位于 DE_1、DE_2 和 DE_3。

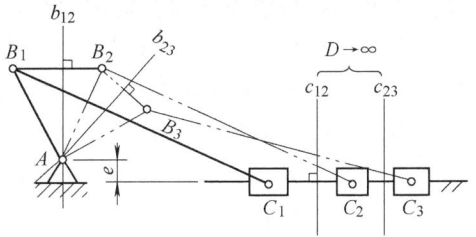

图 3-48　按连杆三个位置设计曲柄（摇杆）滑块机构

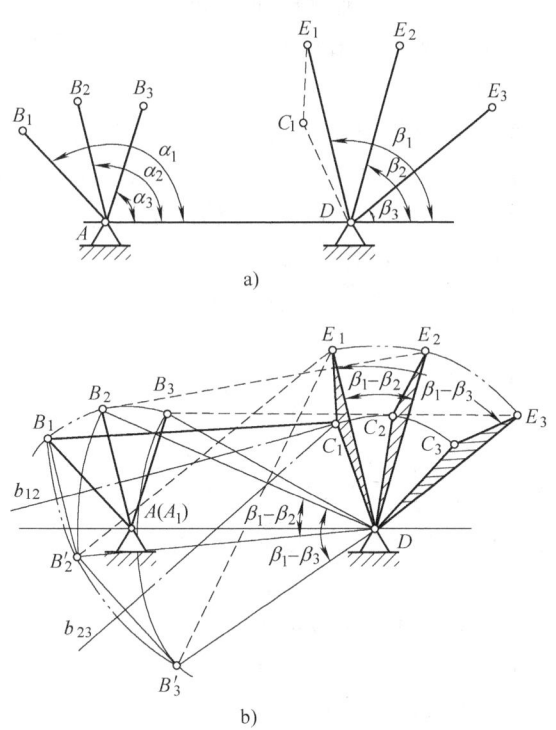

图 3-49　已知连架杆的对应关系设计四杆机构

该设计问题的关键是求出连杆 BC 上活动铰链点 C 的位置，因为一旦确定了 C 的位置，连杆 BC 及另一连架杆 CD 的长度也就确定了。

根据相对运动关系，连杆上 B 点相对于 C 点作圆周运动，如果能确定 B 相对于 C 的三个相对位置 B_1、B_2'、B_3'，则这三点所共圆周的圆心即为动铰链 C。根据"低副运动的可逆性"，在四杆机构中，当改取连架杆 CD 为"机架"时，不会影响机构中各构件的相对运动关系。但此时，原来的机架 AD 和连杆 BC 却成为连架杆。而原来的连架杆 AB 则成为"连杆"，AB_1 便是其第一个位置。这样，就可以把原来已知连架杆位置设计四杆机构的问题转化为已知连杆位置设计四杆机构的问题了。

假设该机构已经设计出来了，如图 3-49b 所示。在这个假想的以 CD 为固定"机架"，以 AB 为"连杆"的四杆机构中，为了求得连杆 AB 的另外两个位置，可设想将原机构的第二位置 AB_2E_2D 和第三位置 AB_3E_3D 分别刚性地绕 D 反转 $\beta_{12} = (\beta_1 - \beta_2)$ 和 $\beta_{13} = (\beta_1 - \beta_3)$，即作四边形 $A_2'B_2'E_1D \cong AB_2E_2D$、$A_3'B_3'E_1D \cong AB_3E_3D$，则得"连杆" AB 的第二位置 $A_2'B_2'$ 和第三位置 $A_3'B_3'$（图中未画出）。这样，由"连杆" AB 的三个位置 AB_1、$A_2'B_2'$ 和 $A_3'B_3'$ 即可确定"机架" CD 的两个铰链点 C 和 D（已知）。我们把这种方法称为反转法。

因为 D 点是已知的，故只需由 B 点的几个位置来确定 C 点即可。步骤如下：

1) 选定比例尺 μ_l，按给定的条件作出固定铰链 A 和 D，并作出两连架杆的三组对应位置 AB_1、AB_2、AB_3 和 DE_1、DE_2、DE_3。

2) 刚化 $\triangle DE_2B_2$、$\triangle DE_3B_3$，并以逆时针方向绕 D 点分别反转 β_{12} 和 β_{13}，即作 $\triangle DE_1B_2' \cong \triangle DE_2B_2$、$\triangle DE_1B_3' \cong \triangle DE_3B_3$，即可得到 B_2' 和 B_3'。作图时，也可以直接将 DB_2、DB_3 以逆时针方向绕 D 点分别反转 β_{12} 和 β_{13}，即可得到 B_2' 和 B_3'。

3) 连接 B_1B_2' 和 $B_2'B_3'$，并分别作其中垂线 b_{12} 和 b_{13}，其相交点即为要求的 C_1 点。图中 AB_1C_1D 即为所求四杆机构的第一个位置。

（2）按照给定输出件的行程及行程速比系数设计四杆机构 在四杆机构中，若给定输出件往复运动的行程 ψ 或 H（见图 3-27 和图 3-28），要求设计机构具有急回运动特性，一般都是给定行程速度变化系数 K，再结合给定的一些辅助条件进行设计。

如图 3-50 所示，给定曲柄摇杆机构中的摇杆 CD 长度 l_{CD}、摆角 ψ 及其行程速度变化系数 K，试设计该曲柄摇杆机构。

首先，根据行程速度变化系数 K，可以计算出极位夹角，即

$$\theta = 180° \times \frac{K-1}{K+1}$$

按给定的摇杆 CD 长度 l_{CD} 及其摆角 ψ，不难作出摇杆的两个极限位置 C_1D 和 C_2D。

该设计问题的关键是确定曲柄的固定铰链点 A 的位置。根据机构急回特性的概念，摇杆 CD 处于两个极限

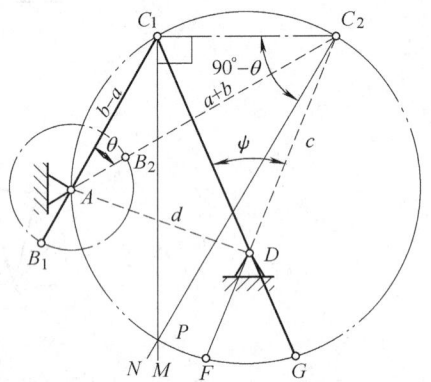

图 3-50 按 K 设计曲柄摇杆机构

位置 C_1D 和 C_2D 时，曲柄 AB 与连杆 BC 两次共线于 B_1AC_1 和 AB_2C_2，其夹角 $\angle C_1AC_2 = \theta$。根据三点共圆的几何原理，A、C_1 和 C_2 三点将构成圆 S，其上弦 C_1C_2 所对的圆周角 $\angle C_1AC_2 = \theta$。可见，只要过 C_1 和 C_2 作圆，并使弦 C_1C_2 所对的圆周角等于极位夹角 θ，则在该圆上可行域内任意点均可作为固定铰链 A。

根据上述分析，作图步骤如下：

1) 由给定的行程速度变化系数 K 计算出极位夹角 θ。

2) 选定比例尺 μ_l，任选一点 D，按给定的条件作出摇杆 CD 的两个极限位置 C_1D 和 C_2D，使 $\angle C_1DC_2 = \psi$，$C_1D = C_2D = l_{CD}/\mu_l$。

3) 连接 C_1 和 C_2，过 C_1 作 $C_1M \perp C_1C_2$，再过 C_2 作 $\angle C_1C_2N = 90° - \theta$。两线段 C_1M 和

C_2N 交于点 P,则 $\angle C_1PC_2 = \theta$。

4）以线段 C_2P 为直径作辅助圆 S,则此圆上可行域 $\overset{\frown}{C_1PF}$ 和 $\overset{\frown}{GC_2}$ 内任意点均可作为固定铰链 A。若再给出辅助条件,如给定机架位置或机架尺寸或最小传动角等,即可唯一确定固定铰链 A 的位置。

5）根据机构在极限位置时的几何关系,得
$$AC_1 = b - a, \quad AC_2 = a + b$$
联立求解,得
$$a = \frac{AC_2 - AC_1}{2}, \quad b = \frac{AC_2 + AC_1}{2}$$

式中,a、b 分别为曲柄 AB 和连杆 BC 的长度。连接 A 和 D 即为机架长度 d。

6）校验机构最小传动角 γ_{min},使之满足 $\gamma_{min} \geqslant [\gamma]$。

7）以 A 为圆心,$a = (AC_2 - AC_1)/2$ 为半径作圆,交 C_1A 延长线于 B_1,交 AC_2 于 B_2,则 AB_1C_1D 或 AB_2C_2D 即为所设计曲柄摇杆机构的运动简图。各杆实际长度为 $l_{AB} = a\mu_l$,$l_{BC} = b\mu_l$,$l_{AD} = d\mu_l$。

对于曲柄滑块机构,当给定行程 H 和行程速度变化系数 K 时,其设计方法与上述相同,如图 3-51 所示。当给定滑块导路偏距 e 时,固定铰链 A 便可以唯一确定。对于摆动导杆机构,则利用其极位夹角 θ 与导杆摆角 ψ 相等的特点,即可方便地得到设计结果,如图 3-52 所示。

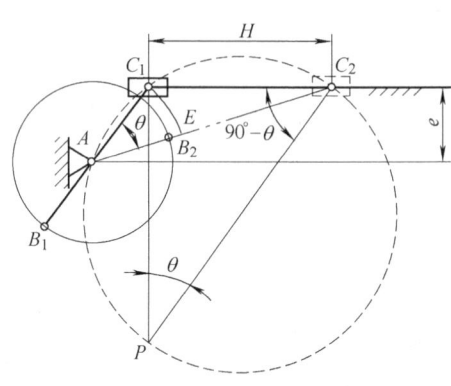

图 3-51 按 K 设计曲柄滑块机构

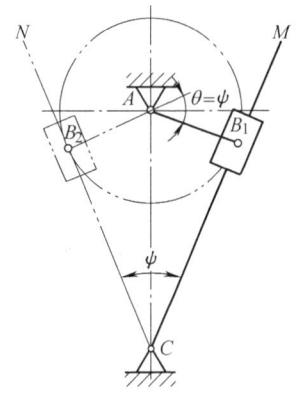

图 3-52 按 K 设计摆动导杆机构

例 3-1 图 3-53 所示为插床主体机构运动简图。已知机构行程速度变化系数 $K = 1.5$,插刀行程 $h = 400$mm,机架 AD 的长度 $l_{AD} = 500$mm,插刀导路中心 F_1F_2 至摆杆极限位置端点的距离 $s = 260$mm,许用传动角 $[\gamma] = 50°$。试设计该机构。

解: 具体设计步骤如下:

1）根据行程速度变化系数 K 计算出极位夹角 θ,即
$$\theta = 180° \times \frac{K-1}{K+1} = 180° \times \frac{1.5-1}{1.5+1} = 36°$$

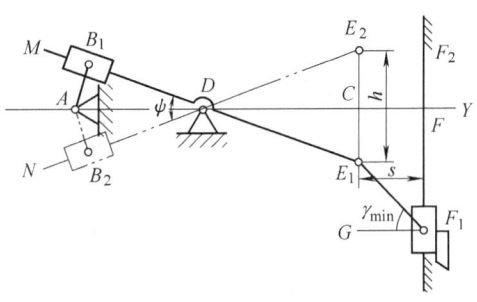

图 3-53 插床主体机构的设计

2）选取比例尺 $\mu_l = 20\text{mm}/1\text{mm} = 20$，作 $AD = 500\text{mm}/20 = 25\text{mm}$，确定固定铰链 A、D。

3）根据摆杆摆角 $\psi = \theta = 36°$，作出摆杆的两极限位置 MDE_1 和 NDE_2，使 $\angle ADM = \angle ADN = \psi/2 = \theta/2 = 18°$。

4）过 A 作 $AB_1 \perp DM$ 得垂足 B_1，作 $AB_2 \perp DN$ 得垂足 B_2，则得曲柄 AB 长度 $l_{AB} = \mu_l AB_1 = 20 \times 8\text{mm} = 160\text{mm}$。

5）延长 AD 至 Y，作 AY 的垂线 E_1E_2 得垂足 C，使 $E_1E_2 = h/\mu_l = 400\text{mm}/20 = 20\text{mm}$，量得 $DE_1 = 32\text{mm}$，得杆 DE_1 的实际长度 $l_{DE_1} = \mu_l DE_1 = 20 \times 32.5\text{mm} = 650\text{mm}$。

6）在 AY 线上量取 $CF = s/\mu_l = 260\text{mm}/20 = 13\text{mm}$，过 F 点作 AF 的垂线 F_1F_2，即为插刀导路中心线。

7）因传动角 γ 在摆杆处于两极限位置时其值为最小，故作 $\angle E_1F_1G = [\gamma] = 50°$，量得 $E_1F_1 = 20\text{mm}$，可得连杆 E_1F_1 的实际长度 $l_{E_1F_1} = \mu_l E_1F_1 = 20 \times 20\text{mm} = 400\text{mm}$。

三、平面四杆机构的运动设计——实验法和图谱法

当要求实现比较复杂的运动规律或按预定轨迹设计四杆机构时，常常采用实验法。由于实验法比较简单直观，而且只要设计得当，还能实现较高的设计精度，可以在较短的时间内获得基本满意的设计结果，所以在工程实际中也是相当实用的。

1. 按给定两连架杆的对应位置设计四杆机构

如图 3-54 所示，要求实现两连架杆之间的四组对应位置关系 α_{12}、α_{23}、α_{34}、α_{45} 和 φ_{12}、φ_{23}、φ_{34}、φ_{45}，试用实验法设计能近似实现这一要求的四杆机构。

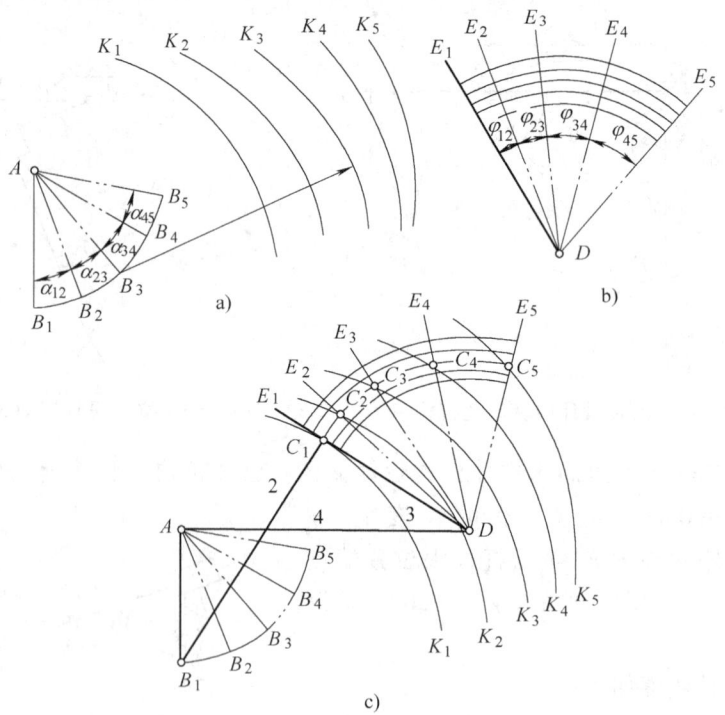

图 3-54 实验法设计铰链四杆机构实现两连架杆对应位置

设计步骤如下：

1）如图 3-54a 所示，在图纸上选取一点作为连架杆 AB 的回转中心 A，并适当选择连架

杆 AB 的长度,根据给定的 α_{12}、α_{23}、α_{34} 和 α_{45} 作出 AB_1、AB_2、AB_3、AB_4 和 AB_5。

2)适当选取连杆 BC 的长度为半径,分别以 B_1、B_2、B_3、B_4 和 B_5 为圆心,作圆弧 K_1、K_2、K_3、K_4 和 K_5。连杆 BC 上另一端的铰链中心将处在这一系列的圆弧上。

3)如图 3-54b 所示,在一张透明纸上选取一点作为连架杆 CD 的回转中心 D,并根据给定的 φ_{12}、φ_{23}、φ_{34} 和 φ_{45} 作出 DE_1、DE_2、DE_3、DE_4 和 DE_5。再以 D 为圆心,取不同长度为半径,作出若干个同心圆弧。

4)将画在透明纸上的图 3-54b 覆盖在图 3-54a 上,如图 3-54c 所示,进行试凑,使圆弧 K_1、K_2、K_3、K_4 和 K_5 分别与连架杆 CD 的对应位置 DE_1、DE_2、DE_3、DE_4 和 DE_5 的交点 C_1、C_2、C_3、C_4 和 C_5,均落在以 D 为圆心的同一圆弧上,则图形 AB_1C_1D 即为所要求设计的四杆机构。

2. 按给定点的运动轨迹设计四杆机构

在生产实际中常需要按照给定点的运动轨迹,即用连杆曲线设计四杆机构,如图 3-10 所示的鹤式起重机。这是一种难解的问题,工程实际中常用实验法近似设计。

如图 3-55 所示,试设计一铰链四杆机构,使其连杆上一点 M 能够沿着预定轨迹 mm 运动。设计方法如下:

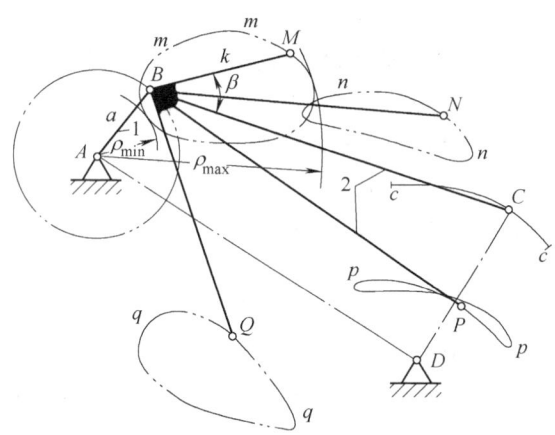

图 3-55 实验法设计实现预定轨迹的四杆机构

1)先准备两个构件,使它们在 B 点铰接。其中构件 1 作为长度 a 可调的曲柄,构件 2 作为具有若干分支杆的连杆,其各分支杆不仅长度可调,且相互之间的夹角也可调。

2)在相对于曲线 mm 的合适位置处,选定曲柄转轴 A。以 A 点为圆心作两个圆弧,分别与所给曲线 mm 相切于最远点和最近点,得 ρ_{max} 和 ρ_{min},如图 3-55 所示。然后调整构件 1 的长度 a 和构件 2 上某一分支杆 BM 的长度 k,使该分支杆的端点 M 既能到达曲线 mm 的最远点,又能适应曲线 mm 的最近点,即使:$a+k=\rho_{max}$、$k-a=\rho_{min}$。

3)由于此时由构件 1、构件 2 和机架所组成的运动链 ABM 是一个自由度为 2 的运动链,故可以让构件 1 绕 A 点作圆周运动,同时使构件 2 的 M 点沿着给定轨迹 mm 运动一周。与此同时,构件 2 的其他分支杆上的点 C、N、P、Q 等,将描绘出各自相应的封闭曲线轨迹 cc、nn、pp、qq,如图 3-55 所示。从这些曲线中寻找一条近似于圆弧的轨迹 cc,则此圆弧曲线的曲率中心 D 即为连架杆 CD 的固定铰链中心。则 $ABCD$ 即为所设计的铰链四杆机构。如果从这些曲线中能找到一条近似于直线的轨迹,则以该直线为导路,即可得到曲柄滑块机构。如果在这些曲线中找不到一条近似的圆弧曲线或直线，则可重新调整构件 1 的长度、或调整构件 2 的其他各分支杆的长度或角度、或另行选择 A 点的位置，重新进行上述实验求解，直至满足设计要求。

除实验法外，还可以利用"连杆曲线图谱"进行轨迹生成机构的设计。该图谱中收集了各种尺度配置的四杆机构的连杆曲线，图 3-30 所示即为其中的一张图。图中 A、D 为固定铰链中心，B、C 为活动铰链中心，各虚线所示曲线分别为连杆平面上 9 个点在机构运动过程中所描绘的连杆曲线；右下角所示数字表示各构件的相对杆长。在根据预期运动轨迹设计四杆机构时，可先从图谱中找出所需的运动轨迹，并查出相应的各构件的相对长度；然后用缩放仪确定图谱中的连杆曲线与给定运动轨迹之间的倍数关系，再将各构件的相对长度放大同样的倍数，便可以直接得出该四杆机构的实际尺度参数。

现需设计打包机中的一个停歇的机构，要求滑块行程为 H，在滑块一端实现近似停歇一个周期的 1/4 时间。设计方法是：查阅"连杆曲线图谱"，从中找出一个铰链四杆机构 ABCD 和其连杆上一条连杆曲线，如图 3-56 所示。图中连杆曲线的每一段短线的长度对应于曲柄转过 5°时连杆上点 M 所描绘的距离，整条连杆曲线由 72 段短线组成。该曲线上 PQ 段接近圆弧，其曲率中心为 G，曲率半径 $\rho = 1.26$。该段圆弧包含虚线段数为 18 段，因此当点 M 运动经过该段圆弧时，对应于曲柄转过 $5° \times 18 = 90°$，正好是 1/4 周期，其曲率中心保持不动。现将另一长度等于 ρ 的构件 MF 的一端与连杆上的点 M 铰接，另一端与滑块在 G 铰接。选定滑块导路方向 GE，则当 M 点沿着轨迹曲线由 P 运动至 Q 时，滑块 F 在 G 处近似停歇不动，满足停歇要求；当 M 点由 Q 运动至 R 时，滑块 F 向下运动；当 M 点由 R 运动至 P 时，滑块 F 又向上返回；其相对行程 $h = 1.48$。因为成比例地缩放机构，不会影响 M 点的轨迹的形态，故可将机构放大或缩小 H/h 倍，就获得给定的滑块行程 H 要求，也确定了机构中各构件的尺寸。

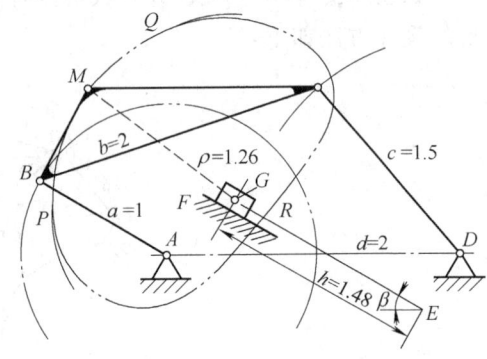

图 3-56　图谱法设计打包机停歇机构

值得说明的是，在选择滑块导路方向时，不同的方向有不同的相对行程 h、不同的最小传动角 γ_{min} 和不同的行程速度变化系数 K。原则上要使 γ_{min} 尽可能大或使机构受力最大处 γ 较大。

四、平面四杆机构的运动设计——解析法

1. 刚体位移矩阵

刚体的位移是指刚体位置的改变，可用刚体位移矩阵来描述。刚体在平面上的位置可用固联于其上的任一向量 PQ 的方位来确定，如图 3-57 所示。其中向量尾部 P 为参考点，向量的头部 Q 为待求点。

刚体的一般平面运动，可以看做是向量 PQ 先平移后旋转两个运动的合成。即刚体先随参考点 P 由 $P_1(x_{P1}, y_{P1})$ 平移到 $P_j(x_{Pj}, y_{Pj})$，再绕参考点

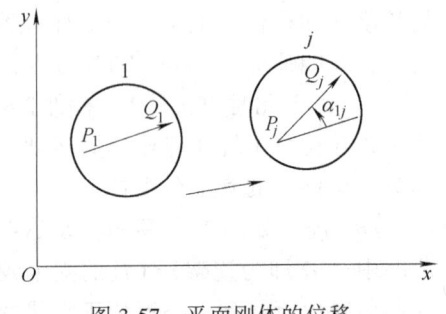

图 3-57　平面刚体的位移

P_j 转动 α_{1j}（规定 α_{1j} 逆时针方向为正），从而由位置 1 运动到位置 j。于是有

$$\overline{P_j Q_j} = \mathrm{Trans}(x_{Pj} - x_{P1}, y_{Pj} - y_{P1}, 0) \mathrm{Rot}(z, \alpha_{1j}) \overline{P_1 Q_1} \tag{3-6}$$

或

$$\boldsymbol{Q}_j - \boldsymbol{P}_j = \mathrm{Trans}(x_{Pj} - x_{P1}, y_{Pj} - y_{P1}, 0) \mathrm{Rot}(z, \alpha_{1j})(\boldsymbol{Q}_1 - \boldsymbol{P}_1) \tag{3-7}$$

其中

$$\mathrm{Trans}(x_{Pj} - x_{P1}, y_{Pj} - y_{P1}, 0) = \begin{pmatrix} 1 & 0 & x_{Pj} - x_{P1} \\ 0 & 1 & y_{Pj} - y_{P1} \\ 0 & 0 & 1 \end{pmatrix}$$

为平移变换矩阵；

$$\mathrm{Rot}(z, \alpha_{1j}) = \begin{pmatrix} \cos\alpha_{1j} & -\sin\alpha_{1j} & 0 \\ \sin\alpha_{1j} & \cos\alpha_{1j} & 0 \\ 0 & 0 & 1 \end{pmatrix}$$

为旋转变换矩阵。

将式（3-7）展开化简，可得待求点 Q 在运动前后的关系为

$$\boldsymbol{Q}_j = \boldsymbol{D}_{1j} \boldsymbol{Q}_1 \tag{3-8}$$

式中

$$\boldsymbol{Q}_j = \begin{bmatrix} x_{Qj} & y_{Qj} & 1 \end{bmatrix}^\mathrm{T}$$

$$\boldsymbol{Q}_1 = \begin{bmatrix} x_{Q1} & y_{Q1} & 1 \end{bmatrix}^\mathrm{T}$$

$$\boldsymbol{D}_{1j} = \begin{pmatrix} d_{11j} & d_{12j} & d_{13j} \\ d_{21j} & d_{22j} & d_{23j} \\ 0 & 0 & 1 \end{pmatrix}$$

$$= \begin{pmatrix} \cos\alpha_{1j} & -\sin\alpha_{1j} & x_{Pj} - x_{P1}\cos\alpha_{1j} + y_{P1}\sin\alpha_{1j} \\ \sin\alpha_{1j} & \cos\alpha_{1j} & y_{Pj} - x_{P1}\sin\alpha_{1j} - y_{P1}\cos\alpha_{1j} \\ 0 & 0 & 1 \end{pmatrix} \tag{3-9}$$

$\boldsymbol{D}_{1j}$ 称为刚体从位置 1 运动到位置 j 的位移矩阵。当参考点 P 的位移和刚体转角 α_{1j} 已知时即可确定位移矩阵 $\boldsymbol{D}_{1j}$ 中各元素的值。

2. 刚体导引机构的运动设计

如图 3-58 所示四杆机构能引导固结在构件 3 上的刚体依次通过给定位置 $[(x_{Pj}, y_{Pj}), \alpha_j]$，$j = 1, 2, \cdots, n$，则该机构称为刚体导引机构。与被导刚体固结在一起的构件 3 称为被导构件（通常是连杆），支持被导构件的构件 1、2 称为导引构件（通常是连架杆）。此类综合问题的目标在于设计相应的导引构件，使被导构件通过一系列给定的位置。由于平面连杆机构的运动副只有转动副 R 和移动副 P，因而作为导引构件的连架杆也只有 R—R 杆和 P—R 杆两种形式。下面分别讨论其位移约束方程。

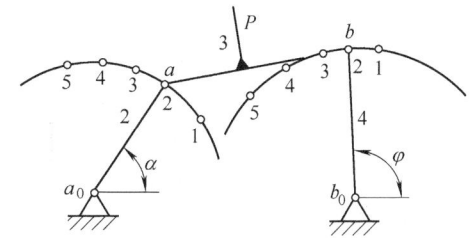

图 3-58 刚体导引机构

（1）R—R 导引构件的位移约束方程——定长方程 对于平面铰链四杆机构，两导引

构件均为 R—R 形式,其中与被导构件相连的转动副 R 分别用 a、b 表示,与机架相连的转动副 R 分别用 a_0、b_0 表示,如图 3-59 所示。设被导刚体分别位于 1、2、$\cdots$、j 时,其上与导引构件相连的 a 依次位于 a_1、a_2、$\cdots$、a_j。因导引构件 a_0a 在导引被导刚体运动的过程中,始终绕 a_0 转动,且长度保持不变,由此即可列出点 a 的位移约束方程——定长约束方程为

$$(x_{aj} - x_{a0})^2 + (y_{aj} - y_{a0})^2 = (x_{a1} - x_{a0})^2 + (y_{a1} - y_{a0})^2 \quad (j=2,\cdots,n) \tag{3-10}$$

(2) P—R 导引构件的位移约束方程——定斜率方程 导引构件为 P—R 时,它与被导构件组成转动副 R,而与机架组成移动副,如图 3-60 所示。设给定被导刚体一系列位置 1、2、$\cdots$、j 时,其上与导引构件铰接的 b 点依次位于 b_1、b_2、$\cdots$、b_j。因导引构件在导引被导刚体运动的过程中,沿一固定直线运动,故 b 点的一系列位置 b_1、b_2、$\cdots$、b_j 中每两点连线的斜率都应相等。由此即可列出点 b 的位移约束方程——定斜率方程为

$$\frac{y_{bj} - y_{b1}}{x_{bj} - x_{b1}} = \frac{y_{b2} - y_{b1}}{x_{b2} - x_{b1}} = \tan\theta \quad (j=3,4,\cdots,n) \tag{3-11}$$

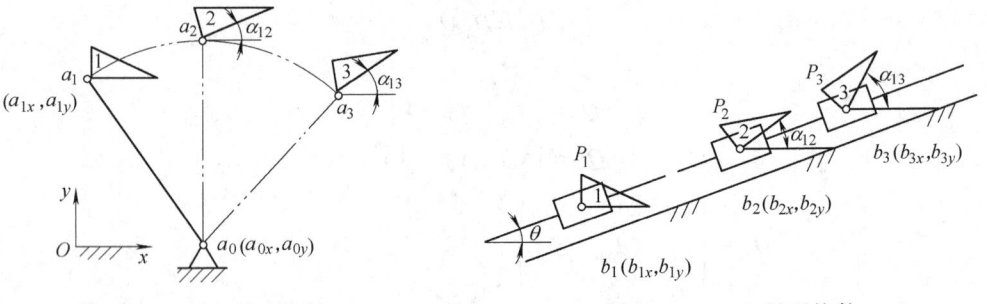

图 3-59 R—R 导引构件 　　　　　　　　 图 3-60 P—R 导引构件

(3) 给定连杆三个位置的机构设计 设给定连杆平面上某点 P 的三个位置 P_j (x_{Pj}, y_{Pj}) ($j=1,2,3$) 及通过该点的某条直线的位置角 α_j ($j=1,2,3$),设计铰链四杆机构。此即为连杆平面精确通过三个位置的刚体导引机构综合问题。

1) R—R 导引构件的设计。取位置 1 为参考位置,则由式 (3-10) 可得两个定长约束方程为

$$(x_{aj} - x_{a0})^2 + (y_{aj} - y_{a0})^2 = (x_{a1} - x_{a0})^2 + (y_{a1} - y_{a0})^2 \quad (j=2,3) \tag{3-12}$$

将式 (3-12) 中的 a_j (x_{aj}, y_{aj}) ($j=2,3$) 用位移矩阵表示成 a_1 (x_{a1}, y_{a1}) 的函数,即

$$\begin{pmatrix} x_{aj} \\ y_{aj} \\ 1 \end{pmatrix} = \boldsymbol{D}_{1j} \begin{pmatrix} x_{a1} \\ y_{a1} \\ 1 \end{pmatrix} = \begin{pmatrix} d_{11j} & d_{12j} & d_{13j} \\ d_{21j} & d_{22j} & d_{23j} \\ 0 & 0 & 1 \end{pmatrix} \begin{pmatrix} x_{a1} \\ y_{a1} \\ 1 \end{pmatrix} \quad (j=2,3) \tag{3-13}$$

将给定的 P_j (x_{Pj}, y_{Pj}) ($j=1,2,3$) 和 $\alpha_{1j} = \alpha_j - \alpha_1$ ($j=2,3$) 代入式 (3-9) 中即可确定位移矩阵 $\boldsymbol{D}_{1j}$ ($j=2,3$) 的各元素。将式 (3-13) 代入式 (3-12) 得到只包含 a_1 (x_{a1}, y_{a1}) 和 a_0 (x_{a0}, y_{a0}) 四个未知数的方程,即

$$(d_{11j}x_{a1} + d_{12j}y_{a1} + d_{13j} - x_{a0})^2 + (d_{21j}x_{a1} + d_{22j}y_{a1} + d_{23j} - y_{a0})^2$$
$$= (x_{a1} - x_{a0})^2 + (y_{a1} - y_{a0})^2 \quad (j=2,3) \tag{3-14}$$

用两个方程解四个未知数 x_{a1}、y_{a1}、x_{a0}、y_{a0}，所以有无穷多组解。可以预先给定四个未知数中的任意两个，从而得到只含有两个未知数的两个线性方程，进而求出另外两个未知数。设给定固定铰链的位置 a_0 (x_{a0}, y_{a0})，将式 (3-14) 展开，并注意到位移矩阵 $\boldsymbol{D}_{1j}$ ($j = 2, 3$) 中各元素间的关系

$$d_{11j} = d_{22j} = \cos\alpha_{1j} \qquad d_{12j} = -d_{21j} = -\sin\alpha_{1j}$$

进行整理，即可得线性方程组

$$A_j x_{a1} + B_j y_{a1} = C_j \qquad (j = 2, 3) \tag{3-15}$$

式中

$$\begin{cases} A_j = d_{11j}d_{13j} + d_{21j}d_{23j} + (1 - d_{11j})x_{a0} - d_{21j}y_{a0} \\ B_j = d_{12j}d_{13j} + d_{22j}d_{23j} + (1 - d_{22j})y_{a0} - d_{12j}x_{a0} \\ C_j = d_{13j}x_{a0} + d_{23j}y_{a0} - (d_{13j}^2 + d_{23j}^2)/2 \end{cases} \tag{3-16}$$

把式 (3-15) 应用克莱姆法则或牛顿—拉普森算法，即可求得 a_1 (x_{a1}, y_{a1})。

一般来说，设给定连杆平面精确位置数为 n，则定长约束方程数目为 $(n-1)$，而未知数的数目为 4，所以可选未知数数目为 $q = 4 - (n-1) = 5 - n$。令 $q = 0$，即可得到导引刚体的铰链四杆机构所能满足的最多位置数 $n_{\max} = 5$。若 $n = 5$，即给定连杆平面五个位置，可由 $n - 1 = 4$ 个独立方程解出四个未知数，问题具有确定的解；若 $n < 5$，需要预先选定某些机构参数，才能有确定的解，或根据其他条件取适当的解；而当 $n > 5$ 时，方程一般没有精确解，通常采用最优化设计方法求解。

2) P—R 导引构件的设计。同样取位置 1 为参考位置，由给定连杆平面的三个位置和式 (3-11) 可得定斜率约束方程为

$$x_{b1}(y_{b2} - y_{b3}) - y_{b1}(x_{b2} - x_{b3}) + (x_{b2}y_{b3} - x_{b3}y_{b2}) = 0 \tag{3-17}$$

将上式中的 b_j (x_{bj}, y_{bj}) ($j = 2, 3$) 用位移矩阵表示成 b_1 (x_{b1}, y_{b1}) 的函数得

$$\begin{pmatrix} x_{bj} \\ y_{bj} \\ 1 \end{pmatrix} = \boldsymbol{D}_{1j} \begin{pmatrix} x_{b1} \\ y_{b1} \\ 1 \end{pmatrix} = \begin{pmatrix} d_{11j} & d_{12j} & d_{13j} \\ d_{21j} & d_{22j} & d_{23j} \\ 0 & 0 & 1 \end{pmatrix} \begin{pmatrix} x_{b1} \\ y_{b1} \\ 1 \end{pmatrix} \qquad (j = 2, 3) \tag{3-18}$$

将式 (3-18) 代入式 (3-17) 并展开整理得到只包含 b_1 (x_{b1}, y_{b1}) 两个未知数的方程，即

$$A x_{b1}^2 + A y_{b1}^2 + D x_{b1} + E y_{b1} + F = 0 \tag{3-19}$$

式中

$$\begin{cases} A = Cd_{212} - Bd_{213} \\ B = 1 - d_{112} \\ C = 1 - d_{113} \\ D = Cd_{232} - Bd_{233} + d_{132}d_{213} - d_{133}d_{212} \\ E = Bd_{133} - Cd_{132} + d_{232}d_{213} - d_{233}d_{212} \\ F = d_{233}d_{132} - d_{133}d_{232} \end{cases} \tag{3-20}$$

式 (3-19) 为圆的一般方程，将其改写成圆的标准方程

$$\left(x_{b1} + \frac{D}{2A}\right)^2 + \left(y_{b1} + \frac{E}{2A}\right)^2 = \frac{D^2 + E^2 - 4AF}{4A^2} \tag{3-21}$$

式（3-21）表示圆心在 $\left(-\dfrac{D}{2A},\ -\dfrac{E}{2A}\right)$、半径为 $\sqrt{\dfrac{D^2+E^2-4AF}{4A^2}}$ 的圆，该圆称为导引滑块的轨迹圆。也就是说，对于给定连杆平面的三个位置，其导引滑块铰接点 b_1 的位置可在该圆上任取。

可见，对于给定连杆平面的三个位置，有无穷多个满足要求的导引滑块。这是由于要用一个方程（3-19）解两个未知数 $b_1\ (x_{b1},\ y_{b1})$ 的缘故。需要根据其他条件选择一个适当的解。

一般来说，设给定连杆平面精确位置数为 n，可得到的定斜率约束方程数目为 $(n-2)$，而所含未知数的数目为 2，所以可选未知数数目为 $q=2-(n-2)=4-n$。令 $q=0$，即可得到导引刚体的曲柄滑块机构所能满足的最多位置数 4。若 $n=4$，即给定连杆平面四个位置，可由 $n-2=2$ 个独立方程解出两个未知数，问题具有确定的解；若 $n<4$，问题有无穷多组解，需要预先选定某些机构参数，才能有确定的解，或根据其他条件取适当的解；而当 $n>4$ 时，方程一般没有精确解，通常采用最优化设计方法求解。

值得指出的是，根据以上方法理论上求得的平面连杆机构，并不总是可行的，很可能只能装配，而不能连续运动。所以应检验机构是否满足可动条件、曲柄存在条件和运动连续性条件等。

例 3-2 设计一曲柄滑块机构，要求能导引连杆平面精确通过以下三个位置：

$$P_1(1.0, 1.0);\ P_2(2.0, 0.0),\ \alpha_{12}=30.0°;\ P_3(3.0, 2.0),\ \alpha_{13}=60.0°。$$

解：1）导引滑块（P—R 导引构件）的设计。将给定连杆平面三个位置的数据 $P_j\ (x_{Pj},\ y_{Pj})\ (j=1,\ 2,\ 3)$ 和 $\alpha_{1j}=\alpha_j-\alpha_1\ (j=2,\ 3)$ 代入式（3-9）中，求得刚体位移矩阵 $\boldsymbol{D}_{1j}\ (j=2,\ 3)$ 为

$$\boldsymbol{D}_{12}=\begin{pmatrix}0.866 & -0.5 & 1.634\\ 0.5 & 0.866 & -1.366\\ 0 & 0 & 1\end{pmatrix},\quad \boldsymbol{D}_{13}=\begin{pmatrix}0.5 & -0.866 & 3.366\\ 0.866 & 0.5 & 0.634\\ 0 & 0 & 1\end{pmatrix}$$

将位移矩阵 $\boldsymbol{D}_{12}$、$\boldsymbol{D}_{13}$ 中各元素代入式（3-20）中，求得导引滑块铰接点 b_1 轨迹圆方程中的各系数为

$$\begin{cases}B=1-d_{112}=0.134\\ C=1-d_{113}=0.5\\ A=Cd_{212}-Bd_{213}=0.134\\ D=Cd_{232}-Bd_{233}+d_{132}d_{213}-d_{133}d_{212}=-1.036\\ E=Bd_{133}-Cd_{132}+d_{232}d_{213}-d_{233}d_{212}=-1.866\\ F=d_{233}d_{132}-d_{133}d_{232}=5.634\end{cases}$$

代入式（3-21），并经化简得 b_1 轨迹圆方程为

$$(x_{b1}-3.866)^2+(y_{b1}-6.963)^2=4.624^2$$

选取轨迹圆与 y 轴的交点为 b_1 的位置，即令 $x_{b1}=0$，则由上式求得

$$y_{b1}=6.963\pm 2.536$$

现取 $x_{b1}=0,\ y_{b1}=4.427$，则由式（3-18）可以求得

$$\begin{pmatrix} x_{b2} \\ y_{b2} \\ 1 \end{pmatrix} = \boldsymbol{D}_{12} \begin{pmatrix} x_{b1} \\ y_{b1} \\ 1 \end{pmatrix} = \begin{pmatrix} 0.866 & -0.5 & 1.634 \\ 0.5 & 0.866 & -1.366 \\ 0 & 0 & 1 \end{pmatrix} \begin{pmatrix} 0 \\ 4.427 \\ 1 \end{pmatrix} = \begin{pmatrix} -0.579 \\ 2.467 \\ 1 \end{pmatrix}$$

$$\begin{pmatrix} x_{b3} \\ y_{b3} \\ 1 \end{pmatrix} = \boldsymbol{D}_{13} \begin{pmatrix} x_{b1} \\ y_{b1} \\ 1 \end{pmatrix} = \begin{pmatrix} 0.5 & -0.866 & 3.366 \\ 0.866 & 0.5 & 0.634 \\ 0 & 0 & 1 \end{pmatrix} \begin{pmatrix} 0 \\ 4.427 \\ 1 \end{pmatrix} = \begin{pmatrix} -4.468 \\ 2.848 \\ 1 \end{pmatrix}$$

则滑块导路的倾角为

$$\theta = \arctan \frac{y_{b2} - y_{b1}}{x_{b2} - x_{b1}} = \arctan \frac{2.467 - 4.427}{-0.579 - 0} = 73.54°$$

2）导引曲柄（R—R 导引构件）的设计。将位移矩阵 $\boldsymbol{D}_{12}$、$\boldsymbol{D}_{13}$ 中各元素代入式 (3-16)，并取 $a_0(x_{a0}, y_{a0}) = (0, -2.4)$，求得定长方程 (3-15) 中各系数为

$$A_2 = 1.932 \quad B_2 = -2.322 \quad C_2 = 1.010$$
$$A_3 = 4.310 \quad B_3 = -3.798 \quad C_3 = -7.388$$

代入式 (3-15)，得定长方程

$$1.392 x_{a1} - 2.322 y_{a1} = 1.010$$
$$4.310 x_{a1} - 3.798 y_{a1} = -7.388$$

应用克莱姆法则，很容易解出

$$x_{a1} = -7.862 \quad y_{a1} = -6.976$$

3）综合结果。由以上计算结果，可得机构尺寸综合结果：

$$l_{ab} = \sqrt{(x_{a1} - x_{b1})^2 + (y_{a1} - y_{b1})^2} = 13.851$$

$$l_{a0a} = \sqrt{(x_{a1} - x_{a0})^2 + (y_{a1} - y_{a0})^2} = 9.098$$

$$e = \left| \frac{x_{a0} \tan\theta - y_{a0} + y_{b1} - x_{b1} \tan\theta}{\sqrt{1 + \tan^2\theta}} \right| = 1.936$$

因 $l_{ab} > l_{a0a} + e$，故有曲柄存在。综合所得曲柄滑块机构运动简图如图 3-61 所示。

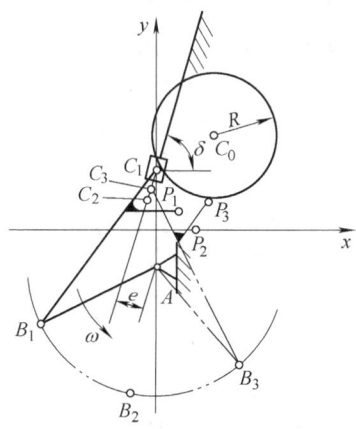

图 3-61 曲柄滑块导引机构

3. 函数生成机构的运动设计

函数生成机构与刚体导引机构的区别在于，前者实现两连架杆相对于机架的运动要求，后者实现连杆相对于机架的运动要求。若能把两连架杆相对于机架的运动问题转化为连杆相对于机架的运动问题，函数生成机构的运动设计问题便迎刃而解。函数生成机构的运动设计思路就是应用运动倒置原理（相对运动不变原理），将实现主动件和从动件间给定函数关系的机构综合问题转化成一个相当的刚体导引问题，然后用刚体导引机构运动设计的方法去解决。

（1）铰链四杆机构的相对位移矩阵及位移约束方程　如图 3-62a 所示，取坐标原点与 a_0 重合，x 轴正向沿 a_0b_0，建立坐标系。因机构各构件的长度按同一比例缩放时，并不影响机构各构件间的相对运动，所以取机架长 $a_0b_0=1$，其他各构件的长度均为相对于机架的长度。则有 $a_0(0,0)$、$b_0(1,0)$，待求设计参数为 $a_1(x_{a1},y_{a1})$ 和 $b_1(x_{b1},y_{b1})$，共四个未知数。

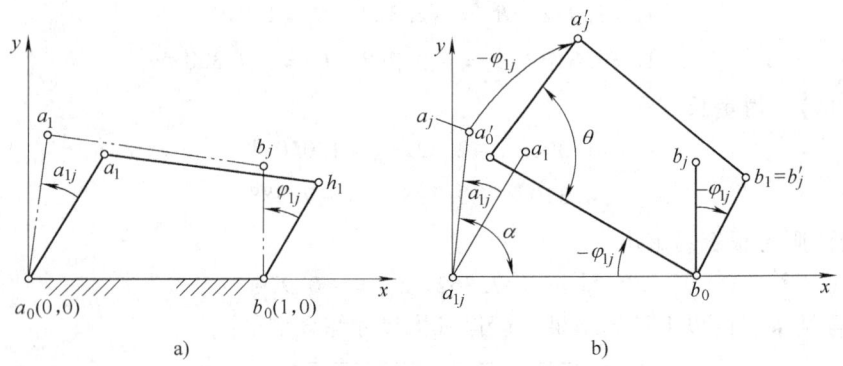

图 3-62　铰链四杆机构的运动倒置

设 $a_0a_1b_1b_0$ 为机构的初始位置，当主动件 a_0a_1 转动角度 α_{1j} 时，从动件 b_0b_1 相应地转动角度 φ_{1j}，机构到达 $a_0a_jb_jb_0$ 的位置，如图 3-62a 所示。假如将此位置的机构"刚化"后（各构件间无相对运动）绕 b_0 点转过 $-\varphi_{1j}$ 角度（与 φ_{1j} 的方向相反），从而使 b_0b_j 与 b_0b_1 重合。此时，a_0 转到了 a_0' 点，a_j 转到了 a_j'，机构到达假想新位置 $a_0'a_j'b_1b_0$，如图 3-62b 所示。在此机构倒置过程中，相当于把整个机构的各构件都加了一个 $-\varphi_{1j}$ 的角位移，各构件间的相对运动不变，但各构件的绝对运动发生了改变。b_0b_1 杆的角位移为 $\varphi_{1j}-\varphi_{1j}=0$，相当于原来的连架杆固定在原位置上而转化为机架；$a_0b_0$ 绕 b_0 转过角位移 $-\varphi_{1j}$，相当于由原来的机架变成现在的连架杆；而 a_0a_1 由原位置运动到了新位置 $a_0'a_j'$，相当于由原来的连架杆变成了现在的连杆。

可见该机构倒置过程将原来实现两连架杆的位置对应问题转化为连杆 a_0a_1 相对于机架 b_0b_1 由原位置 a_0a_1 运动到新位置 $a_0'a_j'$ 的运动问题，从而转化为刚体导引问题。a_0a_1 变为被导构件，而 b_0a_0 和 b_1a_1 变为导引构件。所以，将式（3-10）中的 (x_{aj},y_{aj}) 用 (x_{aj}',y_{aj}') 代替，(x_{a0},y_{a0}) 用 (x_{b1},y_{b1}) 代替，即可得函数生成机构的位移约束方程为

$$(x_{aj}'-x_{b1})^2+(y_{aj}'-y_{b1})^2=(x_{a1}-x_{b1})^2+(y_{a1}-y_{b1})^2 \quad (j=2,\cdots,n) \tag{3-22}$$

如图 3-62b 所示，a_0a_1 相对于机架 b_0b_1 由原位置 a_0a_1 运动到新位置 $a_0'a_j'$，可以看做是先由 a_0 平移到 a_0'，再绕 a_0' 旋转 $\alpha_{1j}-\varphi_{1j}$ 两个运动的合成。于是，将式（3-9）中的 α_{1j} 用（$\alpha_{1j}-$

φ_{1j}）代替，P_j 和 P_1 分别用 a'_0 和 a_0 代替，并考虑到 $a'_0 = (1 - \cos\varphi_{1j},\ \sin\varphi_{1j})$ 和 $a_0 = (0,\ 0)$，可得到其相对位移矩阵为

$$\boldsymbol{D}_{r1j} = \begin{pmatrix} d_{11j} & d_{12j} & d_{13j} \\ d_{21j} & d_{22j} & d_{23j} \\ 0 & 0 & 1 \end{pmatrix}$$

$$= \begin{pmatrix} \cos(\alpha_{1j} - \varphi_{1j}) & -\sin(\alpha_{1j} - \varphi_{1j}) & 1 - \cos\varphi_{1j} \\ \sin(\alpha_{1j} - \varphi_{1j}) & \cos(\alpha_{1j} - \varphi_{1j}) & \sin\varphi_{1j} \\ 0 & 0 & 1 \end{pmatrix} \tag{3-23}$$

即

$$\boldsymbol{a}'_j = \boldsymbol{D}_{r1j}\boldsymbol{a}_1 \tag{3-24}$$

式中，$\boldsymbol{a}'_j = [x'_{aj}\ \ y'_{aj}\ \ 1]^T$，$\boldsymbol{a}'_1 = [x_{a1}\ \ y_{a1}\ \ 1]^T$。

值得注意的是，在倒置运动中，原来的机架 $a_0 b_0$ 也是一个 R—R 导引构件，可将其作为迭代求解 $a_1(x_{a1},\ y_{a1})$ 和 $b_1(x_{b1},\ y_{b1})$ 的初值。

（2）曲柄滑块机构的相对位移矩阵及位移约束方程　对实现函数用的曲柄滑块机构，要求曲柄转角和滑块位移实现预定对应位置，同样可用机构倒置法进行机构综合。如图 3-63 所示，为简便起见，取曲柄转动中心 $a_0(0,\ 0)$ 为坐标原点，x 正向与滑块导路平行，建立直角坐标系。假设机构初始位置为 $a_0 a_1 b_1$，当曲柄 $a_0 a_1$ 转过角度 α_{1j} 到达新位置 $a_0 a_j$ 时，滑块沿导路由 b_1 移动 s_{1j} 到达 b_j，机构处于新位置 $a_0 a_j b_j$。将此位置机构"刚

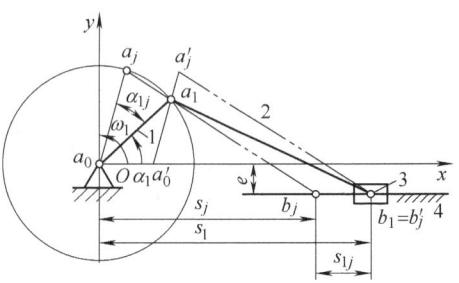

图 3-63　曲柄滑块机构的运动倒置

化"后沿导路移动 $-s_{1j}$，使 b'_j 与 b_1 重合，此时，a_0 移到了 a'_0 点，a_j 移到了 a'_j，机构到达假想新位置 $a'_0 a'_j b_1$。可见该机构倒置过程将原来实现曲柄和滑块的位置对应问题转化为新连杆 $a_0 a_1$ 相对于新机架（相对固定的滑块 b_1）由原位置 $a_0 a_1$ 运动到新位置 $a'_0 a'_j$ 的运动问题，从而转化为刚体导引问题。$a_0 a_1$ 变为被导构件，而 $b_1 a_1$ 变为导引构件。所以，可以建立和式（3-22）相同的位移约束方程，即

$$(x'_{aj} - x_{b1})^2 + (y'_{aj} - y_{b1})^2 = (x_{a1} - x_{b1})^2 + (y_{a1} - y_{b1})^2 \quad (j = 2,\cdots,n)$$

$a_0 a_1$ 相对于机架 b_1 由原位置 $a_0 a_1$ 运动到新位置 $a'_0 a'_j$，可以看做是先由 a_0 平移到 a'_0，再绕 a'_0 旋转 α_{1j} 两个运动的合成。于是，将式（3-9）中的 P_j 和 P_1 分别用 a'_0 和 a_0 代替，并考虑到 $a'_0 = (s_{1j},\ 0)$ 和 $a_0 = (0,\ 0)$，于是可得到其平面相对位移矩阵为

$$\boldsymbol{D}_{r1j} = \begin{pmatrix} d_{11j} & d_{12j} & d_{13j} \\ d_{21j} & d_{22j} & d_{23j} \\ 0 & 0 & 1 \end{pmatrix} = \begin{pmatrix} \cos\alpha_{1j} & -\sin\alpha_{1j} & s_{1j} \\ \sin\alpha_{1j} & \cos\alpha_{1j} & 0 \\ 0 & 0 & 1 \end{pmatrix} \tag{3-25}$$

即

$$\boldsymbol{a}'_j = \boldsymbol{D}_{r1j}\boldsymbol{a}_1 \tag{3-26}$$

式中，$\boldsymbol{a}'_j = [x'_{aj}\ \ y'_{aj}\ \ 1]^T$，$\boldsymbol{a}_1 = [x_{a1}\ \ y_{a1}\ \ 1]^T$。

值得指出的是，当滑块由 b_1 运动到 b_j 的位移 s_{1j} 是与图示所设方向相反时，式（3-25）

中的 s_{1j} 用 $-s_{1j}$ 来代替。

（3）两连架杆对应位置及精确点的确定　以上讨论假设两连架杆若干对应位置已经确定，但通常要求用主动件和从动件的转角关系 $\varphi=\varphi(\alpha)$ 模拟给定的函数关系 $y=f(x)$，所以按给定函数关系设计四杆机构必须首先按一定比例将给定函数 $y=f(x)$ 转换成两连架杆的对应位置关系 $\varphi=\varphi(\alpha)$。

如图 3-64 所示，为使主动件的输入转角 α（$\alpha_0 \leqslant \alpha \leqslant \alpha_m$）和从动件的输出转角 φ（$\varphi_0 \leqslant \varphi \leqslant \varphi_m$）分别与自变量 x（$x_0 \leqslant x \leqslant x_m$）和函数 y [$f(x_0) \leqslant y \leqslant f(x_m)$] 对应成比例，分别引入比例因子

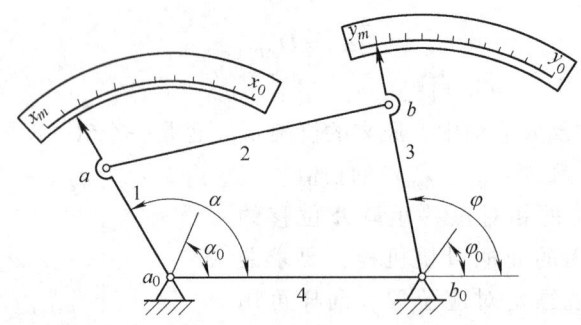

图 3-64　主、从动件运动函数关系与转角关系对应转换图

$$k_\alpha = \frac{\Delta \alpha}{\Delta x} = \frac{\alpha_m - \alpha_0}{x_m - x_0} = \frac{\alpha_j - \alpha_0}{x_j - x_0}$$

$$k_\varphi = \frac{\Delta \varphi}{\Delta y} = \frac{\varphi_m - \varphi_0}{f(x_m) - f(x_0)} = \frac{\varphi_j - \varphi_0}{f(x_j) - f(x_0)}$$

于是有

$$\begin{cases} \alpha_j = \alpha_0 + k_\alpha (x_j - x_0), & (j=1,2,\cdots,n) \\ \varphi_j = \varphi_0 + k_\varphi [f(x_j) - f(x_0)], & (j=1,2,\cdots,n) \end{cases} \tag{3-27}$$

在机构设计时常用的是相对于位置 1 的转角

$$\begin{cases} \alpha_{1j} = \alpha_j - \alpha_1 = k_\alpha (x_j - x_1) & (j=2,3,\cdots,n) \\ \varphi_{1j} = \varphi_j - \varphi_1 = k_\varphi (y_j - y_1) & (j=2,3,\cdots,n) \end{cases} \tag{3-28}$$

由于连杆机构固有的结构原因，机构实际所能实现的输入、输出运动函数曲线是不可能与所期望的函数曲线完全吻合的，而只能在若干个有限点处机构所能实现的函数值 $y=g(x)$ 能精确等于给定的函数值 $y=f(x)$，这些点称为精确点。显然精确点取得越多，在精确点之间的各点机构所能实现的函数与给定函数间的误差就越小，但精确点越多，约束方程的数目就越多，则计算越复杂。因此在保证工作要求的情况下，精确点的数目应尽量少。另一方面，有限的机构待定参数的数目决定了机构运动独立方程的数目，所以精确点数目不能超过机构待定参数的数目。为了有选择的余地，通常应使精确点的数目少于机构参数的总数。在实际确定精确点的数目和位置分布时，一般可根据机构工艺动作要求确定，即选择工艺动作过程中必须保证的机构位置为精确点。若工艺上无特殊要求，可根据函数逼近理论确定，使理论曲线与实际曲线之间的总体误差尽量减小。精确点可按下式确定

$$x_j = x_0 + 0.5\Delta x[1 - \cos(j\theta - 0.5\theta)] \qquad (j=1,2,\cdots,n) \tag{3-29}$$

式中，n 为精确点或插值结点数目；$\Delta x = x_m - x_0$；$\theta = 180°/n$。此种精确点分布法也称为契贝歇夫精确点布置法，如图 3-65 所示。

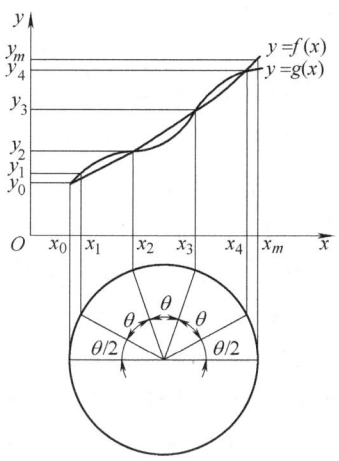

图 3-65 契贝歇夫精确点分布

(4) 实现三组精确对应位置的函数生成机构的综合　设由给定函数确定出两连架杆的三组对应位置 $\varphi_j = \varphi(\alpha_j)$ $(j=1,2,3)$ 或 $s_j = s(\alpha_j)$ $(j=1,2,3)$，设计平面四杆机构。此即为给定连架杆三组对应位置的函数生成机构的运动设计问题。

取位置 1 为参考位置，则由式 (3-22) 可得两个位移约束方程

$$(x'_{aj} - x_{b1})^2 + (y'_{aj} - y_{b1})^2 = (x_{a1} - x_{b1})^2 + (y_{a1} - y_{b1})^2 \qquad (j=2,3) \tag{3-30}$$

将式 (3-30) 中的 $a'_j(x'_{aj}, y'_{aj})$ $(j=2,3)$ 用相对位移矩阵表示成 $a_1(x_{a1}, y_{a1})$ 的函数

$$\begin{bmatrix} x_{aj} \\ y_{aj} \\ 1 \end{bmatrix} = \boldsymbol{D}_{r1j} \begin{bmatrix} x_{a1} \\ y_{a1} \\ 1 \end{bmatrix} = \begin{bmatrix} d_{11j} & d_{12j} & d_{13j} \\ d_{21j} & d_{22j} & d_{23j} \\ 0 & 0 & 1 \end{bmatrix} \begin{bmatrix} x_{a1} \\ y_{a1} \\ 1 \end{bmatrix} \qquad (j=2,3) \tag{3-31}$$

注意式 (3-31) 中的相对位移矩阵 $\boldsymbol{D}_{r1j}$ 及其元素，对于铰链四杆机构由式 (3-23) 计算，对于曲柄滑块机构由式 (3-25) 计算。将式 (3-31) 代入式 (3-30) 得到只包含 $a_1(x_{a1}, y_{a1})$ 和 $b_1(x_{b1}, y_{b1})$ 四个未知数的方程。用两个方程解四个未知数 x_{a1}、y_{a1}、x_{b1}、y_{b1}，有无穷多组解。可以预先给定四个未知数中的任意两个 x_{b1}、y_{b1} 或 x_{a1}、y_{a1}，从而得到只含有两个未知数的两个线性方程，进而求出另外两个未知数。

1) 设给定 $b_1(x_{b1}, y_{b1})$，注意到这里的 $b_1(x_{b1}, y_{b1})$ 相当于刚体导引问题中的 $a_0(x_{a0}, y_{a0})$，所以将式 (3-16) 中的 $a_0(x_{a0}, y_{a0})$ 换成 $b_1(x_{b1}, y_{b1})$，即可得给定连架杆三组对应位置时综合生成函数的平面四杆机构的线性方程组

$$A_j x_{a1} + B_j y_{a1} = C_j \qquad (j=2,3) \tag{3-32}$$

$$\begin{cases} A_j = d_{11j} d_{13j} + d_{21j} d_{23j} + (1 - d_{11j}) x_{b1} - d_{21j} y_{b1} \\ B_j = d_{12j} d_{13j} + d_{22j} d_{23j} + (1 - d_{22j}) y_{b1} - d_{12j} x_{b1} \\ C_j = d_{13j} x_{b1} + d_{23j} y_{b1} - (d_{13j}^2 + d_{23j}^2)/2 \end{cases} \tag{3-33}$$

把方程组 (3-32) 应用克莱姆法则或牛顿—拉普森算法，即可求得 $a_1(x_{a1}, y_{a1})$。

2）若给定 $a_1(x_{a1}, y_{a1})$，则有

$$A_j x_{b1} + B_j y_{b1} = C_j \quad (j=2,3) \tag{3-34}$$

$$\begin{cases} A_j = d_{13j} + (d_{11j} - 1)x_{a1} + d_{12j} y_{a1} \\ B_j = d_{23j} + (d_{22j} - 1)y_{a1} + d_{21j} x_{a1} \\ C_j = (d_{11j}d_{13j} + d_{21j}d_{23j})x_{a1} + (d_{12j}d_{13j} + d_{22j}d_{23j})y_{a1} + (d_{13j}^2 + d_{23j}^2)/2 \end{cases} \tag{3-35}$$

由方程组（3-34），应用克莱姆法则或牛顿—拉普森算法，即可求得 $b_1(x_{b1}, y_{b1})$。

由以上讨论可见，和刚体导引问题类似，一般来说，实现函数的平面四杆机构所能满足的最多精确点数 $n_{\max}=5$。若 $n=5$，即给定连架杆的五组对应位置，可由 $n-1=4$ 个独立方程解出四个未知数，问题具有确定的解；若 $n<5$，需要预先选定某些机构参数，才能有确定的解，或根据其他条件取适当的解；而当 $n>5$ 时，方程一般没有精确解，通常采用最优化设计方法求解。值得指出的是，根据以上方法理论上求得的平面连杆机构，也应检验机构是否满足可动条件、曲柄存在条件和运动连续性条件等。

例 3-3 综合一能近似实现函数 $y = \lg x$（$1 \leq x \leq 2$）的铰链四杆机构，要求主、从动连架杆精确实现三组对应位置，最大摆角分别为 $60°$ 和 $90°$，从动件起始角度为 $25°$。

解：首先，由契贝歇夫精确点布置法求 $\alpha_j、\varphi_j (j=1,2,3)$ 和 $\alpha_{1j}、\varphi_{1j}(j=2,3)$。由

$$y_0 = \lg x_0 = \lg 1 = 0 \quad y_m = \lg x_m = \lg 2$$

$$k_\alpha = \frac{\alpha_m - \alpha_0}{x_m - x_0} = \frac{60°}{2-1} \quad k_\varphi = \frac{\varphi_m - \varphi_0}{y_m - y_0} = \frac{90°}{\lg 2}$$

$$\theta = 180°/n = 180°/3$$

则由式（3-29）得

$$x_1 = 1.067 \quad y_1 = 0.028$$
$$x_2 = 1.5 \quad y_2 = 0.1761$$
$$x_3 = 1.933 \quad y_3 = 0.2862$$

由式（3-28）可以求得

$$\alpha_{12} = k_\alpha(x_2 - x_1) = 25.98° \quad \alpha_{13} = k_\alpha(x_3 - x_1) = 51.96°$$
$$\varphi_{12} = k_\varphi(y_2 - y_1) = 44.22° \quad \varphi_{13} = k_\varphi(y_3 - y_1) = 77.14°$$
$$\alpha_{12} - \varphi_{12} = -18.24° \quad \alpha_{13} - \varphi_{13} = -25.18°$$

由式（3-23）求得相对位移矩阵 $\boldsymbol{D}_{r1j}(j=2,3)$

$$\boldsymbol{D}_{r12} = \begin{pmatrix} 0.9498 & 0.3130 & 0.2833 \\ -0.3130 & 0.9498 & 0.6974 \\ 0 & 0 & 1 \end{pmatrix}, \quad \boldsymbol{D}_{r13} = \begin{pmatrix} 0.9050 & 0.4255 & 0.7774 \\ -0.4255 & 0.9050 & 0.9749 \\ 0 & 0 & 1 \end{pmatrix}$$

由 $\varphi_0 = 25°$ 及式（3-27）可以求出

$$\varphi_1 = \varphi_0 + k_\varphi(y_1 - y_0) = 33.43°$$

在 φ_1 方向线上选定 $b_1 = (x_{b1}, y_{b1}) = (1.5, 0.33)$，将相对位移矩阵 $\boldsymbol{D}_{r12}$、$\boldsymbol{D}_{r13}$ 中各元素代入式（3-33）求方程组（3-32）的各系数，得

$$A_2 = 0.2291 \quad B_2 = 0.2982 \quad C_2 = 0.3718$$
$$A_3 = 0.5716 \quad B_3 = 0.6063 \quad C_3 = 0.7014$$

代入式（3-32）求解得 $x_{a1} = -0.4304$ $y_{a1} = 1.5775$。

$$\alpha_1 = 180° - \arctan\left|\frac{y_{a1} - y_{a0}}{x_{a1} - x_{a0}}\right| = 180° - \arctan\frac{1.5775}{0.4304} = 105.26°$$

进而可以求出主动摇杆的初始位置角

$$\alpha_0 = \alpha_1 - k_\alpha(x_1 - x_0) = 101.24°$$

由此可得机构尺寸综合结果如下

$$l_{a0a} = \sqrt{(x_{a1} - x_{a0})^2 + (y_{a1} - y_{a0})^2} = 1.635$$

$$l_{ab} = \sqrt{(x_{a1} - x_{b1})^2 + (y_{a1} - y_{b1})^2} = 2.298$$

$$l_{b0b} = \sqrt{(x_{b1} - x_{b0})^2 + (y_{b1} - y_{b0})^2} = 0.599$$

$$l_{a0b0} = 1$$

因 $l_{\max} + l_{\min} = l_{ab} + l_{b0b} > l_{a0a} + l_{a0b0}$，故该机构为双摇杆机构，见图3-66。

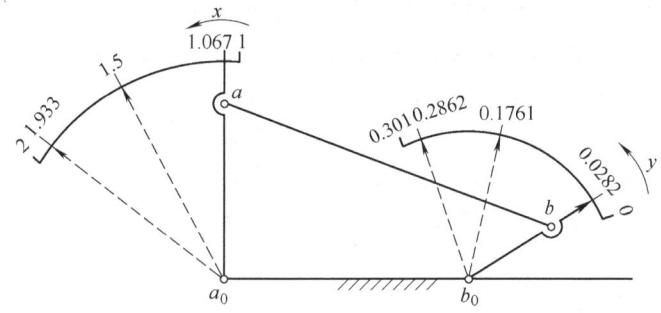

图 3-66 生成函数的铰链四杆机构

例 3-4 设计一曲柄滑块机构，要求曲柄和滑块实现三组对应位置。已知 $\alpha_{12} = 30°$，$\alpha_{13} = 90°$，$s_{12} = 8\text{mm}$，$s_{13} = 20\text{mm}$，且滑块的第一位置为 $b_1(40, 5)$。

解：由给定曲柄和滑块的三组对应位置，求得相对位移矩阵 $\boldsymbol{D}_{r1j}(j = 2, 3)$

$$\boldsymbol{D}_{r12} = \begin{pmatrix} \cos30° & -\sin30° & 8 \\ \sin30° & \cos30° & 0 \\ 0 & 0 & 1 \end{pmatrix} = \begin{pmatrix} 0.866 & -0.5 & 8 \\ 0.5 & 0.866 & 0 \\ 0 & 0 & 1 \end{pmatrix}$$

$$\boldsymbol{D}_{r13} = \begin{pmatrix} \cos90° & -\sin90° & 20 \\ \sin90° & \cos90° & 0 \\ 0 & 0 & 1 \end{pmatrix} = \begin{pmatrix} 0 & -1 & 20 \\ 1 & 0 & 0 \\ 0 & 0 & 1 \end{pmatrix}$$

由选定的 $b_1 = (x_{b1}, y_{b1}) = (40, 5)$，将 $\boldsymbol{D}_{r12}$、$\boldsymbol{D}_{r13}$ 中各元素代入式（3-33）求方程组（3-32）的各系数得

$$A_2 = 9.788 \quad B_2 = 16.67 \quad C_2 = 288$$

$$A_3 = 35 \quad B_3 = 25 \quad C_3 = 600$$

代入式（3-32）求解得 $x_{a1} = 8.272$，$y_{a1} = 12.420$。故

$$\alpha_1 = \arctan\frac{y_{a1} - y_{a0}}{x_{a1} - x_{a0}} = \arctan\frac{12.420}{8.272} = 56.34°$$

由此可得机构尺寸综合结果如下

$$l_{a0a} = \sqrt{(x_{a1} - x_{a0})^2 + (y_{a1} - y_{a0})^2} = 14.92$$

$$l_{ab} = \sqrt{(x_{a1} - x_{b1})^2 + (y_{a1} - y_{b1})^2} = 32.58$$

$$e = 5$$

4. 轨迹生成机构的运动设计

所谓轨迹生成机构，就是要使连杆上的某点通过某一预先给定的轨迹，但由于连杆机构本身待定参数个数是有限的，所以事实上不可能使连杆上某点精确地实现这一轨迹，而只能使连杆上某点精确地通过该轨迹上有限个数的点的序列 P_1，P_2，$\cdots$，P_n，即所谓的精确点。从而近似实现给定的轨迹。

（1）生成轨迹的铰链四杆机构的设计　如图 3-67 所示，设计实现轨迹的铰链四杆机构 a_0abb_0，就是要在给定连杆上 P 点的若干位置坐标 $P_j(x_{Pj}, y_{Pj})$（$j = 1, 2, \cdots, n$）的条件下，确定连杆上两动铰链 a、b 和连架杆的两定铰链 a_0、b_0 的位置。显然，此问题与刚体导引机构综合类似。这里只知道连杆在作平面运动时点 P 的一系列位置 $P_j(x_{Pj}, y_{Pj})$（$j = 1, 2, \cdots, n$），而不知道连杆的相对转角 $\alpha_{1j}(j = 2, 3, \cdots, n)$，必须将其作为未知量处理。仿照刚体导引机构综合方法，根据机构在运动时两连架杆长度不变的条件，由式（3-10）可以建立两连架杆的定长约束方程

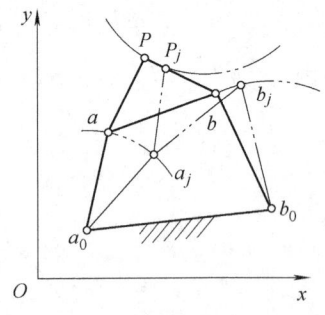

图 3-67　实现轨迹的铰链四杆机构

$$\begin{array}{l}(x_{aj} - x_{a0})^2 + (y_{aj} - y_{a0})^2 = (x_{a1} - x_{a0})^2 + (y_{a1} - y_{a0})^2 \\ (x_{bj} - x_{b0})^2 + (y_{bj} - y_{b0})^2 = (x_{b1} - x_{b0})^2 + (y_{b1} - y_{b0})^2\end{array} \quad (j = 2, 3, \cdots, n) \quad (3\text{-}36)$$

其中

$$\begin{array}{l}[x_{aj} \quad y_{aj} \quad 1]^T = \boldsymbol{D}_{1j}[x_{a1} \quad y_{a1} \quad 1]^T \\ [x_{bj} \quad y_{bj} \quad 1]^T = \boldsymbol{D}_{1j}[x_{b1} \quad y_{b1} \quad 1]^T\end{array} \quad (j = 2, 3, \cdots, n)$$

而 $\boldsymbol{D}_{1j}$ 为连杆 ab 的位移矩阵，按式（3-9）计算。

由式（3-36）可见，对于给定的 n 个位置，约束方程的数目为 $2(n-1)$，其中包含了 x_{a0}、y_{a0}、x_{a1}、y_{a1}、x_{b0}、y_{b0}、x_{b1}、y_{b1} 共 8 个未知结构参数，再加上由 $\boldsymbol{D}_{1j}(j = 2, 3, \cdots, n)$ 所包含的 $(n-1)$ 未知运动参数 $\alpha_{1j}(j = 2, 3, \cdots, n)$，共 $8 + (n-1)$ 个未知数。故可预先选定的机构参数数目为

$$q = 8 + (n-1) - 2(n-1) = 9 - n \quad (3\text{-}37)$$

由此可知，铰链四杆机构所能实现的给定平面轨迹上精确点的数目为 $n \leq 9$。当 $n = 9$ 时，问题有确定的解；若 $n < 9$，可预先确定某些机构参数，再行求解；若 $n > 9$，问题无确定的解，只能求近似解，或用优化方法求解。

当 $n \leq 5$ 时，可预先选定 4 个以上的参数，若将所有的连杆相对转角 α_{1j} 全部预先选定，则轨迹生成机构的设计问题便转化为刚体导引机构的设计问题，从而可对两个连架杆分别求解其铰链中心的坐标值。值得指出的是：

1）在实际应用中常常给定一些附加约束方程同式（3-36）联立起来使用，例如，给定

两连架杆的长度 l_{a0a} 和 l_{b0b}，从而减少可选参数数目，增加求解的灵活性。

2）在用数值法（如用牛顿—拉普森迭代法或优化方法）求解非线性方程组时，若初值选取不好，常使求解过程收敛困难。因此，当给定多个精确点时，可先用三个精确点求出结果，作为四个精确点问题的初值；求出四个精确点的结果后，再作为五个精确点时的初值，依此类推。由此可见，当精确点数目较多时，其解过程繁琐而困难，所以目前较多采用优化设计方法求解。

例 3-5 给定一平面轨迹上 5 个精确点分别为 $P_1 = (1, 1)$，$P_2 = (2, 0.5)$，$P_3 = (3, 1.5)$，$P_4 = (2, 2)$，$P_5 = (1.5, 1.9)$，两个连架杆的长度分别为 $l_{a0a} = 1.0$、$l_{b0b} = 2.0$，要求综合一个实现轨迹的平面铰链四杆机构。

解： 这里 $n = 5$，可预先选定的未知数的数目为 2。式（3-36）含有 8 个方程，另加 2 个附加约束方程，共 10 个方程。若选定固定铰链 $a_0 = (2.10, 0.50)$，即可求解其他未知量 x_{a1}、y_{a1}、x_{b0}、y_{b0}、x_{b1}、y_{b1}、α_{12}、α_{13}、α_{14}、α_{15}。求解结果如下：

$$b_0 = (0.693, 1.184)$$

$$a_1 = (1.207, 0.050)$$

$$b_1 = (0.334, -0.783)$$

$$l_{ab} = \sqrt{(x_{a1} - x_{b1})^2 + (y_{a1} - y_{b1})^2} = 1.207$$

$$l_{a0b0} = \sqrt{(x_{a0} - x_{b0})^2 + (y_{a0} - y_{b0})^2} = 1.564$$

（2）生成轨迹的曲柄滑块机构的设计 如图 3-68 所示，设计实现轨迹的曲柄滑块机构 a_0ab，就是要在给定连杆上 P 点的若干位置坐标 $P_j(x_{Pj}, y_{Pj})$（$j = 1, 2, \cdots, n$）的条件下，确定连杆上两动铰链 a、b 和曲柄轴 a_0 的位置及滑块导路的方位角 θ。由式（3-10）和式（3-11）可以建立约束方程如下

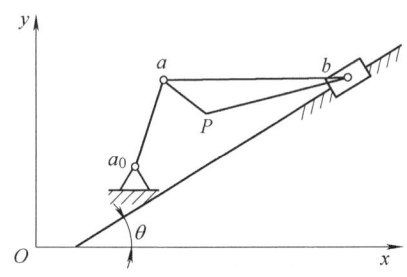

图 3-68 实现轨迹的曲柄滑块机构

$$(x_{aj} - x_{a0})^2 + (y_{aj} - y_{a0})^2 = (x_{a1} - x_{a0})^2 + (y_{a1} - y_{a0})^2 \quad (j = 2, \cdots, n) \quad (3-38)$$

$$\frac{y_{bj} - y_{b1}}{x_{bj} - x_{b1}} = \tan\theta \quad (j = 2, \cdots, n) \quad (3-39)$$

其中

$$\begin{bmatrix} x_{aj} & y_{aj} & 1 \end{bmatrix}^T = \boldsymbol{D}_{1j} \begin{bmatrix} x_{a1} & y_{a1} & 1 \end{bmatrix}^T$$
$$\begin{bmatrix} x_{bj} & y_{bj} & 1 \end{bmatrix}^T = \boldsymbol{D}_{1j} \begin{bmatrix} x_{b1} & y_{b1} & 1 \end{bmatrix}^T \quad (j = 2, 3, \cdots, n)$$

由式（3-38）和式（3-39）可见，对于给定的 n 个精确点，约束方程的数目为 $2(n-1)$，其中包含了 x_{a0}、y_{a0}、x_{a1}、y_{a1}、x_{b1}、y_{b1} 和 θ 共 7 个未知结构参数及由 $\boldsymbol{D}_{1j}(j = 2, 3, \cdots, n)$ 所包含的 $(n-1)$ 未知运动参数 $\alpha_{1j}(j = 2, 3, \cdots, n)$，共 $7 + (n-1)$ 个未知数。故可预先选定的机构参数数目为

$$q = 7 + (n-1) - 2(n-1) = 8 - n \quad (3-40)$$

由此可知，曲柄滑块机构所能实现的给定平面轨迹上精确点的数目为 $n \leq 8$；当 $n \leq 4$ 时，可预先选定 3 个以上的参数，若将所有的连杆相对转角 α_{1j} 全部预先选定，则问题便转化为刚体导引机构的设计问题。

第六节 平面连杆机构的优化设计

如前所述,平面连杆机构由于其设计参数是有限的,因而其只能在有限位置处精确实现其预期的运动规律。对生成函数的平面四杆机构最多只能在 5 个位置处精确地实现预期的输入、输出函数关系,对生成轨迹的平面四杆机构最多只能在 9 个位置处精确地实现预期的连杆曲线,且精确位置越多,设计就越困难。工程实际中,当要求机构在较多位置处尽可能逼近预期运动规律时,通常采用最优化设计方法。下面以生成轨迹的平面四杆机构为例简单介绍机构优化设计方法,至于生成函数的平面四杆机构的优化设计,读者可以举一反三。

如图 3-69 所示,设计平面铰链四杆机构,使其连杆上 M 点的轨迹逼近由表 3-1 所列 10 个坐标点定义的预期轨迹 mm,要求机构最小传动角 $\gamma_{\min} = 30°$。

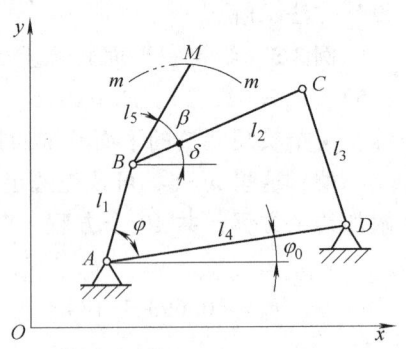

图 3-69 轨迹生成机构

表 3-1 M 点预期轨迹 mm 上点的坐标

	1	2	3	4	5	6	7	8	9	10
x_{di}	9.50	9.00	7.96	5.65	4.36	3.24	3.26	4.79	6.58	9.12
y_{di}	8.26	8.87	9.51	9.94	9.70	9.00	8.36	8.11	8.00	7.89

坐标系设置如图 3-69 所示,曲柄中心 A 的坐标为 (x_A, y_A),连杆上点 M 的位置由 l_1、l_2、l_3、l_4、l_5、x_A、y_A、β 及 φ_0 共 9 个参数决定。该机构的设计问题是如何确定这些参数,使曲柄回转时连杆上 M 点的轨迹与给定的预期轨迹 mm 误差最小。要达到这个目的,就要使用优化设计方法。

优化设计是一种现代设计方法,它建立在数学规划理论和现代计算技术基础之上,其任务是借助于计算机自动确定工程设计的最优方案。机构优化设计包括两方面的内容:

1) 建立数学模型。根据机构设计的运动学、动力学要求,将所研究的问题用数学方程式描述出来。它反映了设计问题中各主要因素间的内在联系。从工程实际设计问题中抽象出正确的数学模型,是机构优化设计的关键。

2) 求解数学模型。根据所建立的数学模型,选择合适的优化算法和优化设计程序在计算机上进行计算,以获得最优的设计方案。目前已经有多种行之有效的优化算法和通用优化设计程序可供选择使用。

一、优化设计的数学模型

设计变量、目标函数和约束条件是优化设计数学模型的三个要素。下面结合上述轨迹生成机构设计问题讨论机构优化设计问题的数学模型。

1. 设计变量

在上述生成轨迹的平面铰链四杆机构中,连杆上点 M 的位置由 l_1、l_2、l_3、l_4、l_5、x_A、y_A、β 及 φ_0 共 9 个参数决定,这组参数称为设计变量。在机构设计中每一组设计变量就代表着一种设计方案。设计变量可以取许多组不同的值,因而也就存在着许多种设计方案。设计变量确定之后,设计方案也就完成了。

一般地,设有 n 个设计变量 $x_1, x_2, \cdots, x_n$,可用一个 n 维列向量 $\boldsymbol{X}$ 表示,即

$$\boldsymbol{X} = [x_1, x_2, \cdots, x_n]^T, \quad \boldsymbol{X} \in R^n$$

式中,$\boldsymbol{X} \in R^n$ 表示设计向量 $\boldsymbol{X}$ 是属于 n 维向量空间的。一个设计向量 $\boldsymbol{X}$ 代表着一个设计方案,它对应着 n 维向量空间的一个点,其中最优的设计方案用 $\boldsymbol{X}^*$ 表示,称为最优点。

上述生成轨迹的连杆机构优化问题中,可将 l_1、l_2、l_3、l_4、l_5、x_A、y_A、β 和 φ_0 作为设计变量,曲柄转角 φ 为自变量,则有 $\boldsymbol{X} = [l_1, l_2, l_3, l_4, l_5, x_A, y_A, \beta, \varphi_0]^T$。

2. 目标函数

优化设计的任务是在许多可行的方案中找出最优。最优方案就是在设计中能最好地满足所追求的设计目标,设计目标一般可以表达为设计变量的函数,即

$$f(\boldsymbol{X}) = f(x_1, x_2, \cdots, x_n)$$

称为目标函数。目标函数是在设计过程中对各种可能方案进行优劣评判的依据。

机械优化设计的目标函数可根据经济指标与性能指标来确定。经济指标如机器的重量、成本、精度等。性能指标主要是根据机器运动学与动力学的要求提出的,如牛头刨床要求刨刀在工作行程近似等速,凸轮机构要求压力角小于许用压力角等。而生成轨迹的连杆机构的优化设计问题中的设计目标是使曲柄回转时连杆上点 M 的轨迹逼近给定的预期轨迹 mm。一般,预期轨迹 mm 由其上的 s 个预期点 (x_{di}, y_{di}),$i = 1, 2, \cdots, s$ 定义。则设计的目标应是使连杆上 M 点的实际轨迹上的 s 个点 (x_i, y_i),$i = 1, 2, \cdots, s$ 与预期轨迹 mm 上的 s 个预期点尽可能好地拟合,即对应点的距离之和最小。

$$\min f(X) = \sum_{i=1}^{s} \sqrt{(x_i - x_{di})^2 + (y_i - y_{di})^2}$$

图 3-69 所示的铰链四杆机构,连杆上 M 点的坐标 (x_i, y_i) 可以如下确定

$$x_i = x_A + l_1 \cos(\varphi_0 + \varphi) + l_5 \cos(\delta + \beta)$$
$$y_i = y_A + l_1 \sin(\varphi_0 + \varphi) + l_5 \sin(\delta + \beta)$$
$$\delta = \varphi_0 + \arccos \frac{l_1^2 + l_2^2 - l_3^2 + l_4^2 - 2l_1 l_4 \cos\varphi}{2l_2 \sqrt{l_1^2 + l_4^2 - 2l_1 l_4 \cos\varphi}} - \arctan \frac{l_1 \sin\varphi}{l_4 - l_1 \cos\varphi}$$

3. 约束条件

设计变量的取值,往往需要满足某些限制条件。如机构设计中构件的尺寸必须大于零、曲柄存在条件、最小传动角要求等,这些限制条件构成了优化设计问题中的约束条件。约束条件有两种表达形式:

(1) 等式约束

$$g_i(X) = 0, \quad i = 1, 2, \cdots, k$$

表示 k 个等式约束。等式约束往往属于自然规律,如物体外力与变形的关系,其数目 k 应小于设计变量的数目 n。

(2) 不等式约束

$$h_i(X) \leq 0, \quad i = 1, 2, \cdots, p$$

表示 p 个不等式约束。不等式约束往往属于性能方面或几何方面的约束。

图 3-69 所示的铰链四杆机构,必须满足以下约束条件:

① 杆长大于零。因曲柄为最短杆,所以只需
$$h_1(X) = -l_1 \leq 0$$
② 曲柄存在条件。由曲柄存在条件得
$$h_2(X) = l_1 + l_2 - l_3 - l_4 \leq 0$$
$$h_3(X) = l_1 - l_2 + l_3 - l_4 \leq 0$$
$$h_4(X) = l_1 - l_2 - l_3 + l_4 \leq 0$$
③ 最小传动角条件。由几何关系得
$$h_5(X) = \frac{l_2^2 + l_3^2 - (l_4 - l_1)^2}{2l_2 l_3} - \cos 30° \leq 0$$
$$h_6(X) = \cos 150° - \frac{l_2^2 + l_3^2 - (l_4 + l_1)^2}{2l_2 l_3} \leq 0$$

为了适应于计算机程序解题,一般将优化设计的数学模型表达为如下标准形式

$$\min f(X) \qquad X \in R^n \tag{3-41}$$
$$\text{S.T.} \quad g_i(X) = 0, \quad i = 1, 2, \cdots, k \tag{3-42}$$
$$h_i(X) \leq 0, \quad i = k+1, \cdots, q \tag{3-43}$$

这里,S.T. 表示"满足于"。优化的过程,就是在满足 k 个等式约束条件和 $q-k$ 个不等式约束条件的前提下,不断地调整设计变量 X,最终实现目标函数 $f(X)$ 的最优化。

值得说明的是,当目标函数为极大化(即 $\max \varphi(X)$)时,可以用与其相反的实现极小化的目标函数 $f(X) = -\varphi(X)$ 来代替。由图 3-70 可见,$\varphi(X)$ 的极大点和 $f(X)$ 的极小点是同一个点 X^*。当约束条件 $c_i(X) \geq 0$ 时,可以用约束条件 $h_i(X) = -c_i(X) \leq 0$ 来代替。因而式 (3-41) ~ 式 (3-43) 所描述的最优化问题具有一般性。

约束条件把设计空间分为两部分:一部分是满足约束条件的称为可行域,另一部分是不满足约束条件的称为非可行域。对于有约束的优化问题,实质就是在可行域内寻求一组设计变量 X^* 使目标函数 $f(X^*)$ 最优化。

综上所述,上述轨迹生成机构优化问题的数学模型可以表达为

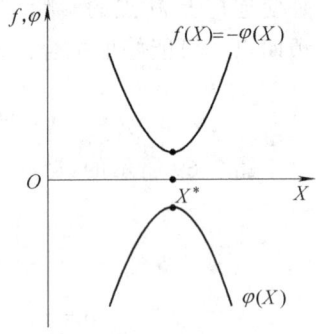

图 3-70 目标函数的变换

$$\min f(X) = \sum_{i=1}^{s} [(x_i - x_{di})^2 + (y_i - y_{di})^2]^{1/2}$$
$$\text{S.T.} \qquad h_1(X) = -l_1 \leq 0$$
$$h_2(X) = l_1 + l_2 - l_3 - l_4 \leq 0$$
$$h_3(X) = l_1 - l_2 + l_3 - l_4 \leq 0$$
$$h_4(X) = l_1 - l_2 - l_3 + l_4 \leq 0$$
$$h_5(X) = \frac{l_2^2 + l_3^2 - (l_4 - l_1)^2}{2l_2 l_3} - \cos 30° \leq 0$$
$$h_6(X) = \cos 150° - \frac{l_2^2 + l_3^2 - (l_4 + l_1)^2}{2l_2 l_3} \leq 0$$
$$X = [l_1, l_2, l_3, l_4, l_5, x_A, y_A, \beta, \varphi_0]^T$$

二、优化方法

数学模型建立后还要选择合适的优化方法求解。按有、无约束条件,优化方法可分为无约束优化与约束优化两大类,但一般工程中的优化问题几乎都是约束优化问题。

约束优化问题有两种解法:一种是直接法,直接在可行域内进行迭代计算,寻求目标函数的极小值;另一种是间接法,其基本思想是构造一个包含原目标函数和所有约束函数在内的新目标函数,将原约束优化问题转化成无约束优化问题,进而按无约束优化方法求解。

优化方法的种类很多。无约束优化问题的算法主要分两类:一类是使用导数信息的算法,如梯度法、牛顿法、变尺度法等;另一类是不用导数的算法,如共轭方向法、坐标轮换法、随机搜索法等。约束优化问题的算法主要有广义简约梯度法、序列二次规划法、罚函数法、增广乘子法等。关于各种优化方法的优缺点及其选择的一般原则,请读者阅读专门的优化设计书籍。目前,常用的优化算法都有成熟的通用程序可供选用,使用者只需将数学模型按要求编写成子程序嵌入已有的优化程序中即可。

本节的轨迹生成连杆机构优化问题中有 9 个设计变量、6 个不等式约束。选用惩罚函数法优化,得最优设计方案如下:

$$X^* = [l_1^*, l_2^*, l_3^*, l_4^*, l_5^*, x_A^*, y_A^*, \beta^*, \varphi_0^*]^T$$
$$= [1.68, 5.82, 5.41, 7.03, 7.97, 2.07, 2.25, 79.02°, -70.29°]^T$$

第四章 平面连杆机构的运动分析

【内容提示】 所设计的连杆机构是否满足所给定的位移、速度和加速度要求，是否满足所给定的运动特性要求？比如所设计的插床、牛头刨床等是否具有所需要的急回特性，在工作行程中能否实现近似等速？本章研究平面连杆机构的运动分析。

【基本要求】 了解平面机构运动分析的目的和不同方法；掌握Ⅱ级机构运动分析速度的瞬心法和解析法。

机构运动分析是不考虑引起机构运动的外力的影响，而仅从几何角度出发，根据已知的原动件的运动规律，确定机构其他构件的角位移、角速度和角加速度，或构件上各点的位移（轨迹）、速度和加速度等运动参数。无论是分析研究现有机械的工作性能，还是优化设计新机械，机构运动分析都是十分重要的。

通过对机构的位移和轨迹分析，可以考察某构件能否实现预定的位置、构件上的某点能否实现预定的轨迹要求，可以确定从动件的行程或所需的运动空间，据此判断运动中是否发生碰撞干涉或确定机构的外廓尺寸。

通过速度和加速度分析可以了解机构从动件的速度、加速度变化规律能否满足工作要求。如在设计牛头刨床的导杆机构时，为了保证加工质量和延长刀具寿命，要求刨刀在切削过程中接近于等速运动；而为了提高生产率，又要求刀具的空回行程具有急回特征，为此就必须进行速度和加速度分析。

在高速机械和重型机械中，构件的惯性力往往很大，对机械的强度和动力特性有较大的影响，为此必须进行加速度分析以确定惯性力。

平面机构运动分析的方法主要有图解法和解析法。图解法概念清晰、形象直观，但精度较低，且在需要对机构的一系列位置进行分析时，反复作图显得非常繁琐。解析法，将机构运动参数和尺度参数之间的关系用数学解析式来描述，便于推理和对机构任意位置的运动和动力性能进行深入分析，分析精度高，但计算量大。随着计算机技术和数值方法的发展，不仅解析法运算冗繁的困难得以解决，而且采用电算解析法体现出运算速度快、计算精度高的显著优势，因此解析法逐渐得以广泛应用。

第一节 速度瞬心法进行平面机构的速度分析

一、速度瞬心的概念

由理论力学知识可知，作平面相对运动的两个构件1和2（见图4-1），在任一瞬时，总存在一个重合点 P_{12}，在该点处两构件的相对速度为零 $v_{P_1P_2}=0$，而绝对速度相等 $v_{P_1}=v_{P_2}$，因而可以认为在该瞬时这两个构件的相对运动为绕着该重合点的相对转动。则该重合点称为瞬时速度中心（瞬时等速重合点），简称瞬心。若两个构件都为运动构件时，$v_{P_1}=v_{P_2}\neq 0$，P_{12} 称为相对瞬心；当两构件之一为固定构件时，$v_{P_1}=v_{P_2}=0$，P_{12} 称为绝对瞬心。通常用 P_{ij}

或 P_{ji} 表示构件 i 和 j 的瞬心。

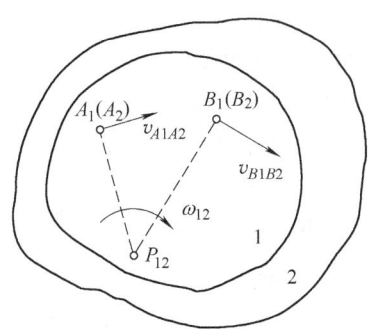

图 4-1 速度瞬心的概念

二、机构中速度瞬心的数目及其位置的确定

如上所述，机构中每两个构件之间就有一个瞬心，则根据排列组合原理，对于由 N 个构件组成的机构，其瞬心总数目为

$$K = \frac{N(N-1)}{2} \tag{4-1}$$

按照构件在机构中的相互关系，可以分为两种情况：如果两构件构成运动副，其瞬心位置可以通过直接观察确定；如果两构件不直接构成运动副，则其瞬心位置需要用"三心定理"来确定。

1. 通过运动副直接相联的两构件的瞬心

1）若两构件 1、2 以转动副相联接，则其瞬心 P_{12} 就位于转动副的中心，如图 4-2a 所示。

2）若两构件 1、2 以移动副相联接，则其瞬心 P_{12} 位于垂直于导路方向的无穷远处，如图 4-2b 所示。

3）若两构件 1、2 以平面高副相联接，当两构件在接触点处作纯滚动时，接触点 M 即为其瞬心 P_{12}，如图 4-2c 所示；当两构件在接触点处既作相对滚动，又有相对滑动，则瞬心 P_{12} 位于过接触点 M 的公法线 nn 上，如图 4-2d 所示。

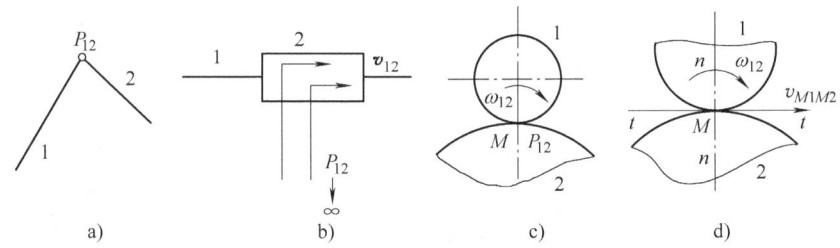

图 4-2 瞬心位置的确定

2. 不直接构成运动副的两构件的瞬心

对于不直接构成运动副的两构件的瞬心，可应用三心定理来确定。

如图 4-3 所示，彼此作平面运动的三个构件共有三个瞬心，它们必位于同一直线上，这一结论称为三心定理。证明如下：如图 4-3 所示，设构件 1、2、3 彼此作平面平行运动（为研究方便起见,现假设构件3固定不动),根据式(4-1),它们共有三个瞬心P_{12}、P_{13}、P_{23}。其中P_{13}和P_{23}分别处于构件1与构件3及构件2与构件3所构成的转动副的中心处,故可直接求出。现假设P_{12}不在P_{13}和P_{23}的连线上,而在此连线之外的C点处,则构件1、2在C点的绝对速度v_{C1}、v_{C2}的方向将不可能相同,显然与瞬心的定义(两构件上的瞬时等速重合点)相矛盾。故知P_{12}必在P_{13}和P_{23}的连线上。

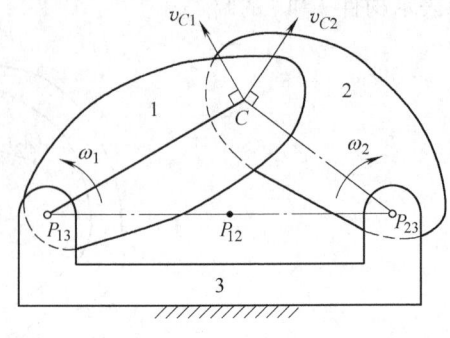

图4-3 三心定理

三、瞬心在机构速度分析中的应用

例4-1 如图4-4所示的铰链四杆机构,设已知各杆尺寸,原动件1以角速度ω_1等速回转。试求构件3和构件2的角速度ω_3、ω_2,以及C点速度v_C。

解:1)如图4-4所示,选定比例尺μ_l作机构简图。

2)求出各瞬心。根据式(4-1)可知,机构共有6个瞬心,其P_{14}、P_{12}、P_{23}、P_{34}四个瞬心分别位于相应的四个转动副中心。而不直接构成运动副的构件1和3的速度瞬心P_{13}及2和4的速度瞬心P_{24}需根据三心定理确定。

根据三心定理,构件1、2、3的三个瞬心P_{12}、P_{23}、P_{13}应在一条直线上;构件1、3、4的三个瞬心P_{14}、P_{34}、P_{13}也应在一条直线上,故直线$P_{12}P_{23}$和$P_{14}P_{34}$交点即为瞬心P_{13}。同理可得构件2和4的瞬心P_{24}应在直线$P_{12}P_{14}$和$P_{23}P_{34}$交点处。

3)由瞬心定义,P_{13}是构件1和3的等速重合点,即构件1和3分别绕着回转中心P_{14}、P_{34}转动时,在重合点P_{13}的速度大小相等、方向相同。

$$\omega_1 \overline{P_{14}P_{13}}\mu_l = \omega_3 \overline{P_{34}P_{13}}\mu_l$$

则

$$\frac{\omega_1}{\omega_3} = \frac{\overline{P_{34}P_{13}}}{\overline{P_{14}P_{13}}}$$

上式表明,两构件的角速比(也称传动比)与其相对速度瞬心至绝对速度瞬心的距离成反比。若相对瞬心位于两绝对瞬心的外侧,两角速度方向相同,如图4-4所示;若相对瞬心位于两绝对瞬心之间,两角速度方向相反,如图4-5所示。

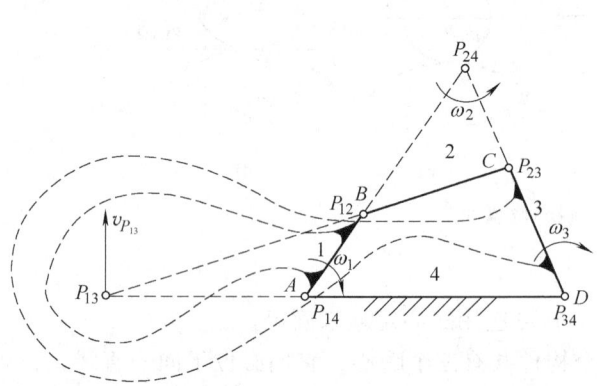

图4-4 用速度瞬心进行铰链四杆机构的速度分析

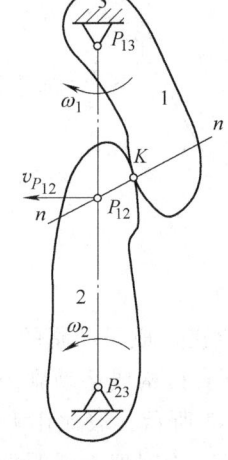

图4-5 用瞬心法求高副机构的传动比

4) 由于构件 4 为机架,所以构件 2 和 4 的瞬心 P_{24} 为绝对瞬心,则有

$$\omega_2 = \frac{v_B}{\overline{P_{12}P_{24}}\mu_l} = \frac{\overline{P_{12}P_{14}}}{\overline{P_{12}P_{24}}}\omega_1 \qquad v_C = \omega_2\mu_l\overline{P_{23}P_{24}}$$

例 4-2 如图 4-6 所示的直动平底从动件盘形凸轮机构,已知各构件尺寸及凸轮角速度 ω_1。求从动件 2 的速度 v_2。

解:由于从动件 2 作平移运动,所以 $v_2 = v_{P12}$。由于构件 1、2 构成高副,其瞬心 P_{12} 一定位于其接触点 M 的公法线 nn 上;又由三心定理,P_{12} 又在 P_{13}、P_{23} 的连线(过 P_{13} 作构件 2、3 相对移动导路的垂线)上。该两直线的交点即为 P_{12}。由此即可求出构件 2 的速度大小为

$$v_2 = v_{P12} = \omega_1\mu_l\overline{P_{13}P_{12}}$$

速度方向向上。

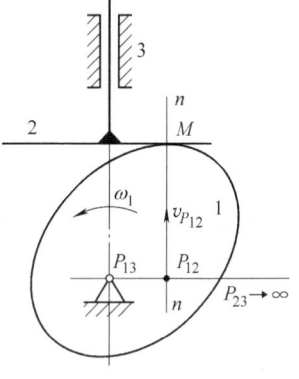

图 4-6 用瞬心法进行凸轮机构的速度分析

第二节* 用相对运动图解法进行平面机构的运动分析

相对运动图解法是依据理论力学中的刚体相对运动原理,建立机构构件的相对运动矢量方程,然后按矢量运算的图解方法进行求解,所以也称矢量方程图解法。下面分两种相对运动情况,简单介绍相对运动图解法的原理和应用。

一、同一构件上两点间的速度及加速度关系

如图 4-7a 所示的铰链四杆机构,已知各构件的尺寸、原动件 1 以等角速度 ω_1 逆时针转动,试求机构在图示位置时构件 2 和构件 3 的角速度 ω_2、ω_3 和角加速度 α_2、α_3,以及构件上点 E 的速度 v_E 和加速度 a_E。

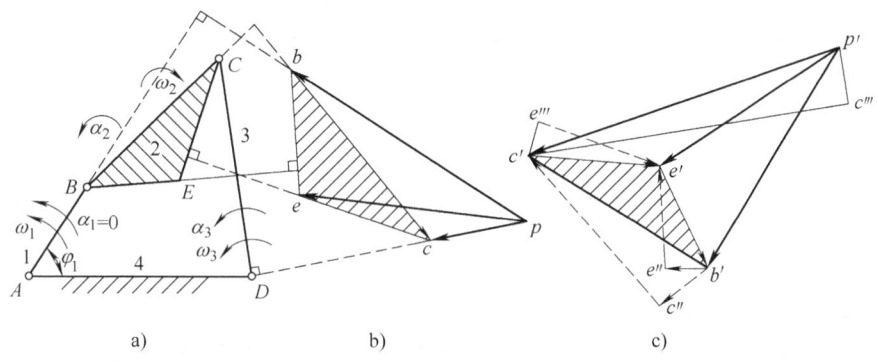

图 4-7 同一构件上两点间的速度、加速度图解分析

首先按已知条件,并选定适当的长度比例尺 μ_l,作出该瞬时位置的机构运动简图,然后再进行机构的速度分析和加速度分析。

1. 速度分析

1)根据相对运动原理,取连杆 2 上运动已知点 B 为基点,点 C 的速度 v_C 等于随基点 B 的牵连速度 v_B 和绕基点 B 的相对转动速度 v_{CB}(注意下标字母的顺序,动点在前,

基点在后)。

$$\begin{cases} \quad v_C = v_B + v_{CB} \\ 方向 \quad \perp CD \quad \perp AB \quad \perp BC \\ 大小 \quad ? \quad \omega_1 l_{AB} \quad ? \\ 图示 \quad pc \quad pb \quad bc \end{cases}$$

由于每个矢量包含方向和大小两个要素,所以图解时一个矢量方程可以求解两个未知要素。由上式可见,只有 v_C 和 v_{CB} 的大小未知,所以可解。

2)根据速度 v_B 的大小,适当选取速度比例尺 $\mu_v \left(\dfrac{\text{m/s}}{\text{mm}} \right)$,然后选一点 p 为极点,从极点 p 作代表绝对速度 v_B 的矢量 pb ($= v_B / \mu_v$,且 $\perp AB$),再由点 b 作代表相对速度 v_{CB} 的方向线 bc ($\perp BC$),最后由极点 p 作出代表绝对速度 v_C 的矢量 pc ($\perp CD$),两方向线相交于 c,则矢量 pc 和 bc 分别代表绝对速度 v_C 和相对速度 v_{CB}。其大小分别为

$$v_C = \mu_v \cdot pc \qquad v_{CB} = \mu_v \cdot bc$$

进而可以求得

$$\omega_3 = \frac{v_C}{l_{CD}} = \frac{\mu_v \cdot pc}{\mu_l \cdot CD} \quad (由 v_C 方向可以判断为逆时针方向)$$

$$\omega_2 = \frac{v_{CB}}{l_{BC}} = \frac{\mu_v \cdot bc}{\mu_l \cdot BC} \quad (由 v_{CB} 方向可以判断为顺时针方向)$$

3)对于 E 点速度 v_E,可以以 B 或 C 为基点求解,即

$$\begin{cases} \quad v_E = v_B + v_{EB} \\ 方向 \quad ? \quad \perp AB \quad \perp BE \\ 大小 \quad ? \quad \omega_1 l_{AB} \quad \omega_2 l_{BE} \\ 图示 \quad pe \quad pb \quad be \end{cases} \quad 或 \quad \begin{cases} \quad v_E = v_C + v_{EC} \\ 方向 \quad ? \quad \perp CD \quad \perp CE \\ 大小 \quad ? \quad \omega_3 l_{CD} \quad \omega_2 l_{CE} \\ 图示 \quad pe \quad pc \quad ce \end{cases}$$

上述两个方程均只含两个未知要素,故都可分别作图求解。

现设未 ω_2 未知,则 v_{EB} 和 v_{EC} 大小均为未知,此时可将上述两式联立求解,即

$$\begin{cases} \quad v_E = v_B + v_{EB} = v_C + v_{EC} \\ 方向 \quad ? \quad \perp AB \quad \perp BE \quad \perp CD \quad \perp CE \\ 大小 \quad ? \quad \omega_1 l_{AB} \quad ? \quad \omega_3 l_{CD} \quad ? \\ 图示 \quad pe \quad pb \quad be \quad pc \quad ce \end{cases}$$

此方程仅含有 v_{EB} 和 v_{EC} 两个未知要素,可以图解。如图 4-7b 所示,在已有 v_B 和 v_C 的基础上,由点 b 作代表相对速度 v_{EB} 的方向线 be ($\perp BE$),再由点 c 作代表相对速度 v_{EC} 的方向线 ce ($\perp CE$)。两方向线交于点 e,则矢量 be 和 ce 分别表示相对速度 v_{EB} 和 v_{EC},矢量 pe 表示点 E 的绝对速度 v_E,其大小为

$$v_E = \mu_v \cdot pe$$

如图 4-7b 所示,由各速度矢量构成的图形,称为速度多边形。观察图 4-7a、b,不难发现,构件 2 上 B、C、E 三点构成的图形 $\triangle BCE$ 与速度多边形中代表该三点绝对速度的矢量端点 b、c、e 三点构成的图形 $\triangle bce$ 相似,即 $\triangle bce \backsim \triangle BCE$,且两三角形所标注字母顺序的绕行方向一致,只是前者是后者沿其角速度 ω_2 的方向转过了 90° 而已。一般称图形 bce 为构件图 BCE 的速度影像。

当已知一构件上两点的速度时,利用速度影像与构件图形相似且垂直的原理,可以很方便地求出该构件上其他任一点的速度。例如,已知构件 2 上点 B 和点 C 的速度,求其上另一点 E 的速度时,可以直接在图 4-7b 中以 bc 为底边作 $\triangle bce \backsim \triangle BCE$,并使两者字母绕行顺序一致,便可求得点 E 的速度影像 e,则矢量 pe 代表 v_E。反过来,也可以根据已知速度确定相应构件上具有该速度的点的位置。

速度多边形的特点归纳如下:

1) 极点 p 为机构中所有构件绝对速度为零的影像点,构件上各点的绝对速度矢量均由极点 p 引出,其端点用与该点同名的小写字母标记,如矢量 pb 代表 v_B。

2) 连接其他任意两点的矢量代表该两点在机构图中同名点间的相对速度,其指向与该相对速度的下标字母顺序相反,如 bc 代表 v_{CB} 而不是 v_{BC}。

3) 同一构件上各点构成的图形与这些点绝对速度矢量端点构成的图形相似且垂直,两者字母绕行顺序一致,此即为速度影像原理。

4) 当已知一构件上两点的速度时,利用速度影像与构件图形相似且垂直的原理,可以求出该构件上其他任一点的速度。

必须指出:速度影像原理只适用于同一构件上的各点间的速度关系,而不能用于机构中不同构件上各点间的速度关系。

2. 加速度分析

与上同理,可以列出构件 2 上 C 点和 B 点的加速度矢量方程为

$$a_C = a_B + a_{CB}$$

$$\begin{cases} & a_C^n + a_C^t = a_B^n + a_B^t + a_{CB}^n + a_{CB}^t \\ \text{方向} & C \to D \quad \perp CD \quad B \to A \quad \perp AB \quad C \to B \quad \perp BC \\ \text{大小} & \omega_3^2 l_{CD} \quad ? \quad \omega_1^2 l_{AB} \quad 0 \quad \omega_2^2 l_{BC} \quad ? \\ \text{图示} & p'c''' \quad c'''c' \quad p'b' \quad - \quad b'c'' \quad c''c' \end{cases}$$

该方程含有两个未知要素,可以作加速度多边形图解。

根据速度 a_B^n 的大小,适当选取速度比例尺 $\mu_a \left(\dfrac{\text{m/s}^2}{\text{mm}} \right)$,然后选一点 p' 为极点,从极点 p' 出发连续作出代表绝对加速度 a_B^n 的矢量 $p'b'$($= a_B^n / \mu_a$,且 $B \to A$)、代表相对法向加速度 a_{CB}^n 的矢量 $b'c''$($= a_{CB}^n / \mu_a$,且 $C \to B$)、代表只知方位而不知指向和大小的相对切向加速度 a_{CB}^t 的方向线 $c''c'$($\perp BC$)。同理由极点 p' 出发连续作出代表绝对法向加速度 a_C^n 的矢量 $p'c'''$($B \to A$)、代表绝对切向加速度 a_C^t 的方向线 $c'''c'$($\perp CD$)。两方向线 $c''c'$ 和 $c'''c'$ 交于 c',从而得到封闭矢量多边形。则 $c''c'$、$c'''c'$ 和 $p'c'$ 分别表示切向加速度分量 a_{CB}^t、a_C^t 和绝对加速度 a_C,其大小分别为

$$a_{CB}^t = \mu_a \cdot c''c' \quad (\text{方向 } c'' \to c' \perp CB)$$
$$a_C^t = \mu_a \cdot c'''c' \quad (\text{方向 } c''' \to c' \perp CD)$$
$$a_C = \mu_a \cdot p'c' \quad (\text{方向 } p' \to c')$$

构件 2、3 的角加速度为

$$\alpha_2 = \frac{a_{CB}^t}{l_{BC}} = \frac{\mu_a \cdot c''c'}{\mu_l \cdot BC} \quad (\text{由 } a_{CB}^t \text{ 方向可以判断为逆时针方向})$$

$$\alpha_3 = \frac{a_C^t}{l_{CD}} = \frac{\mu_a \cdot c'''c'}{\mu_l \cdot CD} \quad (\text{由 } \boldsymbol{a}_C^t \text{ 方向可以判断为逆时针方向})$$

至于构件 2 上点 E 的加速度，与速度分析相类似，可利用 E 点与 B 点和 C 点之间的关系，列出如下加速度矢量方程式图解，如图 4-7c 所示。

$$\begin{cases}
\boldsymbol{a}_E = \boldsymbol{a}_B + \boldsymbol{a}_{EB}^n + \boldsymbol{a}_{EB}^t = \boldsymbol{a}_C + \boldsymbol{a}_{EC}^n + \boldsymbol{a}_{EC}^t \\
\text{方向} \quad p' \to b' \quad E \to B \quad \perp BE \quad p' \to c' \quad E \to C \quad \perp EC \\
\text{大小} \quad \mu_a \cdot p'b' \quad \omega_2^2 l_{EB} \quad ? \quad \mu_a \cdot p'c' \quad \omega_2^2 l_{EC} \quad ? \\
\text{图示} \quad p'b' \quad b'e'' \quad e''e' \quad p'c' \quad c'e''' \quad e'''e'
\end{cases}$$

图 4-7c 中 $p'e'$ 即表示构件 2 上 E 点绝对加速度 $\boldsymbol{a}_E$。其大小为 $a_E = \mu_a \cdot p'e'$，方向为 $p' \to e'$。

由各加速度矢量构成的图形，称为加速度多边形。可以证明，构件 2 上 B、C、E 三点构成的图形 $\triangle BCE$ 与加速度多边形中代表该三点绝对加速度的矢量端点 b'、c'、e' 三点构成的图形 $\triangle b'c'e'$ 相似，$\triangle b'c'e' \backsim \triangle BCE$，且两三角形所标注字母顺序的绕行方向一致，故称图形 $b'c'e'$ 为构件图 BCE 的加速度影像。

加速度多边形的特点归纳如下：

1）极点 p' 为机构中所有构件绝对加速度为零的影像点，构件上各点的绝对加速度矢量均由极点 p' 引出，其端点用与该点同名的小写字母加 "'" 标记，如矢量 $p'b'$ 代表 $\boldsymbol{a}_B$。

2）连接其他带有上角标 "'" 的任意两个点的矢量代表该两点在机构图中同名点间的相对加速度，其指向与该相对加速度的下标字母顺序相反，如 $b'c'$ 代表 $\boldsymbol{a}_{CB}$ 而不是 $\boldsymbol{a}_{BC}$。

3）同一构件上各点构成的图形与这些点绝对加速度矢量端点构成的图形相似，且两者字母绕行顺序一致，此即为加速度影像原理。

4）加速度的法向和切向两个分量用虚线衔接相互垂直画在一起，不可分开。

5）当已知一构件上两点的加速度时，利用加速度影像与构件图形相似的原理，可以求出该构件上其他任一点的加速度。

必须指出：加速度影像原理只适用于同一构件上的各点间的加速度关系，而不能用于机构中不同构件上各点间的加速度关系。

二、组成移动副的两构件上重合点间的速度及加速度关系

如图 4-8 所示的导杆机构，已知机构位置和各构件尺寸，原动件 1 以等角速度 ω_1 转动。

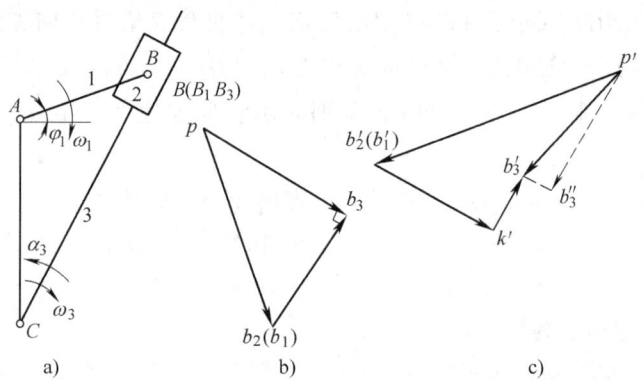

图 4-8 组成移动副的两构件上重合点间的速度、加速度图解分析

求构件 3 的角速度 ω_3 和角加速度 α_3。

这里分析的关键是选取分析点，即两构件上的瞬时重合点，为了便于求解，通常将该点选在与导路重合的铰链中心处（若其不在导路上，可将构件扩大使之包含铰链中心在内）。

机构中构件 2 和 3 组成具有转动导路的移动副。在点 B 选取构件 2 上铰链中心 B_2（B_1）与导杆 3 的 B_3 点作为分析的瞬时重合点。利用重合点之间的复合运动关系建立相对运动矢量方程式。

注意，由于构件 2 和 3 构成运动副，所以两构件加速度和角加速度分别相等，即 $\omega_2 = \omega_3$，$\alpha_2 = \alpha_3$。

1. 速度分析

$$\begin{cases} \boldsymbol{v}_{B3} = \boldsymbol{v}_{B2} + \boldsymbol{v}_{B3B2} \\ \text{方向} \quad \perp BC \quad \perp AB \quad /\!/ BC \\ \text{大小} \quad ? \quad \omega_1 l_{AB} \quad ? \\ \text{图示} \quad pb_3 \quad pb_2 \quad b_2b_3 \end{cases}$$

此方程仅含两个未知要素，可以图解。和前述类似方法作图得速度多边形，如图 4-8b 所示。其中 pb_3 表示绝对速度 $\boldsymbol{v}_{B3}$，b_2b_3 表示相对速度 $\boldsymbol{v}_{B3B2}$，其大小分别为

$$v_{B3} = \mu_v \cdot pb_3, \qquad v_{B3B2} = \mu_v \cdot b_2b_3$$

构件 3 绕铰链 C 的角速度 ω_3（$\omega_2 = \omega_3$）为

$$\omega_3 = \frac{v_{B3}}{l_{BC}} = \frac{\mu_v \cdot pb_3}{\mu_l \cdot BC} \quad \text{（由 } \boldsymbol{v}_{B3} \text{ 方向可以判断为顺时针方向）}$$

2. 加速度分析

根据理论力学知识，此时 B_3 相对于 B_2 存在哥氏加速度 $\boldsymbol{a}^k_{B3B2} = 2\boldsymbol{\omega}_2 \times \boldsymbol{v}_{B3B2}$，所以构件 3 与构件 2 在重合点 B 的加速度矢量方程为

$$\begin{cases} \boldsymbol{a}_{B3} = \boldsymbol{a}^n_{B3} + \boldsymbol{a}^t_{B3} = \boldsymbol{a}^n_{B2} + \boldsymbol{a}^t_{B2} + \boldsymbol{a}^k_{B3B2} + \boldsymbol{a}^r_{B3B2} \\ \text{方向} \quad B \to C \quad \perp BC \quad B \to A \quad \perp AB \quad \perp BC \text{ 指向右} \quad /\!/ BC \\ \text{大小} \quad \omega_3^2 \cdot l_{BC} \quad ? \quad \omega_1^2 \cdot l_{BC} \quad 0 \quad 2\omega_2 \cdot v_{B3B2} \quad ? \\ \text{图示} \quad p'b''_3 \quad b''_3b'_3 \quad p'b'_2 \quad - \quad b'_2k' \quad k'b'_3 \end{cases}$$

此方程仅含两个未知要素，可以图解，其加速度多边形如图 4-8c 所示。

图 4-8c 中 $p'b'_3$、$b''_3b'_3$ 分别表示 B_3 点的绝对加速度 $\boldsymbol{a}_{B3}$ 和其切向加速度 $\boldsymbol{a}^t_{B3}$，其大小分别为

$$a_{B3} = \mu_a \cdot p'b'_3, \qquad a^t_{B3} = \mu_a \cdot b''_3b'_3$$

构件 3 绕铰链 C 的角加速度 α_3（$\alpha_2 = \alpha_3$）为

$$\alpha_3 = \frac{a^t_{B3}}{l_{BC}} = \frac{\mu_a \cdot b''_3b'_3}{\mu_l \cdot BC} \quad \text{（由 } \boldsymbol{a}^t_{B3} \text{ 方向可以判断为逆时针方向）}$$

例 4-3 图 4-9a 所示的六杆机构，已知机构位置和各构件的尺寸，原动件 1 以等角速度 ω_1 转动，试求机构在图示瞬时位置构件 5 的速度 $\boldsymbol{v}_5$ 和加速度 $\boldsymbol{a}_5$。

解：该机构由原动件 1 添加两个 Ⅱ 级杆组构件 2、3 和构件 4、5 所构成。分析应先从与原动件相联的构件 2、3 杆组开始，然后是构件 4、5 杆组。

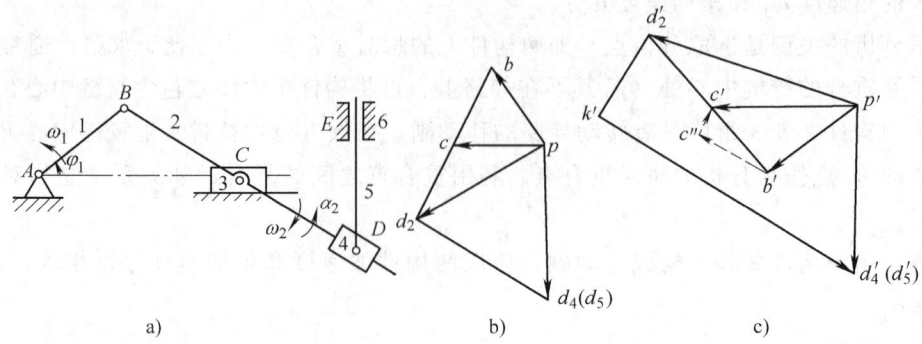

图 4-9 六杆机构的图解法运动分析

1. 对构件 2、3 杆组

B、C 两点是同一构件 2 上的点，其速度和加速度分析如下：

（1）速度分析　速度关系为

$$\begin{cases} \boldsymbol{v}_C = \boldsymbol{v}_B + \boldsymbol{v}_{CB} \\ \text{方向} \quad /\!/\text{导路} \quad \perp AB \quad \perp BC \\ \text{大小} \quad ? \quad \omega_1 l_{AB} \quad ? \\ \text{图示} \quad \boldsymbol{pc} \quad \boldsymbol{pb} \quad \boldsymbol{bc} \end{cases}$$

适当选取速度比例尺 $\mu_v \left(\dfrac{\text{m/s}}{\text{mm}} \right)$ 和极点 p，作速度多边形，如图 4-9b 所示。矢量 $\boldsymbol{pc}$ 和 $\boldsymbol{bc}$ 分别代表绝对速度 $\boldsymbol{v}_C$ 和相对速度 $\boldsymbol{v}_{CB}$。其大小分别为

$$v_C = \mu_v \cdot pc \qquad v_{CB} = \mu_v \cdot bc$$

进而求得构件 2 的角速度，即

$$\omega_2 = \dfrac{v_{CB}}{l_{BC}} = \dfrac{\mu_v \cdot bc}{l_{BC}} \quad (\text{由 } \boldsymbol{v}_{CB} \text{ 方向可以判断为顺时针方向})$$

构件 2 上 B、C 两点的速度已知，则其上另一点 D 的速度 $\boldsymbol{v}_{D2}$ 可利用速度影像原理求得，如图 4-9b 中 $\boldsymbol{pd}_2$ 所示。

（2）加速度分析

$$\begin{cases} \boldsymbol{a}_C = \boldsymbol{a}_B^n + \boldsymbol{a}_B^t + \boldsymbol{a}_{CB}^n + \boldsymbol{a}_{CB}^t \\ \text{方向} \quad /\!/\text{导路} \quad B\rightarrow A \quad \perp AB \quad C\rightarrow B \quad \perp BC \\ \text{大小} \quad ? \quad \omega_1^2 l_{AB} \quad 0 \quad \omega_2^2 l_{BC} \quad ? \\ \text{图示} \quad \boldsymbol{p'c'} \quad \boldsymbol{p'b'} \quad - \quad \boldsymbol{b'c''} \quad \boldsymbol{c''c'} \end{cases}$$

适当选取加速度比例尺 $\mu_a \left(\dfrac{\text{m/s}^2}{\text{mm}} \right)$ 和极点 p'，作加速度多边形如图 4-9c 所示。矢量 $\boldsymbol{p'c'}$ 和 $\boldsymbol{c''c'}$ 分别代表绝对加速度 $\boldsymbol{a}_C$ 和相对切向加速度 $\boldsymbol{a}_{CB}^t$。其大小分别为

$$a_C = \mu_a \cdot p'c' \qquad a_{CB}^t = \mu_a \cdot c''c'$$

进而求得构件 2 和 4 的角加速度，即

$$\alpha_2 = \alpha_4 = \dfrac{a_{CB}^t}{l_{BC}} = \dfrac{\mu_a \cdot c''c'}{l_{BC}} \quad (\text{由 } \boldsymbol{a}_{CB}^t \text{ 方向可以判断为逆时针方向})$$

利用速度影像原理可以方便地求出构件 2 上 D 点的加速度影像，如图 4-9c 中 d'_2，$p'd'_2$ 即表示 $\boldsymbol{a}_{D2}$。

2. 对构件 4、5 杆组

由于构件 2、4 构成移动副，选重合点 $D(D_2,D_4)$，其速度和加速度分析如下：

（1）速度分析　速度关系为

$$\begin{cases} \quad\quad \boldsymbol{v}_{D4} \;=\; \boldsymbol{v}_{D2} \;+\; \boldsymbol{v}_{D4D2} \\ 方向 \quad //DE \quad p\to d_2 \quad //CD \\ 大小 \quad\; ? \quad\quad \mu_v\cdot pd_2 \quad ? \\ 图示 \quad pd_4 \quad\quad pd_2 \quad\quad d_2d_4 \end{cases}$$

作速度多边形如图 4-9b 所示。矢量 pd_4 和 d_2d_4 分别代表绝对速度 v_{D4} 和相对速度 v_{D4D2}。其大小分别为

$$v_{D4}=\mu_v\cdot pd_4 \quad\quad v_{D4D2}=\mu_v\cdot d_2d_4$$

（2）加速度分析

$$\begin{cases} \quad\quad \boldsymbol{a}_{D4} \;=\; \boldsymbol{a}_{D2} \;+\; \boldsymbol{a}^k_{D4D2} \;+\; \boldsymbol{a}^r_{D4D2} \\ 方向 \quad //DE \quad p'\to d'_2 \quad \perp CD\ 指向下 \quad //CD \\ 大小 \quad\; ? \quad\quad \mu_a\cdot p'd'_2 \quad 2\omega_2 v_{D4D2} \quad ? \\ 图示 \quad p'd'_4 \quad\quad p'd'_2 \quad\quad d'_2k' \quad\quad k'd'_4 \end{cases}$$

作加速度多边形如图 4-9c 所示。矢量 $p'd'_4$ 即代表绝对加速度 $\boldsymbol{a}_{D4}(\boldsymbol{a}_{D5})$。

$$a_{D4}=a_{D5}=\mu_a\cdot p'd'_4 \quad （方向向下）$$

第三节　用解析法进行平面连杆机构的运动分析

按所使用的数学工具及分析过程不同，平面连杆机构运动分析解析法有封闭矢量多边形投影法、复数向量法、矩阵法等。本书主要介绍便于推理和上机计算的矩阵解析法，并以典型机构为例说明该方法的应用。

一、机构运动分析矩阵法的一般形式

设机构输入与输出运动关系由一组独立运动方程组描述，即

$$\boldsymbol{F}(\boldsymbol{U},\boldsymbol{V},\boldsymbol{L})=0 \tag{4-2}$$

其中，$\boldsymbol{L}=[l_1,l_2,\cdots,l_m]^T$ 为机构广义尺度参数向量，其元素可以是尺寸参数，也可以是角度参数。

$\boldsymbol{V}=[v_1,v_2,\cdots,v_\lambda]^T$ 为机构广义输入运动，可以是移动，也可以是转动。

$\boldsymbol{U}=[u_1,u_2,\cdots,u_n]^T$ 为机构广义输出运动，可以是移动，也可以是转动。

$\boldsymbol{F}=[f_1,f_2,\cdots,f_n]^T$ 为 n 个独立运动方程，正好解出 n 个输出运动。

由式 (4-2) 总可以解出输入、输出运动关系

$$\boldsymbol{U}=\boldsymbol{U}(\boldsymbol{V},\boldsymbol{L}) \tag{4-3}$$

将式 (4-2) 对时间连续微分即可得到输出速度和加速度的一般矩阵表达式

$$\dot{\boldsymbol{U}}=-\left(\frac{\partial \boldsymbol{F}}{\partial \boldsymbol{U}}\right)^{-1}\frac{\partial \boldsymbol{F}}{\partial \boldsymbol{V}}\dot{\boldsymbol{V}} \tag{4-4}$$

$$\ddot{\boldsymbol{U}} = -\left(\frac{\partial \boldsymbol{F}}{\partial \boldsymbol{U}}\right)^{-1}\left[\frac{\mathrm{d}}{\mathrm{d}t}\left(\frac{\partial \boldsymbol{F}}{\partial \boldsymbol{U}}\right)\dot{\boldsymbol{U}} + \frac{\partial \boldsymbol{F}}{\partial \boldsymbol{V}}\ddot{\boldsymbol{V}} + \frac{\mathrm{d}}{\mathrm{d}t}\left(\frac{\partial \boldsymbol{F}}{\partial \boldsymbol{V}}\right)\dot{\boldsymbol{V}}\right] \quad (4\text{-}5)$$

其中

$$\frac{\partial \boldsymbol{F}}{\partial \boldsymbol{U}} = \begin{pmatrix} \frac{\partial f_1}{\partial u_1} & \frac{\partial f_1}{\partial u_2} & \cdots & \frac{\partial f_1}{\partial u_n} \\ \frac{\partial f_2}{\partial u_1} & \frac{\partial f_2}{\partial u_2} & \cdots & \frac{\partial f_2}{\partial u_n} \\ \vdots & \vdots & & \vdots \\ \frac{\partial f_n}{\partial u_1} & \frac{\partial f_n}{\partial u_2} & \cdots & \frac{\partial f_n}{\partial u_n} \end{pmatrix} \qquad \frac{\partial \boldsymbol{F}}{\partial \boldsymbol{V}} = \begin{pmatrix} \frac{\partial f_1}{\partial v_1} & \frac{\partial f_1}{\partial v_2} & \cdots & \frac{\partial f_1}{\partial v_\lambda} \\ \frac{\partial f_2}{\partial v_1} & \frac{\partial f_2}{\partial v_2} & \cdots & \frac{\partial f_2}{\partial v_\lambda} \\ \vdots & \vdots & & \vdots \\ \frac{\partial f_n}{\partial v_1} & \frac{\partial f_n}{\partial v_2} & \cdots & \frac{\partial f_n}{\partial v_\lambda} \end{pmatrix}$$

二、整体法

1. 铰链四杆机构的运动分析

图 4-10 所示为铰链四杆机构,已知各构件尺寸 L_1、L_2、L_3、L_4 及原动件 AB 的角位移 φ_1 和等角速度 $\dot{\varphi}_1$,分析构件 2 和 3 的角位移 φ_2 和 φ_3、角速度 $\dot{\varphi}_2$ 和 $\dot{\varphi}_3$、角加速度 $\ddot{\varphi}_2$ 和 $\ddot{\varphi}_3$。

如图 4-10 所示,为方便起见,取以 A 为原点、x 轴与连架杆 AD 共线的直角坐标系。各杆规定一个矢量指向,且以 x 轴正向为基准,按逆时针方向为正取各杆的角位移。在规定各杆矢量指向时,建议与固定铰链相联接的连架杆矢量由固定铰链向外,其余杆件矢量指向任取。则四杆机构 $ABCDA$ 构成一个封闭的矢量多边形,其封闭矢量方程为

$$\boldsymbol{L}_1 + \boldsymbol{L}_2 = \boldsymbol{L}_3 + \boldsymbol{L}_4$$

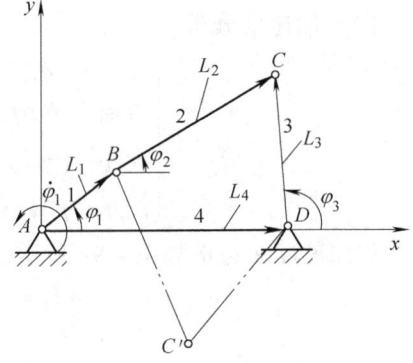

图 4-10 铰链四杆机构的运动分析

分别向 x 和 y 轴投影,得方程组

$$\begin{cases} L_1\cos\varphi_1 + L_2\cos\varphi_2 - L_3\cos\varphi_3 - L_4 = 0 \\ L_1\sin\varphi_1 + L_2\sin\varphi_2 - L_3\sin\varphi_3 = 0 \end{cases} \quad (4\text{-}6)$$

(1) 位置分析 为求 φ_3,将式 (4-6) 改写为

$$\begin{cases} L_2\cos\varphi_2 = L_3\cos\varphi_3 + L_4 - L_1\cos\varphi_1 \\ L_2\sin\varphi_2 = L_3\sin\varphi_3 - L_1\sin\varphi_1 \end{cases}$$

两边平方后相加并整理得

$$A\sin\varphi_3 + B\cos\varphi_3 + C = 0 \quad (4\text{-}7)$$

式中

$$A = 2L_1L_3\sin\varphi_1$$
$$B = 2L_3(L_1\cos\varphi_1 - L_4)$$
$$C = L_2^2 - L_1^2 - L_3^2 - L_4^2 + 2L_1L_4\cos\varphi_1$$

令 $x = \tan(\varphi_3/2)$,则 $\sin\varphi_3 = 2x/(1+x^2)$,$\cos\varphi_3 = (1-x^2)/(1+x^2)$,式 (4-7) 化为二次方程

$$(B-C)x^2 - 2Ax - (B+C) = 0$$

解得
$$\varphi_3 = 2\arctan\frac{A \pm \sqrt{A^2 + B^2 - C^2}}{B - C} \quad (4\text{-}8)$$

同理可得
$$\varphi_2 = 2\arctan\frac{D \pm \sqrt{D^2 + E^2 - F^2}}{E - F} \quad (4\text{-}9)$$

式中
$$D = 2L_1L_2\sin\varphi_1$$
$$E = 2L_2(L_1\cos\varphi_1 - L_4)$$
$$F = L_1^2 + L_2^2 - L_3^2 + L_4^2 - 2L_1L_4\cos\varphi_1$$

由式（4-8）、式（4-9）可知，φ_2、φ_3 均有两个解，这是由于当机构尺寸相同时，对于同一个 φ_1，机构可能有图 4-10 实线所示机构，也可能有图 4-10 虚线所示机构，应根据所给机构的装配方案选择式中的"＋"、"－"号。于是可将式（4-8）、式（4-9）写成如下形式

$$\begin{cases} \varphi_3 = 2\arctan\dfrac{A + M\sqrt{A^2 + B^2 - C^2}}{B - C} \\ \varphi_2 = 2\arctan\dfrac{D + M\sqrt{D^2 + E^2 - F^2}}{E - F} \end{cases} \quad (4\text{-}10)$$

当 B、C、D 为顺时针排列时，取 $M = -1$；当 B、C、D 为逆时针排列时，取 $M = +1$。

(2) 速度分析　应用式（4-2）表示的数学模型，可以写出
$$f_1 = L_1\cos\varphi_1 + L_2\cos\varphi_2 - L_3\cos\varphi_3 - L_4 = 0$$
$$f_2 = L_1\sin\varphi_1 + L_2\sin\varphi_2 - L_3\sin\varphi_3 = 0$$
$$\boldsymbol{V} = [\varphi_1]$$
$$\boldsymbol{U} = [\varphi_2 \quad \varphi_3]^\mathrm{T}$$
$$\boldsymbol{F} = [f_1 \quad f_2]^\mathrm{T}$$

令 $C_i = L_i\cos\varphi_i$，$S_i = L_i\sin\varphi_i$，则有

$$\frac{\partial \boldsymbol{F}}{\partial \boldsymbol{U}} = \begin{pmatrix} -S_2 & S_3 \\ C_2 & -C_3 \end{pmatrix}, \quad \frac{\partial \boldsymbol{F}}{\partial \boldsymbol{V}} = \begin{pmatrix} -S_1 \\ C_1 \end{pmatrix}, \quad \left(\frac{\partial \boldsymbol{F}}{\partial \boldsymbol{U}}\right)^{-1} = \frac{1}{S_2C_3 - C_2S_3}\begin{pmatrix} -C_3 & -S_3 \\ -C_2 & -S_2 \end{pmatrix}$$

$$\frac{\mathrm{d}}{\mathrm{d}t}\left(\frac{\partial \boldsymbol{F}}{\partial \boldsymbol{U}}\right) = \begin{pmatrix} -\dot\varphi_2 C_2 & \dot\varphi_3 C_3 \\ -\dot\varphi_2 S_2 & \dot\varphi_3 S_3 \end{pmatrix}, \quad \frac{\mathrm{d}}{\mathrm{d}t}\left(\frac{\partial \boldsymbol{F}}{\partial \boldsymbol{V}}\right) = \begin{pmatrix} -\dot\varphi_1 C_1 \\ -\dot\varphi_1 S_1 \end{pmatrix}$$

由式（4-4）有

$$\begin{pmatrix} \dot\varphi_2 \\ \dot\varphi_3 \end{pmatrix} = -\frac{1}{S_2C_3 - C_2S_3}\begin{pmatrix} -C_3 & -S_3 \\ -C_2 & -S_2 \end{pmatrix}\begin{pmatrix} -S_1 \\ C_1 \end{pmatrix}[\dot\varphi_1] \quad (4\text{-}11)$$

(3) 加速度分析　由式（4-5）有

$$\begin{pmatrix} \ddot\varphi_2 \\ \ddot\varphi_3 \end{pmatrix} = -\frac{1}{S_2C_3 - C_2S_3}\begin{pmatrix} -C_3 & -S_3 \\ -C_2 & -S_2 \end{pmatrix}\left(\begin{pmatrix} -\dot\varphi_2 C_2 & \dot\varphi_3 C_3 \\ -\dot\varphi_2 S_2 & \dot\varphi_3 S_3 \end{pmatrix}\begin{pmatrix} \dot\varphi_2 \\ \dot\varphi_3 \end{pmatrix} + \begin{pmatrix} -\dot\varphi_1 C_1 \\ -\dot\varphi_1 S_1 \end{pmatrix}[\dot\varphi_1]\right) \quad (4\text{-}12)$$

2. 曲柄滑块机构的运动分析

图 4-11 所示为偏置曲柄滑块机构，已知曲柄长度 L_1，连杆长度 L_2，滑块导路与曲柄轴偏距 e 及原动曲柄 AB 的角位移 φ_1 和等角速度 $\dot\varphi_1$，分析连杆 2 的角位移 φ_2、角速度 $\dot\varphi_2$、角加速度 $\ddot\varphi_2$ 和滑块 3 的位移 s、速度 $\dot s$、加速度 $\ddot s$。

取以 O 为原点、x 轴与滑块导路共线的直角坐标系，得封闭矢量方程

$$e + L_1 + L_2 = s$$

分别向 x 和 y 轴投影，得运动分析数学模型

$$f_1 = L_1\cos\varphi_1 + L_2\cos\varphi_2 - s = 0 \tag{4-13}$$

$$f_2 = e + L_1\sin\varphi_1 + L_2\sin\varphi_2 = 0 \tag{4-14}$$

$$V = [\varphi_1]$$

$$U = [\varphi_2 \quad s]^T$$

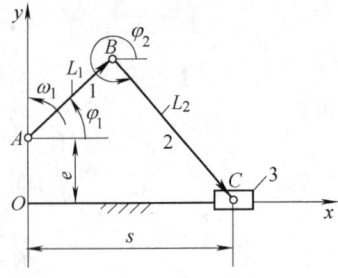

图 4-11 曲柄滑块机构的运动分析

$$F = [f_1 \quad f_2]^T$$

令 $C_i = L_i\cos\varphi_i$，$S_i = L_i\sin\varphi_i$，则有

$$\frac{\partial F}{\partial U} = \begin{pmatrix} -S_2 & -1 \\ C_2 & 0 \end{pmatrix}, \quad \frac{\partial F}{\partial V} = \begin{pmatrix} -S_1 \\ C_1 \end{pmatrix}, \quad \left(\frac{\partial F}{\partial U}\right)^{-1} = \frac{1}{C_2}\begin{pmatrix} 0 & 1 \\ -C_2 & -S_2 \end{pmatrix}$$

$$\frac{d}{dt}\left(\frac{\partial F}{\partial U}\right) = \begin{pmatrix} -\dot\varphi_2 C_2 & 0 \\ -\dot\varphi_2 S_2 & 0 \end{pmatrix}, \quad \frac{d}{dt}\left(\frac{\partial F}{\partial V}\right) = \begin{pmatrix} -\dot\varphi_1 C_1 \\ -\dot\varphi_1 S_1 \end{pmatrix}$$

（1）位置分析　由式（4-14）可得

$$\sin\varphi_2 = -\frac{L_1\sin\varphi_1 + e}{L_2}$$

由于一般微机都只装有反正切函数，故可由下式求出 φ_2

$$\varphi_2 = \arctan\frac{\sin\varphi_2}{\sqrt{1-\sin^2\varphi_2}} = \arctan\frac{-L_1\sin\varphi_1 - e}{\sqrt{L_2^2 - (L_1\sin\varphi_1 + e)^2}}$$

求出 φ_2 后，由式（4-13）即可求出滑块位移 s 为

$$s = L_1\cos\varphi_1 + L_2\cos\varphi_2$$

（2）速度分析　由式（4-4）有

$$\begin{pmatrix} \dot\varphi_2 \\ \dot s \end{pmatrix} = -\frac{1}{C_2}\begin{pmatrix} 0 & 1 \\ -C_2 & -S_2 \end{pmatrix}\begin{pmatrix} -S_1 \\ C_1 \end{pmatrix}[\dot\varphi_1] \tag{4-15}$$

（3）加速度分析　由式（4-5）有

$$\begin{pmatrix} \ddot\varphi_2 \\ \ddot s \end{pmatrix} = -\frac{1}{C_2}\begin{pmatrix} 0 & 1 \\ -C_2 & -S_2 \end{pmatrix}\left(\begin{pmatrix} -\dot\varphi_2 C_2 & 0 \\ -\dot\varphi_2 S_2 & 0 \end{pmatrix}\begin{pmatrix} \dot\varphi_2 \\ \dot s \end{pmatrix} + \begin{pmatrix} -\dot\varphi_1 C_1 \\ -\dot\varphi_1 S_1 \end{pmatrix}[\dot\varphi_1]\right) \tag{4-16}$$

3. 曲柄导杆机构的运动分析

图 4-12 所示为曲柄导杆机构，已知曲柄长度 L_1、中心距 h 及原动曲柄 AB 的角位移 φ_1 和等角速度 $\dot\varphi_1$，分析导杆 3 的角位移 φ_2、角速度 $\dot\varphi_2$、角加速度 $\ddot\varphi_2$ 和及滑块在导杆 3 上的位移 s、速度 $\dot s$、加速度 $\ddot s$。

取以 C 为原点，y 轴沿固定铰链连线的直角坐标系，得封闭矢量方程

$$h + L_1 = s$$

分别向 x 和 y 轴投影，得运动分析数学模型

$$f_1 = h + L_1\sin\varphi_1 - s\sin\varphi_3 = 0 \tag{4-17}$$

$$f_2 = L_1\cos\varphi_1 - s\cos\varphi_3 = 0 \tag{4-18}$$

第四章 平面连杆机构的运动分析

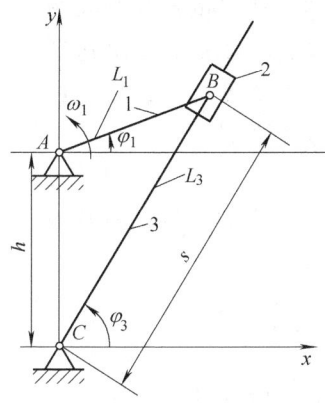

图 4-12 曲柄导杆机构的运动分析

$$V = [\varphi_1]$$
$$U = [\varphi_3 \quad s]^T$$
$$F = [f_1 \quad f_2]^T$$

令 $C_i = \cos\varphi_i$，$S_i = \sin\varphi_i$，则有

$$\frac{\partial F}{\partial U} = \begin{pmatrix} -sC_3 & -S_3 \\ sS_3 & -C_3 \end{pmatrix}, \quad \frac{\partial F}{\partial V} = \begin{pmatrix} L_1 C_1 \\ -L_1 S_1 \end{pmatrix}, \quad \left(\frac{\partial F}{\partial U}\right)^{-1} = \frac{1}{s}\begin{pmatrix} -C_3 & S_3 \\ -sS_3 & -sC_3 \end{pmatrix}$$

$$\frac{d}{dt}\left(\frac{\partial F}{\partial U}\right) = \begin{pmatrix} -\dot{s}C_3 + s\dot{\varphi}_3 S_3 & -\dot{\varphi}_3 C_3 \\ \dot{s}S_3 + s\dot{\varphi}_3 C_3 & \dot{\varphi}_3 S_3 \end{pmatrix}, \quad \frac{d}{dt}\left(\frac{\partial F}{\partial V}\right) = \begin{pmatrix} -L_1 \dot{\varphi}_1 S_1 \\ -L_1 \dot{\varphi}_1 C_1 \end{pmatrix}$$

（1）位置分析 由式（4-17）、式（4-18）很容易得到

$$\varphi_3 = \arctan\frac{h + L_1 \sin\varphi_1}{L_1 \cos\varphi_1} \tag{4-19}$$

$$s = \sqrt{h^2 + L_1^2 + 2hL_1 \sin\varphi_1} \tag{4-20}$$

（2）速度分析 由式（4-4）有

$$\begin{pmatrix} \dot{\varphi}_3 \\ \dot{s} \end{pmatrix} = -\frac{1}{s}\begin{pmatrix} -C_3 & S_3 \\ -sS_3 & -sC_3 \end{pmatrix}\begin{pmatrix} L_1 C_1 \\ -L_1 S_1 \end{pmatrix}[\dot{\varphi}_1] \tag{4-21}$$

（3）加速度分析 由式（4-5）有

$$\begin{pmatrix} \ddot{\varphi}_3 \\ \ddot{s} \end{pmatrix} = -\frac{1}{s}\begin{pmatrix} -C_3 & S_3 \\ -sS_3 & -sC_3 \end{pmatrix}\left(\begin{pmatrix} -\dot{s}C_3 + s\dot{\varphi}_3 S_3 & -\dot{\varphi}_3 C_3 \\ \dot{s}S_3 + s\dot{\varphi}_3 C_3 & \dot{\varphi}_3 S_3 \end{pmatrix}\begin{pmatrix} \dot{\varphi}_3 \\ \dot{s} \end{pmatrix} + \begin{pmatrix} -L_1 \dot{\varphi}_1 S_1 \\ -L_1 \dot{\varphi}_1 C_1 \end{pmatrix}[\dot{\varphi}_1]\right) \tag{4-22}$$

4. 多环机构的运动分析

由前面分析可知，对于简单的单环闭链机构，如铰链四杆机构和曲柄滑块机构，较容易求出其从动件位置的显代数式。然而，对于具有两个（如图 4-13 所示的牛头刨床六杆机构）或多个闭环的机构，每个环路都有两个代数方程，很难或无法求出其位移的显式。解决这类问题一般采用牛顿—拉普森数值算法。下面简单介绍牛顿—拉普森数值法求解的思路和一般步骤。

（1）牛顿—拉普森数值法求解的思路和一般步骤 考虑到在进行运动分析时，输入运

动 V 是给定的,结构参数 L 是常量,所以位置分析问题可以归结为解 n 个代数方程式(4-2)求 n 个输出运动 $U = [u_1, u_2, \cdots, u_n]^T$ 的问题,故为方便起见,可将由式(4-2)所表示的 n 维独立运动方程组改写为

$$F(U) = 0 \tag{4-23}$$

在任意点 $U^{(j)} = [u_1^{(j)}, u_2^{(j)}, \cdots, u_n^{(j)}]^T$ 的邻域,将其进行一阶泰勒级数展开

$$F(U) = F(U^{(j)}) + \left(\frac{\partial F}{\partial U}\right)^{(j)} \Delta U \tag{4-24}$$

其中,$F(U^{(j)})$ 和 $\left(\frac{\partial F}{\partial U}\right)^{(j)}$ 分别为 $F(U)$ 在第 j 个迭代点 $U^{(j)} = [u_1^{(j)}, u_2^{(j)}, \cdots, u_n^{(j)}]^T$ 的函数值及偏导数。而

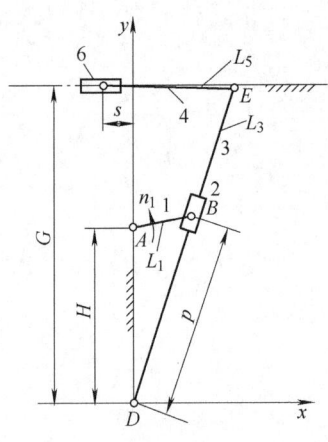

图 4-13 牛头刨床六杆机构

$$\Delta U = U^{(j+1)} - U^{(j)} \tag{4-25}$$

为从迭代点 $U^{(j)} = [u_1^{(j)}, u_2^{(j)}, \cdots, u_n^{(j)}]^T$ 到迭代点 $U^{(j+1)} = [u_1^{(j+1)}, u_2^{(j+1)}, \cdots, u_n^{(j+1)}]^T$ 所需的修正值。令式(4-24)等于零,则由式(4-24)和式(4-25)有迭代算法格式

$$U^{(j+1)} = -\left[\left(\frac{\partial F}{\partial U}\right)^{-1}\right]^{(j)} F(U^{(j)}) + U^{(j)} \tag{4-26}$$

其迭代终止条件为

$$|\Delta u_i| \leq utol_i, \quad (i = 1, 2, \cdots, n) \tag{4-27}$$

或

$$|f_i| \leq ftol_i, \quad (i = 1, 2, \cdots, n) \tag{4-28}$$

式中,$utol_i$、$ftol_i$ 为所规定的容差。于是得到牛顿—拉普森算法的一般迭代步骤如下:

1)初始估计所求的解矢量

$$U^{(0)} = [u_1^{(0)}, u_2^{(0)}, \cdots, u_n^{(0)}]^T$$

2)按式(4-26)计算

$$U^{(1)} = -\left[\left(\frac{\partial F}{\partial U}\right)^{-1}\right]^{(0)} F(U^{(0)}) + U^{(0)}$$

3)按式(4-27)或式(4-28)检验是否符合迭代终止条件。若符合,则终止迭代,进行下一步;否则,作代换 $U^{(0)} = U^{(1)}$,转向步骤2),重复迭代过程。

4)结束迭代,输出机构位置分析的解。

(2)牛头刨床机构的运动分析 图 4-13 所示的牛头刨床六杆机构,已知 L_1、L_3、L_5、H、G 及原动曲柄 AB 的角位移 φ_1 和等角速度 $\dot{\varphi}_1$。求滑块 6 的位移 s、速度 $\dot{s}$ 和加速度 $\ddot{s}$。

取以 D 为原点、y 轴沿固定铰链连线的直角坐标系,多环封闭矢量方程为

$$\begin{cases} H + L_1 - p = 0 \\ L_3 + L_5 + s - G = 0 \end{cases}$$

分别向 x 轴和 y 轴投影,得运动分析数学模型

$$f_1 = L_1 \cos\varphi_1 - p\cos\varphi_3 = 0$$
$$f_2 = H + L_1 \sin\varphi_1 - p\sin\varphi_3 = 0$$
$$f_3 = L_3 \cos\varphi_3 + L_5 \cos\varphi_5 + s = 0$$
$$f_4 = L_3 \sin\varphi_3 + L_5 \sin\varphi_5 - G = 0$$

$$V = [\varphi_1]$$
$$U = [\varphi_3 \quad p \quad \varphi_5 \quad s]^T$$
$$F = [f_1 \quad f_2 \quad f_3 \quad f_4]^T$$

令 $C_i = \cos\varphi_i$，$S_i = \sin\varphi_i$，则有

$$\frac{\partial F}{\partial U} = \begin{pmatrix} pS_3 & -C_3 & 0 & 0 \\ -pC_3 & -S_3 & 0 & 0 \\ -L_3S_3 & 0 & -L_5S_5 & 1 \\ L_3C_3 & 0 & L_5C_5 & 0 \end{pmatrix}, \quad \frac{\partial F}{\partial V} = \begin{pmatrix} -L_1S_1 \\ L_1C_1 \\ 0 \\ 0 \end{pmatrix}$$

$$\left(\frac{\partial F}{\partial U}\right)^{-1} = \frac{1}{pL_5C_5} \begin{pmatrix} L_5S_3C_5 & -L_5C_3C_5 & 0 & 0 \\ -pL_5C_3C_5 & -pL_5S_3C_5 & 0 & 0 \\ -L_3S_3C_3 & L_3C_3^2 & 0 & p \\ L_3L_5S_3(S_3C_5 - C_3S_5) & L_3L_5C_3(S_5C_3 - C_5S_3) & pL_5C_5 & pL_5S_5 \end{pmatrix}$$

$$\frac{d}{dt}\left(\frac{\partial F}{\partial U}\right) = \begin{pmatrix} \dot{p}S_3 + p\dot{\varphi}_3 C_3 & \dot{\varphi}_3 S_3 & 0 & 0 \\ -\dot{p}C_3 + p\dot{\varphi}_3 S_3 & -\dot{\varphi}_3 C_3 & 0 & 0 \\ -L_3\dot{\varphi}_3 C_3 & 0 & -L_5\dot{\varphi}_5 C_5 & 0 \\ -L_3\dot{\varphi}_3 S_3 & 0 & -L_5\dot{\varphi}_5 S_5 & 0 \end{pmatrix}, \quad \frac{d}{dt}\left(\frac{\partial F}{\partial V}\right) = \begin{pmatrix} -L_1\dot{\varphi}_1 C_1 \\ -L_1\dot{\varphi}_1 S_1 \\ 0 \\ 0 \end{pmatrix}$$

滑块位移 s 可由上述牛顿—拉普森数值法求得。由式（4-4）可得速度分析

$$\begin{pmatrix} \dot{\varphi}_3 \\ \dot{p} \\ \dot{\varphi}_5 \\ \dot{s} \end{pmatrix} = -\frac{\dot{\varphi}_1}{pL_5C_5} \begin{pmatrix} -L_1L_5S_1S_3C_5 - L_1L_5C_1C_3C_5 \\ pL_1L_5S_1C_3C_5 - pL_1L_5C_1S_3C_5 \\ L_1L_3S_1S_3C_3 + L_1L_3C_1C_3C_3 \\ -L_1L_3L_5S_1S_3(S_3C_5 - C_3S_5) + L_1L_3L_5C_1C_3(S_5C_3 - C_5S_3) \end{pmatrix}$$

由式（4-5）可得加速度分析

$$\begin{pmatrix} \ddot{\varphi}_3 \\ \ddot{p} \\ \ddot{\varphi}_5 \\ \ddot{s} \end{pmatrix} = -\frac{1}{pL_5C_5} \begin{pmatrix} L_5S_3C_5 & -L_5C_3C_5 & 0 & 0 \\ -pL_5C_3C_5 & -pL_5S_3C_5 & 0 & 0 \\ -L_3S_3C_3 & L_3C_3^2 & 0 & p \\ L_3L_5S_3(S_3C_5 - C_3S_5) & L_3L_5C_3(S_5C_3 - C_5S_3) & pL_5C_5 & pL_5S_5 \end{pmatrix}$$

$$\cdot \begin{pmatrix} 2\dot{p}\dot{\varphi}_3 S_3 + p\dot{\varphi}_3^2 C_3 - L_1\dot{\varphi}_1^2 C_1 \\ -2\dot{p}\dot{\varphi}_3 C_3 + p\dot{\varphi}_3^2 S_3 - L_1\dot{\varphi}_1^2 S_1 \\ -L_3\dot{\varphi}_3^2 C_3 - L_5\dot{\varphi}_5^2 C_5 \\ -L_3\dot{\varphi}_3^2 S_3 - L_5\dot{\varphi}_5^2 S_5 \end{pmatrix}$$

三、杆组法

由机构组成原理可知，任何平面机构都可以看做是由若干个基本杆组依次联接于原动件（单杆杆组）和机架上而构成的。因此，如果对常见的基本杆组进行运动分析并建立相应的子程序库，那么在进行机构运动分析时，就可以根据机构组成情况，编制一个依次调用组成该机构的各基本杆组子程序的主程序，即可实现对整个机构的运动分析。考虑到工程实际中

大多数机构是Ⅱ级机构，本章主要介绍同一构件上两点间运动分析和最常见的 RRR 型、RRP 型及 RPR 型Ⅱ级杆组的运动分析，并通过几个简单而典型的算例说明该方法进行机构分析的方法和步骤。

1. 同一构件上某点的运动分析

如图 4-14 所示，设已知作平面运动的构件 i 与 x 轴正向的夹角 φ_i、角速度 $\dot\varphi_i$ 和加速度 $\ddot\varphi_i$ 及构件上 A 点的位置 (x_A, y_A)、速度 $(\dot x_A, \dot y_A)$ 和加速度 $(\ddot x_A, \ddot y_A)$。求构件 i 上另一点 B 的位置 (x_B, y_B)、速度 $(\dot x_B, \dot y_B)$ 和加速度 $(\ddot x_B, \ddot y_B)$，已知 AB 长度 L_i 及结构角 δ。

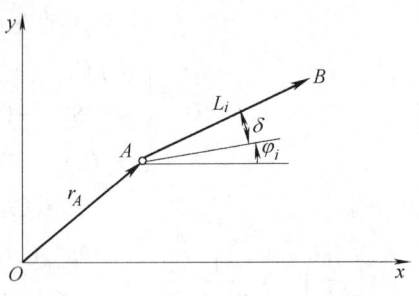

图 4-14　同一构件上两点间运动分析

(1) 位置分析　由坐标原点 O 出发，引矢径 r_A 和 r_B，得矢量多边形 OAB，有矢量方程

$$\boldsymbol{r}_B = \boldsymbol{r}_A + \boldsymbol{r}_{AB}$$

向 x、y 坐标轴投影

$$\begin{cases} x_B = x_A + L_i\cos(\varphi_i + \delta) \\ y_B = y_A + L_i\sin(\varphi_i + \delta) \end{cases} \quad (4\text{-}29)$$

(2) 速度分析　式 (4-29) 对时间求导得速度方程

$$\begin{cases} \dot x_B = \dot x_A - L_i\dot\varphi_i\sin(\varphi_i + \delta) \\ \dot y_B = \dot y_A + L_i\dot\varphi_i\cos(\varphi_i + \delta) \end{cases} \quad (4\text{-}30)$$

(3) 加速度分析　式 (4-30) 再对时间求导得加速度方程

$$\begin{cases} \ddot x_B = \ddot x_A - L_i[\dot\varphi_i^2\cos(\varphi_i + \delta) + \ddot\varphi_i\sin(\varphi_i + \delta)] \\ \ddot y_B = \ddot y_A - L_i[\dot\varphi_i^2\sin(\varphi_i + \delta) - \ddot\varphi_i\cos(\varphi_i + \delta)] \end{cases} \quad (4\text{-}31)$$

2. RRR 型Ⅱ级杆组的运动分析

图 4-15 所示为由两个构件和三个转动副组成的 RRR 型Ⅱ级杆组，已知两构件杆长 L_i、L_j 及其外运动副 B 和 D 的位置 (x_B, y_B) 和 (x_D, y_D)、速度 $(\dot x_B, \dot y_B)$ 和 $(\dot x_D, \dot y_D)$、加速度 $(\ddot x_B, \ddot y_B)$ 和 $(\ddot x_D, \ddot y_D)$。求两构件的角位移 φ_i 和 φ_j、角速度 $\dot\varphi_i$ 和 $\dot\varphi_j$，角加速度 $\ddot\varphi_i$ 和 $\ddot\varphi_j$ 及其内运动副 C 的位置 (x_C, y_C)、速度 $(\dot x_C, \dot y_C)$ 和加速度 $(\ddot x_C, \ddot y_C)$。

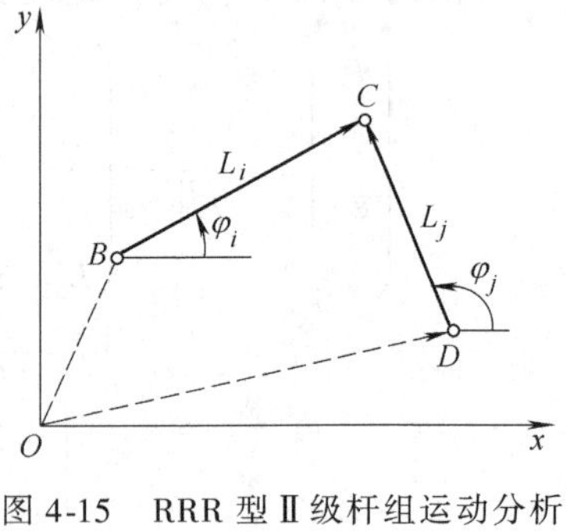

(1) 建立数学模型　由图 4-15 所示的矢量多边形 $OBCD$，列出内运动副 C 的矢量方程

$$\boldsymbol{r}_C = \boldsymbol{r}_B + \boldsymbol{L}_i \qquad \boldsymbol{r}_C = \boldsymbol{r}_D + \boldsymbol{L}_j$$

图 4-15　RRR 型Ⅱ级杆组运动分析

向 x、y 坐标轴投影得数学模型

$$\begin{cases} f_1 = x_B - x_C + L_i\cos\varphi_i = 0 \\ f_2 = y_B - y_C + L_i\sin\varphi_i = 0 \\ f_3 = x_D - x_C + L_j\cos\varphi_j = 0 \\ f_4 = y_D - y_C + L_j\sin\varphi_j = 0 \end{cases} \quad (4\text{-}32)$$

$$\boldsymbol{V} = \begin{bmatrix} x_B & y_B & x_D & y_D \end{bmatrix}^{\mathrm{T}}$$

$$\boldsymbol{U} = \begin{bmatrix} x_C & y_C & \varphi_i & \varphi_j \end{bmatrix}^{\mathrm{T}}$$

$$\boldsymbol{F} = \begin{bmatrix} f_1 & f_2 & f_3 & f_4 \end{bmatrix}^{\mathrm{T}}$$

令 $C_i = L_i\cos\varphi_i$, $S_i = L_i\sin\varphi_i$, $C_j = L_j\cos\varphi_j$, $S_j = L_j\sin\varphi_j$, 则有

$$\frac{\partial \boldsymbol{F}}{\partial \boldsymbol{U}} = \begin{pmatrix} -1 & 0 & -S_i & 0 \\ 0 & -1 & C_i & 0 \\ -1 & 0 & 0 & -S_j \\ 0 & -1 & 0 & C_j \end{pmatrix}, \quad \frac{\partial \boldsymbol{F}}{\partial \boldsymbol{V}} = \begin{pmatrix} 1 & 0 & 0 & 0 \\ 0 & 1 & 0 & 0 \\ 0 & 0 & 1 & 0 \\ 0 & 0 & 0 & 1 \end{pmatrix}$$

$$\left(\frac{\partial \boldsymbol{F}}{\partial \boldsymbol{U}}\right)^{-1} = \frac{1}{S_i C_j - C_i S_j} \begin{pmatrix} C_i S_j & S_i S_j & -S_i C_j & -S_i S_j \\ -C_i C_j & -S_i C_j & C_i C_j & S_j C_i \\ -C_j & -S_j & C_j & S_j \\ -C_i & -S_i & C_i & S_i \end{pmatrix}$$

$$\frac{\mathrm{d}}{\mathrm{d}t}\left(\frac{\partial \boldsymbol{F}}{\partial \boldsymbol{U}}\right) = \begin{pmatrix} 0 & 0 & -C_i\dot\varphi_i & 0 \\ 0 & 0 & -S_i\dot\varphi_i & 0 \\ 0 & 0 & 0 & -C_j\dot\varphi_j \\ 0 & 0 & 0 & -S_j\dot\varphi_j \end{pmatrix}, \quad \frac{\mathrm{d}}{\mathrm{d}t}\left(\frac{\partial \boldsymbol{F}}{\partial \boldsymbol{V}}\right) = \begin{pmatrix} 0 & 0 & 0 & 0 \\ 0 & 0 & 0 & 0 \\ 0 & 0 & 0 & 0 \\ 0 & 0 & 0 & 0 \end{pmatrix}$$

(2) 位置分析　为求 φ_i，将式 (4-32) 消元、移项、平方相加并整理得

$$A\cos\varphi_i + B\sin\varphi_i - C = 0 \tag{4-33}$$

式中

$$A = 2L_i(x_D - x_B)$$

$$B = 2L_i(y_D - y_B)$$

$$C = L_i^2 + L_{BD}^2 - L_j^2$$

L_{BD} 为 B 和 D 两点间的距离

$$L_{BD} = \sqrt{(x_D - x_B)^2 + (y_D - y_B)^2}$$

为保证机构的装配，必须同时满足

$$L_{BD} \leqslant L_i + L_j \qquad L_{BD} \geqslant |L_i - L_j| \tag{4-34}$$

在进行计算时，必须检查机构是否满足该装配条件，若不满足，则认为该杆组在机构中不能装配，问题无解，即令停机。

将式 (4-33) 应用和本节 "二" 同样的处理办法，可以解出

$$\varphi_i = 2\arctan\frac{B + M\sqrt{A^2 + B^2 - C^2}}{A + C}$$

当 B、C、D 为顺时针排列时，取 $M = -1$；当 B、C、D 为逆时针排列时，取 $M = +1$。

求出 φ_i 后，便可由式 (4-32) 中的前两式求出 C 点坐标，再由后两式求出 φ_j，得

$$x_C = x_B + L_i\cos\varphi_i$$

$$y_C = y_B + L_i\sin\varphi_i$$

$$\varphi_j = \arctan\frac{y_C - y_D}{x_C - x_D}$$

(3) 速度分析 由式 (4-4) 得

$$\begin{pmatrix} \dot{x}_C \\ \dot{y}_C \\ \dot{\varphi}_i \\ \dot{\varphi}_j \end{pmatrix} = \frac{1}{C_i S_j - S_i C_j} \begin{pmatrix} C_i S_j \dot{x}_B + S_i S_j \dot{y}_B - S_i C_j \dot{x}_D - S_i S_j \dot{y}_D \\ -C_i C_j \dot{x}_B - S_i C_j \dot{y}_B + C_i C_j \dot{x}_D + S_j C_i \dot{y}_D \\ -C_j \dot{x}_B - S_j \dot{y}_B + C_j \dot{x}_D + S_j \dot{y}_D \\ -C_i \dot{x}_B - S_i \dot{y}_B + C_i \dot{x}_D + S_i \dot{y}_D \end{pmatrix}$$

(4) 加速度分析 由式 (4-5) 并化简得

$$\begin{pmatrix} \ddot{x}_C \\ \ddot{y}_C \\ \ddot{\varphi}_i \\ \ddot{\varphi}_j \end{pmatrix} = \frac{1}{C_i S_j - S_i C_j} \begin{pmatrix} (C_i S_j - S_i C_j)(\ddot{x}_B - \dot{\varphi}_i^2 C_i) - S_i C_j G - S_i S_j H \\ (C_i S_j - S_i C_j)(\ddot{y}_B - \dot{\varphi}_i^2 S_i) + C_i C_j G + S_i C_j H \\ C_j G + S_j H \\ C_i G + S_i H \end{pmatrix}$$

式中 $G = \ddot{x}_D - \ddot{x}_B + \dot{\varphi}_i^2 C_i - \dot{\varphi}_j^2 C_j \qquad H = \ddot{y}_D - \ddot{y}_B + \dot{\varphi}_i^2 S_i - \dot{\varphi}_j^2 S_j$

3. RRP 型 II 级杆组的运动分析

图 4-16 所示为由两个构件、两个转动副和一个移动副组成的 RRP 型 II 级杆组,两构件杆长分别为 L_i、L_j,构件 L_i 的角位置用 φ_i 表示,构件 L_j 垂直于滑块导路,而滑块导路与 x 轴正向夹角为 φ_j,滑块上 D 点相对于参考点 R 的位移为 s。设已知外运动副 B 和参考点 R 的位置 (x_B, y_B) 和 (x_R, y_R)、速度 $(\dot{x}_B, \dot{y}_B)$ 和 $(\dot{x}_R, \dot{y}_R)$、加速度 $(\ddot{x}_B, \ddot{y}_B)$ 和 $(\ddot{x}_R, \ddot{y}_R)$ 及滑块导路与 x 轴正向夹角为 φ_j。求构件 L_i 的角位移 φ_i、角速度 $\dot{\varphi}_i$、角加速度 $\ddot{\varphi}_i$ 及内运动副 C 的位置 (x_C, y_C)、速度 $(\dot{x}_C, \dot{y}_C)$ 和加速度 $(\ddot{x}_C, \ddot{y}_C)$。

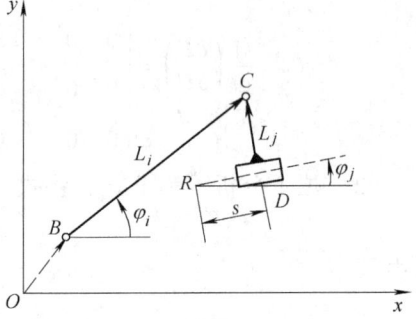

图 4-16 RRP 型 II 级杆组的运动分析

(1) 建立数学模型 由图 4-16 所示的矢量多边形 $OBCDRO$,列出内运动副 C 的矢量方程

$$\boldsymbol{r}_C = \boldsymbol{r}_B + \boldsymbol{L}_i \qquad \boldsymbol{r}_C = \boldsymbol{r}_R + \boldsymbol{s} + \boldsymbol{L}_j$$

向 x、y 坐标轴投影得数学模型

$$\begin{cases} f_1 = x_B - x_C + L_i \cos\varphi_i = 0 \\ f_2 = y_B - y_C + L_i \sin\varphi_i = 0 \\ f_3 = x_R - x_C + s\cos\varphi_j - L_j \sin\varphi_j = 0 \\ f_4 = y_R - y_C + s\sin\varphi_j + L_j \cos\varphi_j = 0 \end{cases} \tag{4-35}$$

$$\boldsymbol{V} = \begin{bmatrix} x_B & y_B & x_R & y_R & \varphi_j \end{bmatrix}^T$$
$$\boldsymbol{U} = \begin{bmatrix} x_C & y_C & \varphi_i & s \end{bmatrix}^T$$
$$\boldsymbol{F} = \begin{bmatrix} f_1 & f_2 & f_3 & f_4 \end{bmatrix}^T$$

令 $C_i = \cos\varphi_i$,$S_i = \sin\varphi_i$,$C_j = \cos\varphi_j$,$S_j = \sin\varphi_j$,则有

$$\frac{\partial \boldsymbol{F}}{\partial \boldsymbol{U}} = \begin{pmatrix} -1 & 0 & -L_i S_i & 0 \\ 0 & -1 & L_i C_i & 0 \\ -1 & 0 & 0 & C_j \\ 0 & -1 & 0 & S_j \end{pmatrix}, \quad \frac{\partial \boldsymbol{F}}{\partial \boldsymbol{V}} = \begin{pmatrix} 1 & 0 & 0 & 0 & 0 \\ 0 & 1 & 0 & 0 & 0 \\ 0 & 0 & 1 & 0 & -sS_j - L_j C_j \\ 0 & 0 & 0 & 1 & sC_j - L_j S_j \end{pmatrix}$$

$$\left(\frac{\partial \boldsymbol{F}}{\partial \boldsymbol{U}}\right)^{-1} = \frac{1}{L_i C_i C_j + L_i S_i S_j} \begin{pmatrix} -L_i C_i C_j & -L_i S_i C_j & -L_i S_i S_j & L_i S_i C_j \\ -L_i C_i S_j & -L_i S_i S_j & L_i C_i S_j & -L_i C_i C_j \\ -S_j & C_j & S_j & -C_j \\ -L_i C_i & -L_i S_i & L_i C_i & L_i S_i \end{pmatrix}$$

$$\frac{\mathrm{d}}{\mathrm{d}t}\left(\frac{\partial \boldsymbol{F}}{\partial \boldsymbol{U}}\right) = \begin{pmatrix} 0 & 0 & -L_i C_i \dot{\varphi}_i & 0 \\ 0 & 0 & -L_i S_i \dot{\varphi}_i & 0 \\ 0 & 0 & 0 & -S_j \dot{\varphi}_j \\ 0 & 0 & 0 & -C_j \dot{\varphi}_j \end{pmatrix}$$

$$\frac{\mathrm{d}}{\mathrm{d}t}\left(\frac{\partial \boldsymbol{F}}{\partial \boldsymbol{V}}\right) = \begin{pmatrix} 0 & 0 & 0 & 0 & 0 \\ 0 & 0 & 0 & 0 & 0 \\ 0 & 0 & 0 & 0 & -\dot{s}S_j - s\dot{\varphi}_j C_j + L_j \dot{\varphi}_j S_j \\ 0 & 0 & 0 & 0 & \dot{s}C_j - s\dot{\varphi}_j S_j - L_j \dot{\varphi}_j C_j \end{pmatrix}$$

（2）位置分析　将式（4-35）消元、移项、平方相加并整理得关于 s 的二次方程式

$$s^2 + Bs + C = 0 \tag{4-36}$$

式中

$$B = 2[(x_R - x_B)\cos\varphi_j + (y_R - y_B)\sin\varphi_j]$$

$$C = (x_R - x_B)^2 + (y_R - y_B)^2 + L_j^2 - L_i^2 - 2(x_R - x_B)L_j\sin\varphi_j + 2(y_R - y_B)L_j\cos\varphi_j$$

由式（4-36）得

$$s = \frac{-B + M\sqrt{B^2 - 4C}}{2} \tag{4-37}$$

当机构初始位置为 B、C、D 顺时针排列时，取 $M = +1$；当机构初始位置为 B、C、D 逆时针排列时，取 $M = -1$。

值得注意的是，式（4-37）中若 $(B^2 - 4C) < 0$，则 s 有两个共轭复根，表明该 RRP 型 II 级杆组在机构中不能装配。所以，在进行计算时，必须检查 $B^2 - 4C$ 的值。

求出 s 后，便可由式（4-35）中的后两式求出 C 点坐标，再由前两式求出 φ_i，得

$$x_C = x_R + s\cos\varphi_j - L_j\sin\varphi_j$$

$$y_C = y_R + s\sin\varphi_j + L_j\cos\varphi_j$$

$$\varphi_i = \arctan\frac{y_C - y_B}{x_C - x_B}$$

（3）速度分析　由式（4-4）并化简得

$$\begin{pmatrix} \dot{x}_C \\ \dot{y}_C \\ \dot{\varphi}_i \\ \dot{s} \end{pmatrix} = -\frac{1}{Q} \begin{pmatrix} -Q\dot{x}_B - L_i S_i (S_j Q_1 - C_j Q_2) \\ -Q\dot{y}_B + L_i C_i (S_j Q_1 - C_j Q_2) \\ S_j Q_1 - C_j Q_2 \\ L_i C_i Q_1 + L_i S_i Q_2 \end{pmatrix}$$

式中
$$Q = L_i C_i C_j + L_i S_i S_j$$
$$Q_1 = \dot{x}_R - \dot{x}_B - \dot{\varphi}_j (sS_j + L_j C_j)$$
$$Q_2 = \dot{y}_R - \dot{y}_B + \dot{\varphi}_j (sC_j - L_j S_j)$$

（4）加速度分析　由式（4-5）并化简得

$$\begin{pmatrix} \ddot{x}_C \\ \ddot{y}_C \\ \ddot{\varphi}_i \\ \ddot{s} \end{pmatrix} = -\frac{1}{Q} \begin{pmatrix} -Q(\ddot{x}_B - L_i C_i \dot{\varphi}_i^2) - L_i S_i S_j Q_3 + L_i S_i C_j Q_4 \\ -Q(\ddot{y}_B - L_i S_i \dot{\varphi}_i^2) + L_i C_i S_j Q_3 - L_i C_i C_j Q_4 \\ S_j Q_3 - C_j Q_4 \\ L_i C_i Q_3 + L_i S_i Q_4 \end{pmatrix}$$

式中
$$Q_3 = \ddot{x}_R - \ddot{x}_B + L_i C_i \dot{\varphi}_i^2 - \ddot{\varphi}_j (sS_j + L_j C_j) - (sC_j - L_j S_j)\dot{\varphi}_j^2 - 2\dot{s}\dot{\varphi}_j S_j$$
$$Q_4 = \ddot{y}_R - \ddot{y}_B + L_i S_i \dot{\varphi}_i^2 + \ddot{\varphi}_j (sC_j - L_j S_j) - (sS_j + L_j C_j)\dot{\varphi}_j^2 + 2\dot{s}\dot{\varphi}_j C_j$$

4. RPR 型 Ⅱ 级杆组的运动分析

图 4-17 为由两个构件、两个外转动副和一个内移动副组成的 RPR 型 Ⅱ 级杆组，已知各构件杆长 L_i、L_j、L_k，构件 L_i 垂直于滑块导路（导杆），而导杆与 x 轴正向夹角用 φ_j 表示，滑块上 C 点相对于导杆上参考点 K 的位移用 s 表示。设已知外运动副 B 和 D 的位置和运动参数。求构件 L_j 的角位置 φ_j、角速度 $\dot{\varphi}_j$ 和角加速度 $\ddot{\varphi}_j$；内运动副 C 的位置（x_C，y_C）、速度（$\dot{x}_C$，$\dot{y}_C$）和加速度（$\ddot{x}_C$，$\ddot{y}_C$）；导杆 L_j 上 E 点的位置（x_E，y_E）、速度（$\dot{x}_E$，$\dot{y}_E$）和加速度（$\ddot{x}_E$，$\ddot{y}_E$）。

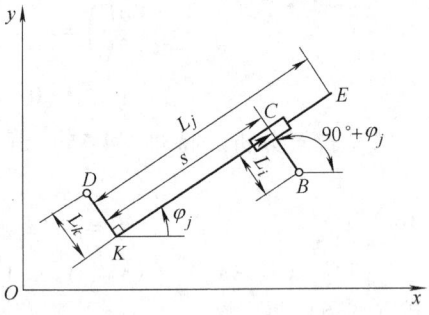

图 4-17　RPR 型 Ⅱ 级杆组的运动分析

（1）建立数学模型　由图 4-17 所示的矢量多边形 $ODKCBO$，列出内运动副 C 的矢量方程

$$r_C = r_B + L_i$$
$$r_C = r_D + L_k + s$$

向 x、y 坐标轴投影得数学模型

$$\begin{cases} f_1 = x_B - x_C - L_i \sin\varphi_j = 0 \\ f_2 = y_B - y_C + L_i \cos\varphi_j = 0 \\ f_3 = x_D - x_C + s\cos\varphi_j + L_k \sin\varphi_j = 0 \\ f_4 = y_D - y_C + s\sin\varphi_j - L_k \cos\varphi_j = 0 \end{cases} \quad (4\text{-}38)$$

$$V = \begin{bmatrix} x_B & y_B & x_D & y_D \end{bmatrix}^T$$
$$U = \begin{bmatrix} x_C & y_C & \varphi_j & s \end{bmatrix}^T$$

第四章 平面连杆机构的运动分析

$$\boldsymbol{F} = [f_1 \quad f_2 \quad f_3 \quad f_4]^T$$

令 $C_j = \cos\varphi_j$, $S_j = \sin\varphi_j$, 则有

$$\frac{\partial \boldsymbol{F}}{\partial \boldsymbol{U}} = \begin{pmatrix} -1 & 0 & -L_iC_j & 0 \\ 0 & -1 & -L_iS_j & 0 \\ -1 & 0 & L_kC_j - sS_j & C_j \\ 0 & -1 & L_kS_j + sC_j & S_j \end{pmatrix}, \quad \frac{\partial \boldsymbol{F}}{\partial \boldsymbol{V}} = \begin{pmatrix} 1 & 0 & 0 & 0 \\ 0 & 1 & 0 & 0 \\ 0 & 0 & 1 & 0 \\ 0 & 0 & 0 & 1 \end{pmatrix}$$

$$\left(\frac{\partial \boldsymbol{F}}{\partial \boldsymbol{U}}\right)^{-1} = -\frac{1}{s}\begin{pmatrix} L_iS_jC_j + s & -L_iC_j^2 & -L_iS_jC_j & L_iC_j^2 \\ L_iS_j^2 & -L_iS_jC_j + s & -L_iS_j^2 & L_iS_jC_j \\ -S_j & C_j & S_j & -C_j \\ L_iS_j + L_kS_j + sC_j & -L_iC_j - L_kC_j + sS_j & -L_iS_j - L_kS_j - sC_j & L_iC_j + L_kC_j - sS_j \end{pmatrix}$$

$$\frac{d}{dt}\left(\frac{\partial \boldsymbol{F}}{\partial \boldsymbol{U}}\right) = \begin{pmatrix} 0 & 0 & L_iS_j\dot{\varphi}_j & 0 \\ 0 & 0 & -L_iC_j\dot{\varphi}_j & 0 \\ 0 & 0 & -L_kS_j\dot{\varphi}_j - \dot{s}S_j - sC_j\dot{\varphi}_j & -S_j\dot{\varphi}_j \\ 0 & 0 & L_kC_j\dot{\varphi}_j + \dot{s}C_j - sS_j\dot{\varphi}_j & C_j\dot{\varphi}_j \end{pmatrix}$$

$$\frac{d}{dt}\left(\frac{\partial \boldsymbol{F}}{\partial \boldsymbol{V}}\right) = \begin{pmatrix} 0 & 0 & 0 & 0 \\ 0 & 0 & 0 & 0 \\ 0 & 0 & 0 & 0 \\ 0 & 0 & 0 & 0 \end{pmatrix}$$

（2）位置分析 将式（4-38）消元、整理后得

$$A\sin\varphi_j - B\cos\varphi_j - C = 0 \tag{4-39}$$

式中

$$A = x_B - x_D$$
$$B = y_B - y_D$$
$$C = L_i + L_k$$

将式（4-39）应用和本节"二"同样的处理办法，可以解出

$$\varphi_j = 2\arctan\frac{A + M\sqrt{A^2 + B^2 - C^2}}{C - B}$$

当 B、C、D 为逆时针排列时，取 $M = +1$；当 B、C、D 为顺时针排列时，取 $M = -1$。为保证机构正确装配，必须满足 $A^2 + B^2 - C^2 \geq 0$，否则，问题无解。

由图 4-17 不难求出内运动副 C 点的位移

$$s = \sqrt{L_{BD}^2 - (L_i + L_k)^2} = \sqrt{(x_B - x_D)^2 + (y_B - y_D)^2 - (L_i + L_k)^2}$$

所以

$$s = \sqrt{A^2 + B^2 - C^2}$$

也可以由式（4-38）联立消元得

$$s = (x_B - x_D)C_j + (y_B - y_D)S_j \tag{4-40}$$

导杆上 C 点的位移

$$\begin{cases} x_C = x_B - L_i \sin\varphi_j = x_D + s\cos\varphi_j + L_k \sin\varphi_j \\ y_C = y_B + L_i \cos\varphi_j = y_D + s\sin\varphi_j - L_k \cos\varphi_j \end{cases} \tag{4-41}$$

导杆上 E 点的位移

$$\begin{cases} x_E = x_D + L_k \sin\varphi_j + L_j \cos\varphi_j \\ y_E = y_D - L_k \cos\varphi_j + L_j \sin\varphi_j \end{cases} \tag{4-42}$$

(3) 速度分析 由式 (4-4) 并化简得

$$\begin{pmatrix} \dot{x}_C \\ \dot{y}_C \\ \dot{\varphi}_j \\ \dot{s} \end{pmatrix} = \frac{1}{s} \begin{pmatrix} s\dot{x}_B + L_i S_j C_j (\dot{x}_B - \dot{x}_D) - L_i C_j^2 (\dot{y}_B - \dot{y}_D) \\ s\dot{y}_B + L_i S_j^2 (\dot{x}_B - \dot{x}_D) - L_i S_j C_j (\dot{y}_B - \dot{y}_D) \\ -S_j (\dot{x}_B - \dot{x}_D) + C_j (\dot{y}_B - \dot{y}_D) \\ (x_B - x_D)(\dot{x}_B - \dot{x}_D) + (y_B - y_D)(\dot{y}_B - \dot{y}_D) \end{pmatrix}$$

对式 (4-42) 求导, 得导杆上 E 点的速度为

$$\begin{cases} \dot{x}_E = \dot{x}_D + \dot{\varphi}_j (L_k \cos\varphi_j - L_j \sin\varphi_j) \\ \dot{y}_E = \dot{y}_D + \dot{\varphi}_j (L_k \sin\varphi_j + L_j \cos\varphi_j) \end{cases} \tag{4-43}$$

(4) 加速度分析 由式 (4-5) 并化简得

$$\begin{pmatrix} \ddot{x}_C \\ \ddot{y}_C \\ \ddot{\varphi}_j \\ \ddot{s} \end{pmatrix} = \begin{pmatrix} \ddot{x}_D + \ddot{\varphi}_j (L_k C_j - s S_j) + \ddot{s} C_j - 2\dot{s}\dot{\varphi}_j S_j - \dot{\varphi}_j^2 (L_k S_j + s C_j) \\ \ddot{y}_D + \ddot{\varphi}_j (L_k S_j + s C_j) + \ddot{s} S_j + 2\dot{s}\dot{\varphi}_j C_j + \dot{\varphi}_j^2 (L_k C_j - s S_j) \\ [-S_j Q_5 + C_j Q_6]/s \\ [(x_B - x_D) Q_5 + (y_B - y_D) Q_6]/s \end{pmatrix}$$

式中

$$Q_5 = \ddot{x}_B - \ddot{x}_D + \dot{\varphi}_j^2 (x_B - x_D) + 2\dot{s}\dot{\varphi}_j \sin\varphi_j$$
$$Q_6 = \ddot{y}_B - \ddot{y}_D + \dot{\varphi}_j^2 (y_B - y_D) - 2\dot{s}\dot{\varphi}_j \cos\varphi_j$$

对式 (4-43) 求导, 得导杆上 E 点的加速度为

$$\begin{cases} \ddot{x}_E = \ddot{x}_D + \ddot{\varphi}_j (L_k \cos\varphi_j - L_j \sin\varphi_j) - \dot{\varphi}_j^2 (L_k \sin\varphi_j + L_j \cos\varphi_j) \\ \ddot{y}_E = \ddot{y}_D + \ddot{\varphi}_j (L_k \sin\varphi_j + L_j \cos\varphi_j) + \dot{\varphi}_j^2 (L_k \cos\varphi_j - L_j \sin\varphi_j) \end{cases}$$

5. 杆组法进行机构运动分析的示例

前面已经讨论了常用的 II 级基本杆组运动分析及同一构件上任意点间运动分析基本方法,按其运动分析解析式编制相应的子程序,并根据机构组成情况,编制一个依次调用组成该机构的各基本杆组子程序的主程序,即可实现对较复杂的多杆 II 级机构的计算机辅助运动分析。

下面通过两个简单实例说明其分析步骤,至于程序编制目前已经建有常用杆组(包括单杆构件)运动分析子程序库,使用者只需调用即可。

例 4-4 图 4-18a 所示的曲柄导杆机构 ABD, 已知 $L_1 = 12\text{mm}$, $h = 38\text{mm}$, $L_3 = 65\text{mm}$, 原动曲柄逆时针等速转动 $n_1 = 172\text{r/min}$, 分析导杆 3 的角位移 φ_3、角速度 $\dot{\varphi}_3$、角加速度 $\ddot{\varphi}_3$ 和滑块 2 在导杆上的位移 s、速度 $\dot{s}$、加速度 $\ddot{s}$。

解: 1) 分析机构组成。如图 4-18a 所示, 该机构由原动件、机架和一个 RPR 型 II 级基本杆组组成。

2) 编制主程序, 依次调用单杆构件子程序和 RPR 子程序求解。

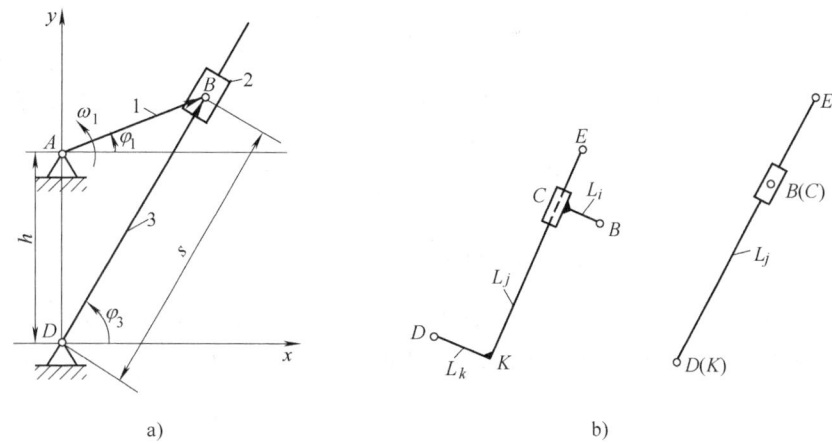

图 4-18 用杆组法对导杆机构进行运动分析

如图 4-18b 所示,将本题中 RPR 型 Ⅱ 级杆组与前述一般形式的 RPR 型 Ⅱ 级杆组比较,可见在此应注意以下几点:

① $L_j = L_{KE} = 65\text{mm}$,而 D 点和 K 点重合、C 点和 B 点重合,所以 $L_i = L_k = 0$。

② 由于 B、C、D 三点共线,所以无顺时针与逆时针之分,在计算时初始模式参数无论取 $M = +1$ 或 $M = -1$,其计算结果应该相同。

③ 因为 $x_A = 0$,$y_A = h$,$x_D = y_D = 0$,所以 $\dot{x}_A = \dot{y}_A = \dot{x}_D = \dot{y}_D = 0$,$\ddot{x}_A = \ddot{y}_A = \ddot{x}_D = \ddot{y}_D = 0$。

例 4-5 图 4-19 所示的双摇杆机构,已知各构件尺寸为 $L_1 = 35\text{mm}$,$L_2 = 50\text{mm}$,$L_3 = 45\text{mm}$,$L_4 = 85\text{mm}$。原动件 1 等角速度逆时针回转 $\dot{\varphi}_1 = 10\text{rad/s}$,连杆 2 上一点 E 的定位尺寸和定位角度 $\delta = 138°$。求原动件转角 φ_1 每隔 1°,从动件 3 的角位移、角速度和角加速度,并求 $\varphi_1 = 60°$ 时连杆 2 上 E 点的位移、速度和加速度。

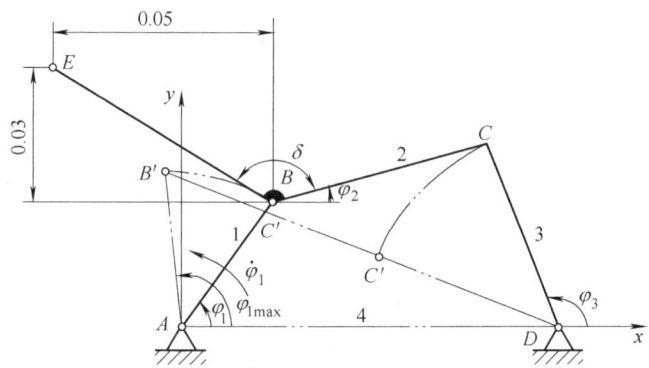

图 4-19 用杆组法对铰链四杆机构进行运动分析

1)分析机构组成。该机构由原动件 AB、机架和一个 RRR 型 Ⅱ 级基本杆组 BCD 组成。

2)编制主程序,依次调用相应子程序求解。为了求得构件 2 上 E 点的运动,可以先调用单杆构件子程序,求出原动件上 B 点的位置、速度和加速度;再调用 RRR 子程序,求出构件 2 的角位移、角速度和角加速度;最后再调用单杆构件子程序,由构件 2 的运动参数求得其上 E 点的运动参数 x_E、y_E、$\dot{x}_E$、$\dot{y}_E$、$\ddot{x}_E$、$\ddot{y}_E$,从而得到

$$v_E = \sqrt{\dot{x}_E^2 + \dot{y}_E^2} \qquad a_E = \sqrt{\ddot{x}_E^2 + \ddot{y}_E^2}$$

说明：

① 由题目要求为双摇杆机构，所以需求出 φ_1 的极限角度 $\varphi_{1\max}$，由几何关系得

$$\cos\varphi_{1\max} = \frac{L_1^2 + L_4^2 - (L_2 + L_3)^2}{2L_1 L_4}$$

$$\varphi_{1\max} = \arctan\frac{\sqrt{1-\cos^2\varphi_{1\max}}}{\cos\varphi_{1\max}}$$

② 因为 $x_A = y_A = 0$，$x_D = L_4$，$y_D = 0$，所以 $\dot{x}_A = \dot{y}_A = \dot{x}_D = \dot{y}_D = 0$，$\ddot{x}_A = \ddot{y}_A = \ddot{x}_D = \ddot{y}_D = 0$。

由于篇幅限制，其计算机辅助分析计算过程和计算结果打印略，读者可以参阅参考文献 [6]。

第五章　平面机构的力分析和机械效率

【内容提示】 前面对机构进行运动分析时，不考虑力的作用，但实际上机器是在各种力的作用下工作的，机构的运动过程也是机构的传力过程，以使机器完成有用的机械功或转换机械能。作用在机械上的力，不仅是影响机械的运动和动力性能的重要参数，而且也是决定相应构件尺寸及结构形状等的重要依据。本章研究平面连杆机构的力分析，并进而研究机械的效率和自锁问题。

【基本要求】 了解平面机构力分析的目的和不同方法；掌握Ⅱ级机构力分析的方法；了解机械中的摩擦、自锁和效率的概念，掌握机械效率的计算方法。

机构的运动过程也是机构的传力过程。作用在机械上的力，不仅是影响机械的运动和动力性能的重要参数，而且也是决定相应构件尺寸及结构形状等的重要依据。同时，由于运动副中的摩擦，不仅造成动力消耗，降低机械效率，而且会导致运动副元素磨损，降低运动精度。所以，无论是设计新机械，还是为了合理地使用现有机械，对机构进行力的分析和效率分析都是非常必要的。

第一节　机构力分析的目的和方法

一、作用在机械上的力

机械在运动过程中，每个构件都要受到力的作用，常见的有驱动力、生产阻力、重力、惯性力、摩擦力、介质阻力和运动副中的反力等。按照力对机械运动的不同影响，可以把力分为驱动力和阻抗力两大类。

(1) 驱动力　凡驱使机械产生运动的力统称为驱动力。其特征是该力的方向与其作用点的速度方向相同或成锐角，所做的功为正值，常称为驱动功或输入功。如各种原动机施加于机械上的力、构件重心位置下降时的重力、构件作减速运动时的惯性力等。

(2) 阻抗力　凡阻碍机械运动的力统称为阻抗力。其特征是该力方向与其作用点的速度方向相反或成钝角，所做的功为负值，称为阻抗功。阻抗力又可分为有益阻力和有害阻力两种。

1) 有益阻力是机械为了完成有益的生产工作必须克服的阻力，又称生产阻力。如机床加工零件时的切削阻力、起重机起吊重物的重力、压缩机的压缩力等。克服有益阻力所做的功称为有效功或输出功。

2) 有害阻力是指机械在运转过程中所受到的非生产消耗的无用阻力。如运动副中的摩擦阻力，齿轮传动中的摩擦力以及齿轮浸入油池中所受的搅油阻力（介质阻力）等。克服有害阻力所做的功称为损耗功。

当机器作周期性运动时，各构件的重力和惯性力有时是驱动力，其功为正，有时是阻力，其功为负，而在一个周期内其总功为零。

关于运动副反力,对于整个机构而言是内力,但对于一个构件来说是外力。

二、机构力分析的目的

机构力分析的目的主要有两个方面:

(1) 确定运动副中的反力　这些力的大小和性质对于机械零件的结构设计与强度计算,进行机械的摩擦与效率分析,确定机械运转所需的功率,都是极为重要且必需的资料。

(2) 确定平衡力(矩)　平衡力(矩)是指为了使机械在已知外力作用下,原动件按预定规律运动时所需外加的未知外力(矩)。在设计或改进机械时,为了充分挖掘机械的生产潜力(如确定机械工作时所需原动机的最小功率或所能克服的最大生产阻力),以及在研究机械的调速、平衡等问题时,都需要先求机械的平衡力。

三、机构力分析的方法

在分析机构由其结构所确定的传力特性和原动力的有效利用程度或力的增益时,一般采用不考虑惯性力的静力分析方法。对于低速轻载机械,因其构件惯性力较小,为使问题简化,也可将其忽略不计,而仅考虑静载荷的作用,对机构进行静力分析;对于高速重载机构必须同时计及静载荷和惯性力(惯性力矩)所引起的动载荷,为此,在进行机构的力分析时,常利用理论力学中的达朗贝尔原理,将惯性力视为一般外力加于产生该惯性力的构件上,然后将该机械视为处于静平衡状态,从而可以进行静力学分析。这种力分析方法称为机构的动态静力分析。

机构的力分析方法有图解法和解析法两种。图解法直观清晰,其精度尚能满足一般工程上的要求。解析法计算精度高,容易求得约束反力与平衡力的变化规律,随着电子计算机广泛应用而越来越受到重视。

第二节　运动副中的摩擦及考虑摩擦时机构的静力分析

一、运动副中的摩擦

在机械运转时,运动副内会产生摩擦。一般情况下,摩擦是机械中最主要的有害力,它使运动副元素产生磨损,消耗动力,降低效率,破坏正常工作条件,甚至导致机械卡死,在这种条件下应设法减小摩擦力。但摩擦并非总是有害的,有些机械正是利用摩擦力来工作的,如利用摩擦传动的带传动、摩擦轮传动中作用于从动件上的摩擦力、汽车行驶时驱动轮与地面之间的摩擦力等都是有益力,此时应设法增大摩擦力。在机械传动中采用V带提高传动能力、在螺纹联接中采用三角形螺纹增强自锁性等都是通过改变运动副元素的几何形状增大摩擦力的。可见,摩擦直接影响机械运转的性能,对运动副中的摩擦进行研究具有重要意义。

1. 移动副中的摩擦

如图5-1所示,构件1和构件2构成移动副(相对运动方向皆垂直纸面),在构件1上作用铅垂载荷Q,构件2对构件1作用有法向反力N_{21},两构件间的摩擦因数为f。当在构件1上作用一水平力F使之相对于构件2产生匀速相对运动v_{12}时,接触表面间即产生摩擦阻力F_{f21}。根据库仑定律,当构成运动副的两构件材料确定之后,摩擦力的大小取决于法向反力的大小,而在外载荷一定的情况下,法向反力的大小又与运动副的几何形状有关。

(1) 平面摩擦　如图5-1a、d所示,由平衡条件,$N_{21} = Q$,则摩擦力为

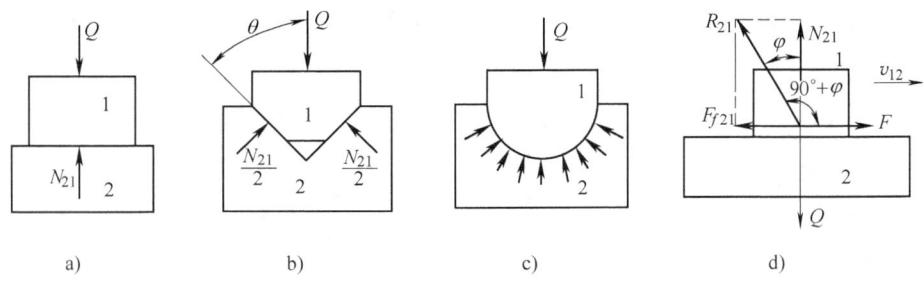

图 5-1 构成移动副的两元素间的三种接触几何形状的摩擦

$$F_{f21} = fN_{21} = fQ \tag{5-1}$$

法向反力 N_{21} 和摩擦阻力 F_{f21} 合成为总反力 R_{21}，R_{21} 与 N_{21} 之夹角 φ 称为摩擦角。

$$\varphi = \arctan\frac{F_{21}}{N_{21}} = \arctan f$$

（2）槽面摩擦

图 5-1b 中，构件 1、2 的接触面具有槽形角 2θ，由平衡条件，$N_{21} = Q/\sin\theta$，则摩擦力为

$$F_{f21} = fN_{21} = fQ/\sin\theta$$

改写成

$$F_{f21} = fN_{21} = fQ/\sin\theta = f_v Q \tag{5-2}$$

式中，f_v 为槽面摩擦的当量摩擦因数，$f_v = f/\sin\theta$。

对于如图 5-1c 所示的圆柱面接触副，其法向反力为沿圆周分布的径向分布力，根据两运动副元素表面结合紧密程度不同，不难求得摩擦力为

$$F_{f21} = (1 \sim \frac{\pi}{2})fQ = f_v Q \tag{5-3}$$

式中，f_v 为圆柱面摩擦的当量摩擦因数，$f_v = (1 \sim \frac{\pi}{2})f$。

引入当量摩擦因数的概念之后，上述三种情况下摩擦力和铅垂载荷之间的关系可以统一为 $F_{f21} = f_v Q$。也就是说，在计算移动副中的滑动摩擦时，不管其运动副两元素的几何形状如何，均可以视为平面摩擦，而引入当量摩擦因数来计算其摩擦力的大小。对比槽面摩擦和平面摩擦可见，当 $\theta < 90°$ 时，$f_v = \dfrac{f}{\sin\theta} > f$，即槽面摩擦的摩擦力总是大于平面摩擦，此种现象称为槽面（楔面）效应。V 带传动、三角形螺纹联接等都是采用槽面（楔面）效应增大摩擦力的。

由图 5-1 可见，**对于两构件组成的运动副，构件 2 对构件 1 的总反力 R_{21} 总是与其相对速度 v_{12} 成（$90° + \varphi$）角。**

（3）斜面摩擦　如图 5-2a 所示的斜面机构，滑块 1 置于斜面 2 上，受到铅垂载荷 Q 的作用，在水平推力 F 作用下，沿斜面等速上升，通常称此行程为正行程。此时，斜面 2 作用于滑块 1 上的总反力 R_{21} 与铅垂线的夹角为 $(\lambda + \varphi)$。取滑块 1 为分离体，则 $F + Q + R_{21} = 0$，作出封闭力三角形，得

$$F = Q\tan(\lambda + \varphi) \tag{5-4}$$

如图 5-2b 所示，滑块 1 在铅垂载荷 Q 的作用下，受水平平衡力 F 作用，沿斜面等速下滑，通常称此行程为反行程。此时，斜面 2 作用于滑块 1 上的总反力 R_{21} 与铅垂线的夹角为

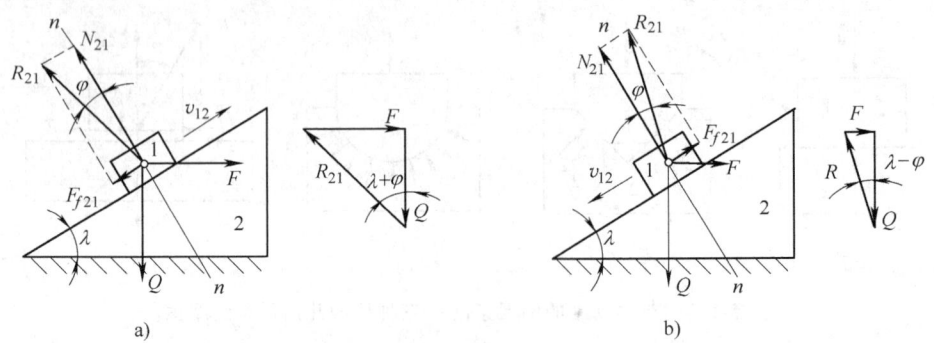

图 5-2 斜面摩擦分析

($\lambda - \varphi$)。同样取滑块 1 为分离体，$F + Q + R_{21} = 0$，作出封闭力三角形，得

$$F = Q\tan(\lambda - \varphi) \tag{5-5}$$

值得注意的是，此时水平力 F 为阻力，其作用是阻止滑块在铅垂力 Q 作用下加速下滑。若 $\lambda < \varphi$，则 $F < 0$，说明为了维持滑块等速下滑必须施一反方向的水平力 F，否则单靠铅垂载荷 Q 无法使滑块下滑。

(4) 螺旋副中的摩擦 机械中的螺杆—螺母之间构成螺旋副。如图 5-3a 所示，1 为螺杆，2 为螺母，螺纹之间承受轴向载荷 Q，在拧动螺母时，螺旋面之间将产生摩擦力。假设螺母 2 所受的均布载荷 Q 集中在平均直径为 d_2 的螺旋线上，用螺母螺纹的一小段表示螺母（图中虚线所示），将旋动螺母的力矩简化为切于螺纹中径的圆周力 F。假设将螺旋线展成平面上的斜直线，则螺旋副中的摩擦就简化成滑块和斜面间的摩擦，如图 5-3b 所示。斜面的倾角 λ 即为螺纹平均直径上的导程角。

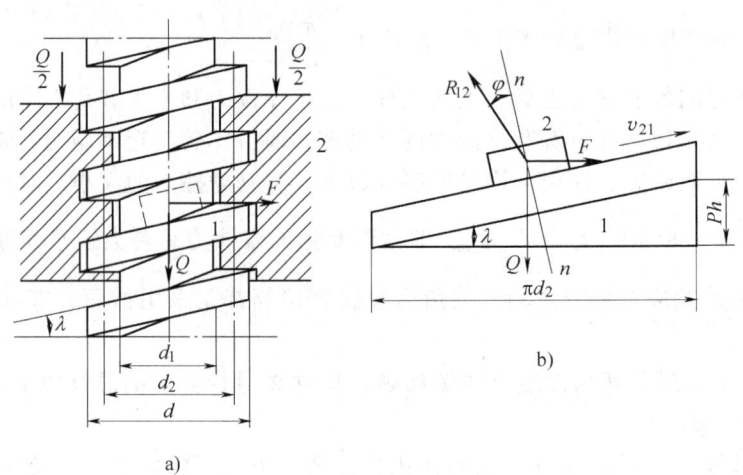

图 5-3 螺旋副的摩擦分析

$$\tan\lambda = \frac{Ph}{\pi d_2} = \frac{zP}{\pi d_2}$$

式中，Ph 为螺纹导程，z 为螺纹的线数，P 为螺距。

1) 矩形螺纹螺旋副中的摩擦。图 5-3a 所示为矩形螺纹螺旋副。若在螺母 2 上加一力矩 M，使螺母 2 逆着 Q 力等速向上运动（对螺纹联接来说，相当于拧紧螺母），则此时相当于

滑块 2 在水平推力 **F** 作用下沿斜面等速上移（正行程），如图 5-3b 所示。由式（5-4）得

$$F = Q\tan(\lambda + \varphi)$$

拧紧力矩
$$M = F\frac{d_2}{2} = \frac{d_2}{2}Q\tan(\lambda + \varphi) \tag{5-6}$$

当螺母 2 顺着 **Q** 力作用方向等速下移时（对螺纹联接来说，相当于拧紧螺母），相当于滑块 2 在水平力 **F** 维持下等速下滑（反行程）。由式（5-5）得

$$F = Q\tan(\lambda - \varphi)$$

防松力矩
$$M = F\frac{d_2}{2} = \frac{d_2}{2}Q\tan(\lambda - \varphi) \tag{5-7}$$

若 $\lambda < \varphi$，则 $M < 0$，则意味着要使螺母松脱，必须加一反向力矩，此时 M 为拧松力矩。

2）三角形螺纹螺旋副中的摩擦。三角形螺纹螺旋副和矩形螺纹螺旋副的区别仅在于螺纹间接触面的几何形状不同，如图 5-4 所示。三角形螺纹螺旋副中螺母在螺杆上的运动，可近似为楔形滑块沿斜槽面的运动，斜槽面的槽形半角 $\theta = 90° - \beta$，β 为螺纹牙的牙型半角。以当量摩擦角 φ_v 代替式（5-6）和式（5-7）中的摩擦角 φ 可得

拧紧力矩
$$M = \frac{d_2}{2}Q\tan(\lambda + \varphi_v) \tag{5-8}$$

拧松力矩
$$M = \frac{d_2}{2}Q\tan(\lambda - \varphi_v) \tag{5-9}$$

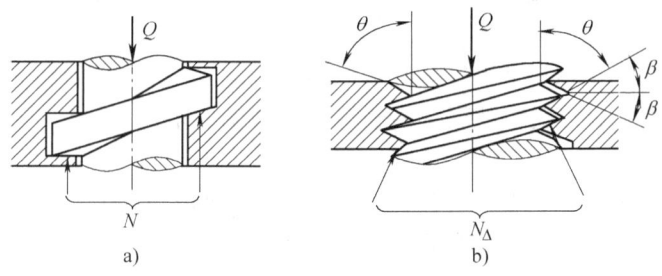

图 5-4 三角形螺纹螺旋副和矩形螺纹螺旋副的区别

2. 转动副中的摩擦

如图 5-5 所示，机械中的转动副由轴和轴承构成，转轴被轴承支承的部分称为轴颈。按受力方向不同，转动副分为两大类：承受径向载荷的称为径向轴颈和径向轴承，如图 5-5a 所示；承受轴向载荷的称为止推轴颈和止推轴承，如图 5-5b 所示。

（1）径向轴承中的摩擦 如图 5-6 所示，半径为 r 的轴颈 1 承受径向载荷 **Q** 的作用，由力矩 M_d 驱动在轴承 2 中等速转动。此时轴承对轴颈的法向反力 N_{21} 通过转动中心，摩擦力 F_{21} 与轴颈转动方向相反。总反力 R_{21} 必与径向载荷 **Q** 等值而反向，以达到力的平衡。即

$$R_{21} = Q \tag{5-10}$$

同时，其作用线必然偏离轴颈中心，以形成阻力矩 M_f 与驱动力矩 M_d 相平衡。

$$M_f = R_{21}\rho = Q\rho \tag{5-11}$$

由于法向反力 N_{21} 对轴颈不形成力矩，所以 M_f 也就是摩擦力 F_{21} 对轴颈的摩擦力矩。

$$M_f = F_{21}r = f_v Qr \tag{5-12}$$

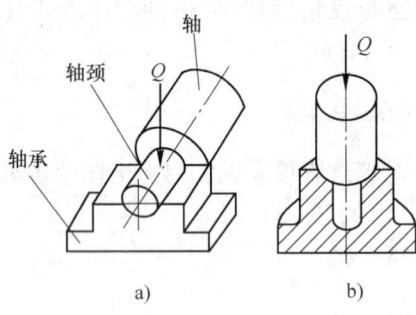
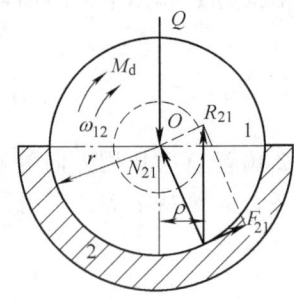

图 5-5 轴颈与轴承　　　　图 5-6 径向轴承中的摩擦

式中，f_v 为当量摩擦因数，视配合表面状况和紧密程度不同取 $f_v = (1 \sim 1.57)f$。对于配合紧密且未经跑合的径向轴颈 f_v 取较大值，而对于有较大间隙的轴颈 f_v 取较小值。

由式（5-11）和式（5-12）得总反力 R_{21} 与轴颈中心的偏距为

$$\rho = f_v r \tag{5-13}$$

以轴颈中心 O 为圆心，以 ρ 为半径画圆，该圆称为摩擦圆，ρ 称为摩擦圆半径，则 R_{21} 总是切于摩擦圆。式（5-13）表明，摩擦圆半径 ρ 由轴颈半径 r 和当量摩擦因数 f_v 决定。对一具体的转动副，ρ 为一确定值。

综上分析可见，**对于由轴颈 1 和轴承 2 构成的转动副，轴承 2 对轴颈 1 的总反力 R_{21} 与径向载荷 Q 大小相等、方向相反，且总是切于摩擦圆，R_{21} 对轴颈中心之矩必与相对角速度 ω_{12} 方向相反。**

（2）止推轴承中的摩擦　如图 5-7 所示，轴颈 1 的轴端和承受轴向载荷的止推轴承 2 构成转动副，当轴转动时，轴的端面必产生摩擦力矩 M_f。

从轴端接触面上半径为 ρ 处取环形微面积 $dS = 2\pi\rho d\rho$，设该微面积上的压强为 p，则该环形微面积上的摩擦力对轴端中心之摩擦力矩为 $dM_f = \rho f p dS = 2\pi\rho^2 f p d\rho$。则轴端所受总摩擦力矩为

$$M_f = \int_r^R dM_f = \int_r^R 2\pi f p \rho^2 d\rho \tag{5-14}$$

由于表面磨损状况的不同，必然引起其间正压力和摩擦力分布规律的不同。按照表面磨损及其影响程度的不同，止推轴承可分为非跑合止推轴承和跑合止推轴承。

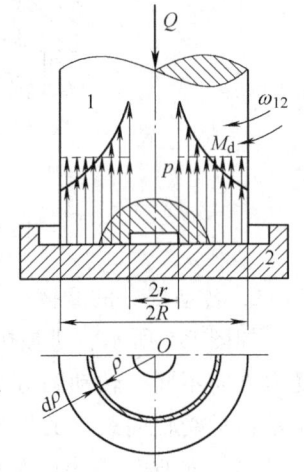

图 5-7 止推轴承中的摩擦

1) 非跑合止推轴承。对于新制成、或很少相对运动、或转速很低等磨损不明显的轴端，假设沿半径方向压力分布为常量，即 $p =$ 常数，如图中虚线所示。则由式（5-14）得

$$M_f = \frac{2}{3}fQ\frac{R^3 - r^3}{R^2 - r^2} \tag{5-15}$$

2) 跑合的止推轴承。生产实际中新机器在正式运行前，通常都要轻载跑合。跑合的目的是改善相对运动表面的质量，磨光表面刀痕和表面微观凸峰，使之有很好的吻合。在跑合过程中，离开轴心越远的点，圆周速度越大，磨损越快，接触紧密程度和压力也随之降低，

压力 p 呈曲线规律变化，通常假设 $p\rho$ = 常数，如图 5-7 中实线所示。由于 $Q = \int p\mathrm{d}S = \int_r^R 2\pi p\rho \mathrm{d}\rho$ 可以求出

$$p = \frac{Q}{2\pi\rho(R-r)}$$

则由式（5-14）得

$$M_f = \frac{1}{2}fQ(R+r) \tag{5-16}$$

式（5-15）和式（5-16）可以统一为

$$M_f = fQr_v \tag{5-17}$$

式中，r_v 为止推轴承的当量摩擦圆半径。对上述两种压力分布假设，其值分别为

非跑合轴颈
$$r_v = \frac{2}{3}\frac{R^3 - r^3}{R^2 - r^2}$$

跑合轴颈
$$r_v = \frac{1}{2}(R+r)$$

根据跑合后轴端各处压力的分布规律 $p\rho$ = 常数可知，轴端中心部分的压力将非常大，很容易被压坏，故工程实际中一般都采用空心的轴端。

二、考虑摩擦时机构的静力分析

对于高速重载机械的受力分析，一般都应考虑运动副中的摩擦。在计算机构的效率时，也必须先对机构进行考虑摩擦的受力分析。

由上可见，在机构力分析过程中，如果考虑运动副中的摩擦力，转动副中的总反力作用线将不通过转动中心而将切于摩擦圆，移动副中的总反力方向不垂直于导路方向而要偏转一个摩擦角 φ_v，平面高副中的总反力方向也不再沿着接触点的法线方向而是与法线夹一摩擦角 φ。由此，利用力学知识不难确定运动副总反力的作用点与方向，进而完成机构的静力分析。下面举例说明。

例 5-1 在图 5-8 所示的凸轮机构中，设原动凸轮 1 以角速度 ω_1 逆时针匀速转动。已知机构的位置和各构件的尺寸、转动副处轴的半径 r、作用于构件 2 上的生产阻力 Q 以及从动件与凸轮的摩擦因数 f 和各转动副内的当量摩擦因数 f_v。在不计惯性力和重力时，试求各运动副反力以及作用在凸轮上的平衡力偶矩 M_d。

解：1）作出机构的位置图，计算摩擦角 φ = arctan$f$ 和各转动副处的摩擦圆半径 $\rho = f_v r$，并将摩擦圆及各已知外力标示于图 5-8 中。

2）求构件 2 上各运动副中的反力。构件 2 为三力构件，在 Q、R_{32} 和 R_{12} 三力作用下平衡，利用三力汇交的特点，作力封闭三角形于图示。其中 R_{12} 与相对速度 V_{21} 成（$90° + \varphi$）角；R_{32} 切于摩擦圆、对轴心 C 之矩与 ω_{23} 转向相反且与 Q 和 R_{12} 交于一点。由此可以

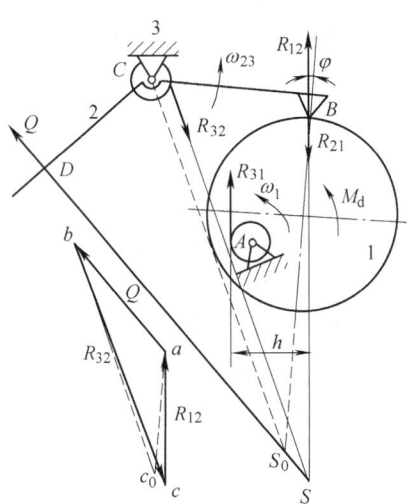

图 5-8 考虑摩擦力的机构静力分析示例

求出 R_{12} 和 R_{32} 的大小分别为

$$R_{12} = \mu_v \overline{ac} \qquad R_{32} = \mu_v \overline{bc}$$

3) 求原动件 1 的运动副反力和平衡力矩。

由力平衡条件得，R_{31} 与 R_{21} 大小相等、方向相反但不共线，再由 R_{31} 对轴心 A 之矩与 ω_1 转向相反知 R_{31} 切于摩擦圆左侧。则平衡力矩 $M_d = R_{21} h \mu_1$，方向为逆时针。

例 5-2 图 5-9 所示为一个定滑轮机构，1 为吊架，2 为滑轮。设已知滑轮直径为 D，轴颈的半径为 r，当量摩擦因数为 f_v。若绳与滑轮工作面间无滑动，试求使重物 Q 等速上升时所需的铅直拉力 P。

解： 该题利用摩擦圆的概念来解十分方便。计算摩擦圆半径 $\rho = f_v r$，作出摩擦圆。根据静力平衡条件和摩擦圆概念，总反力 $R_{12} = -(P+Q)$，且切于摩擦圆的右侧，如图 5-9 所示。对切点 E 取矩可得

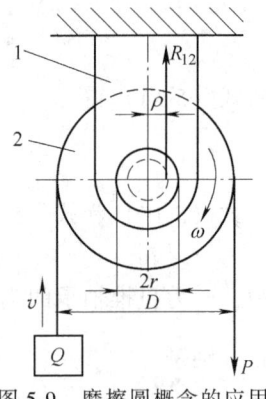

图 5-9 摩擦圆概念的应用

$$P = Q \frac{D + 2\rho}{D - 2\rho}$$

第三节 平面机构的动态静力分析

一、构件组的静定条件

对机构进行动态静力分析的目的，通常是解出各运动副的反力及机构的平衡力（力矩）。由于运动副的反力对于机构来说是内力，所以必须将机构拆成若干个构件组或构件再对其逐个进行分析，才能求出各运动副的反力，最后求得平衡力（力矩）。显然这样分解成的每一个构件组必须满足静定条件，即根据静力平衡条件列出的独立力平衡方程式数目应等于构件组中所有外力和运动副反力的未知要素的数目。

众所周知，力有"大小"、"方向"和"作用点"三个要素。在不计摩擦时，每个转动副中的反力有"大小"和"方向"两个未知要素，每个移动副中的反力有"大小"和"作用点"两个未知要素，而每个平面高副中的反力只有"大小"一个未知要素。

设所取的构件组有 n 个构件、p_L 个低副和 p_H 个高副，则该构件组含有 $(2p_L + p_H)$ 个未知力要素，而同时可以列出 $3n$ 个独立的力平衡方程式。因此，当作用于该构件组的各外力为已知时，该构件组的静定条件为

$$3n = 2p_L + p_H \tag{5-18}$$

由式（5-18）可知：当 $n = 1$ 时，只有 $p_L = 1$，$p_H = 1$，即含有一个低副和一个高副的构件（如齿轮、凸轮或从动杆等）是静定的。

若构件组中仅有低副时，则上式可写成

$$3n = 2p_L \quad \text{或} \quad p_L = \frac{3}{2}n$$

上式与式（2-5）比较完全相同，可见所有的基本杆组都满足静定条件。因此，在进行平面机构受力分析时可按基本杆组为单元求解。

二、不考虑摩擦力的机构动态静力分析（矩阵法）

1. 对机构动态静力分析的具体步骤

1）已知机构结构和各构件的尺寸、质量、转动惯量及质心位置。

2）根据运动分析求出各运动副和构件质心的位置、速度和加速度，以及各构件的角速度和角加速度。

3）将各构件的已知外力向质心简化，求出过质心的主矢和绕质心主矩。

4）根据静定条件从已知驱动力或生产阻力所作用的构件组（即离开平衡构件最远的静定杆组）开始朝着平衡构件方向，依次分解杆组，进行动态静力分析，求出各运动副反力。

5）最后求出平衡构件上的平衡力（或力矩）及各运动副反力。

2. 拆杆组法进行平面机构动态静力分析的数学模型

如图 5-10 所示，建立一个直角坐标系，规定与 x、y 轴指向一致的力以及逆时针方向的力偶矩为"＋"号，反之为"－"号。设力 F 作用于构件上的 I 点，则其对另一点 K 的力矩为

$$M_K = -(y_I - y_K)F_{Ix} + (x_I - x_K)F_{Iy} \tag{5-19}$$

（1）RRR Ⅱ级杆组的受力分析　如图 5-11 所示的 RRR Ⅱ级杆组 BCD，为进行受力分析，将其内运动副 C 拆开，受力情况如图示。

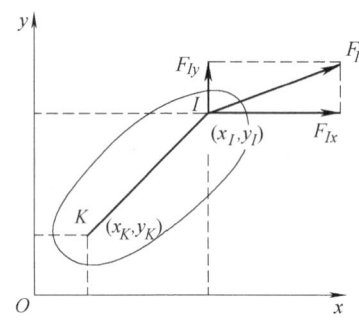

图 5-10　力矩的求取

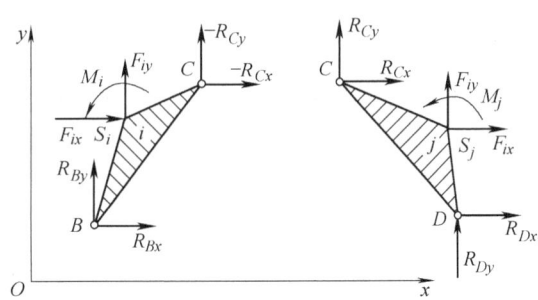

图 5-11　RRR Ⅱ级杆组的受力分析

已知运动副 B、C、D 及两构件质心 S_i、S_j 的位置和运动参数；两构件的质量 m_i、m_j 和转动惯量 J_i、J_j；作用在构件质心上的外力主矢（包括惯性力）F_i、F_j 和主矩（包括惯性力矩）M_i、M_j。求各运动副反力 R_B、R_C、R_D。

1）取构件 i 为示力体，由平衡方程 $\sum F_x = 0$、$\sum F_y = 0$ 和 $\sum M_C = 0$ 可得

$$\begin{cases} R_{Bx} - R_{Cx} = -F_{ix} & (5\text{-}20) \\ R_{By} - R_{Cy} = -F_{iy} & (5\text{-}21) \\ -(y_B - y_C)R_{Bx} + (x_B - x_C)R_{By} - (y_{Si} - y_C)F_{ix} + (x_{Si} - x_C)F_{iy} = -M_i & (5\text{-}22) \end{cases}$$

2）取构件 j 为示力体，由平衡方程 $\sum F_x = 0$、$\sum F_y = 0$ 和 $\sum M_C = 0$ 可得

$$\begin{cases} R_{Cx} + R_{Dx} = -F_{jx} & (5\text{-}23) \\ R_{Cy} + R_{Dy} = -F_{jy} & (5\text{-}24) \\ -(y_{Sj} - y_C)F_{jx} + (x_{Sj} - x_C)F_{jy} - (y_D - y_C)R_{Dx} + (x_D - x_C)R_{Dy} = -M_j & (5\text{-}25) \end{cases}$$

3）将式（5-20）~式（5-25）按顺序整理成矩阵形式

$$\begin{pmatrix} 1 & 0 & -1 & 0 & 0 & 0 \\ 0 & 1 & 0 & -1 & 0 & 0 \\ -(y_B-y_C) & (x_B-x_C) & 0 & 0 & 0 & 0 \\ 0 & 0 & 1 & 0 & 1 & 0 \\ 0 & 0 & 0 & 1 & 0 & 1 \\ 0 & 0 & 0 & 0 & -(y_D-y_C) & (x_D-x_C) \end{pmatrix} \begin{pmatrix} R_{Bx} \\ R_{By} \\ R_{Cx} \\ R_{Cy} \\ R_{Dx} \\ R_{Dy} \end{pmatrix}$$

(5-26)

$$= \begin{pmatrix} -1 & 0 & 0 & 0 & 0 & 0 \\ 0 & -1 & 0 & 0 & 0 & 0 \\ (y_{Si}-y_C) & -(x_{Si}-x_C) & -1 & 0 & 0 & 0 \\ 0 & 0 & 0 & -1 & 0 & 0 \\ 0 & 0 & 0 & 0 & -1 & 0 \\ 0 & 0 & 0 & (y_{Sj}-y_C) & -(x_{Sj}-x_C) & -1 \end{pmatrix} \begin{pmatrix} F_{ix} \\ F_{iy} \\ M_i \\ F_{jx} \\ F_{jy} \\ M_j \end{pmatrix}$$

将上式简化为

$$\boldsymbol{A}_1 \boldsymbol{R}_1 = \boldsymbol{B}_1 \boldsymbol{F}_1 \tag{5-27}$$

式中，$\boldsymbol{A}_1$ 和 $\boldsymbol{B}_1$ 为未知力和已知力及力矩（含惯性力及惯性力矩）的系数矩阵。$\boldsymbol{R}_1$ 和 $\boldsymbol{F}_1$ 为未知力和已知力及力矩（含惯性力及惯性力矩）列阵，解此矩阵方程求得

$$\boldsymbol{R}_1 = \boldsymbol{A}_1^{-1} \boldsymbol{B}_1 \boldsymbol{F}_1 \tag{5-28}$$

（2）RRP Ⅱ级杆组的受力分析　图 5-12 所示为 RRP Ⅱ级杆组 BCD 受力情况。已知两构件质心 S_i、S_j 的位置和运动参数；两构件的质量 m_i、m_j 和转动惯量 J_i、J_j；作用在构件质心上的外力主矢（包括惯性力）$\boldsymbol{F}_i$、$\boldsymbol{F}_j$ 和主矩（包括惯性力矩）M_i、M_j。求各运动副反力 $\boldsymbol{R}_B$、$\boldsymbol{R}_C$、$\boldsymbol{R}_N$ 及力作用点 N。

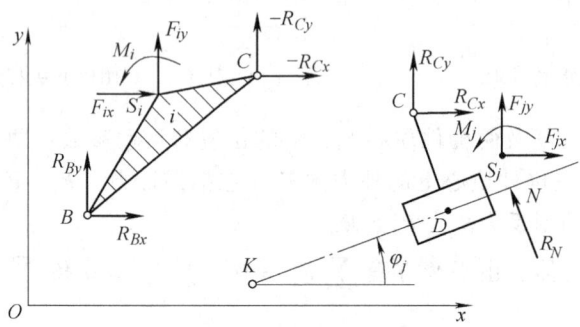

图 5-12　RRP Ⅱ级杆组的受力分析

1）取构件 i 为示力体，由平衡方程 $\sum F_x = 0$、$\sum F_y = 0$ 和 $\sum M_C = 0$ 可得

$$\begin{cases} R_{Bx} - R_{Cx} = -F_{ix} & (5\text{-}29) \\ R_{By} - R_{Cy} = -F_{iy} & (5\text{-}30) \\ -(y_B-y_C)R_{Bx} + (x_B-x_C)R_{By} - (y_{Si}-y_C)F_{ix} + (x_{Si}-x_C)F_{iy} = -M_i & (5\text{-}31) \end{cases}$$

2）取构件 j 为示力体，由平衡方程 $\sum F_x = 0$、$\sum F_y = 0$ 和 $\sum M_C = 0$ 可得

$$\begin{cases} R_{Cx} - R_N \sin\varphi_j = -F_{jx} & (5\text{-}32) \\ R_{Cy} + R_N \cos\varphi_j = -F_{jy} & (5\text{-}33) \\ -(y_{Sj} - y_C)F_{jx} + (x_{Sj} - x_C)F_{jy} + l_{DN}R_N = -M_j & (5\text{-}34) \end{cases}$$

将式（5-29）~式（5-33）按顺序整理成矩阵形式得

$$\begin{pmatrix} 1 & 0 & -1 & 0 & 0 \\ 0 & 1 & 0 & -1 & 0 \\ -(y_B - y_C) & (x_B - x_C) & 0 & 0 & 0 \\ 0 & 0 & 1 & 0 & -\sin\varphi_j \\ 0 & 0 & 0 & 1 & \cos\varphi_j \end{pmatrix} \begin{pmatrix} R_{Bx} \\ R_{By} \\ R_{Cx} \\ R_{Cy} \\ R_N \end{pmatrix}$$

$$= \begin{pmatrix} -1 & 0 & 0 & 0 & 0 \\ 0 & -1 & 0 & 0 & 0 \\ (y_{Si} - y_C) & -(x_{Si} - x_C) & -1 & 0 & 0 \\ 0 & 0 & 0 & -1 & 0 \\ 0 & 0 & 0 & 0 & -1 \end{pmatrix} \begin{pmatrix} F_{ix} \\ F_{iy} \\ M_i \\ F_{jx} \\ F_{jy} \end{pmatrix} \quad (5\text{-}35)$$

将式（5-35）简化为

$$\boldsymbol{A}_2 \boldsymbol{R}_2 = \boldsymbol{B}_2 \boldsymbol{F}_2 \quad (5\text{-}36)$$

式中，$\boldsymbol{A}_2$ 和 $\boldsymbol{B}_2$ 为未知力和已知力及力矩（含惯性力及惯性力矩）的系数矩阵。$\boldsymbol{R}_2$ 和 $\boldsymbol{F}_2$ 为未知力和已知力及力矩（含惯性力及惯性力矩）列阵，解此矩阵方程求得

$$\boldsymbol{R}_2 = \boldsymbol{A}_2^{-1} \boldsymbol{B}_2 \boldsymbol{F}_2 \quad (5\text{-}37)$$

解出 R_N 后，由式（5-34）可求出 $\boldsymbol{R}_N$ 的作用点位置，即可求出 l_{DN} 为

$$l_{DN} = \frac{(y_{Sj} - y_C)F_{jx} - (x_{Sj} - x_C)F_{jy} - M_j}{R_N} \quad (5\text{-}38)$$

（3）单杆构件的受力分析 对于如图 5-13 所示的 I 级杆组（通常为原动件），已知构件质心 S_i 的位置，在已知作用在构件上的外力主矢 $\boldsymbol{F}_i$ 和主矩 $\boldsymbol{M}_i$，并已求得运动副 B 的反力 $\boldsymbol{R}_B$ 后，由受力平衡条件即可求得运动副 A 的反力 $\boldsymbol{R}_A$ 和平衡力矩 $\boldsymbol{M}_d$。即

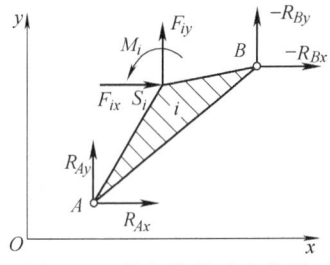

图 5-13 单杆构件受力分析

$$\begin{cases} R_{Ax} = R_{Bx} - F_{ix} & (5\text{-}39) \\ R_{Ay} = R_{By} - F_{iy} & (5\text{-}40) \\ M_d = (y_A - y_B)R_{Ax} - (x_A - x_B)R_{Ay} + (y_{Si} - y_B)F_{ix} - (x_{Si} - x_B)F_{iy} - M_i & (5\text{-}41) \end{cases}$$

为了应用方便，可将常用杆组和单杆构件力分析模型编成子程序，在对平面机构进行受力分析时，根据机构的组成依次调用相应的子程序即可。

例 5-3 如图 5-14 所示的摆式输送机，已知机构各构件尺寸、质心位置、质量及其绕质心转动惯量，滑块 6 在水平方向上的工作阻力 $\boldsymbol{P}$，原动件角速度 $\omega_1 =$ 常数，求在一个运动循环中各运动副中的反力及需要加在原动件 AB 上的平衡力矩 $\boldsymbol{M}_d$。

解：1）进行运动分析，求出各构件和各运动副运动参数。

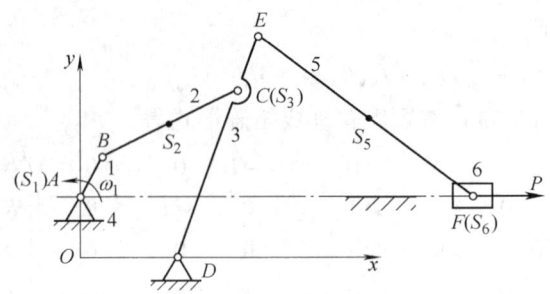

图 5-14　Ⅱ级机构受力分析示例

2) 静力分析，首先从包含给定外力的构件（滑块 6）开始拆组分析：
① 调用 RRP Ⅱ级杆组力分析子程序，求出移动副 F 和回转副 E 的约束反力。
② 调用 RRR Ⅱ级杆组力分析子程序求出三个转动副 B、C、D 的约束反力。
③ 调用单杆构件子程序求回转副 A 的约束反力和原动件 AB 的平衡力矩 M_d。
具体程序和计算结果参阅参考文献 [10]。

第四节　机械的效率和自锁

一、机械的效率

1. 机械效率的定义

机器运转时，由于运动副中摩擦的存在，总要稍耗一部分能量，或者说要损失一部分功率。如图 5-15 所示，机械在稳定运转时期其输入功（率）等于输出功（率）与损耗功（率）之和，即

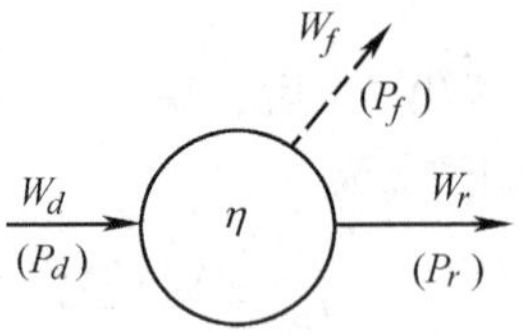

$$W_d = W_r + W_f \tag{5-42}$$

或

$$P_d = P_r + P_f \tag{5-43}$$

图 5-15　机械功（率）输入与输出的关系

式中，W_d（P_d）为输入功（率），即驱动力所做的功（率）；W_r（P_r）为输出功（率），即克服生产阻力所做的有益功（率）；W_f（P_f）为损耗功（率），即克服摩擦力等有害阻力所消耗的功（率）。

输出功（率）与输入功（率）的比率反映了机械对能量的有效利用程度，称为机械效率，通常以 η 表示。即

$$\eta = \frac{W_r}{W_d} = 1 - \frac{W_f}{W_d} \tag{5-44}$$

或

$$\eta = \frac{P_r}{P_d} = 1 - \frac{P_f}{P_d} \tag{5-45}$$

因为损耗功 W_f 或损耗功率 P_f 不可能为零，所以由式（5-44）和式（5-45）可知机械的效率总是小于 1 的，且 W_f 或 P_f 越大，机械的效率就越低。因此在设计机械时，为了使其具有较高的机械效率，应尽量减少机械中的摩擦损耗。

各种简单机械、常用运动副的机械效率，可以在机械设计手册中查取。

2. 机械效率以力或力矩的形式表达

图 5-16 所示为一机械传动装置示意图，设 F 为驱动力，Q 为生产阻力，v_F 和 v_Q 分别为 F 和 Q 作用点沿力作用方向的速度，根据式（5-45）可得其机械效率为

$$\eta = \frac{P_r}{P_d} = \frac{Qv_Q}{Fv_F} \tag{5-46}$$

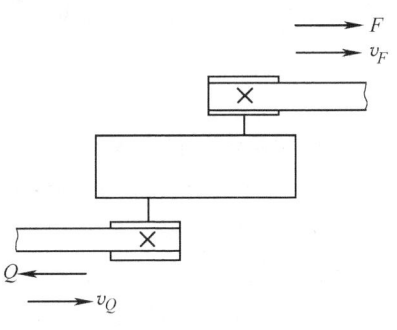

图 5-16 机械系统效率与输入、输出功率的关系

假设该机械中完全没有摩擦，称为理想机械。显然为了克服同样的生产阻力 Q，该理想机械所需的驱动力 F_0（称为理想驱动力）必定小于实际机械所需的实际驱动力 F。由效率定义，该理想机械的效率为

$$\eta_0 = \frac{Qv_Q}{F_0 v_F} = 1 \tag{5-47}$$

将式（5-47）代入式（5-46）可得

$$\eta = \frac{Qv_Q}{Fv_F} = \frac{F_0 v_F}{Fv_F} = \frac{F_0}{F} \tag{5-48}$$

从另一方面讲，对于同样大的驱动力 F，该理想机械所能克服的生产阻力 Q_0（称为理想生产阻力）必定大于实际机械所能克服的实际生产阻力 Q。由效率定义，该理想机械的效率为

$$\eta_0 = \frac{Q_0 v_Q}{Fv_F} = 1 \tag{5-49}$$

将式（5-49）代入式（5-46）可得

$$\eta = \frac{Qv_Q}{Fv_F} = \frac{Qv_Q}{Q_0 v_Q} = \frac{Q}{Q_0} \tag{5-50}$$

由式（5-48）和式（5-50）可以表述为

$$\eta = \frac{\text{理想驱动力}(F_0)}{\text{实际驱动力}(F)} = \frac{\text{实际生产阻力}(Q)}{\text{理想生产阻力}(Q_0)} \tag{5-51}$$

同理，机械效率也可以用力矩之比的形式表达，即

$$\eta = \frac{\text{理想驱动力矩}(M_{F0})}{\text{实际驱动力矩}(M_F)} = \frac{\text{实际生产阻力矩}(M_Q)}{\text{理想生产阻力矩}(M_{Q0})} \tag{5-52}$$

式（5-51）和式（5-52）可用来具体计算一些机构的机械效率。例如在图 5-4 所示的螺旋机构中，当在螺母上加一力矩 M，螺母逆着载荷 Q 等速向上运动时（对螺纹联接来说，相当于拧紧螺母），M 为驱动力矩。其机械效率可如下求出

$$M = \frac{d_2}{2} Q \tan(\lambda + \varphi), \quad M_0 = \frac{d_2}{2} Q \tan\lambda$$

$$\eta = \frac{M_0}{M} = \frac{\tan\lambda}{\tan(\lambda + \varphi)} \tag{5-53}$$

当螺母顺着 Q 力作用方向等速下移时（对螺纹联接来说，相当于拧紧螺母），M 为阻力矩。其机械效率可如下求出

$$M = \frac{d_2}{2}Q\tan(\lambda - \varphi), \quad M_0 = \frac{d_2}{2}Q\tan\lambda$$

$$\eta' = \frac{M}{M_0} = \frac{\tan(\lambda - \varphi)}{\tan\lambda} \tag{5-54}$$

3. 机械系统的机械效率

对于由若干机构组成的复杂机器或由若干单机组成的机组效率，可按其内部联接组合方式分下列三种情况计算。

（1）串联　图 5-17 所示为由 k 个机构或单机以串联方式组成的机组，其中每一级的输出功率正好是下一级的输入功率。设各单元的效率分别为 η_1、η_2、$\cdots$、η_k，则该串联系统的总效率为

$$\eta = \frac{P_k}{P_d} = \frac{P_1}{P_d}\frac{P_2}{P_1}\frac{P_3}{P_2}\cdots\frac{P_k}{P_{k-1}} = \eta_1\eta_2\eta_3\cdots\eta_k \tag{5-55}$$

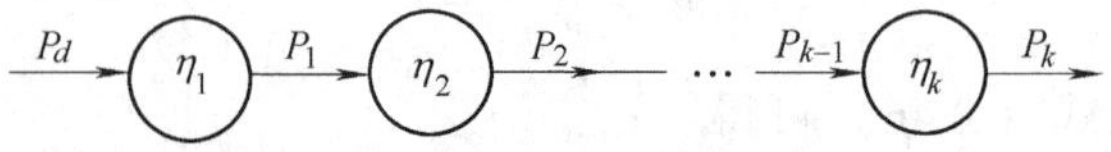

图 5-17　串联系统的效率关系

由式 5-55 可见，串联系统的总效率为各级效率之连乘积，总效率必小于该机组内任一级的效率，且组成机组的级数越多其总效率越低。

（2）并联　图 5-18 所示为由 k 个机构或单机以并联方式组成的机组。设各机构或单机的输入功率分别为 P_1、P_2、$\cdots$、P_k，输出功率分别为 P_{r1}、P_{r2}、$\cdots$、P_{rk}，则该并联系统的总效率为

$$\eta = \frac{P_r}{P_d} = \frac{P_1\eta_1 + P_2\eta_2 + \cdots + P_k\eta_k}{P_1 + P_2 + \cdots + P_k} \tag{5-56}$$

式（5-56）表明，并联系统的总效率 η 不仅与各单机的效率有关，而且也与各单机所传递的功率有关。设 $\eta_{\max}$ 和 $\eta_{\min}$ 为系统中的单机效率的最大值和最小值，则有 $\eta_{\min} < \eta < \eta_{\max}$。

（3）混联　对于如图 5-19 所示的兼有串联和并联的混联式机械系统，其总效率的求法按其具体组合方式而定。设系统串联部分的效率为 η'，并联部分的效率为 η''，则系统的总效率应为

$$\eta = \eta'\eta'' \tag{5-57}$$

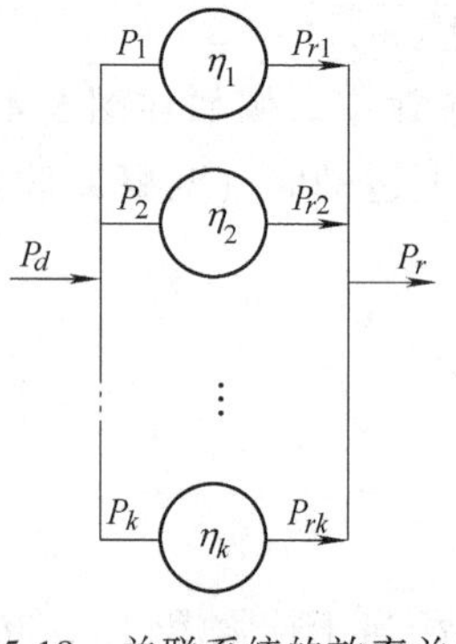

图 5-18　并联系统的效率关系

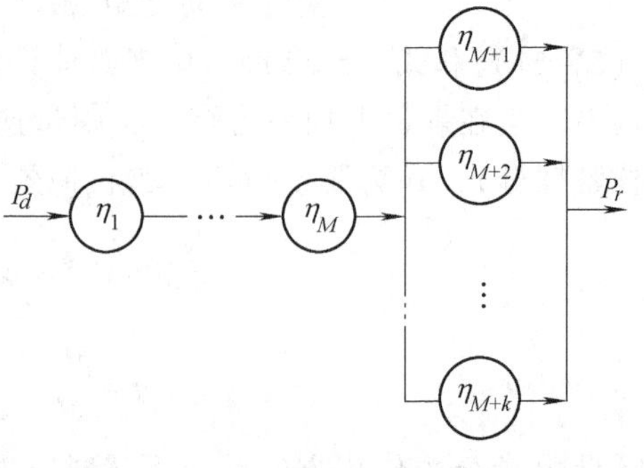

图 5-19　混联系统的效率关系

二、机械的自锁

在实际机械中,由于摩擦的存在,有时会出现无论怎样增大驱动力都无法使原来静止的机械运动起来的现象,称为机械的自锁。

1. 从受力分析判断运动副的自锁

在图 5-20 所示的移动副中,F 为作用在滑块 1 上的驱动力,与两构件接触法线 nn 之间的夹角为 β。使滑块 1 产生运动的有效分力为 $F_t = F\sin\beta = F_n\tan\beta$,而此时构件 2 对滑块 1 的摩擦阻力为 $F_{f21} = N_{21}\tan\varphi = F_n\tan\varphi$。可见,当 $\beta \leq \varphi$ 时,$F_t \leq F_{f21}$,即当驱动力 F 作用在摩擦角 φ 之内时,无论其值如何增大,其有效分力总小于因其垂直分力 F_n 所产生的摩擦力,从而使得静止的滑块 1 始终不能产生运动而出现自锁现象。

如图 5-21 所示,若将图 5-6 所示转动副中驱动力矩 M_d 和径向载荷 Q 合成为一个对轴心偏离为 e 且垂直于轴线的单一集中载荷 Q,则有 $M_d = Qe$。显然,当 $e > \rho$ 时,$M_d > M_r$,将使轴颈加速转动;而当 $e \leq \rho$,即当作用在轴颈上的单一集中载荷 Q 作用于摩擦圆之内时,$M_d \leq M_r$,此时无论 Q 值如何增大都不能使静止的轴颈转动而出现自锁现象。

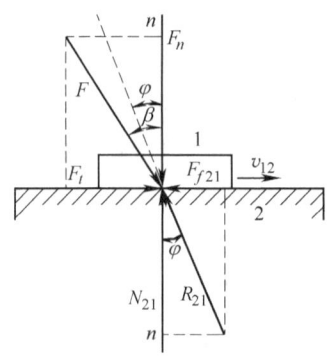

图 5-20 移动副发生自锁的条件 $\beta \leq \varphi$

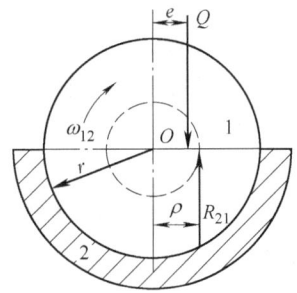

图 5-21 转动副发生自锁的条件 $e \leq \rho$

综上所述,机械是否发生自锁,与其驱动力作用线的方位有关。在移动副中,当驱动力作用在摩擦角之内时,将发生自锁;在转动副中,当驱动力作用于摩擦圆之内时,也将发生自锁。一个机械是否发生自锁,可以通过分析组成机械的各环节的自锁情况来判断,只要组成机械的某一环节发生自锁,则该机械必发生自锁。

例 5-4 如图 5-22 所示的偏心夹具,搬动手柄时偏心圆盘 1 绕轴颈 A 顺时针转动,压紧工件 2。要求当撤去手柄上作用力后夹具能可靠地自锁。设偏心圆盘半径为 r_1,轴颈 A 半径为 r_A,偏心距为 e,轴颈的当量摩擦因数为 f_v,圆盘 1 与工件 2 之间的摩擦因数为 f。若不计圆盘重力,求机构自锁的最大楔紧角 α。

解:轴颈 A 的摩擦圆半径 $\rho = f_v r_A$,圆盘 1 与工件 2 之间摩擦角为 $\varphi = \arctan f$。当机构夹紧并撤去手柄力 F 后,偏心圆盘 1 有绕其回转中心 A 逆时针转动使工件 2 松脱的趋势,而使工件松脱的力正是工件 2 对圆盘 1 的反作用力 R_{21}。根据相对运动趋势,可判断 R_{21} 的方位如图 5-22 所示。根据转动副自锁条件,则应使 R_{21} 与轴颈 A 的摩擦圆右侧相切或相割。由图中几何关系可得

$$e\sin(\alpha - \varphi) - r_1 \sin\varphi \leq \rho$$

故得该偏心夹具能产生自锁的最大楔紧角为

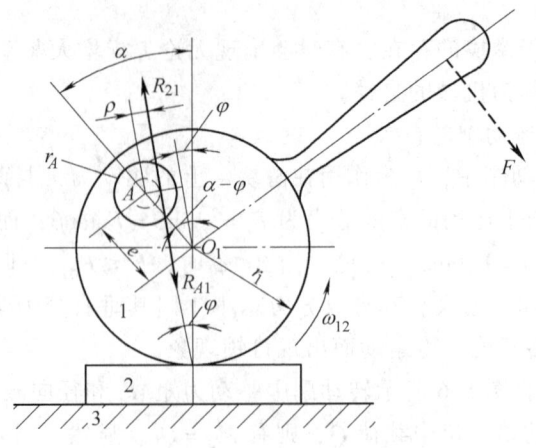

图 5-22 偏心夹具的自锁条件

$$\alpha \leqslant \arcsin\frac{\rho + r_1\sin\varphi}{e} + \varphi$$

2. 用效率公式判断机构的自锁

当机械发生自锁时，无论驱动力多么大都不能超过由它所产生的摩擦阻力，此时驱动力所做的功总是小于或等于由它所产生的摩擦阻力所做的功，即此时机械的效率总是小于或等于零。因此，机械发生自锁的条件，可以用效率公式表示为

$$\eta \leqslant 0 \tag{5-58}$$

值得注意的是，由于机械自锁时根本不能做功，故此时 η 已没有通常效率的意义，其大小只表明机械自锁的可靠程度。当 $\eta = 0$ 时，$W_d = W_f$，即全部输入功都用来克服损耗功，若机械原来在运动，则维持其等速运动，但没有输出功，此运动称为空转；若机械原来静止不动，则处于自锁状态。当 $\eta < 0$ 时，$W_d < W_f$，此时不论机械的原来状态如何，最终将趋于静止而自锁。

机械通常都有正、反两个行程，机械的正行程是指机械按照驱动力矩或驱动力作用方向运动，并克服生产阻力而输出有用功的行程；反之，称为机械的反行程。机械正、反两个行程的效率一般并不相同。设计机械时，为使机械能够实现预期的运动，其正行程的机械效率总是应大于零，避免在其所需要的运动方向上发生自锁；而反行程的机械效率根据实际使用场合的不同既可大于零也可小于等于零。反行程中效率小于零的机械或机构会在反行程中发生自锁，称为自锁机械或自锁机构。自锁机构可以防止机械自发倒转或松脱，常用于各种夹具、螺栓联接、起重装置和压榨机等机械中。

但值得指出，自锁机械在正行程中效率一般都较低，因此只宜用于传递功率较小的场合。对于传递功率较大的机械，常采用其他装置来防止倒转或松脱，以不致影响其正行程的机械效率。

例 5-5 如图 5-23a 所示的斜面压榨机中，如在滑块 2 上施加一主动力 P，即可产生一夹紧力 Q 将物体 4 压紧。设各接触面的摩擦角均为 φ，试求该机构在正行程不自锁而在反行程自锁的条件。

解：在机构反行程中，夹紧力 Q 为驱动力。根据各构件的相对运动趋势，作出各接触

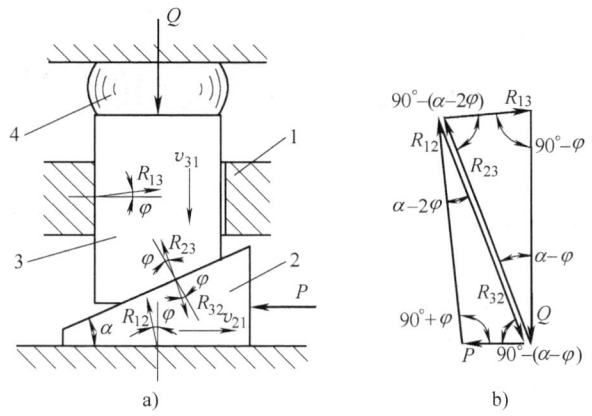

图 5-23 斜面压榨机的自锁条件

面间的反作用力,进而写出构件 2、3 的两个力方程式 $\boldsymbol{Q} + \boldsymbol{R}_{23} + \boldsymbol{R}_{13} = 0$, $\boldsymbol{P} + \boldsymbol{R}_{12} + \boldsymbol{R}_{32} = 0$, 并作出力多边形,如图 5-23b 所示。于是由正弦定律可得

$$P = \frac{R_{32}\sin(\alpha - 2\varphi)}{\cos\varphi}$$

$$Q = \frac{R_{23}\cos(\alpha - 2\varphi)}{\cos\varphi}$$

因 $R_{23} = R_{32}$,故有 $\qquad Q = P\cot(\alpha - 2\varphi)$

假想机构不存在摩擦,则 $\varphi = 0$,得理想驱动力

$$Q_0 = P\cot\alpha$$

机构反行程效率为

$$\eta' = \frac{Q_0}{Q} = \frac{\tan(\alpha - 2\varphi)}{\tan\alpha}$$

令 $\eta' \leq 0$,即得该斜面压榨机反行程自锁条件为 $\alpha \leq 2\varphi$。

同理,可以求出机构正行程的效率为

$$\eta = \frac{P_0}{P} = \frac{\tan\alpha}{\tan(\alpha + 2\varphi)}$$

令 $\eta > 0$,即得该斜面压榨机正行程不自锁条件为 $\alpha < 90° - 2\varphi$。

综上所述,该斜面压榨机在正行程不自锁而在反行程自锁的条件为 $\alpha \leq 2\varphi$。

如设接触面间的摩擦因数 $f = 0.12$,则 $\varphi = \arctan f = 7°$,自锁条件为 $\alpha \leq 14°$。在通常的夹具设计中,取楔形滑块 2 的斜度为 1:10,即 $\alpha = \arctan 0.1 = 6°$,因此能够保证夹紧机构在正行程不自锁而在反行程具有可靠的自锁性能。

第六章 凸轮机构及其设计

【内容提示】 通过前面对平面连杆机构的学习可知：平面连杆机构有很多优点，因此在工程实际中得到了广泛应用。但低副机构一般只能近似实现给定的运动规律，而且设计较为复杂。当要求从动件必须准确地按照预期位移、速度和加速度规律运动，尤其是当原动件作连续运动而从动件必须作规律性间歇运动时，凸轮机构是一种较理想的选择。本章介绍凸轮机构的组成、功能与设计等内容。

【基本要求】 了解凸轮机构的类型和应用；熟悉凸轮机构从动件运动规律的基本形式，了解其选择和组合原则；熟练掌握盘形凸轮廓线的设计方法和确定凸轮机构基本尺寸的主要原则。

凸轮机构是由具有曲线轮廓或凹槽的凸轮与从动件的高副接触，驱动从动件实现任意预期的运动规律。凸轮机构结构简单、设计方便，因此广泛应用于各种机械，特别是各种轻工机械、自动控制装置、装配生产线和各种仪器仪表中。

第一节 凸轮机构的组成、类型及其应用

一、凸轮机构的组成

图 6-1 所示为内燃机的配气机构。图中具有曲线轮廓的构件 1 叫凸轮，一般为原动件；气阀 2 为传动件，受弹簧力的作用，其底部始终与凸轮轮廓接触，形成高副。当凸轮 1 作等速转动时，其曲线轮廓通过与气阀 2 的平底接触，使气阀有规律地开启和闭合。至于气阀的运动规律则取决于凸轮轮廓曲线的形状。

图 6-2 所示为一自动机床的进刀机构，当具有曲线凹槽的圆柱凸轮 1 等速回转时，其曲线凹槽的侧面通过滚子迫使从动件 2 绕 O 点作往复摆动，再通过扇形齿轮和固接在刀架上

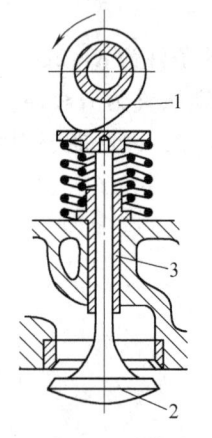

图 6-1 内燃机的配气机构

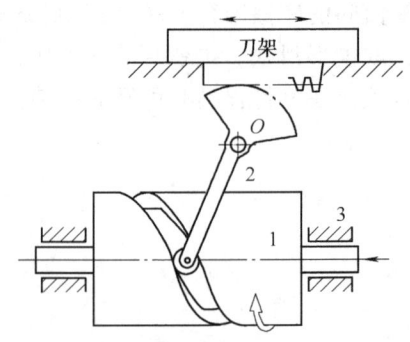

图 6-2 自动机床的进刀机构

的齿条,控制刀架的进刀和退刀运动。至于进刀和退刀的运动规律,则取决于凸轮1曲线凹槽的形状。

由以上两例可见,凸轮机构是由具有曲线(面)轮廓或凹槽的主动件凸轮1、作往复移动或往复摆动的从动件2以及机架3三个基本构件所组成的高副机构。主动件凸轮通常作等速连续转动,通过其曲线轮廓与从动件的高副接触,使从动件获得预期的运动。

凸轮机构的优点是构件数少、运动链短、结构简单,且高副元素的形态具有一定的可塑性,以致只要正确设计凸轮的廓线形状,几乎可以使从动件获得任意预期的运动规律。而且对于任意要求的从动件运动规律,都可以毫无困难地设计出相应的凸轮廓线来实现。因此凸轮机构广泛应用于各种轻工机械、自动控制装置和仪器仪表中。但由于凸轮与从动件高副接触,易于磨损,且从动件行程大小对凸轮尺寸和重量影响较大,所以凸轮机构主要用于传递动力不大且从动件工作行程较小的场合。

二、凸轮机构的类型

凸轮机构形式多种多样,通常可按凸轮的形状、从动件形状和运动形式、凸轮和从动件维持高副接触的方式等特点进行分类。

1. 按凸轮形状分类

(1) 盘形凸轮机构 如图6-1所示,凸轮是一个具有变化向径的盘状构件,当其绕固定轴转动时,可推动从动件在垂直于凸轮转轴的平面内运动。它结构简单,应用最广。

(2) 移动凸轮机构 当盘形凸轮的径向尺寸无穷大时,其回转中心趋于无穷远,盘形凸轮机构就演化成了如图6-3所示的移动凸轮机构。凸轮呈板状,它相对于机架作直线移动。

(3) 圆柱凸轮机构 如图6-2所示,凸轮的具有曲面轮廓的凹槽做在圆柱体上,它可以看做是把移动凸轮卷成圆柱体演化而成的。

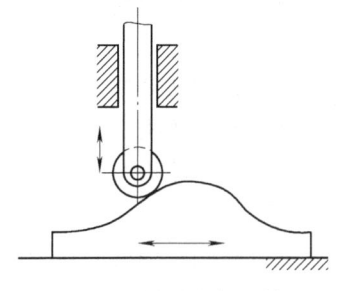

图6-3 移动凸轮机构

在盘形凸轮机构和移动凸轮机构中,凸轮与从动件之间的相对运动均为平面运动,故又统称为平面凸轮机构。而在圆柱凸轮机构中,凸轮与从动件之间的相对运动是空间运动,故它属于空间凸轮机构。

2. 按照从动件的形状分类

(1) 尖端从动件凸轮机构 如图6-4a所示,从动件的尖端能够与具有任意复杂曲线形状的凸轮轮廓保持接触,从而使从动件实现任意的运动规律。这种从动件结构最简单,但尖端处易磨损,故只适用于速度较低和传力不大的场合。

(2) 滚子从动件凸轮机构 如图6-4b所示,在从动件端部安装一个滚轮,从而将从动件与凸轮之间的滑动摩擦变成了滚动摩擦,因此摩擦磨损较小,可用来传递较大的动力,故应用最为广泛。

(3) 平底从动件凸轮机构 如图6-4c所示,在不计摩擦时,凸轮对从动件的作用力始终垂直于从动件的平底,故受力平稳。而且,从动件平底与凸轮轮廓之间易形成油膜,润滑状况好,传动效率高,故常用于高速场合。其缺点是与之配合的凸轮轮廓必须全部为外凸形状。

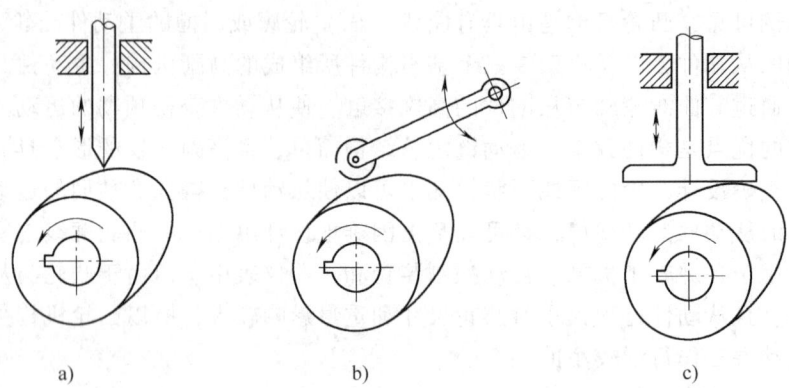

图 6-4 从动件形状不同的几种凸轮机构

3. 按照从动件的运动形式分类

无论凸轮与从动件的形状如何，就从动件的运动形式分类，只有两种：

（1）直动从动件凸轮机构 如图 6-4a、c 所示，从动件作往复直线移动，称为直动从动件凸轮机构。

（2）摆动从动件凸轮机构 如图 6-2、图 6-4b 所示，从动件作往复摆动，称为摆动从动件凸轮机构。

此外，在直动从动件盘形凸轮机构中，当从动件轴线通过凸轮回转轴心时，称为对心直动从动件盘形凸轮机构，如图 6-4c 所示。当从动件轴线不通过凸轮回转轴心时，称为偏置直动从动件盘形凸轮机构，如图 6-4a 所示。

4. 按照凸轮与从动件维持高副接触的方式分类

根据维持高副接触的方式不同，凸轮机构又可分为两大类：

（1）力封闭型凸轮机构 在这类凸轮机构中，利用重力、弹簧力或其他外力使从动件与凸轮轮廓始终保持接触。如图 6-4 所示的凸轮机构利用从动件重力维持高副接触，而图 6-1 所示凸轮机构则利用弹簧力来维持高副接触。

（2）形封闭型凸轮机构 所谓形封闭型凸轮机构，是指利用高副元素本身的特殊几何结构使从动件与凸轮轮廓始终保持接触。如图 6-5a 所示的槽凸轮机构，将凸轮轮廓曲线做成凹槽，从动件的滚子置于凸轮凹槽中，滚子的直径等于凹槽的法向宽度，依靠凹槽两侧的轮廓曲线使从动件与凸轮在运动过程中始终保持接触。这种封闭方式结构简单，其缺点是加大了凸轮的尺寸和重量。此外还有共轭凸轮机构（见图 6-5b）、等径凸轮机构（见图 6-5c）、等宽凸轮机构（见图 6-5d）等。

值得指出的是，虽然在工程实际中通常将凸轮作为主动件，但也可以设计出凸轮为从动件的所谓反凸轮机构，以满足特定的工作要求。如图 6-6 所示，摆杆 1 为主动件，凸轮 2 为从动件，当摆杆 1 左右摆动时，通过其上滚子与凸轮凹槽的接触，推动凸轮 2 上下往复移动。

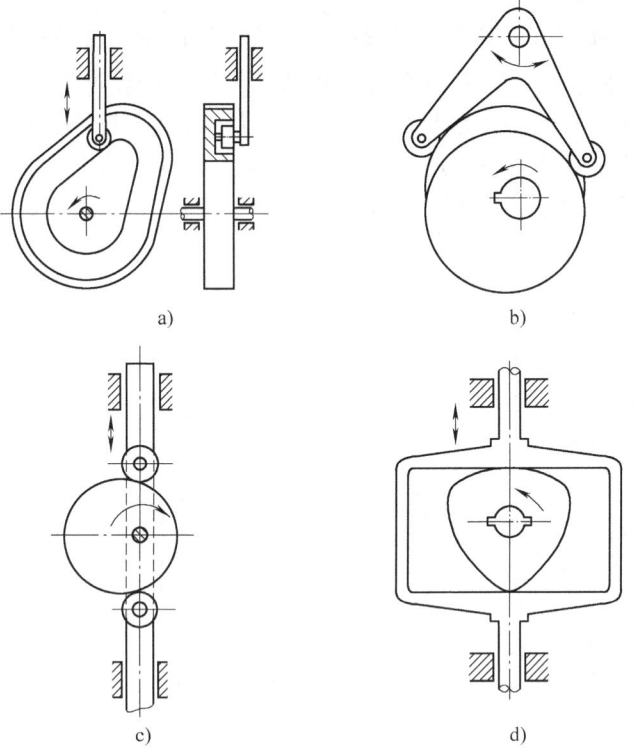

图 6-5 形封闭的凸轮机构

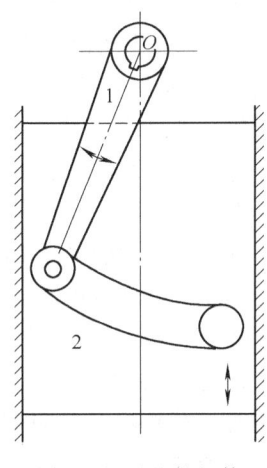

图 6-6 反凸轮机构

第二节 从动件运动规律

凸轮机构设计的关键是凸轮廓线的设计，而凸轮的廓线形状取决于从动件运动规律。因此，在设计凸轮廓线之前，必须首先根据工作要求选定从动件运动规律。

一、基本名词和术语

图 6-7a 为一尖端偏置直动从动件盘形凸轮机构,以凸轮轮廓曲线最小矢径 r_0 为半径所作之圆称为凸轮的基圆,r_0 称为基圆半径。从动件导路至凸轮回转中心 O 点之间的偏置距离用 e 表示。以 O 为圆心,以 e 为半径所作之圆称为偏距圆。图示位置为从动件开始上升的位置,这时尖端与凸轮轮廓曲线上点 A(基圆与曲线 AB 的连接点)接触,从动件处于最低位置(或者说距凸轮回转中心最近的位置)。

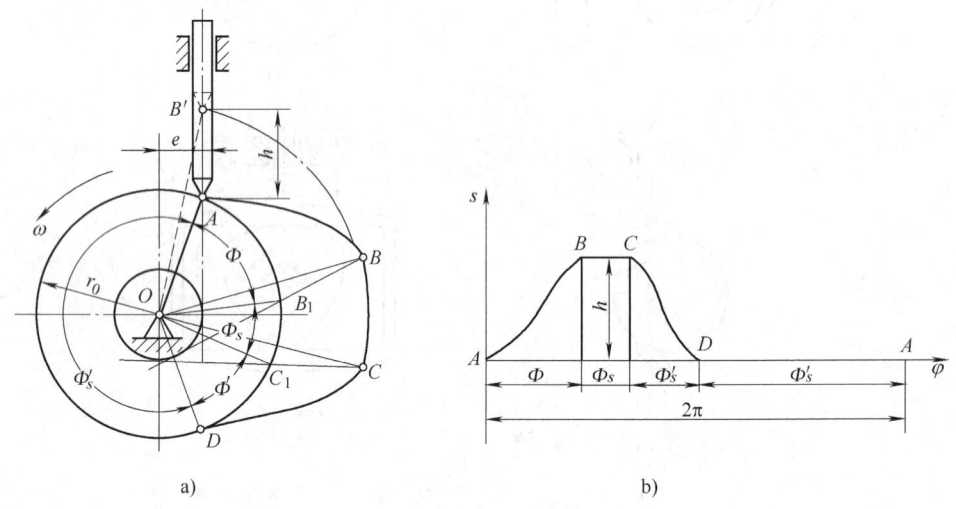

图 6-7 凸轮机构及其基本名词术语

现凸轮逆时针转动,当矢径渐增的轮廓曲线段 AB 与从动件尖端接触时,从动件以一定运动规律被凸轮推向远方,当 B 转到 B' 时,从动件上升到距凸轮回转中心最远的位置,这一过程从动件的位移 h(即为最大位移)称为推程或升程,凸轮转过的角度 $\varPhi = \angle B'OB = \angle AOB_1$ 称为推程运动角;当凸轮继续回转,以 O 为中心的圆弧 BC 与从动件尖端作用时,从动件在最远位置停留,此过程的凸轮转角 $\varPhi_s = \angle B_1OC_1$ 称为远休止角;凸轮继续回转,凸轮上矢径渐减的轮廓曲线段 CD 上各点依次与从动件尖端接触,从动件以一定运动规律返回初始位置,此过程对应的凸轮转角 $\varPhi' = \angle C_1OD$ 称为回程运动角;接下来,当凸轮基圆上的 DA 段圆弧与从动件尖端作用时,从动件在距凸轮回转中心最近的位置停留不动,对应的凸轮转角 $\varPhi_s'$ 称为近休止角。当凸轮继续回转时,从动件又重复进行上述升—停—降—停的运动循环。从动件位移 s 与凸轮转角 φ 之间的对应关系可用图 6-7b 所示的从动件位移线图来表示。由于大多数凸轮是作等速转动,其转角与时间成正比,故此线图的横坐标也代表时间。通过微分即可作出从动件速度线图和加速度线图,它们统称为从动件运动线图。

二、从动件常用运动规律

表 6-1 为工程实际中几种常用的从动件运动规律的运动方程式和运动线图。

表 6-2 列出了从动件常用运动规律的特性比较及适用场合。

说明:上述关于从动件运动规律及其运动方程的讨论,均是以直动推杆从动件为例。若为摆动从动件,应将式中推杆线位移 s 用摆杆角位移 ψ 代替,将推程 h 用摆杆最大摆角 $\psi_{\max}$ 代替,由此求出摆杆的角位移 ψ、角速度 $\dot{\psi}$ 和角加速度 $\ddot{\psi}$。

表 6-1 几种常用的从动件运动规律

运动规律	运动方程式		推程运动线图	加速度特性说明
	推程 $(0 \leq \varphi \leq \Phi)$	回程 $(\Phi + \Phi_s \leq \varphi \leq \Phi + \Phi_s + \Phi')$		
等速运动（直线运动）	$s = \dfrac{h}{\Phi}\varphi$ $v = \dfrac{h}{\Phi}\omega$ $a = 0$	$s = h - \dfrac{h}{\Phi'}(\varphi - \Phi - \Phi_s)$ $v = -\dfrac{h}{\Phi'}\omega$ $a = 0$		在行程开始和终止位置，加速度及惯性力在理论上突变为无穷大（由于材料的弹性变形，实际上加速度不会达到无穷大），致使机构发生强烈的冲击。这种由于加速度发生无穷大突变而引起的冲击称为刚性冲击

（续）

运动规律	运动方程式 推程 $(0\leqslant\varphi\leqslant\Phi)$	运动方程式 回程 $(\Phi+\Phi_s\leqslant\varphi\leqslant\Phi+\Phi_s+\Phi')$	推程运动线图	加速度特性说明
等加速等减速运动（抛物线运动）	等加速段 $(0\leqslant\varphi\leqslant\Phi/2)$ $s=\frac{2h}{\Phi^2}\varphi^2$ $v=\frac{4h\omega}{\Phi^2}\varphi$ $a=\frac{4h\omega^2}{\Phi^2}$ 等减速段 $(\Phi/2\leqslant\varphi\leqslant\Phi)$ $s=h-\frac{2h}{\Phi^2}(\Phi-\varphi)^2$ $v=\frac{4h\omega}{\Phi^2}(\Phi-\varphi)$ $a=-\frac{4h\omega^2}{\Phi^2}$	等减速段 $(\Phi+\Phi_s\leqslant\varphi\leqslant\Phi+\Phi_s+\Phi')$ $s=h-\frac{2h}{\Phi'^2}(\varphi-\Phi-\Phi_s)^2$ $v=-\frac{4h\omega}{\Phi'^2}(\varphi-\Phi-\Phi_s)$ $a=-\frac{4h\omega^2}{\Phi'^2}$ 等加速段 $(\Phi+\Phi_s+\Phi'/2\leqslant\varphi\leqslant\Phi+\Phi_s+\Phi')$ $s=\frac{2h}{\Phi'^2}(\Phi'+\Phi_s+\Phi-\varphi)^2$ $v=-\frac{4h\omega}{\Phi'^2}(\Phi'+\Phi_s+\Phi-\varphi)$ $a=\frac{4h\omega}{\Phi'^2}$	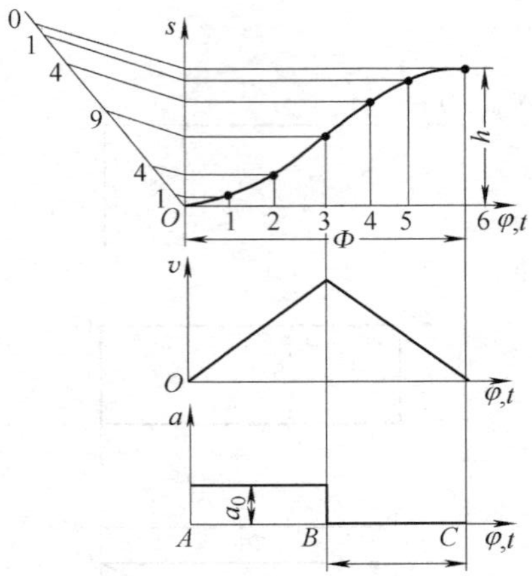	加速段与减速段的时间相等，加速度的绝对值相等。在行程的起点 A、中点 B 和终点 C 三处加速度及惯性力存在有限值的突变。这种由于加速度发生有限值突变而引起的冲击称为柔性冲击
简谐运动（余弦加速度运动）	$s=\frac{h}{2}\left(1-\cos\frac{\pi}{\Phi}\varphi\right)$ $v=\frac{\pi h\omega}{2\Phi}\sin\frac{\pi}{\Phi}\varphi$ $a=\frac{\pi^2h\omega^2}{2\Phi^2}\cos\frac{\pi}{\Phi}\varphi$	$s=\frac{h}{2}\left[1+\cos\frac{\pi}{\Phi'}(\varphi-\Phi-\Phi_s)\right]$ $v=-\frac{\pi h\omega}{2\Phi'}\sin\frac{\pi}{\Phi'}(\varphi-\Phi-\Phi_s)$ $a=-\frac{\pi^2h\omega^2}{2\Phi'^2}\cos\frac{\pi}{\Phi'}(\varphi-\Phi-\Phi_s)$	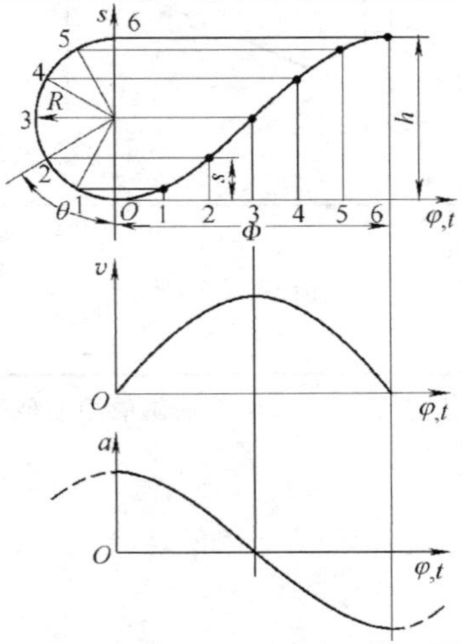	在行程开始和终止位置加速度有突变，也会引起柔性冲击。但在休止角为零，从动件作升—降—升运动的凸轮机构中，可以获得连续的加速度曲线（图中虚线所示），不存在冲击

（续）

运动规律	运动方程式		推程运动线图	加速度特性说明
	推程 ($0 \leq \varphi \leq \Phi$)	回程 ($\Phi + \Phi_s \leq \varphi \leq \Phi + \Phi_s + \Phi'$)		
摆线运动（正弦加速度运动）	$s = h\left(\dfrac{\varphi}{\Phi} - \dfrac{1}{2\pi}\sin\dfrac{2\pi}{\Phi}\varphi\right)$ $v = \dfrac{h\omega}{\Phi}\left(1 - \cos\dfrac{2\pi}{\Phi}\varphi\right)$ $a = \dfrac{2\pi h\omega^2}{\Phi^2}\sin\dfrac{2\pi}{\Phi}\varphi$	$s = h\left[1 - \dfrac{(\varphi - \Phi - \Phi_s)}{\Phi'} + \dfrac{1}{2\pi}\sin\dfrac{2\pi}{\Phi'}(\varphi - \Phi - \Phi_s)\right]$ $v = -\dfrac{h\omega}{\Phi'}\left[1 - \cos\dfrac{2\pi}{\Phi'}(\varphi - \Phi - \Phi_s)\right]$ $a = -\dfrac{2\pi h\omega^2}{\Phi'^2}\sin\dfrac{2\pi}{\Phi'}(\varphi - \Phi - \Phi_s)$		可以获得光滑连续的加速度曲线，理论上不存在冲击
五次多项式运动	$s = h\left[10\left(\dfrac{\varphi}{\Phi}\right)^3 - 15\left(\dfrac{\varphi}{\Phi}\right)^4 + 6\left(\dfrac{\varphi}{\Phi}\right)^5\right]$ $v = \dfrac{30h\omega}{\Phi}\left[\left(\dfrac{\varphi}{\Phi}\right)^2 - 2\left(\dfrac{\varphi}{\Phi}\right)^3 + \left(\dfrac{\varphi}{\Phi}\right)^4\right]$ $a = \dfrac{60h\omega^2}{\Phi^2}\left[\left(\dfrac{\varphi}{\Phi}\right) - 3\left(\dfrac{\varphi}{\Phi}\right)^2 + 2\left(\dfrac{\varphi}{\Phi}\right)^3\right]$	$s = h - h\left[10\left(\dfrac{\varphi - \Phi - \Phi_s}{\Phi'}\right)^3 - 15\left(\dfrac{\varphi - \Phi - \Phi_s}{\Phi'}\right)^4 + 6\left(\dfrac{\varphi - \Phi - \Phi_s}{\Phi'}\right)^5\right]$ $v = -\dfrac{30h\omega}{\Phi'}\left[\left(\dfrac{\varphi - \Phi - \Phi_s}{\Phi'}\right)^2 - 2\left(\dfrac{\varphi - \Phi - \Phi_s}{\Phi'}\right)^3 + \left(\dfrac{\varphi - \Phi - \Phi_s}{\Phi'}\right)^4\right]$ $a = -\dfrac{60h\omega^2}{\Phi'^2}\left[\left(\dfrac{\varphi - \Phi - \Phi_s}{\Phi'}\right) - 3\left(\dfrac{\varphi - \Phi - \Phi_s}{\Phi'}\right)^2 + 2\left(\dfrac{\varphi - \Phi - \Phi_s}{\Phi'}\right)^3\right]$		可以获得连续的加速度曲线，理论上不存在冲击

注：表中推程、回程凸轮转角 φ 均以凸轮机构从动件推程起始位置起计量。

表 6-2 从动件常用运动规律特性比较及适用场合

运动规律	最大速度 $v_{\max}/(h\omega/\Phi)$	最大加速度 $a_{\max}/(h\omega^2/\Phi^2)$	冲击	适用场合
等速	1.00	∞	刚性	低速轻载
等加速等减速	2.00	4.00	柔性	中速轻载
简谐（余弦加速度）	1.57	4.93	柔性	中速轻载
摆线（正弦加速度）	2.00	6.28	无	高速轻载
五次多项式	1.88	5.77	无	高速中载

三、从动件运动规律的组合

在工程实际中，常会遇到机械对从动件的运动和动力特性有多种要求，而只用一种常用运动规律又难以完全满足这些要求的情况。这时，可以在保证无刚性冲击，并力求无柔性冲击的前提下选用不同的运动规律组合起来使用，这种组合称为运动曲线的拼接。

组合从动件运动规律应满足下列条件：

1）满足工作对从动件特殊的运动要求。这就要求组合运动规律在运动的起始点和终止点处的运动参数必须满足边界条件。

2）为保证无刚性冲击，组合运动规律的位移曲线和速度曲线在各段运动规律的结合点处必须连续；对于中、高速凸轮机构，为避免柔性冲击，要求其加速度曲线在各段运动规律的结合点处也必须连续。

3）在满足以上两个条件的前提下，还应使最大速度和最大加速度的值尽可能小，以获得更好的运动和动力特性。

四、从动件运动规律的选择和设计

从动件运动规律首先要满足机械工作任务的要求，同时还应使凸轮机构具有良好的动力特性和所设计的凸轮廓线便于加工等。选择和设计从动件运动规律时，应根据具体使用场合、工作任务要求等，综合考虑，抓主要矛盾，保证其基本要求。

1）当机械的工作过程只要求从动件实现一定的工作行程，而对其运动规律无特殊要求时，应考虑所选择的运动规律使凸轮机构具有较好的动力特性和便于加工。

对于低速轻载的凸轮机构，可以从便于凸轮廓线加工出发来选择从动件运动规律。如图 6-8 所示用于夹紧工件的凸轮机构就属于此种情况。该凸轮机构速度很低，而且它只要求当凸轮转过 φ 角度时，推杆摆动一定角度 ψ 而使压杆压下将工件夹紧，至于在此过程中，推杆按什么规律运动则没有严格要求。对于速度较高的凸轮机构，则应首先考虑动力特性，以避免产生过大冲击。

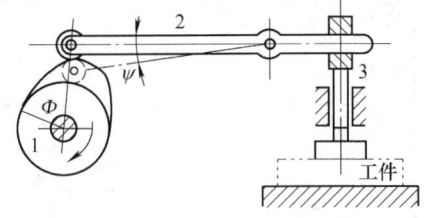

图 6-8 用于夹紧工件的凸轮机构
1—凸轮 2—推杆 3—机架

2）当机械的工作过程对从动件的运动规律有特殊要求时，应首先从满足工作需要出发来选择从动件的运动规律，其次考虑其动力特性和便于加工。如图 6-2 所示的自动机床上控制刀架进给的凸轮机构，为使被加工的零件具有较高的表面质量，同时使机床载荷稳定，要求刀具切削时作等速运动，故对应于切削过程的从动件的运动规律，应选择等速运动规律。

但考虑到全推程等速运动规律在运动起始和终止位置时有刚性冲击，动力特性差，可在这两处作适当改进。如图 6-9 所示，使从动件在行程的两端作正弦加速度运动，以保证其在满足刀具等速切削的前提下，又具有较好的动力特性。

3) 在选择和设计从动件运动规律时，除了要考虑其冲击特性外，还应考虑其具有的最大速度 v_{max} 和最大加速度 a_{max}。其中，最大速度 v_{max} 决定从动件系统的最大动量 mv_{max}，为了使机构停动灵活和运行安全，mv_{max} 之值不宜过大，特别是对于质量 m 较大的从动件系统，若 v_{max} 值也较大，则当系统因突发故障受阻时，可能会造成危及设备甚至人身安全的事故。故当从动件系统的质量 m 较大时，应选用 v_{max} 值较小的运动规律；最大加速度 a_{max} 决定从动件系统的最大惯性力 ma_{max}，而惯性力是影响机构动力学性能的主要因素，惯性力越大，作用在凸轮与从动件之间的接触应力越大，对构件的强度和耐磨性要求也越高，因此对于运转速度较高的凸轮机构，应选用 a_{max} 值尽可能小的运动规律。

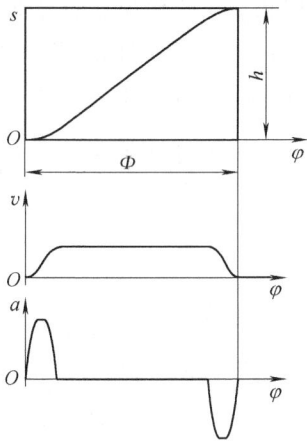

图 6-9 改进的等速运动规律

例 6-1 如图 6-10a 所示，一工具架在 x、y 方向分别由两个凸轮驱动。已知 x 方向的凸轮以 $n = 120\text{r/min}$ 匀速转动，从动件推程 $h = 80\text{mm}$。要求在 $BC = 50\text{mm}$ 区间从动件以 600mm/s 等速移动，并在行程的两端各停歇 $\frac{1}{12}\text{s}$。试设计 x 向驱动凸轮机构全周期运动规律。

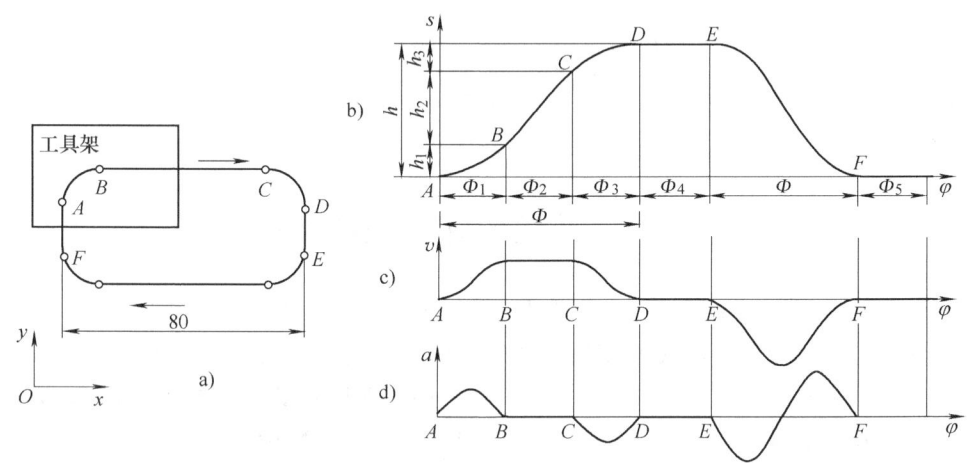

图 6-10 凸轮机构从动件运动规律组合设计

解： 1) 根据题意，x 向驱动凸轮机构从动件在推程的 BC 区间应按等速运动规律移动，而在 DE、FA 区间处于休止状态。因此，x 向从动件运动规律应采用升—停—降—停型。

2) 为避免刚性冲击，推程中 AB、BC、CD 三段联接处应具有相同的速度。为避免柔性冲击，在 A、B、C、D 四点的加速度均应为零。不难发现，AB 段可供选择的运动曲线是全推程摆线运动规律的前半段或全推程 3—4—5 次多项式运动规律的前半段。考虑到前者的运动方程较简单，故 AB 段选用摆线运动规律的前半段。同理 BC 段选用摆线运动规律的后半段。

3) 至于 EF 段，为了能够同 DE 段和 FA 段的水平直线光滑连接，且满足在 E、F 点的速度和加速度均为零的要求，最理想的曲线应是全回程的摆线运动规律。

4) 确定推程段运动参数。三段行程分别为：中段 $h_2 = 50$mm，首末两段 $h_1 = h_3 = (h - h_2)/2 = 15$mm。对应的凸轮转角分别为 Φ_2、Φ_1、Φ_3 ($= \Phi_1$)。

对于中段（等速），$v = \dfrac{h_2}{\Phi_2}\omega$，可得

$$\Phi_2 = \frac{h_2}{v}\omega = \frac{50 \times 120 \times 2\pi}{600 \times 60} = \frac{\pi}{3} = 60°$$

对于首末两段（正弦加速度），$v_{\max} = \dfrac{2(h_1 + h_3)}{\Phi_1 + \Phi_3}\omega = \dfrac{2h_1}{\Phi_1}\omega$

根据边界条件，B、C 两处 $v_{\max} = v$，可得

$$\frac{2h_1}{\Phi_1}\omega = \frac{h_2}{\Phi_2}\omega$$

$$\Phi_1 = \Phi_3 = \frac{2h_1}{h_2}\Phi_2 = \frac{30}{50} \times \frac{\pi}{3} = 36°$$

可见，推程角为 $\Phi = \Phi_1 + \Phi_2 + \Phi_3 = 132°$

5) 确定回程段运动参数。根据题意，从动件在运动行程的两端各停歇 $\dfrac{1}{12}$s，则

远休角 $\quad\Phi_s = \dfrac{120 \times 2\pi}{60} \times \dfrac{1}{12} = \dfrac{\pi}{3} = 60°$

近休角 $\quad\Phi'_s = \dfrac{120 \times 2\pi}{60} \times \dfrac{1}{12} = \dfrac{\pi}{3} = 60°$

回程角 $\quad\Phi' = 360° - \Phi - \Phi_s - \Phi'_s = 108°$

6) 作出从动件位移、速度、加速度运动线图示意图，如图 6-10b、c、d 所示。

第三节　凸轮轮廓曲线的设计

当根据使用场合和工作要求选定了凸轮机构的类型、基本尺寸和从动件运动规律 $s = s(\varphi)$ 后，即可进行凸轮轮廓曲线的设计。凸轮廓线的设计方法有图解法和解析法。图解法形象直观、过程简单、能为解析法提供初始解，但因其精度有限，只适于用手工或普通机床加工。随着机械不断朝着高速、精密、自动化方向发展，计算机技术和数控加工机床在生产中的广泛应用，用解析法设计凸轮廓线越来越广泛地应用于生产实践中。解析法设计凸轮廓线的根本问题是将所设计的凸轮廓线用数学方程式来表示。

一、平面凸轮廓线设计的基本原理

图 6-11 所示为一偏置直动尖端从动件盘形凸轮机构。工作状态下的凸轮机构，主、从动件都在运动，凸轮以等角速度 ω 绕 O 轴转动，从动件在导路内按预定运动规律 $s = s(\varphi)$ 运动。设计者很难面对运动中的凸轮去描绘其廓线。现假想保持凸轮机构各构件间相对运动关系不变，让整个机构绕凸轮轴心 O 以角速度 $-\omega$ 作反转运动，则观察者将会看到凸轮相对于运动平面静止不动；机架及其上面的导路以角速度 $-\omega$ 绕凸轮轴心作反转运动；而从动件一方面随机架一起作牵连反转的同时，另一方面又沿导路相对基圆按给定运动规律 $s = s(\varphi)$

作相对往复运动。由于从动件尖端在运动过程中始终与凸轮轮廓保持接触,所以其牵连反转运动和相对往复运动合成的轨迹即为凸轮的理论廓线。这种方法称为反转法(或机构倒置法)。

应该指出,尽管凸轮机构的形式多种多样,但反转法原理适用于各种凸轮廓线的设计。

对于移动滚子从动件盘形凸轮机构,如图 6-12 所示,在反转过程中从动件的滚子始终与凸轮轮廓曲线保持接触,滚子中心将描绘出一条与凸轮廓线法向等距的曲线。由于滚子中心 B 是从动件上的一个铰接点,所以它的运动规律就是从动件的运动规律。由此可得其凸轮廓线求法如下:

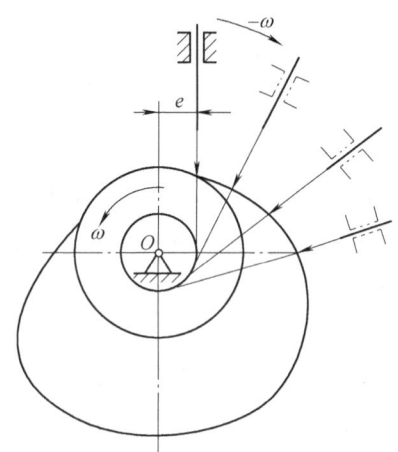

图 6-11 凸轮廓线设计的反转法原理

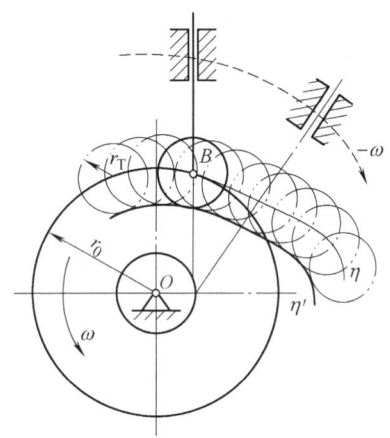

图 6-12 移动滚子从动件盘形凸轮廓线设计

首先将滚子中心 B 假想为尖端从动件的尖端,根据从动件的位移曲线求出滚子中心 B 的运动轨迹 η,称为凸轮的理论廓线;而后以理论廓线 η 上各点为圆心,以滚子半径 r_T 为半径作一系列滚子圆,求出滚子圆族的内包络线 η',即为凸轮的实际廓线。很显然,实际廓线 η' 和理论廓线 η 是等距曲线,其法向距离为滚子半径 r_T。

对于移动平底从动件盘形凸轮机构,如图 6-13 所示,其凸轮廓线的设计和移动滚子从动件盘形凸轮机构凸轮廓线设计相似。具体设计步骤如下:

首先假想从动件平底与导路的交点 B 为尖端从动件的尖端,根据从动件的位移曲线求出 B 在反转过程中的一系列位置;过这一系列位置,作出一系列代表平底的直线,该直线族即代表反转过程中从动件平底依次占据的位置;求出该直线族的包络线,即可得到凸轮的实际廓线。

下面重点介绍解析法进行凸轮廓线设计的方法。

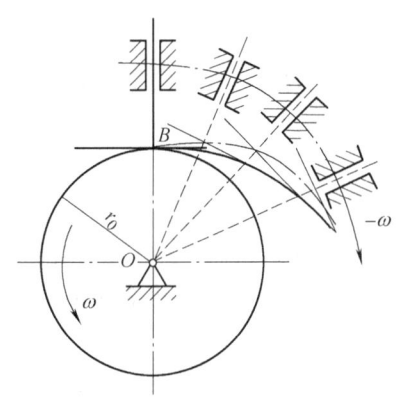

图 6-13 移动平底从动件盘形凸轮廓线设计

二、平面凸轮廓线的设计——解析法

1. 移动滚子从动件盘形凸轮廓线设计

图 6-14 所示为偏置移动滚子从动件盘形凸轮机构,已知基圆半径 r_0、偏距 e 和从动件运

动规律 $s = s(\varphi)$。选取直角坐标系原点与凸轮回转中心 O 重合，y 轴与从动件推程方向一致。机构运动开始时推杆滚子中心位于推程起始点 B_0，当凸轮以角速度 ω 逆时针转过角度 φ 时，推杆产生位移 s。根据"反转法"原理，此过程相当于从动件一方面随导路（机架）一起以 $-\omega$ 绕凸轮回转中心反转角度 φ，同时又沿导路以给定运动规律相对于机架产生位移 s，此时滚子中心位于 B 点。滚子中心由 B_0 到 B 的运动又可以看做先绕 O 点反转 φ 角，到达理论廓线基圆上的 B' 点，再沿导路移动位移 s 到 B 点，可用坐标旋转和平移变换来描述。即

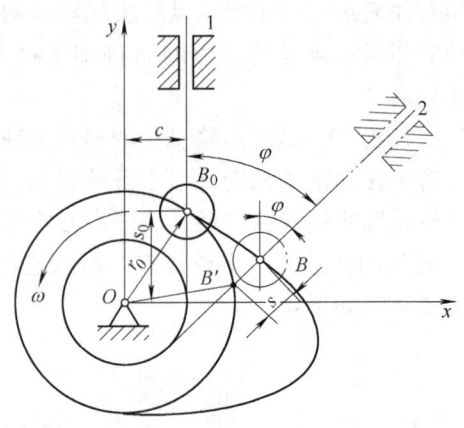

图 6-14 移动滚子从动件盘形凸轮廓线设计

$$B = \mathrm{Trans}(s_x, s_y, 0)\mathrm{Rot}(z, -\varphi)B_0 \tag{6-1}$$

为使计算公式统一，引入凸轮转向系数 η 和从动件导路偏置方向系数 ξ，并规定当凸轮逆时针转向时，$\eta = 1$，顺时针转向时，$\eta = -1$；从动件导路偏于 x 轴正侧时，$\xi = 1$，偏于 x 轴负侧时，$\xi = -1$，与 y 轴重合时，$\xi = 0$。设滚子中心 B 的坐标为 $B(x, y)$，其初始位置 B_0 的坐标为 $B_0(x_{B0}, y_{B0})$，则有

$$\begin{pmatrix} x \\ y \\ 1 \end{pmatrix} = \begin{pmatrix} 1 & 0 & s_x \\ 0 & 1 & s_y \\ 0 & 0 & 1 \end{pmatrix} \begin{pmatrix} \cos\eta\varphi & \sin\eta\varphi & 0 \\ -\sin\eta\varphi & \cos\eta\varphi & 0 \\ 0 & 0 & 1 \end{pmatrix} \begin{pmatrix} x_{B0} \\ y_{B0} \\ 1 \end{pmatrix} = \begin{pmatrix} \cos\eta\varphi & \sin\eta\varphi & s_x \\ -\sin\eta\varphi & \cos\eta\varphi & s_y \\ 0 & 0 & 1 \end{pmatrix} \begin{pmatrix} x_{B0} \\ y_{B0} \\ 1 \end{pmatrix} \tag{6-2}$$

式中，$x_{B0} = \xi e$，$y_{B0} = s_0 = \sqrt{r_0^2 - e^2}$，$s_x = s\sin\eta\varphi$，$s_y = s\cos\eta\varphi$。代入式（6-2）并整理得移动滚子从动件盘形凸轮机构凸轮理论廓线方程为

$$\begin{cases} x = (s_0 + s)\sin\eta\varphi + \xi e\cos\eta\varphi \\ y = (s_0 + s)\cos\eta\varphi - \xi e\sin\eta\varphi \end{cases} \tag{6-3}$$

凸轮实际廓线是圆心位于理论廓线上的滚子圆曲线族的包络线，由微分几何知其方程为

$$\begin{cases} f(X, Y, \varphi) = 0 \\ \dfrac{\partial f(X, Y, \varphi)}{\partial \varphi} = 0 \end{cases} \tag{6-4}$$

式中，X、Y 为滚子圆曲线族包络线上点的直角坐标，$f(X, Y, \varphi) = 0$ 为曲线族的方程。因滚子圆曲线族是以理论廓线上各点为圆心，以滚子半径 r_T 为半径的一族圆，于是可得滚子圆曲线族方程

$$f(X, Y, \varphi) = (X - x)^2 + (Y - y)^2 - r_T^2 = 0 \tag{6-5}$$

和

$$\frac{\partial f(X, Y, \varphi)}{\partial \varphi} = -2(X - x)\frac{\mathrm{d}x}{\mathrm{d}\varphi} - 2(Y - y)\frac{\mathrm{d}y}{\mathrm{d}\varphi} = 0$$

或

$$(X - x) = -(Y - y)\frac{\mathrm{d}y/\mathrm{d}\varphi}{\mathrm{d}x/\mathrm{d}\varphi} \tag{6-6}$$

式（6-5）、式（6-6）联立求解即可求得移动滚子从动件盘形凸轮实际廓线方程

$$\begin{cases} X = x \pm r_T \dfrac{dy/d\varphi}{\sqrt{(dx/d\varphi)^2 + (dy/d\varphi)^2}} \\ Y = y \mp r_T \dfrac{dx/d\varphi}{\sqrt{(dx/d\varphi)^2 + (dy/d\varphi)^2}} \end{cases} \tag{6-7}$$

式中，上面一组符号用于内包络线（外凸轮实际廓线），下面一组符号用于外包络线（内凸轮实际廓线）。$dx/d\varphi$、$dy/d\varphi$ 由式（6-3）对 φ 求导得到

$$\begin{cases} dx/d\varphi = (ds/d\varphi - \eta\xi e)\sin\eta\varphi + \eta(s_0 + s)\cos\eta\varphi \\ dy/d\varphi = (ds/d\varphi - \eta\xi e)\cos\eta\varphi - \eta(s_0 + s)\sin\eta\varphi \end{cases} \tag{6-8}$$

2. 移动平底从动件盘形凸轮廓线设计

图 6-15 所示为移动平底从动件盘形凸轮机构。已知基圆半径 r_0 和从动件运动规律 $s = s(\varphi)$。选取直角坐标系原点与凸轮回转中心 O 重合，y 轴与从动件推程方向一致。机构运动开始时推杆平底与凸轮廓线切于起始点 B_0。根据"反转法"原理，从动件随导路反转 φ 角后再产生位移 s，凸轮与从动件平底的接触点到达 B 点。此过程可以看做从动件平底与凸轮廓线接触点由 B_0 绕 O 点反转 φ 角，到达基圆上的 B' 点，再沿导路方向移动到 B'' 点，然后再沿平底方向移动到 B 点，所以可用下述坐标旋转和平移变换来描述 B 点和 B_0 点之间的关系

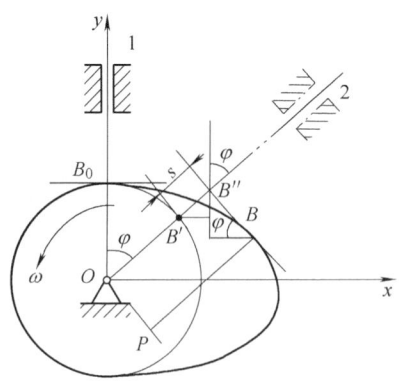

图 6-15 移动平底从动件盘形凸轮廓线设计

$$B = \text{Trans}(OP\eta\cos\varphi, -OP\eta\sin\eta\varphi, 0)\ \text{Trans}(s_x, s_y, 0)\text{Rot}(z, -\eta\varphi)B_0 \tag{6-9}$$

则从动件平底与凸轮廓线切点 $B(x, y)$ 的坐标可以表达为

$$\begin{pmatrix} x \\ y \\ 1 \end{pmatrix} = \begin{pmatrix} 1 & 0 & OP\eta\cos\varphi \\ 0 & 1 & -OP\eta\sin\eta\varphi \\ 0 & 0 & 1 \end{pmatrix} \begin{pmatrix} 1 & 0 & s_x \\ 0 & 1 & s_y \\ 0 & 0 & 1 \end{pmatrix} \begin{pmatrix} \cos\eta\varphi & \sin\eta\varphi & 0 \\ -\sin\eta\varphi & \cos\eta\varphi & 0 \\ 0 & 0 & 1 \end{pmatrix} \begin{pmatrix} x_{B0} \\ y_{B0} \\ 1 \end{pmatrix}$$

$$= \begin{pmatrix} \cos\eta\varphi & \sin\eta\varphi & OP\eta\cos\varphi + s_x \\ -\sin\eta\varphi & \cos\eta\varphi & -OP\eta\sin\eta\varphi + s_y \\ 0 & 0 & 1 \end{pmatrix} \begin{pmatrix} x_{B0} \\ y_{B0} \\ 1 \end{pmatrix} \tag{6-10}$$

式中，$x_{B0} = 0$，$y_{B0} = r_0$，$s_x = s\sin\eta\varphi$，$s_y = s\cos\eta\varphi$，$OP = v/\omega = ds/d\varphi$。代入上式并整理得平底直动从动件盘形凸轮机构凸轮廓线方程为

$$\begin{cases} x = (r_0 + s)\sin\eta\varphi + \eta\dfrac{ds}{d\varphi}\cos\eta\varphi \\ y = (r_0 + s)\cos\eta\varphi - \eta\dfrac{ds}{d\varphi}\sin\eta\varphi \end{cases} \tag{6-11}$$

3. 摆动滚子从动件盘形凸轮廓线设计

图 6-16 所示为摆动滚子从动件盘形凸轮机构，已知基圆半径 r_0、摆杆长度 l、中心距 a 和从动件运动规律 $\psi = \psi(\varphi)$。选取直角坐标系原点与凸轮回转中心 O 重合，y 轴与连心线 OA_0 重合。为使计算公式统一，引入凸轮转向系数 η 和从动件推程摆动方向系数 δ，并规定

当凸轮逆时针转向时，$\eta=1$，顺时针转向时，$\eta=-1$；从动件推程摆动方向为顺时针时，$\delta=1$，从动件推程摆动方向为逆时针时，$\delta=-1$。机构运动开始时从动件位于初始位置 A_0B_0。根据"反转法"原理，从动件随机架绕 O 反转 φ 角的同时又绕其转动中心 A 摆动 ψ 角到达 AB 位置，其滚子中心到达 B。此过程可以看做从动件由 A_0B_0 先平移至 AB' 位置，再绕 A 反转 $(\varphi+\psi)$ 至 AB 位置。则由刚体位移矩阵的概念和式（3-8）、式（3-9）可得滚子中心 $B(x,y)$ 的坐标为

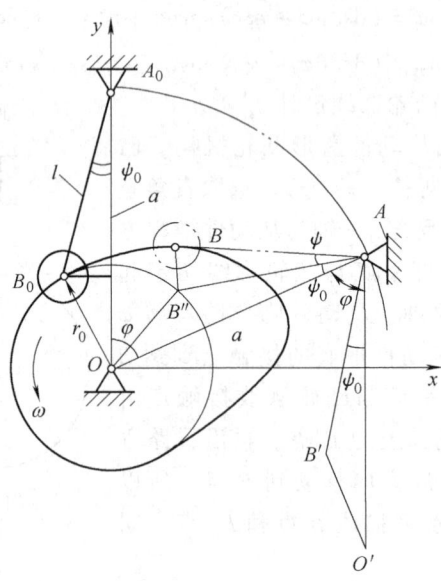

图 6-16 摆动滚子从动件盘形凸轮廓线设计

$$\begin{pmatrix} x \\ y \\ 1 \end{pmatrix} = \begin{pmatrix} \cos(\eta\varphi+\delta\psi) & \sin(\eta\varphi+\delta\psi) & x_A - x_{A0}\cos(\eta\varphi+\delta\psi) - y_{A0}\sin(\eta\varphi+\delta\psi) \\ -\sin(\eta\varphi+\delta\psi) & \cos(\eta\varphi+\delta\psi) & y_A + x_{A0}\sin(\eta\varphi+\delta\psi) - y_{A0}\cos(\eta\varphi+\delta\psi) \\ 0 & 0 & 1 \end{pmatrix} \begin{pmatrix} x_{B0} \\ y_{B0} \\ 1 \end{pmatrix}$$

(6-12)

式中

$$x_{A0}=0 \qquad y_{A0}=a$$
$$x_{B0}=-l\sin\delta\psi_0 \qquad y_{B0}=a-l\cos\delta\psi_0$$
$$x_A=a\sin\eta\varphi \qquad y_A=a\cos\eta\varphi$$

$$\psi_0=\arccos\frac{a^2+l^2-r_0^2}{2al}$$

将其代入式（6-12），摆动从动件盘形凸轮机构凸轮廓线方程为

$$\begin{cases} x=a\sin\eta\varphi-l\sin[\eta\varphi+\delta(\psi_0+\psi)] \\ y=a\cos\eta\varphi-l\cos[\eta\varphi+\delta(\psi_0+\psi)] \end{cases} \quad (6\text{-}13)$$

凸轮实际廓线方程同式（6-7），其中 $dx/d\varphi$、$dy/d\varphi$ 由式（6-13）对 φ 求导得到，即

$$\begin{cases} \dfrac{dx}{d\varphi}=\eta a\cos\eta\varphi-l\left(\eta+\delta\dfrac{d\psi}{d\varphi}\right)\cos[\eta\varphi+\delta(\psi_0+\psi)] \\ \dfrac{dy}{d\varphi}=-\eta a\sin\eta\varphi+l\left(\eta+\delta\dfrac{d\psi}{d\varphi}\right)\sin[\eta\varphi+\delta(\psi_0+\psi)] \end{cases} \quad (6\text{-}14)$$

4. 摆动平底从动件盘形凸轮廓线设计

图 6-17 所示为摆动平底从动件盘形凸轮机构,已知基圆半径 r_0、中心距 a 和从动件运动规律 $\psi = \psi(\varphi)$。选取直角坐标系原点与凸轮回转中心 O 重合,y 轴与连心线 OA_0 重合。机构运动开始时从动件位于初始位置 A_0B_0,B_0 为摆杆与凸轮廓线的初始切点。根据"反转法"原理,从动件随机架绕 O 反转 φ 角的同时又绕其转动中心 A 摆动 ψ 角到达 AB' 位置,摆杆与凸轮廓线的切点到达 B。此过程可以看做摆杆先随其转动中心由 A_0 平移至 A,再绕 A 反转 $(\varphi+\psi)$ 至 AB 位置,而后 B' 又沿着摆杆移至 B。则由刚体位移矩阵的概念和式(3-8)、式(3-9)可得摆杆与凸轮廓线的切点 B 的坐标为

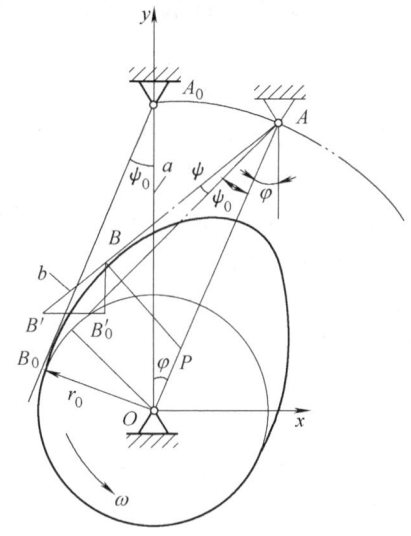

图 6-17 摆动平底从动件盘形凸轮廓线设计

$$\begin{pmatrix} x \\ y \\ 1 \end{pmatrix} = \begin{pmatrix} 1 & 0 & b\sin[\eta\varphi + \delta(\psi_0 + \psi)] \\ 0 & 1 & b\cos[\eta\varphi + \delta(\psi_0 + \psi)] \\ 0 & 0 & 1 \end{pmatrix}$$
$$\cdot \begin{pmatrix} \cos(\eta\varphi + \delta\psi) & \sin(\eta\varphi + \delta\psi) & x_A - x_{A0}\cos(\eta\varphi + \delta\psi) - y_{A0}\sin(\eta\varphi + \delta\psi) \\ -\sin(\eta\varphi + \delta\psi) & \cos(\eta\varphi + \delta\psi) & y_A + x_{A0}\sin(\eta\varphi + \delta\psi) - y_{A0}\cos(\eta\varphi + \delta\psi) \\ 0 & 0 & 1 \end{pmatrix} \begin{pmatrix} x_{B0} \\ y_{B0} \\ 1 \end{pmatrix}$$

(6-15)

式中
$$x_{A0} = 0 \qquad y_{A0} = a$$
$$x_{B0} = -l\sin\delta\psi_0 \qquad y_{B0} = a - l\cos\delta\psi_0$$
$$x_A = a\sin\eta\varphi \qquad y_A = a\cos\eta\varphi$$
$$\psi_0 = \arcsin\frac{r_0}{a} \qquad l = a\cos\delta\psi_0$$

当摆杆位于 AB 位置时,由瞬心法的三心定理可以求出

$$\overline{AP} = \frac{a}{1 + \mathrm{d}\psi/\mathrm{d}\varphi}$$

$$\overline{AB} = \overline{AP}\cos[\delta(\psi_0+\psi)] = \frac{a\cos[\delta(\psi_0+\psi)]}{1+\mathrm{d}\psi/\mathrm{d}\varphi}$$

$$b = l - \overline{AB} = l - \frac{a\cos[\delta(\psi_0+\psi)]}{1+\mathrm{d}\psi/\mathrm{d}\varphi}$$

将其代入式（6-15），则摆动从动件盘形凸轮机构凸轮廓线方程为

$$\begin{cases} x = a\sin\eta\varphi - (l-b)\sin[\eta\varphi + \delta(\psi_0+\psi)] \\ y = a\cos\eta\varphi - (l-b)\cos[\eta\varphi + \delta(\psi_0+\psi)] \end{cases} \tag{6-16}$$

第四节　凸轮机构基本参数的确定

前面在讨论凸轮廓线设计时，除了需要根据工作要求选定从动件的运动规律外，还要预先选定凸轮机构的一些基本参数，如基圆半径 r_0、偏距 e、滚子半径 r_T 等。这些参数的选择除应保证使从动件能够准确地实现预期的运动规律外，还关系到机构是否具有良好的受力状况、结构尺寸是否紧凑等。本节以常用的移动滚子从动件和平底从动件盘形凸轮机构为例，来讨论凸轮机构基本参数的选择原则和方法。

一、移动滚子从动件盘形凸轮机构

1. 压力角及其与基本参数的关系

同连杆机构类似，在不计摩擦的情况下，凸轮对从动件作用力的方向线与从动件上受力点的速度方向之间所夹的锐角 α 称为凸轮机构压力角，它是衡量凸轮机构传力特性的重要参数。如图 6-18 所示的移动滚子从动件盘形凸轮机构，过滚子中心 B 所作凸轮理论廓线的法线 nn 方向与从动件导路所夹之锐角 α 即为该凸轮机构压力角。由图 6-18 可见，压力角越大，凸轮驱动从动件运动的有效分力 F' 就越小，而横向分力 F'' 就越大，由此产生的导路对从动件的有害摩擦阻力就越大，机构效率就越低。当 α 增大到一定程度时，机构就会自锁。为使机构能顺利工作，对压力角规定了许用值。推程时，移动从动件 $[\alpha] = 30° \sim 38°$，摆动从动件 $[\alpha] = 40° \sim 50°$。回程时，由于通常受力较小且一般无自锁问题，许用压力角可取得较大，通常取 $[\alpha'] = 70° \sim 80°$。

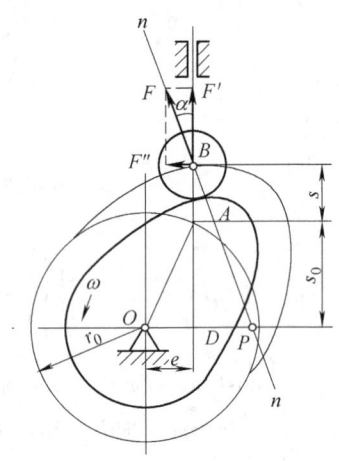

图 6-18　压力角与基圆半径的关系

在图 6-18 中，法线 nn 与通过凸轮回转中心 O 且垂直于导路的直线交点 P 即为凸轮和从动件相对速度瞬心，且有

$$\overline{OP} = \frac{v}{\omega} = \frac{\mathrm{d}s}{\mathrm{d}\varphi}$$

由几何关系很容易求出机构压力角为

$$\alpha = \arctan\frac{\left|\dfrac{\mathrm{d}s}{\mathrm{d}\varphi} - \eta\xi e\right|}{s + \sqrt{r_0^2 - e^2}} \tag{6-17}$$

式中，η、ξ 分别为凸轮转向系数和从动件偏置方向系数，其取值与前述相同。若 $\eta\xi = 1$，称为正配置；相反，$\eta\xi = -1$，称为负配置。因推程时 $ds/d\varphi \geq 0$，回程时 $ds/d\varphi \leq 0$，所以当凸轮机构按正配置时可减小推程压力角，但同时会增大回程压力角；而当凸轮机构作负配置时虽可减小回程压力角，但却会增大推程压力角。

2. 凸轮基圆半径的确定

从提高凸轮机构机械效率出发，应取尽可能小的压力角 α，但由式（6-17）可知，减小压力角会使基圆半径 r_0 增大，导致整个机构尺寸增大，两者相互制约。为了使机构既有较好的传力特性，又有较紧凑的机构尺寸，设计时应两者兼顾统筹考虑。一般是在 $\alpha_{max} \leq [\alpha]$ 的前提下，选取尽可能小的基圆半径 r_0。由式（6-17）可得根据许用压力角条件 $\alpha_{max} \leq [\alpha]$ 所需要的最小基圆半径

$$r_0 \geq \sqrt{\left[\frac{\dfrac{ds}{d\varphi} - \eta\xi e}{\tan[\alpha]} - s\right]^2 + e^2} \qquad (6\text{-}18)$$

值得指出的是，由此确定的凸轮基圆半径只是保证机构能顺利工作所需的最小基圆半径。在实际应用中，凸轮基圆半径的最后确定，还需要考虑机构的具体结构条件。当凸轮与轴一体加工成凸轮轴时，凸轮的基圆半径应略大于凸轮轴的半径；当凸轮与轴分别加工时，凸轮的基圆直径应大于轴毂的外径。通常可取凸轮的基圆直径大于或等于轴径的 (1.6~2) 倍。当然，若对机构尺寸无特别限制，可取较大的基圆半径，以取得较小的压力角，提高机构效率。若对机构尺寸和压力角都有较严格的限制，可通过正配置并取适当大的偏距 e，在不增大机构尺寸的条件下达到减小机构压力角的目的。

用计算机辅助设计方法确定基圆半径时，通常采用如下数值迭代法：

1) 据结构条件初选一个较小的基圆半径 r_0。
2) 按一定步长（如凸轮每转 1°）计算一个运动循环中各点的压力角 α_i。
3) 将各点的压力角 α_i 与许用压力角比较，若 $\alpha_i > [\alpha]$ 或 $\alpha_i' > [\alpha']$，则令 $r_0 = r_0 + \Delta r_0$，再重复执行第 2) 步，直至 $\alpha_{max} \leq [\alpha]$ 且 $\alpha_{max}' \leq [\alpha']$。
4) 输出 $r_{0min} = r_0$。

Δr_0 和步长可视试算情况和凸轮机构的工作场合合理选取。

3. 滚子半径的选择

凸轮理论廓线求出后，如滚子半径选择不当，其实际廓线会出现过度切割而导致运动失真。如图 6-19 所示，η 为理论廓线，η' 为实际廓线，用 ρ 表示理论廓线某点的曲率半径，ρ' 表示实际廓线对应点的曲率半径，r_T 表示滚子半径。当理论廓线内凹时，如图 6-19 中 A 点所示，$\rho' = \rho + r_T$，总可以得出正常的实际轮廓曲线。但当理论廓线外凸时，如图 6-19 中 B 点所示，$\rho' = \rho - r_T$。此时，若 $\rho = r_T$，则 $\rho' = 0$，实际廓线变尖，这种轮廓曲线极易磨损，不能付之实用；若 $\rho < r_T$，则 $\rho' < 0$，实际轮廓曲线已相交，如图 6-19 中 C 点所示，

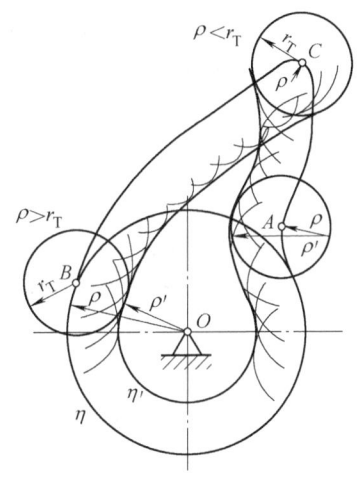

图 6-19 盘形凸轮实际廓线与滚子半径的关系

交点以外的廓线事实上已不存在，因而导致从动件运动失真；而只有当 $\rho > r_T$ 时，$\rho' > 0$，才能得出正常实际轮廓曲线。

综上分析，为了防止凸轮实际廓线发生过渡切割造成运动失真，并减小应力集中和过度磨损，设计时一般应保证凸轮实际廓线的最小曲率半径不小于某一许用值 $[\rho']$，即

$$\rho'_{min} = \rho_{min} - r_T \geq [\rho'] \tag{6-19}$$

一般取 $[\rho'] = 3 \sim 5\text{mm}$。由高等数学可知，对于由参数方程 $x = x(\varphi)$、$y = y(\varphi)$ 确定的凸轮理论廓线上任一点的曲率半径计算公式为

$$\rho = \frac{\left[\left(\dfrac{dx}{d\varphi}\right)^2 + \left(\dfrac{dy}{d\varphi}\right)^2\right]^{3/2}}{\dfrac{dx}{d\varphi}\dfrac{d^2 y}{d\varphi^2} - \dfrac{dy}{d\varphi}\dfrac{d^2 x}{d\varphi^2}} \tag{6-20}$$

由于尺寸的设计必须满足结构和强度方面的要求，所以工程实际中用计算机辅助设计凸轮机构时，通常是先根据结构和强度条件选择滚子半径 r_T，一般取 $r_T = (0.1 \sim 0.5)r_0$，然后按照式 (6-19) 进行验算，若不满足，则需增大基圆半径重新设计。

二、移动平底从动件盘形凸轮机构

1. 凸轮基圆半径的确定

对于平底直动从动件盘形凸轮机构，凸轮廓线与平底接触处的公法线始终垂直于平底，压力角恒等于零，显然不能按照压力角确定其基圆半径。但是，这种凸轮机构的重要特点是，其平底从动件只能与外凸的轮廓曲线相作用，才能保证凸轮轮廓曲线上的所有点都能正确地与从动件平底接触，而不至于发生运动失真现象。因此，必须按照凸轮廓线全部外凸条件设计凸轮基圆半径。

如图 6-20a 所示，设凸轮廓线与平底在点 B 处相切接触，廓线在该点的曲率中心为 P，曲率半径为 $\rho = \overline{PB}$。运用高副低代方法作出该位置的低副瞬时代替机构 $OPBC$。该瞬时代替机构中，曲柄 1 沿凸轮转向以等角速度 ω 转动，构件 2、3 均作平动。由相对运动原理可以求出从动件 2 在该瞬时的加速度为

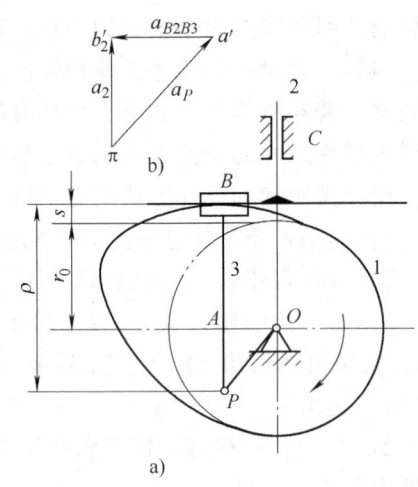

图 6-20 移动平底从动件盘形凸轮机构

$$a_2 = a_{B2} = a_P + a_{B2B3} \tag{6-21}$$

因凸轮匀速转动，所以 $a_P = a_P^n = \overline{OP}\omega^2$，由 P 指向 O。作角加速度多边形如图 6-20b 所示。因 $\triangle \pi a' b'_2$ 相似于 $\triangle POA$，所以

$$\frac{\overline{PA}}{\overline{OP}} = \frac{\pi b'_2}{\pi a'} = \frac{|a_2|}{|a_P|} = \frac{d^2 s/dt^2}{\overline{OP}\omega^2} = \frac{d^2 s/d\varphi^2}{\overline{OP}}$$

可得 $\overline{PA} = d^2 s/d\varphi^2$，从而可得凸轮廓线在 B 点的曲率半径

$$\rho = \overline{PB} = \overline{PA} + \overline{AB} = \frac{d^2 s}{d\varphi^2} + r_0 + s \tag{6-22}$$

此即凸轮廓线曲率半径与基圆半径之间的关系。由于基圆半径 r_0 为常量，所以凸轮廓线的

曲率半径必在 $\left(s + \dfrac{d^2 s}{d\varphi^2}\right)_{\min}$ 处达到最小值 $\rho_{\min}$，即

$$\rho_{\min} = r_0 + \left(s + \dfrac{d^2 s}{d\varphi^2}\right)_{\min} \tag{6-23}$$

实际设计时，为了获得全部外凸的凸轮廓线，避免运动失真，并防止接触应力过高和过度磨损，通常规定一个许用的凸轮廓线最小的曲率半径 $[\rho]$，即必须满足

$$\rho_{\min} = r_0 + \left(s + \dfrac{d^2 s}{d\varphi^2}\right)_{\min} \geqslant [\rho] \tag{6-24}$$

由此即得平底直动从动件盘形凸轮机构保证所有位置都满足 $\rho_{\min} \geqslant [\rho]$ 的基圆半径为

$$r_0 \geqslant [\rho] - \left(s + \dfrac{d^2 s}{d\varphi^2}\right)_{\min} \tag{6-25}$$

2. 从动件平底宽度的确定

在移动平底从动件盘形凸轮机构运动过程中，从动件平底与凸轮廓线的接触点 T 是时刻变化的，为保证其始终正常接触，平底必须具有足够的宽度。

如图 6-21 所示，由速度瞬心法很容易求出在机构运动的任一瞬时，凸轮与平底的接触点 T 偏离导路的距离为 $ds/d\varphi$。所以为保证平底能处处与凸轮接触，平底宽度应为 $2(ds/d\varphi)_{\max} + \Delta b$，其中 Δb 为根据具体结构附加的宽度，一般取 5～7mm。

实际设计时，为了减少磨损，平底从动件与机架间的移动副常做成圆柱体和圆孔，以便从动件在移动的同时还能绕本身轴线转动。此时，平底的底面为一圆盘，其直径可由下式确定

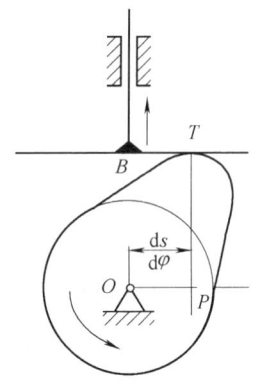

图 6-21 移动平底从动件平底宽度的确定

$$d = 2\left(\dfrac{ds}{d\varphi}\right)_{\max} + \Delta b \tag{6-26}$$

第五节　凸轮机构计算机辅助设计示例

设计一凸轮机构。工作要求凸轮以等角速度 $\omega = 10\text{rad/s}$ 逆时针回转，当凸轮转过 150°时，从动件上升 20mm；当凸轮接着转过 30°时，从动件停歇不动；当凸轮继续转过 90°时，从动件回到原处；当凸轮再转过一周中剩余的 90°时，从动件又停歇不动。工作要求机构既无刚性冲击又无柔性冲击，且结构空间紧凑。

1. 选择从动件运动规律并初定结构参数和校核参数

1) 根据空间和工作要求，选用偏置直动滚子从动件盘形凸轮机构，取从动件向 y 轴右侧偏置（则 $\eta = 1$，$\xi = 1$），偏距 $e = 20\text{mm}$。

2) 根据工作要求机构既无刚性冲击又无柔性冲击，从动件推程和回程均选用摆线运动规律。其中 $h = 20\text{mm}$、$\Phi = 150°$、$\Phi_s = 30°$、$\Phi' = 90°$、$\Phi_s' = 90°$。

3) 根据滚子的结构和强度条件，选择滚子半径 $r_T = 10\text{mm}$。

4) 根据机构的结构空间紧凑的要求，初选基圆半径 $r_0 = 30\text{mm}$。

5) 取推程许用压力角 $[\alpha] = 36°$，回程许用压力角 $[\alpha'] = 70°$。

6) 为保证凸轮机构不产生运动失真和避免应力集中及过度磨损，取凸轮实际廓线的许用曲率半径 $[\rho'] = 3\text{mm}$。

2. 程序设计框图

如图 6-22 所示。

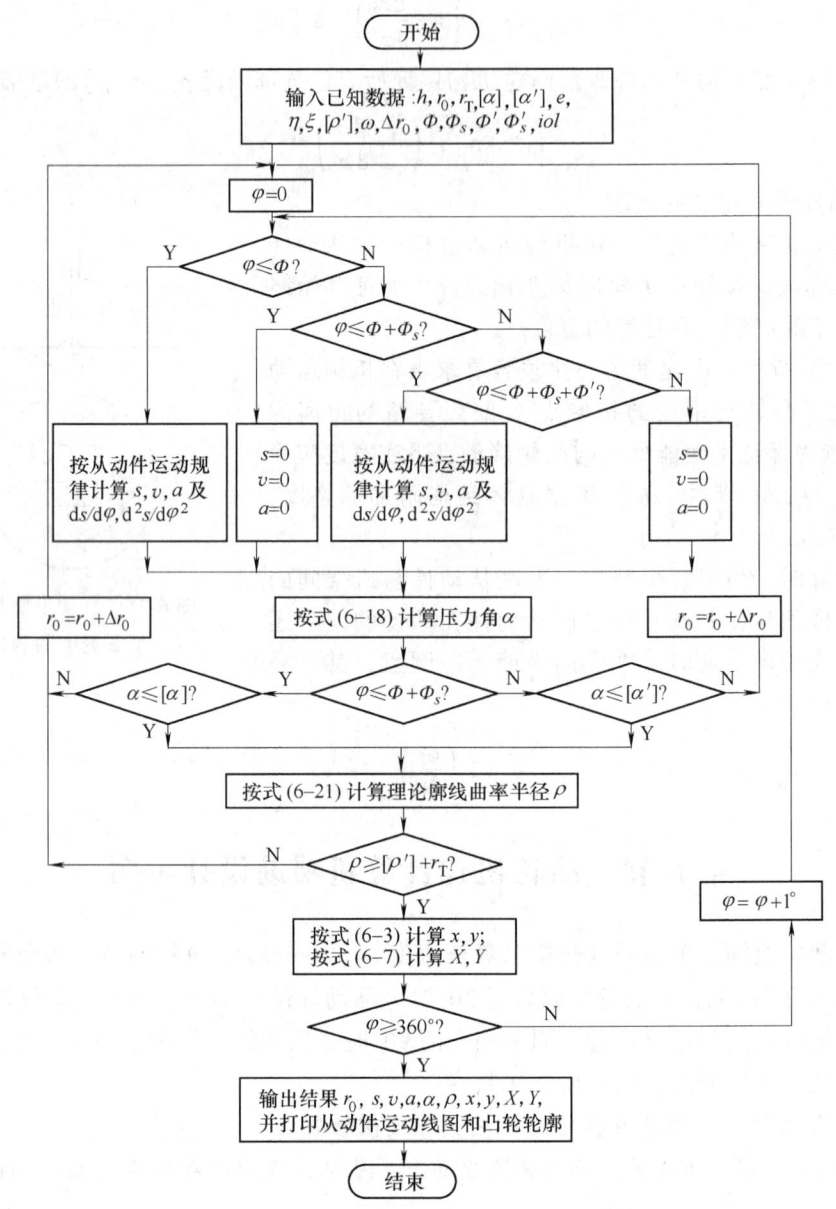

图 6-22　凸轮机构计算机辅助设计流程图

3. 设计结果

图 6-23 ~ 图 6-26 所示为 VB 计算机辅助设计结果部分界面。

第六章 凸轮机构及其设计

图 6-23 凸轮机构设计数据显示

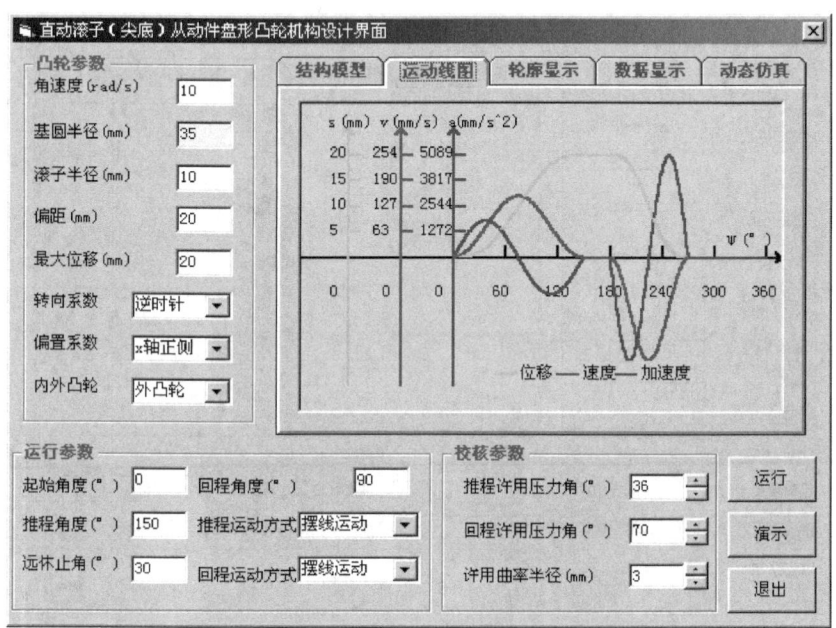

图 6-24 凸轮机构从动件运动线图

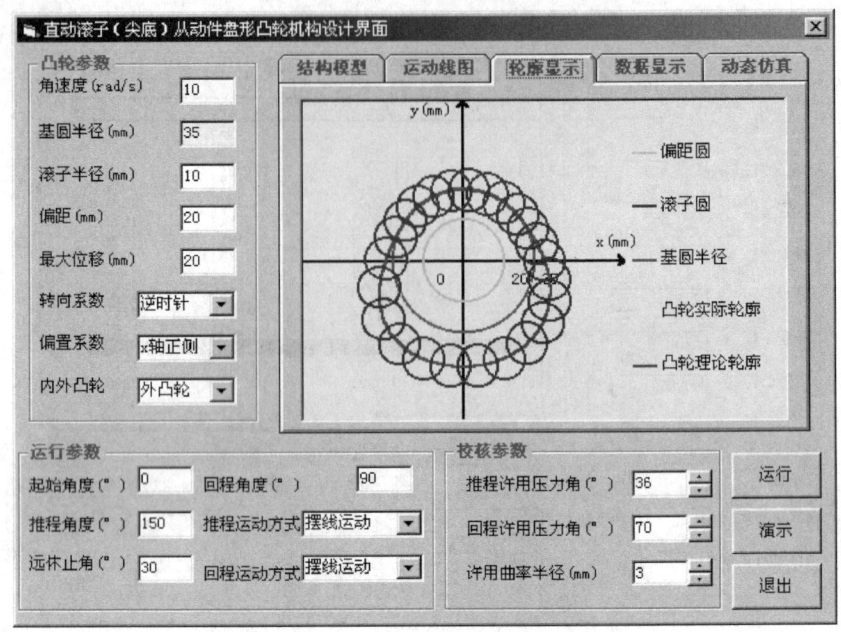

图 6-25　凸轮理论廓线和实际廓线

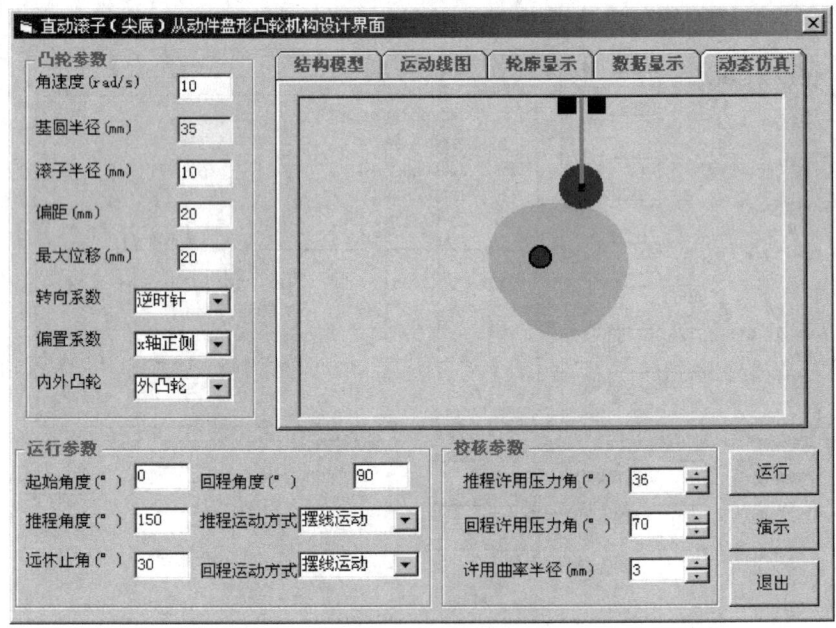

图 6-26　凸轮机构动态仿真

第七章　齿轮机构及其设计

【内容提示】 齿轮机构具有传动比恒定、高副接触作用力方向和大小不变的优势，且结构紧凑、工作可靠、机械效率高、使用寿命长，因此广泛应用于各种现代机械中。本章以渐开线直齿圆柱齿轮传动为重点，讲述齿轮机构的啮合原理、啮合特性、基本参数与几何尺寸设计和切削加工原理。而对于平行轴斜齿圆柱齿轮传动、锥齿轮传动和蜗杆传动，简单介绍其各自的传动特点、标准参数及其基本尺寸计算。

【基本要求】 了解齿轮机构的类型和应用；了解齿廓啮合基本定律，掌握渐开线齿轮的啮合特性和渐开线标准直齿圆柱齿轮传动的基本参数和几何尺寸计算；了解变位齿轮及其传动的基本概念；了解平行轴斜齿圆柱齿轮、直齿锥齿轮、蜗杆蜗轮等传动的特点和几何尺寸计算。

齿轮机构是用于传递空间任意两轴间的运动和力，具有结构紧凑，传动平稳，工作可靠，机械效率高，使用寿命长，能实现准确的传动比，传递的功率和适用速度范围宽等优点，使得它成为现代机械中应用最为广泛的一种传动机构。

第一节　齿轮机构的类型和特点

齿轮机构是由主动齿轮、从动齿轮和机架所组成的高副机构，通过主动齿轮的轮齿依次拨动从动齿轮的轮齿来传递两轴之间的运动和动力。按照一对齿轮传动的传动比是否恒定，齿轮机构可以分为定传动比齿轮机构和变传动比齿轮机构两大类。定传动比齿轮机构，齿轮是圆形的，又称为圆形齿轮机构，符合一般机械的传动要求，故广泛应用在各种现代机械中。变传动比齿轮机构，齿轮是非圆形的，又称为非圆齿轮机构，当主动轮作匀速转动时，从动轮按一定运动规律作变速转动，能实现特殊的运动要求，但加工较复杂，故仅用于某些具有特殊要求的机械中。本章主要介绍圆形齿轮机构。

按照一对齿轮在传动时的相对运动是平面运动还是空间运动，圆形齿轮机构又可以分为平面齿轮机构和空间齿轮机构。

一、平面齿轮机构

平面齿轮机构用于传递两平行轴之间的运动和动力，按照轮齿的分布方式和排列方向不同，可分为如下几种。

1. 直齿圆柱齿轮机构

直齿圆柱齿轮的轮齿与轴线平行的，简称直齿轮。图 7-1 所示为直齿圆柱齿轮机构的三种形式。

（1）外啮合直齿轮机构　如图 7-1a 所示，两个齿轮的轮齿分布在两个圆柱体的外表面上，两齿轮的转动方向相反。

（2）内啮合直齿轮机构　如图 7-1b 所示，其中一个齿轮的轮齿分布在空心圆柱体的内表面上，两齿轮的转动方向相同。

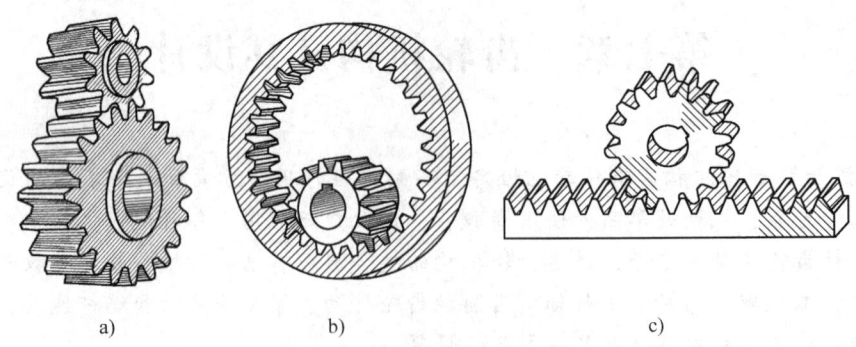

图 7-1 直齿圆柱齿轮机构

（3）齿轮齿条机构 如图 7-1c 所示，当圆柱齿轮传动中一个外齿轮的半径无穷大时，将演变成齿条。它用于将齿轮的转动变换为齿条的直线移动。

直齿轮轮齿的方向线与齿轮的轴线平行，工作时无轴向力，但重合度较小，传动平稳性较差，承载能力较低，多用于低速轻载的传动。

2. 斜齿圆柱齿轮机构

图 7-2 所示为斜齿圆柱齿轮机构，简称斜齿轮机构，其轮齿的方向线与齿轮的轴线成一夹角。工作时存在轴向力，所需的轴承支承比较复杂，但齿轮重合度较大，传动较平稳，承载能力较高，适应于速度较高、载荷较大或要求结构紧凑的场合。和直齿轮机构一样，可以有外啮合、内啮合和齿轮齿条传动三种类型。

3. 人字齿轮机构

图 7-3 所示为人字齿轮传动，轮齿方向线呈"人"字形，它相当于两排旋向相反的斜齿轮拼接组成，传动时轴向力能够相互抵消。这种齿轮承载能力较高，但加工较复杂，多用于重载传动。

图 7-2 斜齿圆柱齿轮机构

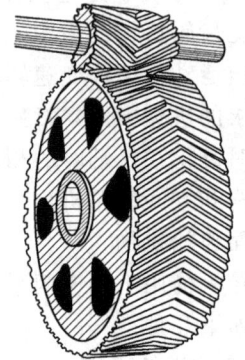

图 7-3 人字齿轮机构

二、空间齿轮机构

空间齿轮机构用于传递两相交轴和交错轴之间的运动和动力。常用的有以下几种：

1. 锥齿轮机构

锥齿轮传动用于传递相交两轴间的运动和动力，轴线之间的交角可以是任意角度（但通常为90°），轮齿分布在截圆锥体的表面上，也有直齿、斜齿和曲线齿之分，如图7-4a、b、c所示。其中，直齿锥齿轮机构制造安装比较简单，应用较广，但传动平稳性较差，承载能力较低，适用于速度较低、载荷较小而稳定的传动；曲齿锥齿轮机构轮齿的方向线为曲线，传动时重合度较大，工作平稳，承载能力高，常用于速度较高及载荷较大的传动。

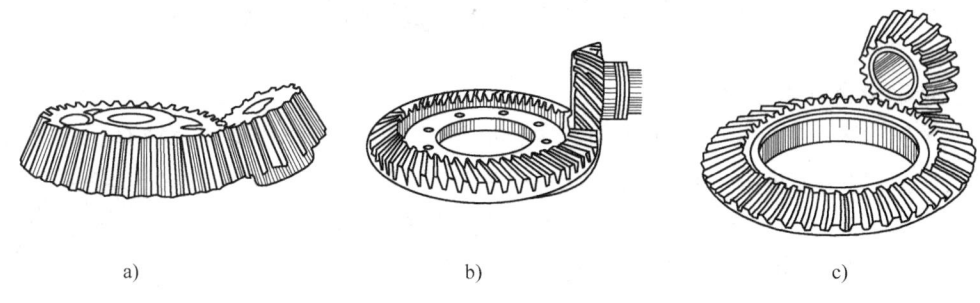

图 7-4 锥齿轮机构

2. 交错轴斜齿轮传动

如图 7-5 所示，交错轴斜齿轮机构是一种用于交错轴之间的斜齿圆柱齿轮机构，就单个齿轮来看就是一个斜齿圆柱齿轮。一对齿轮啮合传动时是点接触，传动效率较低，适用于载荷小、速度较低的传动。

3. 蜗杆传动

如图 7-6 所示，蜗杆机构可以看做是由交错轴斜齿圆柱齿轮机构演化而来的，两齿轮轴线垂直交错，其传动比较大，结构紧凑，传动平稳，噪声和振动小，但传动效率较低，易发热。

4. 准双曲面齿轮机构

图 7-7 所示为准双曲面齿轮机构，就单个齿轮而言就是一个曲齿锥齿轮，两齿轮轴线空间交错，传动时重合度大，工作平稳，承载能力高，常用于速度较高及载荷较大的传动，是汽车传动系统中常用的齿轮机构。

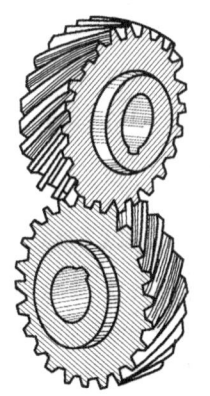
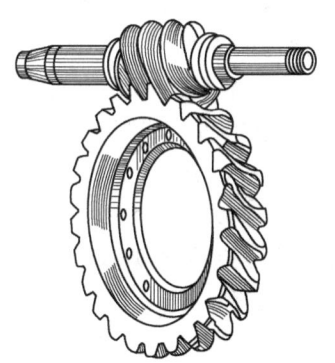
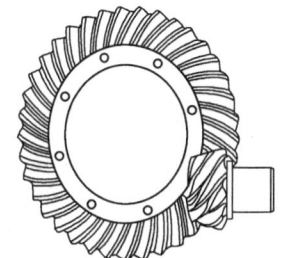

图 7-5 交错轴斜齿轮机构　　图 7-6 蜗杆机构　　图 7-7 准双曲面齿轮机构

齿轮机构依靠主、从动轮的轮齿依次啮合来实现两轴间运动和动力的传递。因此，若就两轮的转速而言，当两轮齿数确定后，无论两轮轮齿齿廓曲线形状如何，其转速比为常数，恒等于两轮齿数的反比，但这并不意味着其在每一瞬时的角速度比为常数。

设 ω_1、ω_2 分别为两轮的瞬时角速度,称 $i_{12}=\omega_1/\omega_2$ 为齿轮机构的瞬时传动比,简称传动比,实现恒定的传动比是对齿轮传动的基本要求之一。两轮的齿廓曲线不同,其传动比也不同,因此必须研究传动比与齿廓曲线形状的关系。

第二节 齿廓啮合基本定律及渐开线齿廓

一、齿廓啮合基本定律

图 7-8 所示为一对相互啮合的平面齿廓,齿廓 C_1 以角速度 ω_1 绕固定轴 O_1 顺时针转动,并推动齿廓 C_2 以角速度 ω_2 绕固定轴 O_2 逆时针转动。设两齿廓曲线在 K 处啮合(接触)。过啮合点 K 作两齿廓的公法线 nn 与连心线 O_1O_2 相交于点 P。由三心定理可知,点 P 就是两齿廓的相对速度瞬心,两齿廓在该点具有相同的速度,即

$$v_P = \overline{O_1P}\omega_1 = \overline{O_2P}\omega_2$$

则
$$i_{12} = \frac{\omega_1}{\omega_2} = \frac{\overline{O_2P}}{\overline{O_1P}} \quad (7\text{-}1)$$

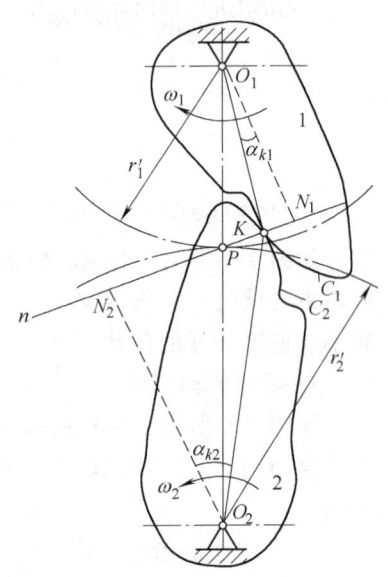

图 7-8 齿廓啮合基本定律

P 称为两齿廓曲线 C_1、C_2 的啮合节点,简称节点。

式(7-1)表明,相互啮合传动的一对齿轮,在任意位置的传动比都等于其连心线 O_1O_2 被节点 P 所分成的两线段 O_1P 和 O_2P 的反比。这一规律称为齿廓啮合基本定律。

当两齿轮加工并安装后,连心线 O_1O_2 为一定长,则由式(7-1)知,要使两齿轮传动比为常数,则必须使 P 点为连心线 O_1O_2 上一定点。于是可以得出结论:欲使两齿轮作定传动比传动,则无论两齿廓在何处啮合,过啮合接触点所作两齿廓的公法线与两轮连心线的交点必须为一定点。

对于定传动比齿轮传动,固定的节点 P 在两轮运动平面上所划出的轨迹分别为以两轮轴心 O_1、O_2 为圆心的两个圆,分别称为两轮的节圆,其半径分别以 r_1'、r_2' 表示,这种齿轮也称为圆形齿轮。从上面分析可见,由于节点 P 就是两轮节圆的切点,且在该点两轮线速度相等,所以对于圆形齿轮传动,就相当于两个节圆在作纯滚动,则有

$$i_{12} = \frac{\omega_1}{\omega_2} = \frac{\overline{O_2P}}{\overline{O_1P}} = \frac{r_2'}{r_1'} = \text{常数}$$

满足齿廓啮合基本定律(能实现预定传动比规律的)的一对齿廓,称为共轭齿廓。理论上说,可以作为共轭齿廓的曲线有无穷多,但在工程应用中还必须考虑设计、制造、安装和互换性等各方面因素,常用的齿廓曲线有渐开线、摆线和圆弧等。由于渐开线齿廓有容易制造和便于安装等优点,目前绝大多数齿轮都采用渐开线齿廓。本章主要介绍渐开线齿轮。

二、渐开线齿廓及其特性

如图 7-9 所示,当一直线 NK 沿一圆周作纯滚动时,直线上任一点 K 的轨迹 $\overset{\frown}{AK}$ 就形成该圆的渐开线。这个圆称为渐开线的基圆,其半径用 r_b 表示。直线 NK 称为渐开线的发生线,

$\theta_k = \angle AOK$ 称为渐开线在 K 点的展角，r_k 称为渐开线在 K 点的向径。若以此渐开线中的某段作为渐开线齿轮的齿廓，则 $\alpha_k = \angle NOK$ 即为渐开线齿廓在 K 点的压力角。

根据渐开线的形成过程，可知渐开线具有下列性质：

1) 发生线沿基圆滚过的长度，等于基圆上被滚过的弧长，$\overline{NK} = \overparen{AN}$。

2) 渐开线上任一点的法线必是基圆的切线。由于发生线 NK 沿基圆作纯滚动，故在渐开线形成的每一瞬时，发生线 NK 绕其与基圆的切点 N 作定轴转动，即 N 为其速度瞬心，所以发生线 NK 必为渐开线在 K 点的法线。又由于发生线 NK 恒切于基圆，故可得出结论：渐开线上任一点的法线必是基圆的切线。

3) 发生线与基圆的切点 N 也是渐开线在点 K 的曲率中心，而 $\overline{NK}$ 即为相应的曲率半径。可见：渐开线上离基圆越远的部分，其曲率半径越大，渐开线越平直；渐开线上离基圆越近的部分，其曲率半径越小，渐开线越弯曲；渐开线在基圆上的起始点处曲率半径为零。渐开线齿廓的曲率半径是决定轮齿表面接触强度的重要几何参数。

4) 基圆内无渐开线。由于渐开线是由基圆开始向外展开的，所以基圆内无渐开线。

5) 渐开线齿廓上压力角 α_k 的大小随着 K 点位置的不同而改变，离基圆越近，其压力角也越小，基圆上（渐开线的起始点 A 处）的压力角为零。

6) 渐开线的形状取决于基圆的大小。如图 7-10 所示，基圆越小，渐开线越弯曲；基圆越大，渐开线越平直。当基圆半径为无穷大时，其渐开线将成为一条垂直于 NK 的直线，此即齿条的齿廓曲线。

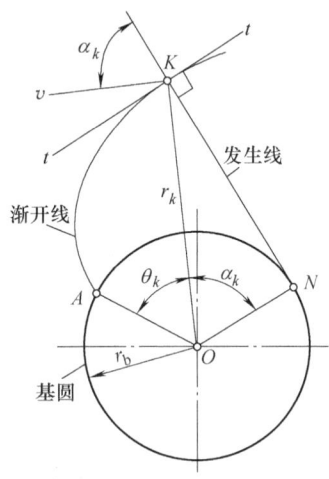

图 7-9 渐开线的形成

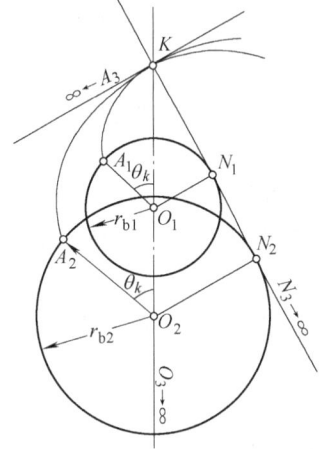

图 7-10 渐开线的形状与基圆大小的关系

三、渐开线方程式

在研究渐开线齿轮的啮合原理和几何尺寸计算时，常常需要用到渐开线方程式。根据渐开线的性质可以建立以极坐标形式表示的渐开线方程式。

如图 7-9 所示，点 A 为渐开线在基圆上的起始点，点 K 为渐开线上任意点。取基圆圆心为原点，以 OA 为极轴，则渐开线上任意点 K 可由其展角 θ_k 和向径为 r_k 来确定。

由 $\triangle NOK$ 可知：$r_k = \dfrac{r_b}{\cos\alpha_k}$

$$\tan\alpha_k = \frac{\overline{NK}}{\overline{ON}} = \frac{\widehat{AN}}{r_b} = \frac{r_b(\alpha_k + \theta_k)}{r_b} = \alpha_k + \theta_k$$

即
$$\theta_k = \tan\alpha_k - \alpha_k$$

上式表明，展角 θ_k 是压力角 α_k 的函数，所以工程上称 θ_k 为压力角 α_k 的渐开线函数，用 $\mathrm{inv}\alpha_k$ 表示。于是得到渐开线的极坐标方程式

$$\begin{cases} r_k = \dfrac{r_b}{\cos\alpha_k} \\ \theta_k = \mathrm{inv}\alpha_k = \tan\alpha_k - \alpha_k \end{cases} \tag{7-2}$$

四、一对渐开线齿廓的啮合特性

1. 一对渐开线齿廓的啮合线为一条定直线

图 7-11 中实线所示为一对渐开线齿轮上相互啮合的一对齿廓，其基圆半径分别为 r_{b1}、r_{b2}，中心距为 O_1O_2。设两齿廓在任意位置 K 啮合，过啮合点 K 作两齿廓的公法线 N_1N_2，根据渐开线性质可知，此公法线 N_1N_2 必同时与两齿廓的基圆相切，即 N_1N_2 为两基圆的一条内公切线。当两个齿轮加工并安装后其基圆半径和中心距一定，对于大小和位置都一定的两个基圆，在同一方向的内公切线是唯一的，也即两齿廓无论在任意点啮合，其公法线 N_1N_2 是一条定直线。可见，一对渐开线齿廓从开始进入啮合到退出啮合，啮合点沿着定直线 N_1N_2 移动，N_1N_2 为啮合点的轨迹，称为啮合线。故有一对渐开线齿廓的啮合线为一条定直线。

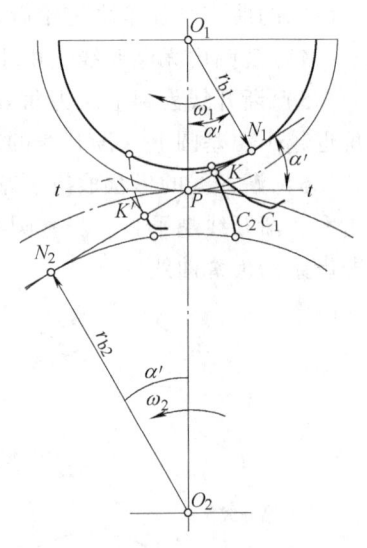

图 7-11 渐开线齿廓的啮合特性

2. 一对渐开线齿廓能实现定传动比传动

如上所述，一对渐开线齿廓啮合时，无论两齿廓在任意点 K 啮合，过啮合点所作两齿廓的公法线 N_1N_2 是一条定直线，所以其与连心线 O_1O_2 的交点 P（节点）必为一定点。

由图 7-11 可知，由于 $\triangle O_1N_1P \cong \triangle O_2N_2P$，所以

$$i_{12} = \frac{\omega_1}{\omega_2} = \frac{\overline{O_2P}}{\overline{O_1P}} = \frac{r_2'}{r_1'} = \frac{r_{b2}}{r_{b1}} = 常数 \tag{7-3}$$

故有一对渐开线齿廓能实现定传动比传动，其传动比不仅与两轮的节圆半径成反比，也与两轮基圆半径成反比。

3. 一对相啮合的渐开线齿廓的啮合角恒等于其节圆压力角

如图 7-11 所示，啮合线 N_1N_2 与两节圆公切线 tt 间所夹的锐角 α' 称为啮合角，它的大小标志着啮合线的倾斜程度。由图中几何关系可知，两齿廓在节点 P 处的压力角即节圆压力角 $\angle N_1O_1P = \angle N_2O_2P = \alpha'$，而节点 P 为连心线上一定点。因此得出结论：一对相啮合的渐开线齿廓的啮合角为常数，其大小恒等于两齿廓的节圆压力角。

4. 渐开线齿廓间力的作用方向和大小始终不变

因为两齿廓啮合时，若不计摩擦，齿廓间的作用力总是沿着啮合点的公法线方向，也即

沿着啮合线方向，而渐开线齿廓啮合线为一条定直线，所以在渐开线齿轮传动过程中，齿廓间力的作用方向始终不变。又设：T 为转矩，F 为作用力，则 $F = T/r_b$。若渐开线齿轮传递的转矩 T 为常数，则齿廓间作用力 F 的大小不变。因此得出结论：渐开线齿轮齿廓间力的作用方向和大小始终不变。这对齿轮传动的平稳性十分有利。

5. 中心距具有可分性

如上所述，一对渐开线齿轮的传动比取决于两基圆半径的大小，而当齿轮加工完成之后，两基圆大小就完全确定，r_{b1}、r_{b2} 就不变了。此时，即使安装中心距产生误差，其传动比仍为

$$i_{12} = \frac{\omega_1}{\omega_2} = \frac{r_{b2}}{r_{b1}}$$

这就是说中心距变化不影响传动比，渐开线齿廓的这一特性称为中心距可分性。这一特性对渐开线齿轮的加工、安装和使用都十分有利，这也是渐开线齿廓被广泛采用的主要原因之一。

第三节　渐开线标准直齿圆柱齿轮的基本参数及尺寸计算

一、外齿轮

1. 齿轮各部分的名称

图 7-12 所示为一直齿圆柱外齿轮的一部分，齿轮上每个凸起部分称为齿，齿轮各部分的名称如下：

(1) 齿顶圆　过所有轮齿顶端的圆称为齿顶圆，其半径和直径分别用 r_a 和 d_a 表示。

(2) 齿根圆　过所有齿槽底部的圆称为齿根圆，其半径和直径分别用 r_f 和 d_f 表示。

(3) 分度圆　是设计齿轮的基准圆，其半径和直径分别用 r 和 d 表示。

(4) 基圆　产生渐开线的圆称为基圆，其半径和直径分别用 r_b 和 d_b 表示。

(5) 齿顶高　分度圆与齿顶圆之间的径向距离称为齿顶高，用 h_a 表示。

(6) 齿根高　分度圆与齿根圆之间的径向距离称为齿根高，用 h_f 表示。

(7) 全齿高　齿顶圆与齿根圆之间的径向距离称为全齿高，用 h 表示，$h = h_a + h_f$。

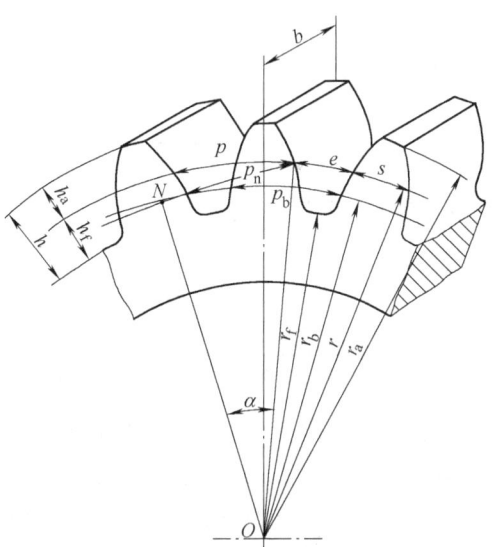

图 7-12　齿轮各部分名称和符号

(8) 齿厚　每个轮齿两侧齿廓间沿圆周的弧长称为齿厚。在分度圆上度量的齿厚称为分度圆齿厚，用 s 表示。在半径为 r_k 的圆周上度量的齿厚称为该圆上的齿厚，用 s_k 表示，如齿顶圆齿厚 s_a、齿根圆齿厚 s_f、基圆齿厚 s_b。

(9) 齿槽宽　两相邻轮齿间齿槽的两侧齿廓间沿圆周的弧长称为齿槽宽。在分度圆上度量的齿槽宽称为分度圆齿槽宽，用 e 表示。在半径为 r_k 的圆周上度量的齿槽宽称为该圆上

的齿槽宽，用 e_k 表示。

（10）齿距　相邻两个轮齿同侧齿廓间的圆周弧长称为齿距。在分度圆上度量的齿距称为分度圆齿距，用 p 表示，显然 $p = s + e$。在基圆上度量的齿距称为基圆齿距，用 p_b 表示，$p_b = s_b + e_b$。在半径为 r_k 的圆周上度量的齿距称为该圆上的齿距，用 p_k 表示，$p_k = s_k + e_k$。

（11）法向齿距　相邻两个轮齿同侧齿廓间在法线方向上的距离称为法向齿距，用 p_n 表示。由渐开线性质可知，$p_n = p_b$。

2. 基本参数

渐开线标准直齿圆柱齿轮有以下 5 个基本参数：

（1）齿数 z　齿轮上轮齿的总数。

（2）分度圆模数 m　齿轮的分度圆是计算各部分尺寸的基准，其周长 $= \pi d = zp$，于是可得

$$d = \frac{zp}{\pi}$$

由于 π 是无理数，分度圆直径也将为无理数，用一个无理数的尺寸作为设计基准，对设计、制造和检验是很不利的。为此，人们人为地将分度圆齿距 p 与 π 的比值 p/π 规定了一个简单的有理序列，并用 m 表示。即

$$m = \frac{p}{\pi}$$

于是，分度圆直径 $d = mz$，分度圆齿距 $p = \pi m$。m 称为齿轮的分度圆模数，简称为模数。模数是决定齿轮尺寸的重要参数之一，我国已制定了国家标准，表 7-1 为 GB/T 1357—2008 规定的标准模数系列。

表 7-1　标准模数系列　　　　　　　　　　　　　　（单位：mm）

第一系列	1.25	1.5	2	2.5	3	4	5	6	8	10	1 12
	16	20	25	32	40	50					
第二系列	1.125	1.375	1.75	2.25	2.75	3.5	4.5	5.5	(6.5)		
	7	9	11	14	18	22	28	36	45		

注：选用模数时，应优先选用第一系列，其次是第二系列，括号内的数字尽可能不用。

（3）分度圆压力角 α　由渐开线方程知，对于同一渐开线齿廓，其压力角 $\alpha_k = \arccos(r_b/r_k)$，随着向径 r_k 的不同而改变。工程上为了便于齿轮的设计、制造和互换性，国家标准（GB/T 1356—2001）规定分度圆压力角为标准值，$\alpha = 20°$。当然，在某些装置中，也有用分度圆压力角取非标准值 14.5°、15°、22.5°、25° 等的齿轮。

由 $r_b = r\cos\alpha = (mz\cos\alpha)/2$ 知，当 m、z 一经选定，分度圆大小即一定，基圆大小取决于分度圆压力角 α，所以说分度圆压力角 α 是决定齿廓渐开线形状的一个重要参数。

至此，可以给分度圆下一个确切的定义：分度圆就是齿轮上具有标准模数和标准压力角的圆。

需要特别指出的是，分度圆是几何参数，是设计、计算和制造的基准，当 m、z 选定后，分度圆直径 $d = mz$ 一定，不随中心距的变动而改变。任何一个齿轮都有一个且只有一个分度

圆。而节圆是表征一对齿轮啮合特征的圆。对于单个齿轮,节圆无意义。当一对齿轮啮合时,它们的节圆随中心距的改变而改变(中心距的可分性)。因此,节圆有无数多个。分度圆和节圆可以重合,也可以不重合。

(4) 齿顶高系数 h_a^* 齿顶高 h_a 用齿顶高系数 h_a^* 与模数的乘积表示,$h_a = h_a^* m$。

(5) 顶隙系数 c^* 一对齿轮啮合时,为了避免一个齿轮的齿顶与另一齿轮的齿槽底直接接触而卡死,同时有利于存储润滑油,应当在一个齿轮的齿顶与另一齿轮的齿槽底之间留有一定的间隙,此间隙的径向高度简称顶隙。顶隙 c 用顶隙系数 c^* 与模数的乘积表示,$c = c^* m$。

国家标准已规定了齿顶高系数和顶隙系数的标准值,见表 7-2。

表 7-2 圆柱齿轮标准齿顶高系数和标准顶隙系数

系　　数	正　常　齿	短　齿
h_a^*	1.0	0.8
c^*	0.25	0.3

显然,为了保证标准顶隙,标准齿根高 h_f 应当为

$$h_f = (h_a^* + c^*) m$$

二、内齿轮

图 7-13 所示为一直齿内齿轮的一部分,其轮齿分布在空心圆柱体的内表面上,它与外齿轮的不同点在于:

1) 内齿轮的齿顶圆小于分度圆,齿根圆大于分度圆。

2) 内齿轮的齿廓是内凹的,其齿厚和齿槽宽分别对应于外齿轮的齿槽宽与齿厚。

3) 为了使一个内齿轮与一个外齿轮组成的内啮合齿轮传动能正确啮合,其齿顶圆必须大于基圆,从而保证其齿顶的齿廓全部为渐开线。

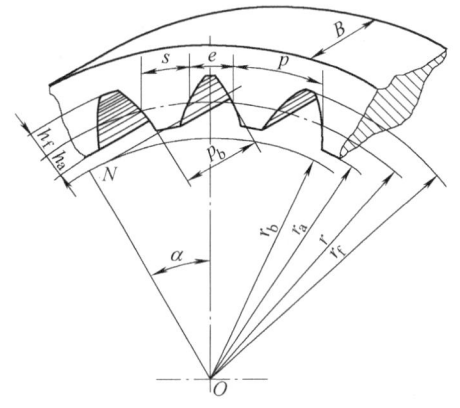

图 7-13 内齿轮

三、齿条

图 7-14 所示为一标准齿条,它是齿轮的一种特殊形式。当标准外齿轮的齿数增加至无穷大时,齿轮上的基圆、分度圆、齿顶圆、齿根圆等一系列同心圆变成了相互平行的直线,同侧渐开线齿廓也变成了相互平行的斜直线齿廓,这就形成了齿条。齿条与齿轮相比主要有以下两个特点:

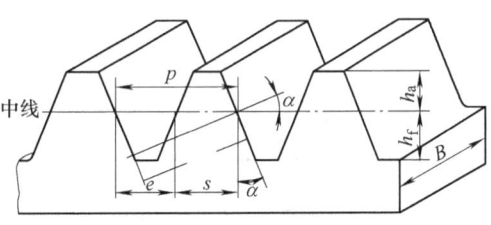

图 7-14 标准齿条

1) 由于齿条的齿廓是直线,所以齿廓上各点的法线是平行的。又由于齿条在传动时作平动,齿廓上各点速度的大小和方向都相同。所以齿条齿廓上各点的压力角都相同,且等于齿廓的倾斜角,也称为齿形角,标准值为 $\alpha = 20°$。

2) 齿顶线、齿根线以及与之相互平行的各直线上的齿距都相同,模数为同一标准值。其中齿厚与齿槽宽相等 ($s = e = \pi m/2$) 的直线称为齿条的中线,它是确定齿条各部分尺寸的基准线。

四、渐开线标准直齿轮的几何尺寸和基本参数的关系

渐开线标准直齿圆柱齿轮的几何尺寸和齿廓形状完全由 z、m、α、h_a^* 和 c^* 这五个基本参数确定。除此之外,还应具有如下两个特征:

1) 分度圆齿厚与齿槽宽相等,即

$$s = e = \frac{p}{2} = \frac{\pi m}{2}$$

2) 具有标准的齿顶高和齿根高,即

$$h_a = h_a^* m, \qquad h_f = (h_a^* + c^*) m$$

凡具备上述特征的称为标准齿轮,不具备上述特征的称为非标准齿轮。

渐开线标准直齿轮的几何尺寸计算公式见表 7-3。

表 7-3 渐开线标准直齿轮的几何尺寸计算公式

基本参数		z、m、α、h_a^*、c^*	
名称	符号	计算公式	
分度圆直径	d	$d_1 = mz_1$	$d_2 = mz_2$
齿顶高	h_a	$h_a = h_a^* m$	
顶隙	c	$c = c^* m$	
齿根高	h_f	$h_f = (h_a^* + c^*) m$	
全齿高	h	$h = h_a + h_f = (2h_a^* + c^*) m$	
齿顶圆直径	d_a ①	$d_{a1} = mz_1 \pm 2h_a = (z_1 \pm 2h_a^*) m$	$d_{a2} = mz_2 \pm 2h_a = (z_2 \pm 2h_a^*) m$
齿根圆直径	d_f ①	$d_{f1} = mz_1 \mp 2h_f = (z_1 \mp 2h_a^* \mp 2c^*) m$	$d_{f2} = mz_2 \mp 2h_f = (z_2 \mp 2h_a^* \mp 2c^*) m$
基圆直径	d_b	$d_{b1} = d_1 \cos\alpha = mz_1 \cos\alpha$	$d_{b2} = d_2 \cos\alpha = mz_2 \cos\alpha$
齿距	p	$p = \pi m$	
齿厚	s	$s = p/2 = \pi m/2$	
齿槽宽	e	$e = p/2 = \pi m/2$	
基圆齿距	p_b	$p_n = p_b = \pi m \cos\alpha$	
法向齿距	p_n		
中心距	a ②	$a = \frac{1}{2}(d_2 \pm d_1) = \frac{m}{2}(z_2 \pm z_1)$	

① "±"和"∓"上面符号用于外齿轮,下面符号用于内齿轮。
② "±"上面符号用于外啮合齿轮传动,下面符号用于内啮合齿轮传动。

由标准齿轮的几何尺寸计算可知,对于齿数 z、齿顶高系数 h_a^*、顶隙系数 c^* 和分度圆压力角 α 均相同的齿轮,模数不同,其尺寸也不同。图 7-15 清楚地显示了三个齿数相同而模数不同的齿轮之间的尺寸关系。可见模数就相当于一个齿轮的"长度比例参数",模数越大,齿轮的尺寸就越大。

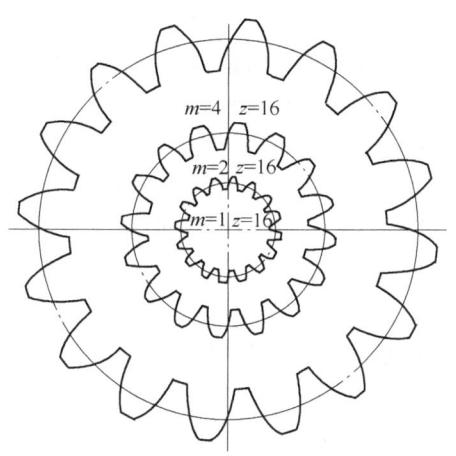

图 7-15　齿轮尺寸与模数的关系

第四节　渐开线标准直齿圆柱齿轮的啮合传动

一、轮齿啮合过程

图 7-16 所示为一对轮齿的啮合过程。主动轮 1 顺时针方向转动，推动从动轮 2 逆时针方向转动，开始啮合时主动轮齿根推动从动轮的齿顶进入啮合。由于啮合点必落在啮合线上，所以一对轮齿进入啮合的起始点为从动轮齿顶圆与啮合线 N_1N_2 的交点 B_2。随着啮合传动的进行，两齿廓的啮合点将沿着啮合线 N_1N_2 移动，在主动轮齿廓上由齿根到齿顶，在从动轮齿廓上由齿顶到齿根，直到啮合点到达主动轮 1 的齿顶圆与啮合线 N_1N_2 的交点 B_1 时，两轮齿即将脱离接触，退出啮合，所以 B_1 点为两轮齿的啮合终止点。

从一对轮齿的啮合过程来看，从 B_2 进入啮合到由 B_1 退出啮合，啮合点实际走过的轨迹只是啮合线上的一段 B_2B_1，所以称 B_2B_1 为实际啮合线。若将两轮齿顶圆加大，点 B_2 和 B_1 将分别趋近于点 N_1 和 N_2，实际啮合线将加长，但因基圆内无渐开线，所以实际啮合线不会超过 N_1N_2，即 N_1N_2 是理论上可能的最长啮合线，故称 N_1N_2 为理论啮合线。

由上述分析可知，在两轮轮齿啮合过程中，并非全部齿廓都参加工作，而只是限于从齿顶到齿根的一段齿廓参与啮合，实际上参与啮合的这段齿廓称为齿廓工作段。如图 7-16 中阴影部分所示，以 O_1 为圆心，以 O_1B_2 为半径作圆弧，交轮 1 齿廓的交点 d 即为轮 1 齿廓根部的极限啮合点；以 O_2 为圆心，以 O_2B_1 为半径作圆弧，交轮 2 齿廓的交点 a 即为轮 2 齿廓根部的极限啮合点。

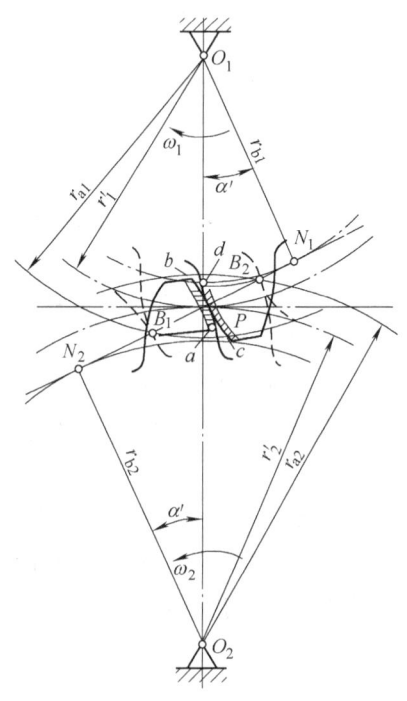

图 7-16　啮合过程

二、正确啮合条件

前面已经证明了一对渐开线齿廓啮合时能够实现定传动比传动,但这并不表明任意两个渐开线齿轮都能正确地啮合传动。从一对齿轮的啮合过程看,一对轮齿的啮合只能使主、从动齿轮各转过有限的角位移,而依靠若干对轮齿依次啮合,才能实现齿轮的连续传动。如图 7-17 所示,假设有两对轮齿同时参加啮合,前一对齿廓在啮合线 N_1N_2 上的 K 点啮合,为了保证两齿轮能正确啮合(既不发生分离,也不出现干涉),则后一对轮齿齿廓的啮合点必须同时在啮合线上的 K' 啮合,即轮 1 上相邻两齿同侧齿廓沿法线上的距离 K_1K_1' 应等于轮 2 上相邻两齿同侧齿廓沿法线上的距离 K_2K_2'。也就是说要保证两齿轮正确啮合,两齿轮在啮合线上的法向齿距必须相等,即

$$p_{n1} = p_{n2}$$

由渐开线的性质可知,齿轮法向齿距等于基圆齿距,故上式可以改写成

$$p_{b1} = p_{b2}$$

由于 $p_b = p\cos\alpha = \pi m\cos\alpha$,则有

$$\pi m_1 \cos\alpha_1 = \pi m_2 \cos\alpha_2$$

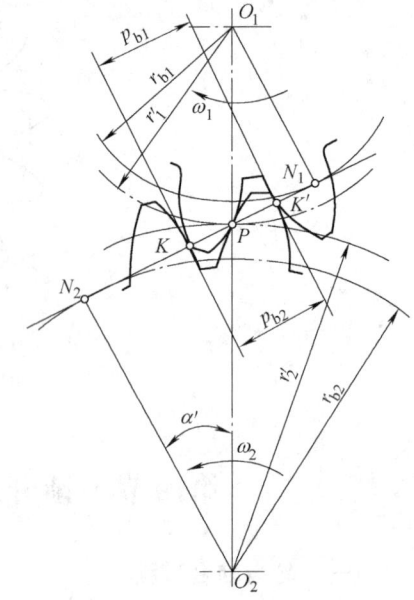

图 7-17 正确啮合条件

由于齿轮的模数和压力角都已标准化,故要使上式成立,必须有

$$\begin{cases} m_1 = m_2 = m \\ \alpha_1 = \alpha_2 = \alpha \end{cases} \tag{7-4}$$

所以,渐开线直齿圆柱齿轮传动的正确啮合条件又可表述为:两轮的模数和压力角分别相等。

三、连续传动条件及重合度

1. 连续传动条件

正确啮合条件只能保证两轮能搭配在一起啮合传动,但并不能保证传动能连续进行。从一对齿轮的啮合过程看,必须依靠若干对轮齿接连不断地依次啮合,才能实现齿轮的连续传动。

若 $B_2B_1 = p_n$,如图 7-18a 所示,实际啮合线长度正好等于法向齿距,当前一对轮齿在 B_1 点即将脱离啮合时,后一对轮齿正好在 B_2 点进入啮合,表明传动刚好连续,在传动过程中,始终有一对轮齿啮合。

若 $B_2B_1 < p_n$,如图 7-18b 所示,当前一对轮齿在点 B_1 即将脱离啮合时,后一对轮齿不能在 B_2 及时进入啮合,此时只能靠主动轮 1 的前一个齿的齿顶尖角在啮合线 N_1N_2 之外划过从动轮 2 的齿廓推动从动轮 2 减速转动,甚至中断,直到主动轮 1 的后一个齿和从动轮 2 的后一个齿顶尖角在啮合线之外接触,轮 2 突然加速,同时前一对轮齿立即分离。只有当后一对轮齿在啮合线上的 B_2 啮合时才能恢复定传动比传动,如此循环下去,必引起冲击,影响传动的平稳性。

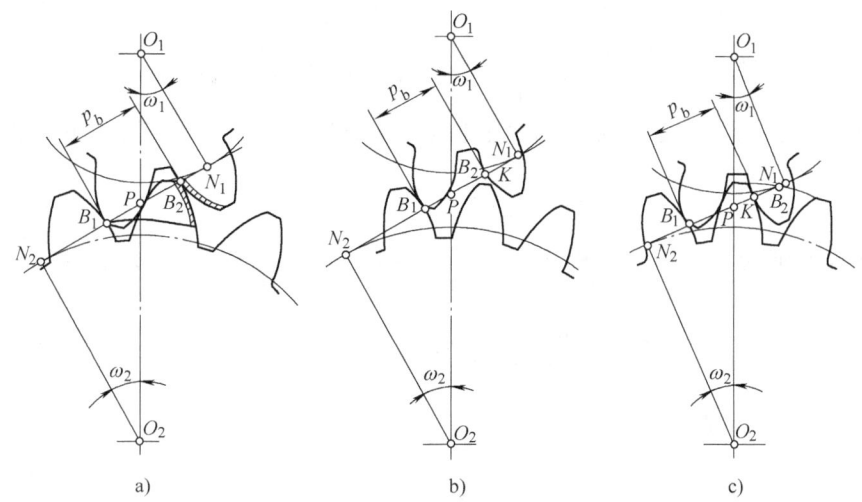

图 7-18 连续传动条件

若 $\overline{B_2B_1} > p_n$，如图 7-18c 所示，实际啮合线长度大于法向齿距，当前一对轮齿在尚未到达 B_1 点脱离啮合之前，后一对轮齿已经在 B_2 点进入啮合，从而保证传动连续平稳进行下去。

因此，齿轮连续传动条件为实际啮合线长度 $\overline{B_2B_1}$ 大于或至少等于法向齿距 p_n，即

$$\overline{B_2B_1} \geqslant p_n \tag{7-5}$$

2. 重合度及其计算

将 $\overline{B_2B_1}$ 与 p_n 的比值用 ε_α，称为齿轮传动的重合度，所以齿轮连续传动条件可以表达为

$$\varepsilon_\alpha = \frac{\overline{B_2B_1}}{p_n} \geqslant 1 \tag{7-6}$$

在实际应用中，考虑到制造和安装的误差，并根据实际应用场合，通常要求 ε_α 应大于或至少等于许用值 $[\varepsilon_\alpha]$，即

$$\varepsilon_\alpha \geqslant [\varepsilon_\alpha]$$

表 7-4 为工程中推荐的重合度 ε_α 的许用值。

表 7-4 $[\varepsilon_\alpha]$ 的推荐值

类 别	许 用 值	类 别	许 用 值
Ⅰ级精度齿轮传动	1.05	汽车拖拉机制造业	1.1~1.2
Ⅱ级精度齿轮传动	1.08	机床制造业	1.3
Ⅲ级精度齿轮传动	1.15	纺织机械制造业	1.3~1.4
Ⅳ级精度齿轮传动	1.35	一般机械制造业	1.4

下面介绍重合度 ε_α 的计算方法。由图 7-19 可知

$$\overline{B_2B_1} = \overline{B_1P} + \overline{PB_2}$$

$$\overline{B_1P} = \overline{B_1N_1} - \overline{PN_1} = r_{b1}(\tan\alpha_{a1} - \tan\alpha')$$

$$\overline{PB_2} = \overline{B_2N_2} - \overline{PN_2} = r_{b2}(\tan\alpha_{a2} - \tan\alpha')$$

又

$$r_b = \frac{mz}{2}\cos\alpha, \quad p_n = p_b = \pi m \cos\alpha$$

于是可得

$$\varepsilon_\alpha = \frac{\overline{B_2B_1}}{p_n} = \frac{\overline{B_1P} + \overline{PB_2}}{p_n} = \frac{1}{2\pi}[z_1(\tan\alpha_{a1} - \tan\alpha') + z_2(\tan\alpha_{a2} - \tan\alpha')] \quad (7\text{-}7)$$

式中，α' 为啮合角，α_{a1} 和 α_{a2} 分别为齿轮 1 和 2 的齿顶圆压力角，其值可用下式计算

$$\alpha_{a1} = \arccos\frac{r_{b1}}{r_{a1}}, \quad \alpha_{a2} = \arccos\frac{r_{b2}}{r_{a2}}$$

当齿轮齿条啮合传动时，由图 7-20 可知，$\overline{B_1P}$ 计算公式同上，而 $\overline{PB_2} = h_a^* m/\sin\alpha$。于是有

$$\varepsilon_\alpha = \frac{\overline{B_2B_1}}{p_n} = \frac{\overline{B_1P} + \overline{PB_2}}{p_n} = \frac{z_1}{2\pi}(\tan\alpha_{a1} - \tan\alpha') + \frac{2h_a^*}{\pi\sin 2\alpha} \quad (7\text{-}8)$$

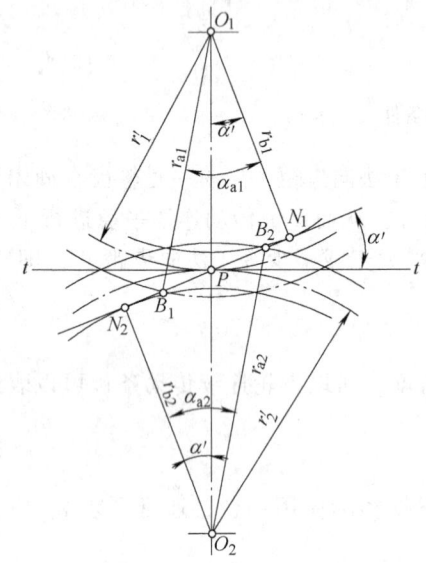

图 7-19 重合度的计算

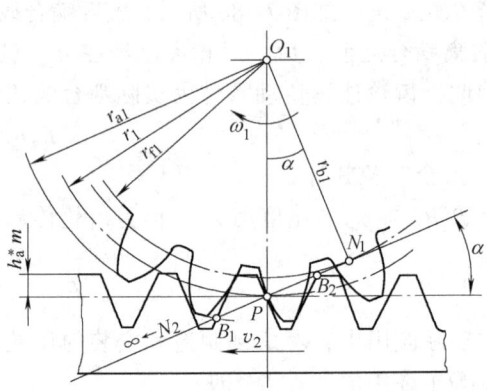

图 7-20 齿条齿轮啮合

特别地，当两齿轮均成为齿条时，$\overline{B_1P} = \overline{PB_2} = \dfrac{h_a^* m}{\sin\alpha}$

$$\varepsilon_{\alpha\max} = \frac{4h_a^*}{\pi\sin 2\alpha} \quad (7\text{-}9)$$

将 $\alpha = 20°$，$h_a^* = 1$ 代入，$\varepsilon_{\alpha\max} = 1.981$。

对于内啮合齿轮传动，用类似的方法可导出其重合度的计算公式为

$$\varepsilon_\alpha = \frac{1}{2\pi}[z_1(\tan\alpha_{a1} - \tan\alpha') + z_2(\tan\alpha' - \tan\alpha_{a2})] \quad (7\text{-}10)$$

3. 重合度 ε_α 的物理意义

重合度 ε_α 的大小表明，一对齿轮啮合传动时，同时参与啮合的轮齿对数的多少。$\varepsilon_\alpha = 1$，表示始终只有一对轮齿啮合。$\varepsilon_\alpha = 2$，表示始终有两对轮齿啮合。那么，$\varepsilon_\alpha = 1.3$ 又意味着什么呢？

如图 7-21 所示，$\varepsilon_\alpha = 1.3$。开始啮合时总是主动轮齿根推动从动轮齿顶，当一对轮齿从 B_2 点进入啮合，且啮合点沿着啮合线走过一个法向齿距 p_n 到达 D 点时，后一对轮齿在 B_2

点又进入啮合，此后便是前后两对轮齿同时参与啮合。当前一对轮齿的啮合点由 D 继续前移至 B_1 时，后一对轮齿的啮合点由 B_2 前移至 C 点，在这段时间内，两对轮齿都经过了 $0.3p_n$。当前一对轮齿在 B_1 脱离啮合后，后一对轮齿的啮合点继续由 C 前移至 D，在这段时间内，只有一对轮齿啮合，且经过了 $0.7p_n$。在这对轮齿啮合点到达 D 点的同时，后面又有一对轮齿在 B_2 点进入啮合，此后便又是两对轮齿同时参与啮合。如此循环往复，有时是一对轮齿啮合，有时是两对轮齿啮合。显然在轮齿转过一个基圆齿距 p_b（啮合点走过一个法向齿距 p_n）的范围内，双齿对啮合区 B_2C 或 DB_1 为 $0.3p_n$，单齿对啮合区 CD 为 $0.7p_n$。

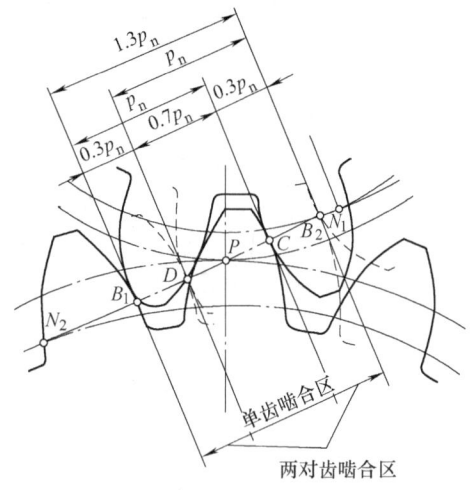

图 7-21　重合度的物理意义

可见，重合度 ε_α 越大，同时参与啮合的轮齿对数越多，多对轮齿啮合的时间就越长，传动越平稳，每对轮齿所承受的载荷越小，从而使齿轮承载能力就越高，因此，重合度是衡量齿轮传动性能的重要指标之一。

四、标准齿轮的标准安装

为了使齿轮在正、反两个方向的转动时避免撞击，要求相啮合的两齿轮沿正反两个方向的啮合线齿廓间不能存在齿侧间隙（简称侧隙）。由于一对齿轮啮合传动时，相当于两个节圆作纯滚动，显然欲使两齿轮作无侧隙传动，一个齿轮节圆上的齿厚应等于另一个齿轮节圆上的齿槽宽。即

$$s_1' = e_2' \quad \text{及} \quad s_2' = e_1' \tag{7-11}$$

在工程实际中，考虑到齿轮加工和安装误差、齿轮工作时的弹性变形以及由于齿面滑动摩擦而导致发热膨胀等因素，同时还要便于在相互啮合的齿廓间形成润滑油膜，因而实际应用的齿轮都应具有适当的侧隙，但此侧隙不能过大，否则在齿轮起动、停车或换向反转时就会产生冲击和振动。因此侧隙总是通过规定齿轮的制造和装配公差（齿厚、中心距等的公差）来实现的，而在进行齿轮机构运动设计时，仍应按无侧隙啮合进行设计。

另一方面，为了防止轮齿间卡死并储存润滑油以润滑齿廓表面，应当在一个齿轮的齿顶与另一齿轮的齿槽底之间留有顶隙，标准顶隙为 $c = c^* m$。

一对标准齿轮安装时，若能实现无侧隙啮合并保证标准顶隙，这种安装称为标准齿轮的标准安装。

假设一对满足正确啮合条件的外啮合标准直齿圆柱齿轮在安装时，能保证分度圆正好相切，如图 7-22a 所示，则分度圆就是节圆，$r_1' = r_1$，$r_2' = r_2$，$\alpha = \alpha'$。由于在分度圆上齿厚等于齿槽宽，$s_1 = e_1 = s_2 = e_2 = p/2 = \pi m/2$，则有 $s_1' = s_1 = e_2 = e_2'$，$e_1' = e_1 = s_2 = s_2'$，所以式 (7-11) 所表示的无侧隙啮合条件自然满足。

另一方面，对于标准齿轮，其齿顶圆半径和齿根圆半径分别为

$$r_a = r + h_a^* m, \quad r_f = r - (h_a^* + c^*)m$$

若两轮安装时保证两分度圆正好相切，则其中心距为两轮分度圆半径之和，即

$$a = r_1 + r_2 = r_{f1} + h_a^* m + c^* m + r_2 = r_{f1} + r_{a2} + c^* m$$

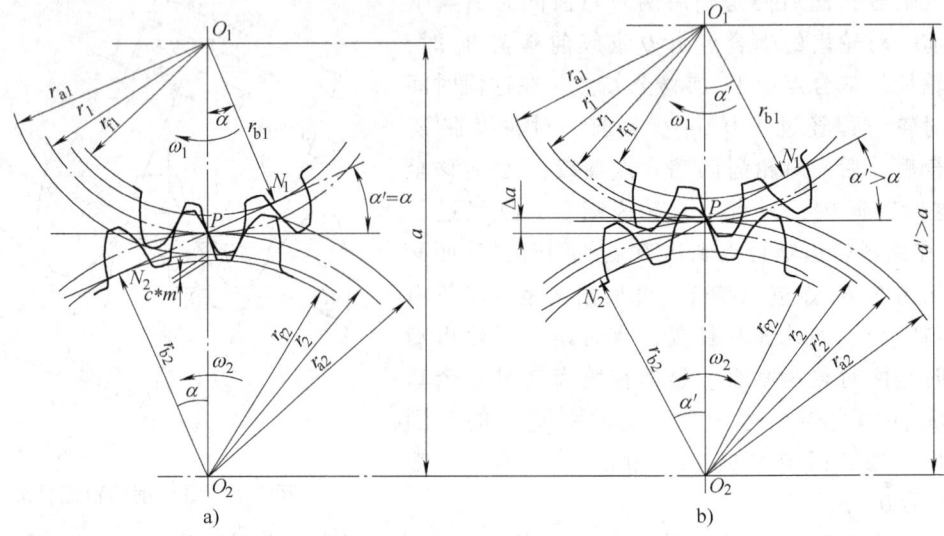

图 7-22 标准安装与非标准安装

显然,能保证标准顶隙。

可见,两标准齿轮分度圆相切的安装,能实现无侧隙啮合并保证标准顶隙,即为标准齿轮的标准安装。其中心距

$$a = r_1 + r_2 = \frac{m}{2}(z_1 + z_2) \tag{7-12}$$

称为标准中心距。

如图 7-22b 所示,当一对外啮合标准直齿圆柱齿轮的实际安装中心距大于标准中心距,即 $a' = a + \Delta a > a$ 时,称为非标准安装。此时两轮分度圆不再相切,节圆与分度圆分离 ($r' > r$),啮合角增大 ($\alpha' > \alpha$),顶隙变大 ($c > c^* m$),齿侧也产生了间隙 ($s_1' \neq e_2'$, $e_1' \neq s_2'$),其实际中心距 $a' = r_1' + r_2'$。根据 $r_b = r\cos\alpha = r'\cos\alpha'$,很容易得到实际中心距与标准中心距的关系如下

$$a'\cos\alpha' = a\cos\alpha \tag{7-13}$$

五、标准齿轮与齿条的标准安装

如图 7-23 中实线所示,当标准齿轮与齿条传动在安装时能保证齿轮分度圆与齿条中线

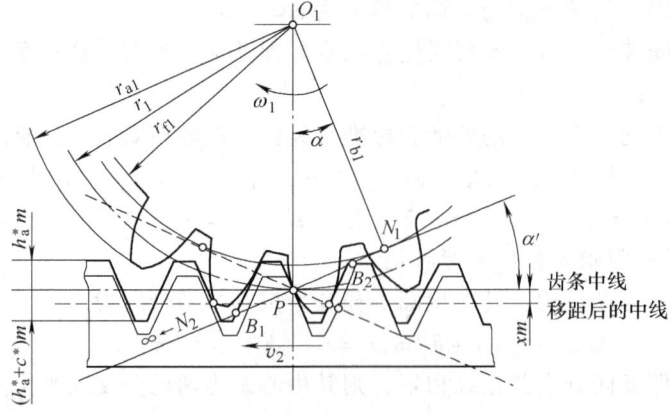

图 7-23 标准齿轮与齿条的标准安装

相切，由于标准齿轮分度圆上的齿厚等于槽宽，齿条中线上的齿厚也等于槽宽，即

$$s_1 = e_1 = s_2 = e_2 = \frac{p}{2} = \frac{\pi m}{2}$$

必能实现无齿侧间隙啮合传动并保证标准顶隙，这种安装称为标准安装。此时，齿轮分度圆与节圆重合（$r_1' = r_1$），齿条中线与节线重合，啮合角等于分度圆压力角（$\alpha' = \alpha$）。

如果保持齿轮位置（基圆位置）不变，把齿条由图示实线位置沿径向下移一段距离 xm，至图中虚线位置，这时齿轮和齿条将只有一侧接触，另一侧出现间隙。这种安装称为非标准安装。

因为，啮合线 N_1N_2 既要切于齿轮基圆，又要垂直于齿条的直线齿廓，而齿轮位置（基圆位置）不变，齿条的直线齿廓方向也不变。所以，啮合线 N_1N_2 位置和方向不变，节点 P 位置也不变。可见齿轮分度圆与节圆重合（$r_1' = r_1$），啮合角仍等于分度圆压力角（$\alpha' = \alpha$），只是齿条中线与节线不再重合（$s_1' \neq e_2'$，$e_1' \neq s_2'$ 且 $c > c^* m$）。

综上所述，当齿轮与齿条啮合传动时，无论是否标准安装都具有下述两个特点：
1）齿轮分度圆总是与节圆重合，$r_1' = r_1$。
2）啮合角总是等于分度圆压力角，$\alpha' = \alpha$。
这两个重要特点在齿轮加工中具有重要意义。

六、齿廓滑动与磨损

一对渐开线齿廓在啮合传动时，只有在节点 P 处具有相同速度，而在啮合线上其他位置啮合时，两齿廓上啮合点的速度是不同的，因而齿廓间必存在相对滑动。在干摩擦和润滑不良的情况下，相对滑动会引起齿面磨损。越靠近齿根部分，齿廓相对滑动越严重，尤其是小齿轮更为严重。为减轻磨损和减小齿面接触应力，在齿轮传动设计时，应设法使实际啮合线 B_2B_1 尽可能远离极限啮合点 N_1。

第五节　渐开线齿轮的加工

齿轮的加工方法很多，如切削法、铸造法、热轧法、电加工法等。但就加工原理来看，可分为两大类，即仿形法和展成法。展成法是目前齿轮加工中最常用的一种切削加上方法。本节重点介绍展成法。

一、仿形法加工

仿形法加工是指用与齿槽形状相同的成形刀具将轮坯齿槽的材料去掉，如图 7-24、图 7-25 所示分别是用圆盘铣刀或指形铣刀在普通铣床上进行加工。这种方法的特点是刀具在其轴向剖面的形状和被切齿轮齿槽的形状相同。切制时，铣刀绕自身轴线转动，同时毛坯沿其轴线方向送进，当铣完一个齿槽后，毛坯退回原来位置，用分度盘将毛坯转过 $360°/z$，再继续铣削第二个齿槽，如此继续，直到铣完所有齿槽，就可切出一个齿轮来。

由于齿廓渐开线的形状取决于基圆的大小．而基圆半径 $r_b = mz\cos\alpha/2$，所以当 m 和 α 一定时，渐开线齿廓的形状将随齿轮齿数 z 而变化。那么，要想切出完全准确的渐开线齿廓，则在加工模数和压力角相同而齿数不同的齿轮时，对于每一种齿数的齿轮就需要有一把刀具，这在实际生产中是不可行的。因此，为减少刀具数，在工程上加工相同模数和压力角的齿轮时，一般只备有 1~8 号齿轮铣刀，每一种铣刀加工一定齿数范围内的齿轮。

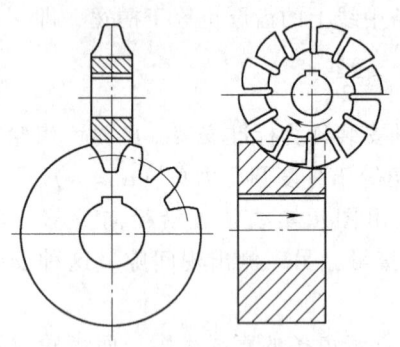
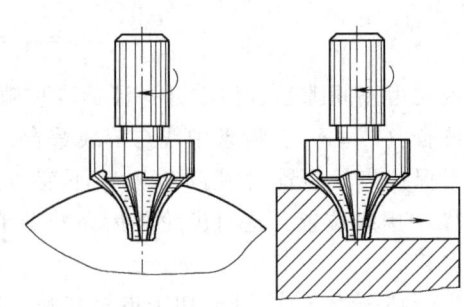

图 7-24 用盘形齿轮铣刀切制齿轮　　　　图 7-25 用指形齿轮铣刀切制齿轮

由于铣刀的号数有限,用同一把铣刀去加工一定齿数范围内不同齿数的齿轮其齿形必存在误差,而且还存在分度误差,所以齿轮加工精度低。同时由于加工不连续而生产率低。由于这些缺点,使得仿形法不适宜于批量生产,一般多用于修配或小批量生产中。

二、展成法加工

展成法是指利用一对齿轮作无侧隙啮合传动时,两轮的齿廓互为包络线的原理来加工齿轮的。加工时,其中一个齿轮(或齿条)的齿廓为切削刃作为刀具,而被加工的齿轮坯作为另一个齿轮,刀具和被加工轮坯之间的主运动为展成运动,和一对相互啮合的齿轮(或齿条与齿轮)完全相同,再加上辅助的切削、进给和让刀运动,刀具的齿廓就在轮坯上切削出被加工齿轮的齿廓。展成法加工齿轮的常用刀具有齿轮插刀、齿条插刀和齿轮滚刀。

1. 用齿轮插刀加工齿轮

图 7-26a 所示为在专用的插齿机床上用齿轮插刀加工齿轮的情形。齿轮插刀就像齿廓为切削刃的外齿轮,其模数 m 和压力角 α 与被加工齿轮相同,只是其齿顶高 $h_a = (h_a^* + c^*)m$,以便切出轮坯的齿根高。加工时齿轮插刀与轮坯之间的相对运动有:

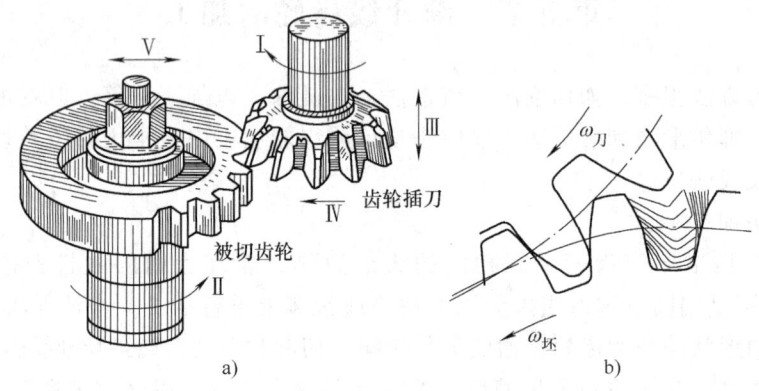

图 7-26 用齿轮插刀加工齿轮

(1) 展成运动　通过机床的传动系统,使插刀与轮坯就像一对齿轮的啮合传动一样以恒定传动比 $i = \omega_刀 / \omega_坯 = z_坯 / z_刀$ 转动,如图 7-26a 中箭头 Ⅰ、Ⅱ 所示,这是加工齿轮的主运动。这样插刀切削刃在各个位置的包络线即形成被加工齿轮的齿廓,如图 7-26b 所示。

(2) 切削运动　齿轮插刀沿轮坯轴线方向作往复运动,如箭头 Ⅲ 所示,将齿槽部分的材料切去。

(3) 进给运动 齿轮插刀向着轮坯径向进给,如箭头Ⅳ所示,直至切出全齿高。

(4) 让刀运动 为避免插刀切削刃在回程时擦伤已形成的齿面,轮坯沿径向作微量让刀运动,在齿轮插刀向下切削到轮坯前又恢复到原来位置,如箭头Ⅴ所示。

2. 用齿条插刀加工齿轮

图 7-27 所示为用齿条插刀切制齿轮的情形。齿条插刀是齿廓为切削刃的齿条,齿条插刀与轮坯的展成运动相当于齿轮与齿条的啮合运动,其速比关系为 $v_刀 = r\omega_坯 = mz\omega_坯/2$,其切齿原理与用齿轮插刀加工齿轮的原理相同。

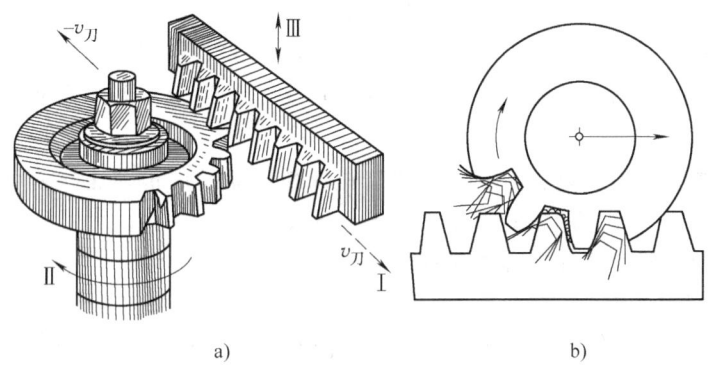

图 7-27 用齿条插刀加工齿轮

3. 用齿轮滚刀切制齿轮

图 7-28a 所示为用齿轮滚刀切制齿轮的情形。滚刀像具有梯形螺纹的螺杆,与螺杆不同之处在于沿其轴线方向开有若干条沟槽作为切削刃,以便于切削,如图 7-28b 所示。滚刀在

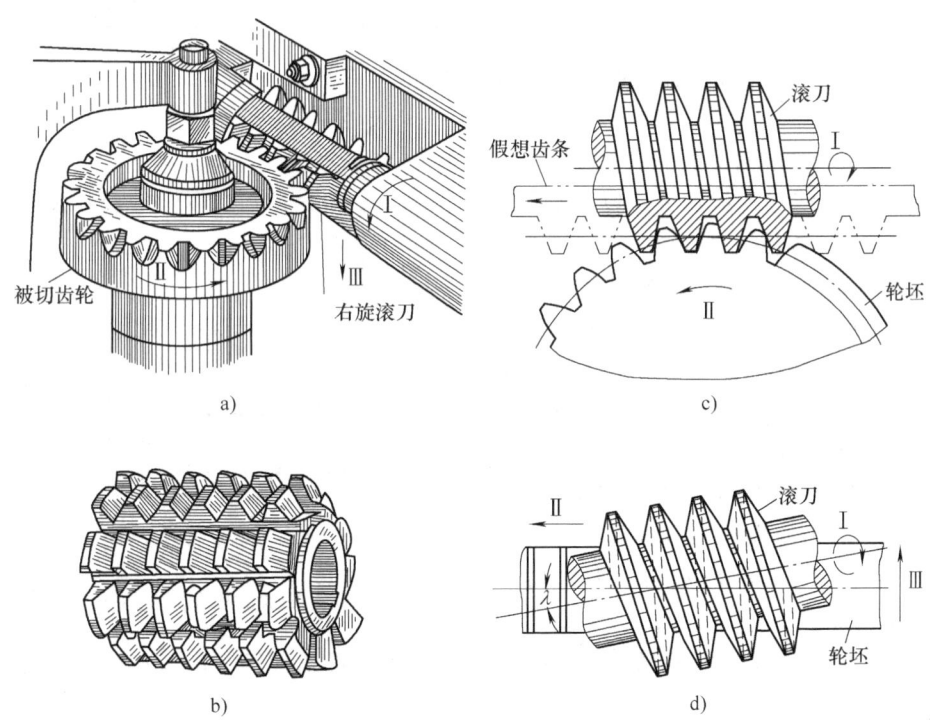

图 7-28 用齿轮滚刀加工齿轮

轮坯回转面内的投影为一齿条，当滚刀连续转动时，相当于一根无限长的齿条连续向前移动，如图 7-28c 所示。由于齿轮滚刀一般是单头的，其转动一周，就相当于用齿条插刀切齿时插刀移过一个齿距。所以用滚刀切制齿轮的原理和用齿条插刀切制齿轮的原理基本相同。为了沿齿宽方向切出完整的轮齿，滚刀在转动的同时，还需沿轮坯轴线方向移动，如图中箭头Ⅲ所示。在用滚刀加工直齿轮时，滚刀轴线与轮坯端面之间的安装角应等于滚刀螺纹的升角 λ，也即使滚刀螺纹切线恰与轮坯的齿向一致，以便加工出齿轮的直齿槽，如图 7-28d 所示。

无论用齿轮插刀还是齿条插刀加工齿轮，其切削都是不连续的，因而影响了生产率的提高。而用齿轮滚刀加工时，其切削运动是连续的，故生产效率高，适用于大批量生产，同时用齿轮滚刀既可以加工出直齿轮，也可以方便地加工出斜齿轮，因此目前生产中广泛采用滚齿法。

综上所述，展成法加工齿轮时，只要改变机床传动系统的传动比，就可以加工出模数和压力角均与刀具相同的任意齿数的齿轮。

三、用标准齿条型刀具加工标准齿轮

1. 标准齿条型刀具

标准齿条型刀具的齿形如图 7-29 所示，它仅比标准齿条在齿顶部高出 $c^* m$ 一段，以便在被加工齿轮的齿根部分切制出顶隙，刀具的顶刃和侧刃之间用圆弧角光滑过渡，其他部分完全一样。加工齿轮时，刀具顶刃切出齿根圆，侧刃切出渐开线齿廓，而圆弧角切削刃则切出轮齿根部的非渐开线齿廓曲线，称为过渡曲线。刀具齿根部的 $c^* m$ 段高度是为保证刀具和轮坯外圆之间的顶隙。而轮坯外圆在切齿前已根据设计尺寸加工完成。

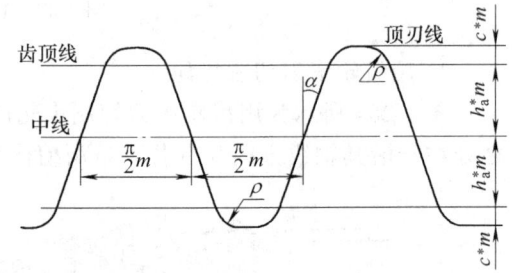

图 7-29 标准齿条型刀具的齿廓

为了以后讨论方便，我们把刀具中线以上与之相距 $h_a^* m$ 的直线称为齿顶线。以区别于刀具顶刃线。刀具齿顶线以下的刀具侧刃为直线，它切出齿轮齿廓的渐开线部分。

2. 用标准齿条型刀具加工标准齿轮

图 7-30 所示为用标准齿条型刀具加工标准齿轮情形。首先根据被切齿轮的基本参数选择相应的刀具，并将轮坯的外圆按被切齿轮的齿顶圆直径预先加工好。其次应使刀具的中线刚好与轮坯的分度圆相切，即刀具的中线为加工节线，轮坯的分度圆为加工节圆。这样展成加工出来的齿轮与刀具具有相同的模数和压力角，齿顶高为 $h_a^* m$，齿根高为 $h_f = (h_a^* + c^*) m$。又因展成运动为无侧隙啮合，所以加工出来的齿轮的齿厚等于齿槽宽，且均为标准值，即 $s = e = \pi m/2$。显然这样加工出来的齿轮是标准齿轮。

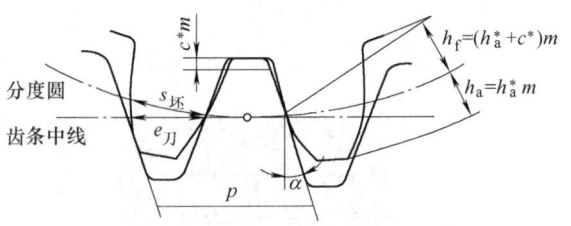

图 7-30 用标准齿条型刀具加工标准齿轮

四、渐开线齿廓的根切现象及避免措施

1. 根切现象及产生原因

用展成法加工齿轮时,有时刀具的齿顶部分会将被加工齿轮齿根部分已经被切制出来的渐开线齿廓切去一部分,这种现象称为根切现象,如图 7-31 所示。

根切将使轮齿的抗弯强度大大减弱,而且当根切侵入渐开线齿廓工作段时,将破坏定传动比传动,影响传动的平稳性,故在齿轮设计时应力求避免根切。

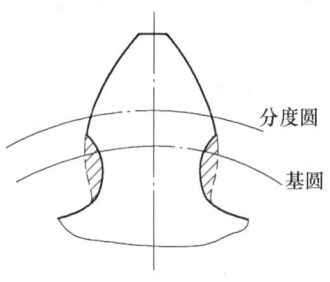

图 7-31 根切现象

下面以齿条型刀具为例说明根切现象发生的原因。

如图 7-32 所示,齿条刀具的中线与被切齿轮的分度圆切于节点 P。N 为被切齿轮的啮合极限点,B_1 为被切齿轮齿顶圆与啮合线的交点,B_2 为刀具齿顶线与啮合线的交点。刀具齿廓从通过 B_1 点的位置 1 处开始切制轮坯齿廓的渐开线部分,当刀具齿廓向右送进到它通过啮合极限点 N 的位置 2 时,刀具齿廓的 NF 段便已完全切出轮坯的渐开线齿廓 G。如果刀具的齿顶线恰好通过 N 点(即 B_2 和 N 重合),那么在展成运动进行下去时,刀具的切削刃与切好的齿廓在 N 点脱离,不会发生根切现象。但现在刀具的齿顶线超过了啮合极限点 N,当刀具继续右移时,便开始发生根切现象,直至达到点 B_2 为止。

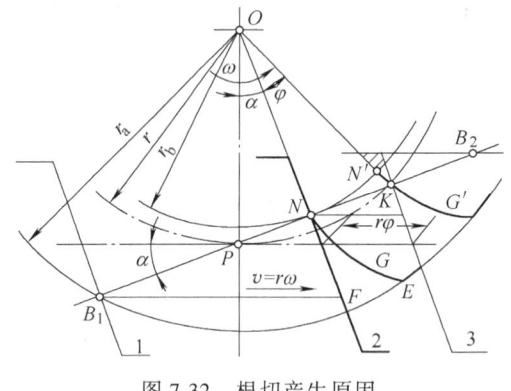

图 7-32 根切产生原因

设刀具齿廓由位置 2 移动到位置 3,轮坯转过角度 φ,轮坯上的渐开线起始点 N 移动到 N',渐开线齿廓到达 G' 位置,刀具直线齿廓与啮合线垂直交于点 K。渐开线齿廓在基圆上转过的弧长为

$$\widehat{NN'} = r_b\varphi = r\varphi\cos\alpha$$

刀具沿啮合线移动的距离

$$\overline{NK} = r\varphi\cos\alpha$$

所以

$$\widehat{NN'} = \overline{NK}$$

$\overline{NK}$ 是刀具齿廓由位置 2 移动到位置 3 的法向距离(最短距离),而 $\widehat{NN'}$ 是一段圆弧,所以点 N' 必然落在切削刃的左下方,刀具的齿顶必定切入轮坯的齿根(图中阴影部分),不但基圆内的齿廓被切去一部分,而且基圆外的渐开线齿廓也被切去一部分,即发生根切现象。

2. 避免发生根切的措施

如前所述,当用展成法加工齿轮时,若刀具的齿顶线超过了啮合极限点 N,必将发生根切现象。所以要避免根切就必须使刀具的齿顶线不超过啮合极限点 N。为达到此目的,可以采用以下两种途径:

(1)增加被加工齿轮的齿数 如图 7-33 所示,齿条刀具的中线与被切齿轮的分度圆切

于节点 P。由于在模数已定的条件下，刀具齿顶高及刀具齿顶线位置已确定，所以欲使刀具的齿顶线不超过啮合极限点 N，必须增大被切齿轮的齿数，以增大其基圆半径，迫使啮合极限点 N 远离节点 P 外移，直至满足条件

$$\overline{MN} \geq h_a^* m$$

由 $\triangle PNM$ 知，$\overline{MN} = \dfrac{mz}{2}\sin^2\alpha$，故得

$$z \geq \dfrac{2h_a^*}{\sin^2\alpha} \tag{7-14}$$

因此，用标准齿条型刀具加工标准齿轮时不发生根切的最少齿数为

$$z_{\min} = \dfrac{2h_a^*}{\sin^2\alpha} \tag{7-15}$$

当 $h_a^* = 1$、$\alpha = 20°$ 时，$z_{\min} = 17$。

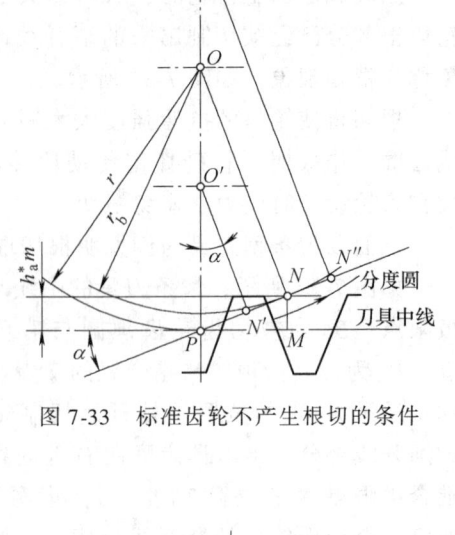

图 7-33 标准齿轮不产生根切的条件

(2) 将刀具远离轮坯径向移位 如图 7-34 所示，将刀具远离轮坯中心径向移动一段距离，使刀具的齿顶线不超过啮合极限点 N，从而避免根切现象发生，即所谓的径向变位，用这种方法所加工的齿轮称为变位齿轮。

假设将刀具从标准位置远离轮坯中心径向下移一段距离 xm（其中 m 为模数，x 称为称径向变位系数），那么刀具中线下移 xm，齿顶线也相应下移 xm。为避免根切，应满足条件

$$\overline{MN} \geq h_a^* m - xm$$

将 $\overline{MN} = \dfrac{mz}{2}\sin^2\alpha$ 代入，可得不发生根切的条件为

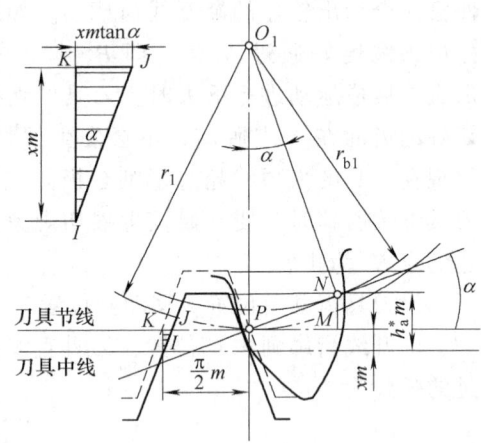

图 7-34 用标准齿条刀具加工变位齿轮

$$x \geq h_a^* - \dfrac{z\sin^2\alpha}{2} \tag{7-16}$$

由式（7-15）有 $\sin^2\alpha = 2h_a^*/z_{\min}$，代入式（7-16）得

$$x \geq h_a^* \dfrac{z_{\min} - z}{z_{\min}} \tag{7-17}$$

则变位齿轮不发生根切的最小变位系数为

$$x_{\min} = h_a^* \dfrac{z_{\min} - z}{z_{\min}} \tag{7-18}$$

当 $h_a^* = 1$、$\alpha = 20°$ 时，$x_{\min} = (17 - z)/z$。

分析式（7-18）可见，当 $z < z_{\min}$ 时，$x_{\min} > 0$，表明为避免被切齿轮发生根切刀具应由其标准位置远离轮坯中心径向移距 xm，且 $x > x_{\min}$，称为正变位；当 $z = z_{\min}$ 时，$x_{\min} = 0$，表明此时可以不移距，即取 $x = x_{\min} = 0$，称为零变位，当然也可以正变位；当 $z > z_{\min}$ 时，$x_{\min} < 0$，

表明若需要的话在 $x > x_{\min}$ 的条件下允许刀具向靠近轮坯中心移距，称为负变位，当然也可以不变位或正变位。

第六节 渐开线变位齿轮及其啮合传动

一、渐开线变位齿轮

如前所述，用标准齿条型刀具加工齿轮，按刀具中线与被加工齿轮分度圆的相对位置，可分三种情况：

1) 刀具中线与被加工齿轮分度圆相切，$x = 0$，不变位或零变位，加工标准齿轮。
2) 刀具中线相对于被加工齿轮正移距，$x > 0$，正变位，加工正变位齿轮。
3) 刀具中线相对于被加工齿轮负移距，$x < 0$，负变位，加工负变位齿轮。

由齿条与齿轮啮合特点知，无论是否标准安装，齿轮的分度圆总是与节圆重合，啮合角恒等于压力角。可见用标准齿条刀具切制的变位齿轮与标准齿轮相比，其模数、压力角、分度圆、基圆、齿距均相同，其齿廓曲线是同一个基圆展开的渐开线，只不过所取的部位不同而已，如图7-35所示。但由于变位齿轮随变位的不同，其齿廓渐开线所截取的部位不同，齿廓的曲率及轮齿的齿厚、齿顶高和齿根高等都发生了改变。因而可以利用变位来改善齿轮

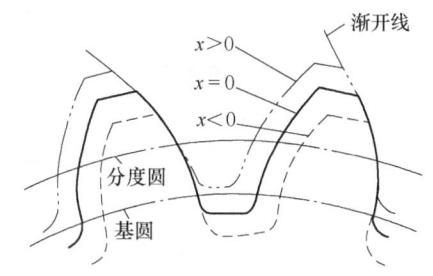

图7-35 变位齿轮与标准齿轮齿廓的比较

传动的质量和传动方面的其他要求，而且这种方法简单易行，无需更换刀具和设备。

1. 分度圆齿厚和齿槽宽

图7-34所示为标准齿条型刀具加工正变位齿轮的情形，刀具远离轮坯中心实行径向变位量 $xm > 0$，刀具中线和节线分离，所以齿轮分度圆齿厚和齿槽宽不再相等。由图可见，刀具节线上的齿厚较刀具中线上的齿厚减小了 $2\overline{KJ}$，而在齿轮加工过程中轮坯分度圆与刀具节线作纯滚动，所以被加工齿轮分度圆上的齿槽宽 e 也相应减少了 $2\overline{KJ}$，而分度圆上的齿厚相应增加了 $2\overline{KJ}$。即

$$e = \frac{\pi m}{2} - 2KJ = m\left(\frac{\pi}{2} - 2x\tan\alpha\right) \quad (7\text{-}19)$$

$$s = \frac{\pi m}{2} + 2KJ = m\left(\frac{\pi}{2} + 2x\tan\alpha\right) \quad (7\text{-}20)$$

对于负变位齿轮，上述两式中的径向变位系数 x 用负值代入即可。

2. 任意圆上的齿厚

图7-36表示齿轮的一个轮齿。在基圆和齿顶圆之间任取一半径为 r_i 的圆，弧长 $\overparen{CC} = s_i$ 为该圆上的齿厚，其所对中心角为 φ_i。θ_i、α_i 分别为渐开线在该圆上的展角和压力角。r、s、θ 和 α 分别为分度圆

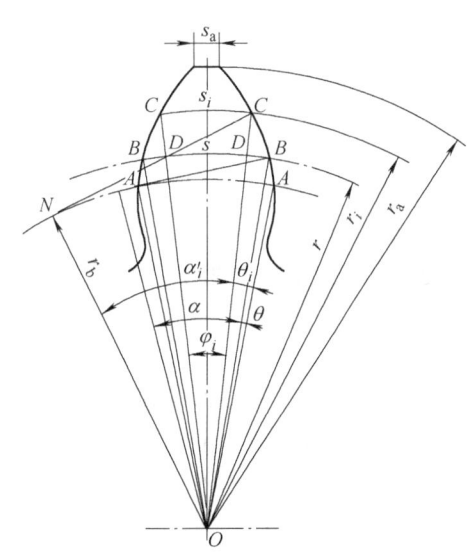

图7-36 任意圆上的齿厚

半径、齿厚、渐开线展角和压力角。由图 7-36 可知

$$s_i = r_i \varphi_i$$

$$\varphi_i = \angle BOB - 2\angle BOC = \frac{s}{r} - 2(\theta_i - \theta) = \frac{s}{r} - 2(\text{inv}\alpha_i - \text{inv}\alpha)$$

所以
$$s_i = s\frac{r_i}{r} - 2r_i(\text{inv}\alpha_i - \text{inv}\alpha) \tag{7-21}$$

以不同圆的半径 r_i 和该圆上的渐开线压力角 α_i 代入上式，即可求得相应的齿厚。

齿顶圆齿厚
$$s_a = s\frac{r_a}{r} - 2r_a(\text{inv}\alpha_a - \text{inv}\alpha) \tag{7-22}$$

节圆齿厚
$$s' = s\frac{r'}{r} - 2r'(\text{inv}\alpha' - \text{inv}\alpha) \tag{7-23}$$

基圆齿厚
$$s_b = s\frac{r_b}{r} + 2r_b\text{inv}\alpha = \cos\alpha(s + mz\text{inv}\alpha) \tag{7-24}$$

二、变位齿轮的啮合传动

1. 无齿侧间隙啮合方程

如前所述，一对相啮合的齿轮为了实现无齿侧间隙啮合，必须满足式（7-11）的条件，即

$$s_1' = e_2' \quad \text{及} \quad s_2' = e_1'$$

对于标准齿轮来说，因其分度圆齿厚等于齿槽宽，所以当其按标准中心距安装时，该条件自然满足。对于变位齿轮传动，其分度圆齿厚和齿槽宽均发生了改变，那么应该如何实现无齿侧间隙啮合呢？

根据上述条件，两轮的节圆齿距应满足

$$p' = s_1' + e_1' = s_2' + e_2' = s_1' + s_2' \tag{7-25}$$

由式（7-21）可得
$$s_1' = s_1\frac{r_1'}{r_1} - 2r_1(\text{inv}\alpha' - \text{inv}\alpha)$$

$$s_2' = s_2\frac{r_2'}{r_2} - 2r_2(\text{inv}\alpha' - \text{inv}\alpha)$$

式中
$$s_1 = m\left(\frac{\pi}{2} + 2x_1\tan\alpha\right)$$

$$s_2 = m\left(\frac{\pi}{2} + 2x_2\tan\alpha\right)$$

又
$$\frac{r_1'}{r_1} = \frac{\cos\alpha}{\cos\alpha'}, \frac{r_2'}{r_2} = \frac{\cos\alpha}{\cos\alpha'}, \frac{p'}{p} = \frac{\cos\alpha}{\cos\alpha'}$$

上述各式代入式（7-25），并化简整理得

$$\text{inv}\alpha' = \frac{2(x_1 + x_2)\tan\alpha}{z_1 + z_2} + \text{inv}\alpha \tag{7-26}$$

式（7-26）称为无齿侧间隙啮合方程，该方程反映了一对变位齿轮作无齿侧间隙啮合时变位系数之和与啮合角的关系。

2. 中心距与中心距变动系数

由式（7-26）表明，若两轮的变位系数 $(x_1 + x_2)$ 不等于零，则当两轮作无齿侧间隙啮合时其啮合角 α' 不等于压力角 α，各轮的节圆与其分度圆不重合，即两轮分度圆分离或相

交，中心距 a' 也就不等于标准中心距 a。由中心距 $a' = r_1' + r_2'$ 和 $r\cos\alpha = r'\cos\alpha'$ 可得

$$a'\cos\alpha' = a\cos\alpha \tag{7-27}$$

该式反映了一对变位齿轮作无齿侧间隙啮合时中心距与啮合角的关系。式（7-26）和式（7-27）是变位齿轮传动设计的基本关系式，通常成对使用。

中心距 a' 与标准中心距 a 的差值用 ym 表示，则

$$ym = a' - a$$

$$y = \frac{z_1 + z_2}{2}\left(\frac{\cos\alpha}{\cos\alpha'} - 1\right) \tag{7-28}$$

ym 为中心距变动量（也称为分度圆分离量），y 称为中心距变动系数。图 7-37a 所示为一对变位齿轮作无齿侧间隙啮合时的中心距 a'。

3. 齿根圆半径、齿顶圆半径及齿高变动系数

如图 7-34 所示，加工变位齿轮时，刀具相对轮坯中心产生径向移距 xm，因此齿根圆半径增大了 xm，齿根圆半径为

$$r_f = \frac{mz}{2} - (h_a^* + c^* - x)m \tag{7-29}$$

因为分度圆大小不变，而齿根圆半径增大，所以齿根高比标准齿轮减小了 xm，即

$$h_f = (h_a^* + c^* - x)m$$

若保持全齿高不变，仍等于 $(2h_a^* + c^*)m$，则齿顶高必须相应增加 xm，即

$$h_a = (h_a^* + x)m$$

则齿顶圆半径为

$$r_a = \frac{mz}{2} + (h_a^* + x)m \tag{7-30}$$

若要既保证两齿轮具有标准全齿高，又保证两轮间具有标准顶隙，则会出现齿侧间隙，如图 7-37b 所示。此时，两轮中心距为

$$a'' = r_{f1} + r_{a2} + c^*m = r_1 - (h_a^* + c^* - x_1)m + r_2 + (h_a^* + x_2)m + c^*m = r_1 + r_2 + (x_1 + x_2)m$$

即

$$a'' = a + (x_1 + x_2)m \tag{7-31}$$

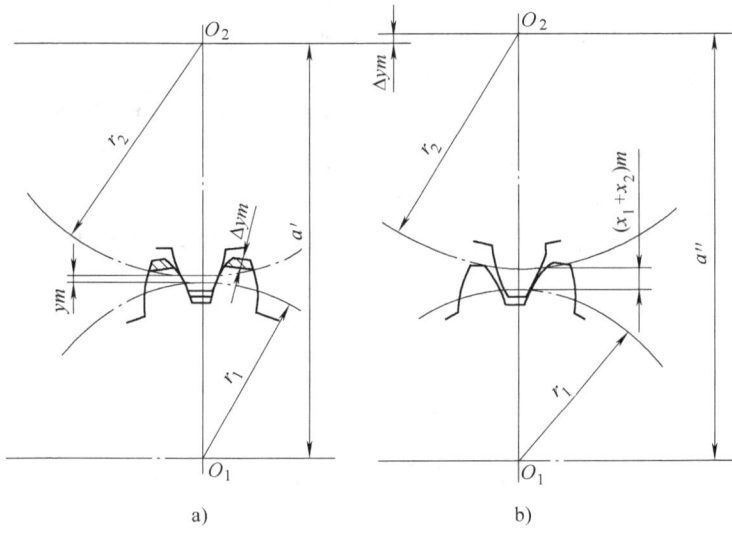

图 7-37 变位齿轮传动的无侧隙啮合与齿高变动系数

为了既实现无齿侧间隙啮合，又保证标准顶隙，工程实际中通常是按两轮无侧隙啮合中心距 a' 安装，而将两轮的齿顶各削去一段 $\Delta y m$，以保证标准顶隙。即

$$\Delta y m = a'' - a' = (x_1 + x_2 - y) m \tag{7-32}$$

$$\Delta y = x_1 + x_2 - y \tag{7-33}$$

Δy 称为齿高变动系数。此时齿轮的齿顶高应为

$$h_a = (h_a^* + x - \Delta y) m \tag{7-34}$$

则齿顶圆半径为

$$r_a = \frac{mz}{2} + (h_a^* + x - \Delta y) m \tag{7-35}$$

三、变位齿轮传动的类型及特点

根据一对齿轮变位系数和 $(x_1 + x_2)$ 的不同，变位齿轮传动可分为零传动、正传动和负传动三种基本类型。

1. 零传动 $(x_1 + x_2 = 0)$

当变位系数之和 $x_1 + x_2 = 0$ 时，称为零传动。零传动又可分为标准齿轮传动和高度变位齿轮传动。

(1) 标准齿轮传动 当 $x_1 + x_2 = 0$，且 $x_1 = x_2 = 0$ 时，为标准齿轮传动。可以看成是变位齿轮传动的一种特例。

(2) 高度变位齿轮传动 当 $x_1 + x_2 = 0$，且 $x_1 = -x_2 \neq 0$ 时，称为高度变位齿轮传动（又称等变位齿轮传动）。

根据式 (7-26)、式 (7-27)、式 (7-28) 和式 (7-33)，可得

$$\alpha' = \alpha, a' = a, y = 0, \Delta y = 0$$

可见，高度变位传动啮合角等于分度圆压力角，中心距等于标准中心距，节圆与分度圆重合，且齿顶高不需要消减。由于 $x_1 = -x_2$，与标准齿轮相比，小齿轮齿顶高和大齿轮的齿根高都增大了，相应地小齿轮齿根高和大齿轮的齿顶高都减小了，也就是说两个齿轮的齿顶高、齿根高都发生了变化，顾名思义称为高度变位传动。

对高度变位齿轮传动，为了防止小齿轮的根切和增大小齿轮的齿厚，一般小齿轮采用正变位，而大齿轮采用负变位。这样，可使大、小齿轮的强度趋于接近，从而使一对齿轮的承载能力可以相对地提高。而且，因为采用正变位可以制造 $z_1 < z_{min}$ 而无根切的小齿轮，因而可以减少小齿轮的齿数，从而在模数和传动比不变的情况下，能使整个齿轮机构的尺寸更加紧凑。高度变位传动的缺点是：必须成对设计、制造和使用；小齿轮作较大正变位时齿顶易变尖；齿轮机构的重合度略有降低。

为了保证大小两个齿轮都不产生根切，两轮齿数和变位系数必须同时满足

$$\begin{cases} x_1 \geqslant h_a^* (z_{min} - z_1)/z_{min} \\ x_2 \geqslant h_a^* (z_{min} - z_2)/z_{min} \\ z_1 + z_2 \geqslant 2 z_{min} \end{cases}$$

2. 正传动 $(x_1 + x_2 > 0)$

当变位系数之和 $x_1 + x_2 > 0$ 时，称为正传动。根据式 (7-26)、式 (7-27)、式 (7-28) 和式 (7-33)，可得

$$\alpha' > \alpha, a' > a, y > 0, \Delta y > 0$$

即在正传动中，啮合角大于分度圆压力角，中心距大于标准中心距，节圆大于分度圆，且两轮的齿全高都比标准齿轮减短了 Δym 段。

正传动的优点是：$z_1 + z_2$ 可以小于 $2z_{min}$，故可减小齿轮机构的尺寸和重量；由于两轮均采用正变位，或小齿轮采用较大的正变位，而大齿轮采用较小的负变位，能使齿轮机构的承载能力有较大提高；通过选择适当的变位系数可以凑配中心距，以满足 $a' > a$ 情况下的要求。

正传动的缺点是：必须成对设计、制造和使用；齿轮作较大正变位时齿顶易变尖；由于啮合角增大和实际啮合线段减短，故重合度有所降低。

3. 负传动（$x_1 + x_2 < 0$）

当变位系数之和 $x_1 + x_2 < 0$ 时，称为负传动。根据式（7-26）、式（7-27）、式（7-28）和式（7-33），可得

$$\alpha' < \alpha, a' < a, y < 0, \Delta y > 0$$

负传动的优缺点正好与正传动的优缺点相反，其重合度略有增加，但轮齿的强度降低，也必须成对设计、制造和使用，所以负传动是一种缺点较多的传动，通常只是在给定中心距 $a' < a$ 的情况下用于配凑中心距。

由于正传动与负传动的啮合角不等于分度圆压力角，所以又统称其为角度变位传动。

综合各类传动的特点，在实际应用中广泛使用的是标准齿轮传动。正传动和等变位零传动通常用于改变传动质量、减小机构尺寸、配凑中心距等。负传动缺点较多，除了用于配凑中心距外，一般情况下尽量不用。

第七节　斜齿圆柱齿轮传动

一、斜齿圆柱齿轮齿廓曲面的形成及啮合特点

如前所示，直齿圆柱齿轮的齿廓是由发生线在基圆上作纯滚动而形成的渐开线齿廓，当一对渐开线直齿轮啮合时为点接触。事实上，轮齿是具有一定宽度的，直齿轮的齿廓曲面实际上是由发生面在基圆柱上作纯滚动时，其上某一条与基圆柱母线 NN 平行的直线 KK 在空间所展成的渐开面，如图 7-38 所示。当一对直齿轮啮合时，齿面的接触线与齿轮的轴线平行，轮齿沿整个齿宽同时进入或退出啮合，因而轮齿上的载荷是突然加上或卸掉的，容易引起冲击、振动和噪声，传动平稳性较差。

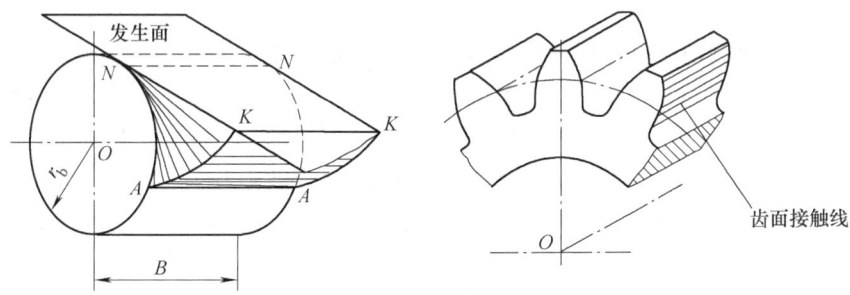

图 7-38　直齿圆柱齿轮齿廓曲面的形成与啮合特点

斜齿圆柱齿轮齿面的形成原理与直齿圆柱齿轮相似，只是发生面上展出渐开面的直线 KK 不再与基圆柱母线 NN 平行，而是相对于 NN 倾斜一个角度 β_b，如图 7-39 所示。当发生面 S 绕基圆柱作纯滚动时，其上与基圆柱母线 NN 倾斜角度 β_b 的直线 KK 在空间展出一渐开螺旋面，形成斜齿圆柱齿轮的齿廓曲面。可见，斜齿轮齿廓有下述特点：

1）斜齿轮齿廓在垂直于轴线的平面（端面）内的齿形是渐开线。

2）斜齿轮齿廓曲面与基圆柱的交线 AA 为一螺旋线，也就是渐开螺旋面的初始线，其螺旋角也就是直线 KK 对轴线方向的倾斜角 β_b，称为轮齿在基圆柱上的螺旋角。

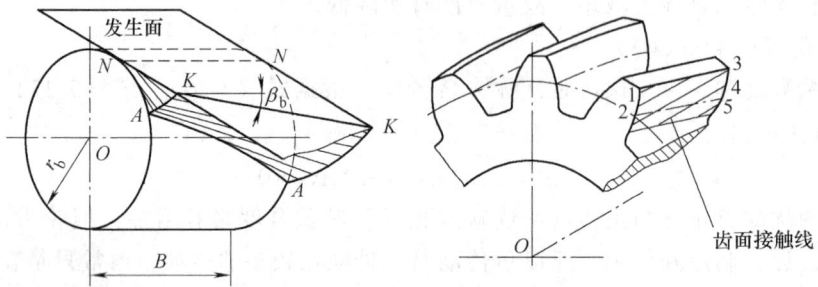

图 7-39　斜齿圆柱齿轮齿廓曲面的形成与啮合特点

3）与基圆柱同轴的所有圆柱面与齿廓曲面的交线都是螺旋线，该螺旋线的切线与轴线之间的夹角称为斜齿轮在相应圆柱上的螺旋角。显然，螺旋角随着圆柱面半径的增大而增大。

4）一对斜齿轮啮合时，齿面接触线是斜直线，接触线先由短变长，后由长变短，因而轮齿上的载荷是逐渐加上又逐渐卸掉的，冲击振动减小，传动较平稳，故适合于高速传动。

二、斜齿轮的主要参数

因斜齿圆柱齿轮的齿面为渐开螺旋面，所以其齿形和基本参数就有端面和法向之分。

垂直于轮齿的方向称为法向，参数用下角标 n 表示，相应有 m_n、α_n、h_{an}^*、c_n^*。由于在加工斜齿轮时，刀具通常是沿着螺旋线方向进刀的，所以斜齿轮的法向齿廓与刀具齿廓相同，故法向参数是与刀具参数相同的标准参数。

垂直于齿轮轴线的截面称为端面，参数用下角标 t 表示，相应有 m_t、α_t、h_{at}^*、c_t^*。因为从端面上看相对于直齿轮，且在端面上计算和测量都比较方便。所以几何尺寸计算通常在端面上进行。

1. 螺旋角

螺旋角是斜齿轮区别于直齿轮的一个重要参数。把斜齿轮的分度圆柱面展开成一个长方形，如图 7-40 所示。其中阴影线部分为轮齿截面，空白部分为齿槽，b 为斜齿轮的轴向宽度，πd 为分度圆周长。在将分度圆柱面展成平面后，分度圆柱面与轮齿齿面相贯所得的螺旋线便成为一条斜直线，它与轴线的夹角 β 即为斜齿轮分度圆柱面上的螺旋角，简称斜齿轮的螺旋角，通常用它来表示斜齿轮轮齿的倾斜程度。设螺旋线的导程为 P_z，则由图 7-40a 可知

$$\tan\beta = \frac{\pi d}{P_z}$$

对于同一个斜齿轮，任一圆柱面上螺旋线的导程都是相同的。但因不同圆柱面的直径不

同，故各圆柱面上的螺旋角也不相等。由图 7-40b 可知，其基圆柱面上的螺旋角

$$\tan\beta_b = \frac{\pi d_b}{P_z}$$

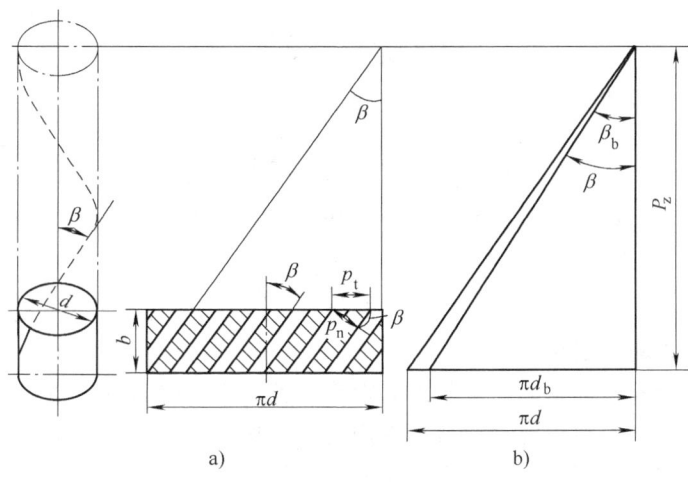

图 7-40 斜齿轮的展开

将上述两式相除，并注意到 $d_b = d\cos\alpha_t$，可得

$$\tan\beta_b = \tan\beta\cos\alpha_t \tag{7-36}$$

2. 模数

如图 7-40 所示，p_n 和 p_t 分别表示法向齿距和端面齿距，其夹角为 β

$$p_n = p_t\cos\beta$$

而

$$p_n = \pi m_n, p_t = \pi m_t$$

所以

$$m_n = m_t\cos\beta \tag{7-37}$$

3. 压力角

为便于分析，用斜齿条来说明法面压力角与端面压力角之间的换算关系。如图 7-41 所示，平面 ABB' 为端面，平面 ACC' 为法向平面，其夹角为 β，$\angle ACB$ 为直角。在直角三角形 ABB'、ACC' 和 ACB 中有

$$\tan\alpha_t = \frac{\overline{AB}}{\overline{BB'}}, \tan\alpha_n = \frac{\overline{AC}}{\overline{CC'}}, \overline{AC} = \overline{AB}\cos\beta$$

注意到 $\overline{BB'} = \overline{CC'}$，可得

$$\tan\alpha_n = \tan\alpha_t\cos\beta \tag{7-38}$$

图 7-41 端面压力角与法向压力角

4. 齿顶高系数和顶隙系数

无论从法向还是从端面来看，轮齿的齿顶高和顶隙都是分别相等的，即

$$h_a = h_{an}^* m_n = h_{at}^* m_t \text{ 及 } c = c_n^* m_n = c_t^* m_t$$

考虑到 $m_n = m_t\cos\beta$，则有

$$h_{at}^* = h_{an}^*\cos\beta \tag{7-39}$$

$$c_t^* = c_n^*\cos\beta \tag{7-40}$$

5. 不根切最少齿数 $z_{\min}$

由于斜齿轮在端面上的齿形和直齿轮相同，所以标准斜齿轮不产生根切的最少齿数 $z_{\min}$ 也可仿照直齿轮按端面参数求出，即

$$z_{\min} = \frac{2h_{at}^*}{\sin^2\alpha_t} = \frac{2h_{an}^*\cos\beta}{\sin^2\alpha_t} \tag{7-41}$$

由于 $\cos\beta < 1$，$\alpha_t > \alpha_n$，可见

$$z_{\min} = \frac{2h_{at}^*}{\sin^2\alpha_t} = \frac{2h_{an}^*\cos\beta}{\sin^2\alpha_t} < \frac{2h_{an}^*}{\sin^2\alpha_n}$$

故标准斜齿轮不产生根切的最少齿数比直齿轮的要少。若进一步作 $\cos^2\alpha_n \approx \cos^2\alpha_t$，则

$$z_{\min} \approx \frac{2h_{an}^*}{\sin^2\alpha_n}\cos^3\beta \tag{7-42}$$

三、斜齿圆柱齿轮的当量齿数

如前所述，斜齿轮在加工时刀具是沿着螺旋线齿槽方向进刀的，所以斜齿轮的法向齿廓与刀具齿廓相同，法向参数为标准参数。在用仿形法切制斜齿轮时，除了要知道所要切制的斜齿轮的法向模数和法向压力角，还需要按照与斜齿轮的法向齿廓相当的直齿轮的齿数来选择刀号。在计算斜齿轮的轮齿弯曲强度时，由于力作用在法面内，所以也需要知道它的法向齿廓。这就需要寻找一个与斜齿轮法向齿廓相当的直齿轮，这个虚拟的直齿轮称为斜齿轮的当量齿轮，其齿数称为斜齿轮的当量齿数。

图 7-41 所示为实际齿数为 z 的斜齿轮的分度圆柱。过分度圆柱螺旋线上的一点 C，作此轮齿螺旋线的法面 nn，将此斜齿轮的分度圆柱剖开，得一椭圆剖面。在此剖面上 C 点附近的齿形可以近似地视为该斜齿轮的法向齿廓。现以椭圆上 C 点的曲率半径 ρ 为半径作圆，在 C 点附近的圆弧曲线和椭圆曲线非常接近，若以此圆作为假想的直齿轮的分度圆，并设此假想的直齿轮的模数和压力角分别等于该斜齿轮的法向模数和法向压力角，则该假想的直齿轮的齿形与上述斜齿轮的法面齿形十分相近。故可以此假想的直齿轮作为该斜齿轮的当量齿轮，其齿数称为当量齿数，以 z_v 表示。

由图 7-42 可知，椭圆的长半轴 $a = r/\cos\beta$，短半轴 $b = r$，则 C 点的曲率半径为

$$\rho = \frac{a^2}{b} = \frac{r}{\cos^2\beta}$$

故得当量齿数 $\quad z_v = \dfrac{2\rho}{m_n} = \dfrac{2r}{m_n\cos^2\beta} = \dfrac{m_t z}{m_n\cos^2\beta} = \dfrac{z}{\cos^3\beta} \quad$ (7-43)

按式（7-43）求得的当量齿数 z_v 一般不是整数，也无需圆整。z_v 不仅可以用于仿形法加工时选刀号，也可用于确定标准斜齿轮不发生根切的最少齿数（$z_{\min} = z_{v\min}\cos^3\beta$，与式（7-42）相一致）。此外，建立了当量齿轮的概念后，可将直齿轮的有关理论（如轮齿的强度计算）应用到斜齿轮上。

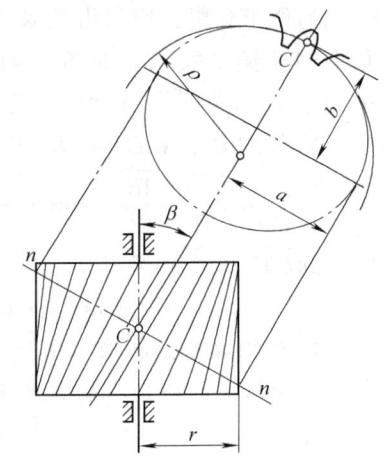

图 7-42 斜齿轮的当量齿轮

四、平行轴斜齿圆柱齿轮机构的啮合传动

用于传递两平行轴之间运动和动力的一对斜齿圆柱齿轮组成的传动机构，称为平行轴斜

齿圆柱齿轮机构。

1. 正确啮合条件

平行轴斜齿圆柱齿轮机构在端面内的啮合相当于直齿轮啮合,所以一对相啮合的斜齿轮的端面模数和端面压力角必须分别相等,即

$$m_{t1} = m_{t2}, \alpha_{t1} = \alpha_{t2} \tag{7-44}$$

为了使一对斜齿轮能够传递两平行轴之间的运动,两轮啮合处的轮齿倾斜方向必须一致,这样才能使一轮的齿厚落在另一轮的齿槽内。外啮合时,两轮螺旋角应大小相等,方向相反,即 $\beta_1 = -\beta_2$;内啮合时,两轮螺旋角应大小相等,方向相同,即 $\beta_1 = \beta_2$。

由于相互啮合的两轮的螺旋角大小相等,所以由式(7-37)、式(7-38)和式(7-44)可得,法向模数和法向压力角也应分别相等,即

$$m_{n1} = m_{n2}, \alpha_{n1} = \alpha_{n2} \tag{7-45}$$

综上所述,一对平行轴斜齿圆柱齿轮的正确啮合条件为

$$\begin{cases} \beta_1 = \pm\beta_2 (外啮合取"-",内啮合取"+") \\ m_{n1} = m_{n2} = m_n \quad 或 \quad m_{t1} = m_{t2} = m_t \\ \alpha_{n1} = \alpha_{n2} = \alpha_n \quad 或 \quad \alpha_{t1} = \alpha_{t2} = \alpha_t \end{cases} \tag{7-46}$$

2. 重合度

为便于分析斜齿轮机构的重合度,将端面参数相同的一对直齿圆柱齿轮传动和一对平行轴斜齿圆柱齿轮传动进行对比。图 7-43a 所示为直齿圆柱齿轮传动的啮合面。轮齿是沿整个齿宽 b 在 B_2B_2 进入啮合,到 B_1B_1 处整个轮齿脱离啮合,啮合区长度为 L。

图 7-43b 所示为平行轴斜齿圆柱齿轮的啮合面。当轮齿的前端面到达位置 B_2 时开始进入啮合,但轮齿的其余部分并未进入啮合。随着齿轮的转动,当轮齿的后端面也到达位置 B_2 时才沿全齿宽进入啮合。当轮齿的前端面到达位置 B_1 时开始脱离啮合,但轮齿的其余部分仍在啮合中,直至轮齿的后端面也到达位置 B_1 时才沿整个齿宽脱离啮合。显然,其实际啮合区比直齿轮传动增大了 $\Delta L = b\tan\beta_b$。因此,斜齿轮传动的重合度也就较直齿轮传动大,其重合度为

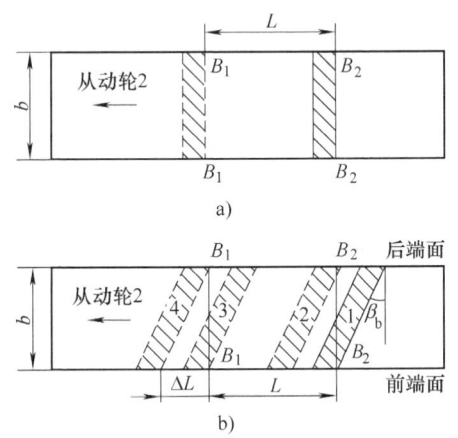

图 7-43 斜齿轮传动与直齿轮传动重合度比较

$$\varepsilon_\gamma = \frac{L + \Delta L}{p_{bt}} = \frac{L}{p_{bt}} + \frac{\Delta L}{p_{bt}} = \varepsilon_\alpha + \varepsilon_\beta \tag{7-47}$$

其中,ε_α 为端面重合度,可以直接由斜齿轮的端面参数代入直齿轮传动重合度计算公式求得,即

$$\varepsilon_\alpha = \frac{1}{2\pi}[z_1(\tan\alpha_{at1} - \tan\alpha_t') + z_2(\tan\alpha_{at2} - \tan\alpha_t')]$$

其增大的一部分重合度 ε_β 称为轴向重合度,其值为

$$\varepsilon_\beta = \frac{\Delta L}{p_{bt}} = \frac{b\tan\beta_b}{\pi m_t\cos\alpha_t}$$

166 机械原理

由于 $\tan\beta_b = \tan\beta\cos\alpha_t$，$m_n = m_t\cos\beta$，故

$$\varepsilon_\beta = \frac{b\sin\beta}{\pi m_n} \tag{7-48}$$

可见 ε_β 随螺旋角 β 和齿宽 b 的增大而增大，所以斜齿轮传动的重合度可以比直齿轮的重合度大得多。但是 β 过大会产生较大轴向力，所以通常取 $\beta = 8° \sim 20°$。

3. 传动设计

如前所述，一对平行轴斜齿圆柱齿轮啮合传动时，从端面看与一对直齿圆柱齿轮传动一样，因此，其设计方法也基本相同。不同的是，斜齿轮有端面参数与法向参数之分，且法向参数为标准值，而设计计算通常在端面上。所以可以仿照直齿轮传动给出平行轴斜齿圆柱齿轮机构几何尺寸的计算公式，见表 7-5。

表 7-5 外啮合标准斜齿圆柱齿轮机构的几何尺寸计算公式

基本参数		z、m_n、α_n、β、h_{an}^*、c_n^*
名称	符号	计算公式
螺旋角	β	$\beta_1 = -\beta_2$（一般取 $\beta = 8° \sim 20°$）
端面模数	m_t	$m_t = m_n/\cos\beta$
端面压力角	α_t	$\tan\alpha_t = \tan\alpha_n/\cos\beta$
端面齿顶高系数	h_{at}^*	$h_{at}^* = h_{an}^*\cos\beta$
端面顶隙系数	c_t^*	$c_t^* = c_n^*\cos\beta$
当量齿数	z_v	$z_{v1} = z_1/\cos^3\beta$ $z_{v2} = z_2/\cos^3\beta$
端面最少齿数	z_{min}	$z_{min} = \dfrac{2h_{at}^*}{\sin^2\alpha_t} = \dfrac{2h_{an}^*}{\sin^2\alpha_n}\cos^3\beta$
分度圆直径	d	$d_1 = m_t z_1$ $d_2 = m_t z_2$
齿顶高	h_{at}	$h_a = h_{an}^* m_n = h_{at}^* m_t$
顶隙	c	$c = c_n^* m_n = c_t^* m_t$
齿根高	h_f	$h_f = (h_{an}^* + c_n^*)m_n = (h_{at}^* + c_t^*)m_t$
全齿高	h	$h = h_a + h_f = (2h_{an}^* + c_n^*)m_n = (2h_{at}^* + c_t^*)m_t$
齿顶圆直径	d_a	$d_{a1} = m_t z_1 + 2h_{at} = (z_1 + 2h_{at}^*)m_t = m_n z_1/\cos\beta + 2h_{an}^* m_n$ $d_{a2} = m_t z_2 + 2h_{at} = (z_2 + 2h_{at}^*)m_t = m_n z_2/\cos\beta + 2h_{an}^* m_n$
齿根圆直径	d_f	$d_{f1} = m_t z_1 - 2h_f = (z_1 - 2h_{at}^* - 2c_t^*)m_t = m_n z_1/\cos\beta - (2h_{an}^* + 2c_n^*)m_n$ $d_{f2} = m_t z_2 - 2h_f = (z_2 - 2h_{at}^* - 2c_t^*)m_t = m_n z_2/\cos\beta - (2h_{an}^* + 2c_n^*)m_n$
基圆直径	d_b	$d_{b1} = d_1\cos\alpha_t = m_t z_1\cos\alpha_t$ $d_{b2} = d_2\cos\alpha_t = m_t z_2\cos\alpha_t$
端面齿距	p_t	$p_t = \pi m_n/\cos\beta$
端面齿厚	s_t	$s_t = p_t/2 = \pi m_n/(2\cos\beta)$
中心距	a	$a = \dfrac{1}{2}(d_2 + d_1) = \dfrac{m_n}{2\cos\beta}(z_2 + z_1)$

一对平行轴标准斜齿圆柱齿轮传动的中心距为

$$a = \frac{1}{2}m_t(z_1 + z_2) = \frac{m_n}{2\cos\beta}(z_1 + z_2) \tag{7-49}$$

由式（7-48）可知，在 z_1、z_2 和 m_n 一定时，也可以用改变螺旋角 β 的办法来调整中心距，而不一定要像直齿轮传动那样采用变位的方法。

五、平行轴斜齿圆柱齿轮机构的特点及应用

与直齿圆柱齿轮传动相比，斜齿圆柱齿轮传动有以下优点：

1) 啮合性能好。啮合传动时，轮齿接触线是与轴线不平行的斜直线，轮齿是逐渐进入啮合又逐渐退出啮合的，故传动平稳，噪声小，也减小了轮齿制造误差对传动的影响。

2) 重合度大，承载能力较高。重合度随螺旋角 β 和齿宽 b 的增大而增大，不仅传动平稳，而且减轻了每对轮齿承受的载荷，提高了承载能力。

3) 可获得更为紧凑的机构。由于标准斜齿圆柱齿轮不产生根切的最少齿数比直齿轮少，所以可使机构尺寸更为紧凑。

4) 制造成本与直齿轮相同。

5) 可以通过调整螺旋角来配凑中心距，而不一定要变位。

由于具有以上特点，平行轴斜齿圆柱齿轮机构的传动性能和承载能力都优于直齿圆柱齿轮机构，因而被广泛应用于高速、重载的传动中。

其主要缺点是：在运动时会产生轴向推力，如图 7-44a 所示。

$$F_a = F_t \tan\beta \tag{7-50}$$

当圆周力 F_t 一定时，轴向力 F_a 随着螺旋角 β 的增大而增大，对传动不利，且使得支撑设计困难。为了既能发挥斜齿轮传动的优点，又不致使轴向推力过大，一般推荐采用的螺旋角为 $\beta = 8° \sim 20°$。若采用图 7-44b 所示的人字齿轮，则齿轮左右两排轮齿的螺旋角大小相等，方向相反，可以使左右两侧所产生的轴向力可以相互抵消，但人字齿轮加工制造较复杂。

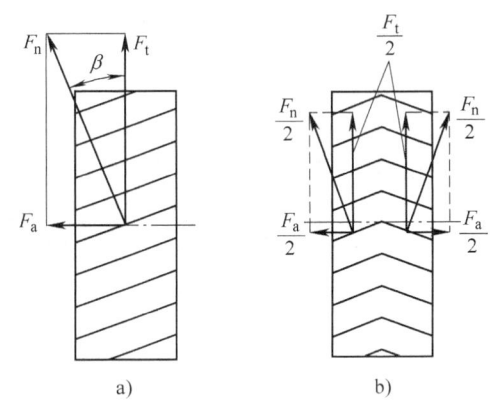

图 7-44 斜齿轮和人字齿轮的受力比较

第八节 蜗杆蜗轮机构

蜗杆蜗轮机构用来传递空间两垂直交错轴之间运动和动力。它由蜗杆、蜗轮和机架组成。

一、蜗杆蜗轮机构的形成

如图 7-45 所示，蜗杆机构中轮 1 的分度圆直径很小，齿数很少，而其螺旋角 β_1 很大，同时其轴向长度又较大。这样每个轮齿可以在其分度圆柱面上绕成多圈完整的螺旋线，其外形就像一个螺杆，故称其为蜗杆。与蜗杆相啮合的构件 2，分度圆柱的直径很大，而轴向长度较短，螺旋角 β_2 较小，齿数又很多，就像一个大齿轮，故称其为蜗轮。这样形成的蜗杆机构，相啮合的轮齿为点接触。为了改善其啮合状况，将蜗轮的母线作成弧形，部分地包住蜗杆，如图 7-46 所示；并用与蜗杆的形状和参数相同的滚刀（不同之处是滚刀的齿顶高较蜗杆的齿顶高出一个径向间隙 c，以便加工出顶隙），按展成原理来加工蜗轮，从而使得两者齿面之间的啮合为线接触，从而降低其接触应力，减少磨损。

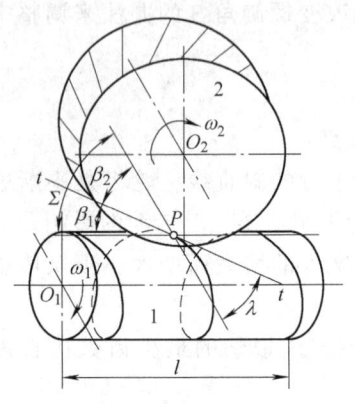
图 7-45 蜗杆蜗轮机构

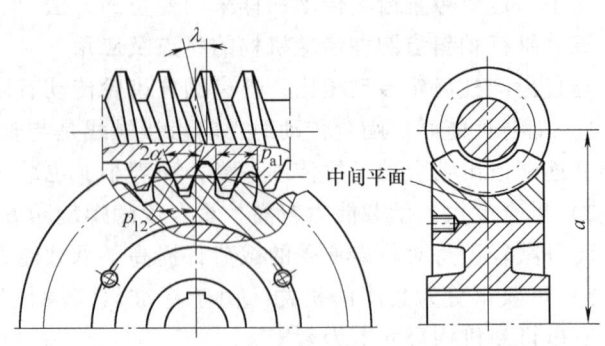
图 7-46 蜗杆蜗轮机构的中间平面

二、蜗杆机构的类型

根据蜗杆上螺旋齿的旋向不同，蜗杆有左旋、右旋之分，通常多用右旋蜗杆。根据其螺旋线的多少，蜗杆又分为单头蜗杆和多头蜗杆。按蜗杆形状的不同，蜗杆机构可分为：圆柱蜗杆机构（见图7-47a）、环面蜗杆机构（见图7-47b）和锥蜗杆机构（见图7-47c）。

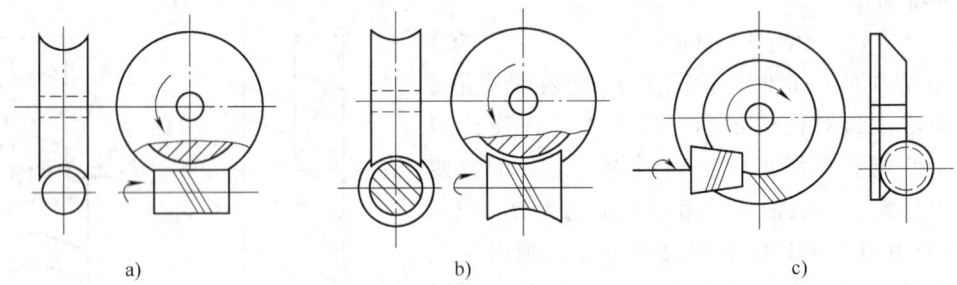
图 7-47 蜗杆蜗轮机构的类型

圆柱蜗杆机构又可分为普通圆柱蜗杆机构和圆弧蜗杆机构。普通圆柱蜗杆按加工时刀具安装位置、加工方法及加工生成的齿廓曲线形状的不同，又可分为阿基米德圆柱蜗杆、法向直廓圆柱蜗杆、渐开线圆柱蜗杆等。在工程实用中，最普通、最常用的是阿基米德圆柱蜗杆机构，故此只重点介绍这种蜗杆机构。

如图 7-48 所示，阿基米德蜗杆是用梯形车刀在车床上加工的，两切削刃的夹角 $2\alpha = 40°$，加工时将切削刃放于水平位置，并与被加工蜗杆轴线共面。这样加工出来的蜗杆，在轴剖面 I—I 内相当于齿形角为 $\alpha = 20°$ 的直线齿条，在垂直轴线的端面上，其齿形为阿基米德螺旋线，故称为阿基米德蜗杆。

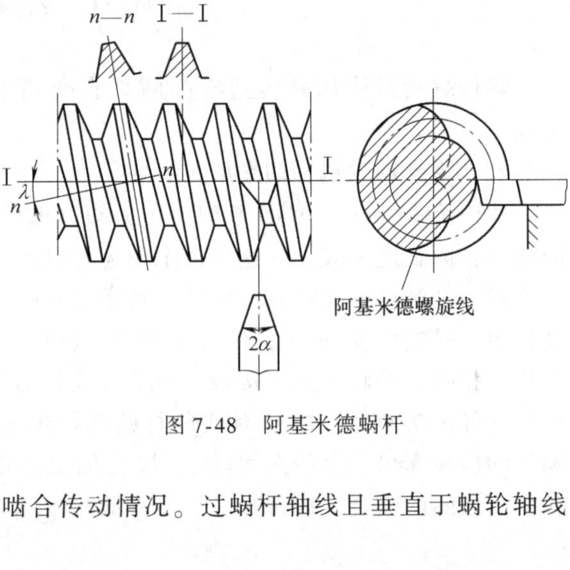

图 7-48 阿基米德蜗杆

三、蜗杆蜗轮机构的基本参数

图 7-45 所示为阿基米德蜗杆蜗轮机构的啮合传动情况。过蜗杆轴线且垂直于蜗轮轴线

的平面称为蜗杆传动的中间平面,蜗杆传动的基本参数的标准值都取在中间平面内。

1. 模数 m

蜗杆模数系列与齿轮模数系列不同。国标 GB/T 10088—1988 中对蜗杆模数作了规定,表 7-6 为部分摘录。

表 7-6 蜗杆模数系列(摘自 GB/T 10088—1988)

第一系列	1	1.25	1.6	2	2.5	3.15	4	5	6.3	8	10	12.5	16	20	25	31.5	40
第二系列	1.5	3	3.5	4.5	5.5	6	7	12	14								

注:优选第一系列。

2. 压力角 α

国标 GB/T 10087—1988 规定,阿基米德蜗杆的压力角 $\alpha = 20°$。在动力传动中,允许增大压力角,推荐用 $\alpha = 25°$;在分度传动中,允许减小压力角,推荐用 $\alpha = 15°$ 或 $12°$。

3. 蜗杆的头数 z_1 和蜗轮的齿数 z_2

蜗杆的头数 z_1 即一个导程内蜗杆螺旋线的条数,一般推荐取 $z_1 = 1$、2、4、6。当要求传动比大或反行程具有自锁性时,z_1 取小值;当要求具有较高传动效率或传动速度较高时,z_1 应取较大值。蜗轮的齿数 z_2 可根据传动比 i_{12} 及选定的 z_1 确定。对动力传动,推荐 $z_2 = 29 \sim 70$。

4. 蜗杆的分度圆直径 d_1

为了保证蜗杆蜗轮的正确啮合,在用蜗轮滚刀展成加工蜗轮时,蜗轮滚刀的模数、压力角、头数及分度圆直径等参数必须和与该蜗轮相啮合蜗杆的相应参数相同。为了限制蜗轮滚刀的数量和有利于滚刀标准化,国标 GB/T 10085—1988 对于每一个标准模数,只规定 1~4 种标准的蜗杆分度圆直径,不得任意选取(见表 7-7)。

表 7-7 蜗杆的基本参数(摘自 GB/T 10085—1988)

m	z_1	d_1	m	z_1	d_1	m	z_1	d_1	m	z_1	d_1
1	1	18			(28)			(50)			(90)
1.25	1	16	3.15	1、2、4	(35.5)	6.3	1、2、4	63	12.5	1、2、4	112
		22.4			(45)			(80)			(140)
1.6	1、2、4	20		1	56		1	112		1	200
	1	28			(31.5)			(63)			(112)
2		18	4	1、2、4	40	8	1、2、4	80	16	1、2、4	140
	1、2、4	22.4			(50)			(100)			(180)
		(28)		1	71		1	140			250
2.5	1	35.5	5		(40)	10		71	20		(140)
	1、2、4	(22.4)		1、2、4	50		1、2、4	90		1、2、4	160
		28			(63)			(112)			(224)
		(35.5)		1	90		1	160		1	315
	1	45									

注:模数和直径的单位为 mm,括号内的数字尽可能不用。

5. 蜗杆的导程角 γ

蜗杆的形成原理与螺旋相同,若蜗杆的头数为 z_1、分度圆直径为 d_1,以 p_x 表示其轴向

齿距、P_z 表示螺旋线导程。则蜗杆在其分度圆柱面上的导程角 γ 为

$$\tan\gamma = \frac{P_z}{\pi d_1} = \frac{z_1 p_x}{\pi d_1} = \frac{z_1 \pi m}{\pi d_1} = \frac{z_1 m}{d_1} \tag{7-51}$$

可见，在 m 和 d_1 一定时，蜗杆头数 z_1 增大，其导程角 γ 越大，因而效率也越高。

6. 齿顶高系数和顶隙系数

蜗杆、蜗轮的齿顶高系数 $h_a^* = 1$，顶隙系数 $c^* = 0.2$。

四、蜗杆蜗轮机构的啮合传动

1. 正确啮合条件

由图 7-45 可见，在中间平面内蜗杆与蜗轮的啮合传动相当于齿条与齿轮的传动。因此，在中间平面内蜗杆与蜗轮的模数和压力角分别相等，即

$$m_{x1} = m_{t2} = m$$
$$\alpha_{x1} = \alpha_{t2} = \alpha$$

又由于对蜗杆而言其螺旋角和导程角之和 $\beta_1 + \gamma = 90°$，而蜗杆与蜗轮轴线之交错角 $\beta_1 + \beta_2 = 90°$，故还必须满足 $\gamma_1 = \beta_2$，且旋向相同（同为左旋或右旋）。

所以蜗杆蜗轮机构的正确啮合条件为

$$\begin{cases} m_{x1} = m_{t2} = m \\ \alpha_{x1} = \alpha_{t2} = \alpha \\ \gamma = \beta_2 \end{cases} \tag{7-52}$$

2. 传动比

蜗杆蜗轮机构的传动比为

$$i_{12} = \frac{\omega_1}{\omega_2} = \frac{z_2}{z_1} \neq \frac{d_2}{d_1} \tag{7-53}$$

至于蜗杆蜗轮转动方向，可借助于螺杆螺母来确定，即把蜗杆看做螺杆，蜗轮视为螺母，当螺杆只能转动而不能移动时，螺母移动的方向即表示蜗轮圆周速度的方向，由此即可确定蜗轮的转向。简单的方法是用左右手定则：对蜗杆（主动时），左旋用左手，右旋用右手，四指为（蜗杆）转向，拇指为（蜗杆所受）轴向力，蜗杆所受轴向力的反向即为蜗轮圆周速度的方向。

3. 几何尺寸计算

标准蜗杆蜗轮机构传动的中心距为

$$a = \frac{1}{2}(d_1 + d_2) \neq \frac{m}{2}(z_1 + z_2) \tag{7-54}$$

其他几何尺寸可参照直齿轮的公式进行计算。表 7-8 列出了标准阿基米德蜗杆蜗轮机构的几何尺寸计算公式，供设计时查阅。

表 7-8 标准阿基米德蜗杆蜗轮机构的几何尺寸计算公式

名称	符号	公式	
		蜗杆	蜗轮
齿顶高	h_a	$h_a = h_a^* m$	
齿根高	h_f	$h_f = (h_a^* + c^*) m$	

(续)

名称	符号	公式	
		蜗杆	蜗轮
全齿高	h	$h = h_a + h_f = (2h_a^* + c^*)m$	
分度圆直径	d	d_1 由表 7-7 选取	$d_2 = mz_2$
齿顶圆直径	d_a	$d_{a1} = d_1 + 2h_a = d_1 + 2h_a^* m$	$d_{a2} = d_2 + 2h_a = (z_2 + 2h_a^*)m$
齿根圆直径	d_f	$d_{f1} = d_1 - 2h_f = d_1 - 2(h_a^* + c^*)m$	$d_{f2} = d_2 - 2h_f = d_2 - 2(h_a^* + c^*)m$
蜗杆导程角	γ	$\gamma = \arctan(z_1 m / d_1)$	
蜗轮螺旋角	β		$\beta_2 = \gamma$
中心距	a	$a = (d_1 + d_2)/2$	

为了配凑中心距或提高承载能力和传动效率，蜗杆蜗轮机构也可以采用变位修正。但由于 d_1 已标准化，故只能对蜗轮进行变位修正。

五、蜗杆蜗轮机构传动的特点

1）传动比大，结构紧凑。因为蜗杆的头数 z_1 很少，而蜗轮的齿数 z_2 可较多，所以其传动比 i_{12} 可以很大。一般 $i_{12} = 10 \sim 100$，而在分度机构中甚至可以达到 500 以上，因此结构非常紧凑。

2）具有自锁性。当蜗杆的导程角 γ 小于蜗杆蜗轮啮合齿间的当量摩擦角 φ_v 时，传动就具有了自锁性。这时，只能由蜗杆带动蜗轮，而不能由蜗轮带动蜗杆。具有自锁性的蜗杆机构常用于起重机械中，以增加机械的安全性。

3）传动平稳，无噪声。因蜗杆轮齿为连续的螺旋齿，故其承载能力比较大，且传动平稳，几乎无噪声。

4）传动效率较低，磨损较严重。由于啮合轮齿间相对滑动速度大，故摩擦磨损较严重，发热量大、温升高，因而传动效率较低（一般为 0.7~0.8，具有自锁性的蜗杆蜗轮传动，其效率小于 0.5）。

第九节 锥齿轮机构

锥齿轮机构用来传递空间两相交轴之间运动和动力，在一般机械中，多采用 $\Sigma = 90°$ 的传动，如图 7-49 所示。

锥齿轮的轮齿分布在截圆锥体上，对应于圆柱齿轮中的各有关圆柱，在此均变成了圆锥，故有分度圆锥、基圆锥、齿顶圆锥、齿根圆锥和节圆锥等。一对锥齿轮传动相当于一对节圆锥作纯滚动。锥齿轮的轮齿有直齿、斜齿和曲齿（圆弧齿、螺旋齿）等多种形式。其中，直齿锥齿轮机构由于其设计、制造和安装均较简便，故应用最为广泛；曲齿锥齿轮机构由于传动平稳、承载能力强，常用于高速重载的传动中，如汽车、飞机、拖拉机等的传动机构中。本节仅介绍直齿锥齿轮机构。

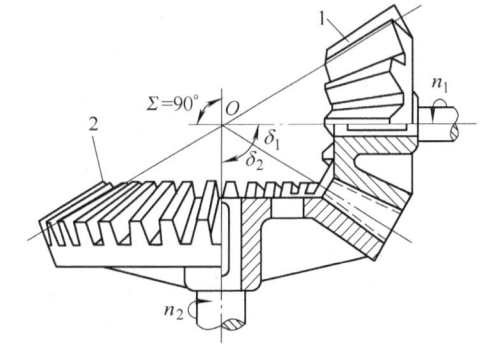

图 7-49 锥齿轮传动

一、直齿锥齿轮齿廓的形成

直齿锥齿轮齿廓曲面的形成与圆柱齿轮相似。如图 7-50a 所示，设以半径 R 等于基圆锥母线长度、圆心 O 与基圆锥锥顶重合、且切于基圆锥母线 ON 的圆平面 S 为发生面，当发生面 S 绕基圆锥作纯滚动时，其上过锥顶 O 的线段 KK' 在空间所展出的曲面 $AKK'A'$ 即为锥齿轮的齿廓曲面。因在发生面绕基圆锥作纯滚动时，过锥顶 O 的线段 KK' 上的 K 点到锥顶 O 的距离 R 不变，因此渐开线 AK 必在以 O 为中心、锥距 R 为半径的球面上，故称为球面渐开线。直齿锥齿轮的齿廓曲面是由一系列以锥顶 O 为球心、半径不同的球面渐开线所组成的球面渐开面。

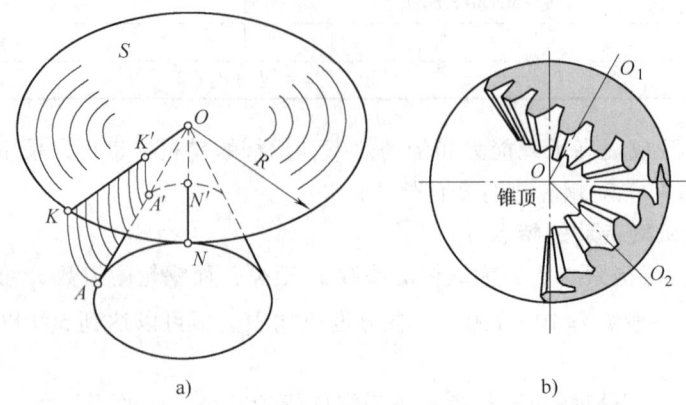

a)   b)

图 7-50 直齿锥齿轮齿廓曲面的形成

如图 7-50b 所示，一对锥齿轮啮合时其锥顶交于 O，显然两轮齿廓上只有到锥顶距离相等的对应点才能相互啮合，因此一对相互啮合的锥齿轮的相对运动为空间球面运动。

二、背锥和当量齿轮

如上所述，锥齿轮的齿廓曲线理论上是球面渐开线，但由于球面曲线不能展开成平面曲线，这就给锥齿轮的设计和制造带来很多困难。为了工程上应用方便，人们采用一种近似的方法将球面渐开线近似地展开在平面上。

图 7-51 所示为一标准直齿圆锥齿轮的轴向半剖面图。OAB 为其分度圆锥，$\overline{OA} = \overline{OB} = R$ 为其大端锥距，过点 A 作 $O_1A \perp OA$，与锥齿轮轴线相交于点 O_1。设想以 OO_1 为轴线、O_1A 为母线作一圆锥 O_1AB，该圆锥称为锥齿轮的背锥。可见，背锥与球面切于锥齿轮大端的分度圆上。

将轮齿大端球面渐开线齿廓 $\overset{\frown}{eAf}$ 向背锥投影得到背锥上的齿形 $\overset{\frown}{e'Af'}$，两者非常接近，且锥距 R 与大端模数 m 之比值越大，两者就越接近。因此，可以用背锥上的齿形近似地代替大端球面上的齿形。由于背锥可以展成平面，从而将球面渐开线齿廓近似转化成平面渐开线齿廓来研究。

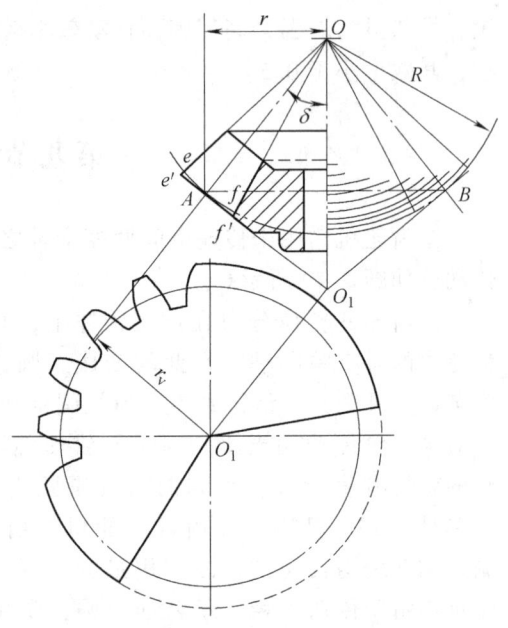

图 7-51 锥齿轮的背锥及当量齿轮

如图 7-51 所示,将背锥 O_1AB 展平得到一扇形齿轮,该扇形齿轮的齿数就是锥齿轮的实际齿数,其模数、压力角、齿顶高和齿根高分别与锥齿轮大端相同,其分度圆半径 r_v 就是背锥的锥距,即

$$r_v = \frac{r}{\cos\delta}$$

将这一扇形齿轮补足成完整的直齿圆柱齿轮,这一虚拟的直齿圆柱齿轮称为该锥齿轮的当量齿轮,其齿数 z_v 称为锥齿轮的当量齿数。锥齿轮的当量齿数 z_v 与实际齿数 z 的关系,可由图 7-51 求出。由图可知

$$r_v = \frac{r}{\cos\delta} = \frac{mz/2}{\cos\delta} = \frac{mz_v}{2}$$

所以
$$z_v = \frac{z}{\cos\delta} \tag{7-55}$$

故当一对锥齿轮啮合时,$z_{v1} = \dfrac{z_1}{\cos\delta_1}$,$z_{v2} = \dfrac{z_2}{\cos\delta_2}$

引入当量齿轮的概念后,就可以将直齿圆柱齿轮的某些原理近似地应用到锥齿轮上。例如,用仿形法加工直齿锥齿轮时,可按当量齿数来选择铣刀的号码;标准直齿锥齿轮不发生根切的最少齿数 $z_{\min}$ 可根据其当量齿轮不发生根切的最少齿数 $z_{v\min}$ 来换算($z_{\min} = z_{v\min}\cos\delta$);在进行锥齿轮的齿根弯曲疲劳强度计算时,可以用其当量齿数的有关参数直接代入圆柱齿轮的计算公式。

三、直齿锥齿轮的基本参数

为计算和测量方便,锥齿轮的尺寸和齿形均以大端为准,因此,锥齿轮以大端参数为标准值。大端模数 m 按表 7-9 取标准值,压力角 $\alpha = 20°$,齿顶高系数和顶隙系数如下:

对于正常齿　　$m < 1\text{mm}$ 时,$h_a^* = 1$,$c^* = 0.25$

　　　　　　　$m \geq 1\text{mm}$ 时,$h_a^* = 1$,$c^* = 0.2$

对于短齿　　$h_a^* = 0.8$,$c^* = 0.3$

表 7-9　锥齿轮模数（摘自 GB/T 12368—1990）　　　　　（单位：mm）

…	1	1.125	1.25	1.375	1.5	1.75	2	2.25
2.5	2.75	3	3.25	3.5	3.75	4	4.5	5
5.5	6	6.5	7	8	9	10	11	…

四、直齿锥齿轮的啮合传动及几何计算

如上所述,一对直齿锥齿轮的啮合传动,就相当于其当量齿轮（直齿圆柱齿轮）的啮合传动。因此,可以通过仿照直齿圆柱齿轮的啮合传动来研究。

1. 正确啮合条件

一对直齿锥齿轮的正确啮合条件为：两个当量齿轮的模数和压力角分别相等,即两个锥齿轮大端的模数和压力角应分别相等。此外,还应保证两轮的锥距相等、锥顶重合。因此,其正确啮合条件为

$$\begin{cases} m_1 = m_2 = m \\ \alpha_1 = \alpha_2 = \alpha \\ \delta_1 + \delta_2 = \Sigma \end{cases} \tag{7-56}$$

2. 连续传动条件

为保证一对直齿锥齿轮能够实现连续传动,也必须满足重合度 $\varepsilon_\alpha \geq [\varepsilon_\alpha]$。其重合度可按其当量齿轮进行计算,即

$$\varepsilon_\alpha = \frac{1}{2\pi}\left[z_{v1}(\tan\alpha_{av1} - \tan\alpha') + z_{v2}(\tan\alpha_{av2} - \tan\alpha')\right] \tag{7-57}$$

3. 传动比

如图 7-52 所示,两锥齿轮分度圆直径为

$$d_1 = 2R\sin\delta_1, \quad d_2 = 2R\sin\delta_2$$

传动比为

$$i_{12} = \frac{\omega_1}{\omega_2} = \frac{z_2}{z_1} = \frac{d_2}{d_1} = \frac{\sin\delta_2}{\sin\delta_1} \tag{7-58}$$

当 $\Sigma = \delta_1 + \delta_2 = 90°$ 时

$$i_{12} = \frac{\omega_1}{\omega_2} = \frac{z_2}{z_1} = \frac{d_2}{d_1} = \cot\delta_1 = \tan\delta_2 \tag{7-59}$$

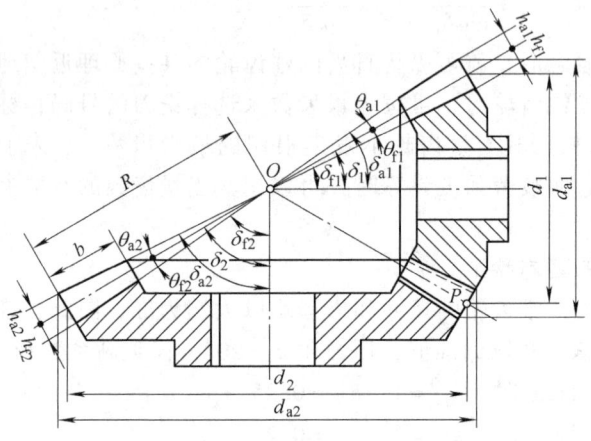

图 7-52 直齿锥齿轮机构的几何参数

4. 几何尺寸计算

直齿锥齿轮的锥距 R 按式 (7-60) 计算

$$R = \frac{1}{2}\sqrt{d_1^2 + d_2^2} = \frac{m}{2}\sqrt{z_1^2 + z_2^2} \tag{7-60}$$

分度圆锥角 δ_1、δ_2 可按给定的传动比由式 (7-58) 求得。

至于齿顶圆锥角和齿根圆锥角,根据轮齿从大端到小端顶隙收缩方式的不同,分为不等顶隙收缩齿和等顶隙收缩齿两种。如图 7-52 所示,不等顶隙收缩齿的齿顶圆锥、齿根圆锥与分度圆锥锥顶重合于 O,故顶隙由大端至小端逐渐缩小,其缺点是齿顶厚和齿根圆角半径也由大端到小端逐渐缩小,影响轮齿强度。图 7-53 所示为等顶隙收缩齿,其特点是两轮的齿根圆锥与各自的分度圆锥锥顶重合,但两轮的齿顶圆锥母线各自平行于

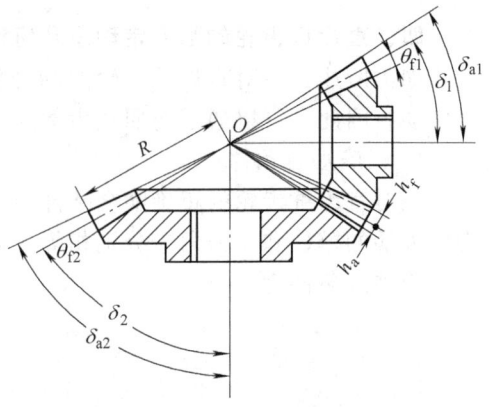

图 7-53 圆柱齿轮等顶隙收缩齿

与之相啮合的另一齿轮的齿根圆锥母线,故其锥顶不再与分度圆锥锥顶重合,因而两轮的顶隙由大端至小端都是相等的。其优点是不仅提高了轮齿强度,且有利于储油润滑。根据国家标准(GB/T 12369—1990、GB/T 12370—1990)规定,现多采用等顶隙锥齿轮传动。

标准直齿锥齿轮机构几何尺寸计算公式列于表 7-10,供设计时查用。

为了改善直齿锥齿轮机构的传动性能,也可以对其进行变位修正。关于这方面的知识,可参阅有关专著。

表 7-10 标准直齿锥齿轮机构几何尺寸计算公式($\Sigma = 90°$)

名 称	符号	计算公式	
		小 齿 轮	大 齿 轮
分度圆锥角	δ	$\delta_1 = \arctan(1/i_{12}) = \arctan(z_1/z_2)$	$\delta_2 = 90° - \delta_1$
分度圆直径	d	$d_1 = mz_1$	$d_2 = mz_2$
锥距	R	$R = \frac{1}{2}\sqrt{d_1^2 + d_2^2} = \frac{m}{2}\sqrt{z_1^2 + z_2^2}$	
齿宽	b	$b \leq R/3$(取整数)	
齿顶高	h_a	$h_{a1} = h_{a2} = h_a^* m$	
齿根高	h_f	$h_{f1} = h_{f2} = (h_a^* + c^*)m$	
齿顶角	θ_a	$\theta_{a1} = \arctan(h_{a1}/R)$	$\theta_{a2} = \arctan(h_{a2}/R)$
齿根角	θ_f	$\theta_{f1} = \arctan(h_{f1}/R)$	$\theta_{f2} = \arctan(h_{f2}/R)$
顶锥角	δ_a	正常收缩齿	
		$\delta_{a1} = \delta_1 + \theta_{a1}$	$\delta_{a2} = \delta_2 + \theta_{a2}$
		等顶隙收缩齿	
		$\delta_{a1} = \delta_1 + \theta_{f2}$	$\delta_{a2} = \delta_2 + \theta_{f1}$
根锥角	δ_f	$\delta_{f1} = \delta_1 - \theta_{f1}$	$\delta_{f2} = \delta_2 - \theta_{f2}$
齿顶圆直径	d_a	$d_{a1} = d_1 + 2h_{a1}\cos\delta_1$	$d_{a2} = d_2 + 2h_{a2}\cos\delta_2$
齿根圆直径	d_f	$d_{f1} = d_1 - 2h_{f1}\cos\delta_1$	$d_{f2} = d_2 - 2h_{f2}\cos\delta_2$
当量齿数	z_v	$z_{v1} = z_1/\cos\delta_1$	$z_{v2} = z_2/\cos\delta_2$
当量齿轮分度圆直径	d_v	$d_{v1} = d_1/\cos\delta_1$	$d_{v2} = d_2/\cos\delta_2$
当量齿轮齿顶圆直径	d_{va}	$d_{va1} = d_{v1} + 2h_{a1}$	$d_{va2} = d_{v2} + 2h_{a2}$
当量齿轮齿顶压力角	α_{va}	$\alpha_{va1} = \arccos\left(\dfrac{d_{v1}\cos\alpha}{d_{va1}}\right)$	$\alpha_{va2} = \arccos\left(\dfrac{d_{v2}\cos\alpha}{d_{va2}}\right)$
重合度	ε_α	$\varepsilon_\alpha = \dfrac{1}{2\pi}\left[z_{v1}(\tan\alpha_{av1} - \tan\alpha) + z_{v2}(\tan\alpha_{av2} - \tan\alpha)\right]$	

第八章 轮　系

【内容提示】 汽车如何能够实现变速和倒档，又如何根据路况和转弯大小自动调节两个后轮的不同转速以避免轮胎与路面的打滑？在钟表中怎样实现时针、分针和秒针转速的传动比关系？在实际机械中，为了实现变速、换向以及运动的合成与分解等不同的工作要求，往往采用一系列彼此啮合的齿轮组成的传动系统——轮系。本章介绍轮系的分类、功能、传动比计算方法，并对其效率和设计问题进行讨论。

【基本要求】 重点掌握定轴轮系、周转轮系和混合轮系传动比的计算方法；了解轮系的功能、应用和设计时应注意的主要问题。

由一系列相互啮合的齿轮所构成的齿轮传动系统称为轮系。根据轮系在运转过程中各齿轮几何轴线在空间的相对位置是否固定，将轮系分为定轴轮系和周转轮系两种基本类型；根据组成轮系的各对齿轮其相对运动是平面运动还是空间运动，又可将轮系分为平面轮系和空间轮系。

第一节　定轴轮系及其传动比

如图 8-1 所示，轮系运转时，各齿轮的轴线相对于机架的位置都是固定不动的，这种轮系称为定轴轮系。图 8-1a 所示轮系中各轮的轴线相互平行，其相对运动为平面运动，因此称为平面定轴轮系。而在图 8-1b 所示轮系中含有非平行轴空间齿轮机构（如锥齿轮机构、蜗杆机构），则称为空间定轴轮系。

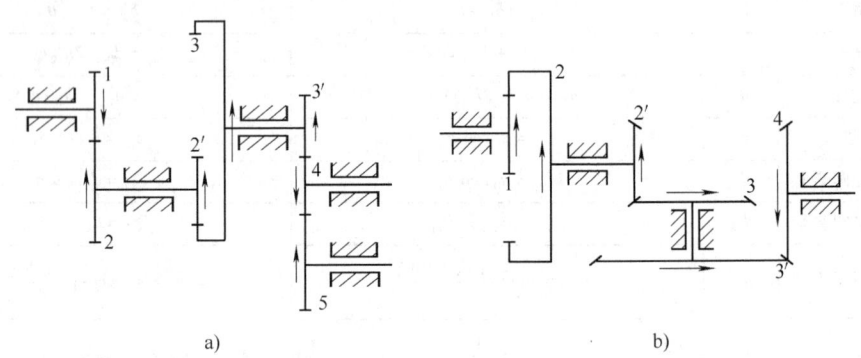

图 8-1　定轴轮系
a) 平面定轴轮系　b) 空间定轴轮系

轮系的传动比，是指输入轴的角速度（或转速）与输出轴的角速度（或转速）之比。在计算轮系传动比时，不仅要求出其传动比的大小，同时要确定其首末两轮的转向关系。

一、平面定轴轮系传动比计算

对图 8-1a 所示的平面定轴轮系，由于各轮轴线平行，它们的转向不是相同就是相反，所以可以用正、负号表示其转向关系。其中，一对外啮合齿轮传动，两轴转向相反，其传动比取"－"号；一对内啮合齿轮传动，两轴转向相同，其传动比取"＋"号。

设齿轮 1 为主动轮，齿轮 5 为从动轮，则轮系的传动比为

$$i_{15} = \frac{\omega_1}{\omega_5} = \frac{n_1}{n_5}$$

由图 8-1a 可见，该轮系从主动轮 1 到从动轮 5 的传动，是由一对对齿轮依次啮合来实现的。为此，首先求出该轮系中各对啮合齿轮传动比。即

$$i_{12} = \frac{\omega_1}{\omega_2} = -\frac{z_2}{z_1}, \quad i_{2'3} = \frac{\omega_{2'}}{\omega_3} = \frac{\omega_2}{\omega_3} = \frac{z_3}{z_{2'}}$$

$$i_{3'4} = \frac{\omega_{3'}}{\omega_4} = \frac{\omega_3}{\omega_4} = -\frac{z_4}{z_{3'}}, \quad i_{45} = \frac{\omega_4}{\omega_5} = -\frac{z_5}{z_4}$$

将上述各式等号两边分别连乘得

$$i_{12} i_{2'3} i_{3'4} i_{45} = \frac{\omega_1 \omega_2 \omega_3 \omega_4}{\omega_2 \omega_3 \omega_4 \omega_5} = (-1)^3 \frac{z_2 z_3 z_4 z_5}{z_1 z_{2'} z_{3'} z_4}$$

即

$$i_{15} = \frac{\omega_1}{\omega_5} = i_{12} i_{2'3} i_{3'4} i_{45} = (-1)^3 \frac{z_2 z_3 z_4 z_5}{z_1 z_{2'} z_{3'} z_4} \tag{8-1}$$

可见，平面定轴轮系的传动比等于组成该轮系的各对啮合齿轮传动比的连乘积，其大小等于各对啮合齿轮中所有从动轮齿数的连乘积与所有主动轮齿数的连乘积之比，其首末两轮的转向关系由轮系中外啮合齿轮的次数决定。

推广到一般情况，设轮系中首末两轮分别用 1 和 n 表示，m 表示外啮合齿轮的对数，则平面定轴轮系传动比为

$$i_{1n} = \frac{\omega_1}{\omega_n} = (-1)^m \frac{\text{所有从动轮齿数的连乘积}}{\text{所有主动轮齿数的连乘积}} \tag{8-2}$$

由式（8-1）和图 8-1a 可见，齿轮 4 同时与齿轮 3′ 和齿轮 5 啮合，对于齿轮 3′ 来说它是从动轮，而对于齿轮 5 来说它又是主动轮，其齿数 z_4 同时出现在式（8-1）的分子和分母，而被相互约去。说明齿轮 4 的齿数并不影响传动比的大小，但起着中间过渡和改变从动轮转向的作用，通常将这种齿轮称为惰轮或过桥轮。

二、空间定轴轮系传动比计算

在空间定轴轮系中，其各轮轴线并不都是相互平行的，若两轮轴线不平行，如图 8-1b 中齿轮 2′ 和齿轮 3，其转向无所谓相同还是相反，因而，其转向关系不能用"＋"或"－"表示。因此，对空间定轴轮系仍可由式（8-2）计算其首末两轮传动比的大小，即

$$i_{1n} = \frac{\omega_1}{\omega_n} = \frac{\text{所有从动轮齿数的连乘积}}{\text{所有主动轮齿数的连乘积}} \tag{8-3}$$

但不能用 $(-1)^m$ 确定其转向关系，而只能用画箭头的方法表示。

对空间定轴轮系，又分为两种情况：

1）若首、末两轮轴线平行，则通过画箭头的方法确定各轮转向后，仍可在传动比大小的计算结果中加"＋"、"－"号以表示主、从动轮的转向关系。如图 8-1b 所示轮系，主动轮 1 和从动轮 4 的转向相反，故其传动比为

$$i_{14} = \frac{\omega_1}{\omega_4} = -\frac{z_2 z_3 z_4}{z_1 z_{2'} z_{3'}}$$

2）若首、末两轮轴线不平行，如图 8-2 所示轮系中主动轮 1（蜗杆）和从动轮 5（圆锥齿轮），则只能通过画箭头的方法确定各轮转向，以确定主、从动轮的转向关系。

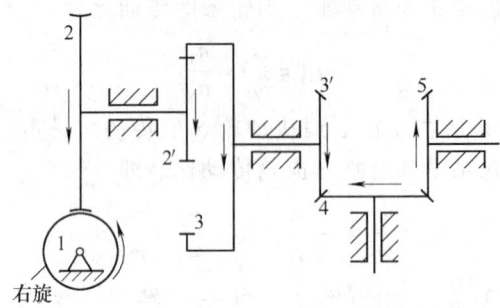

图 8-2　首、末两轮轴线不平行的空间定轴轮系

第二节　周转轮系及其传动比

一、周转轮系及其分类

若在轮系运转时，至少有一个齿轮的轴线位置不固定，而是绕某一固定轴线回转，则称其为周转轮系，如图 8-3 所示的轮系。在该轮系中，外齿轮 1 和内齿轮 3 轴线重合，均为定轴转动，齿轮 2 的转轴装在构件 H 的端部，而构件 H 又绕固定轴线（O_1、O_3）回转。当轮系转动时，齿轮 2 一边绕自身的轴线 O_2 回转，另一方面又随着构件 H 绕轮 1 和轮 3 的固定轴线（O_1、O_3）公转，如同行星的运动，故称齿轮 2 为行星轮；支持行星轮 2 作公转的构件 H 称为行星架或系杆；而行星轮所绕之作公转的定轴齿轮 1 和 3 称为太阳轮。在周转轮系中，一般都以回转轴线固定且重合的太阳轮和行星架作为运动的输入或输出构件，故称其为周转轮系的基本构件。

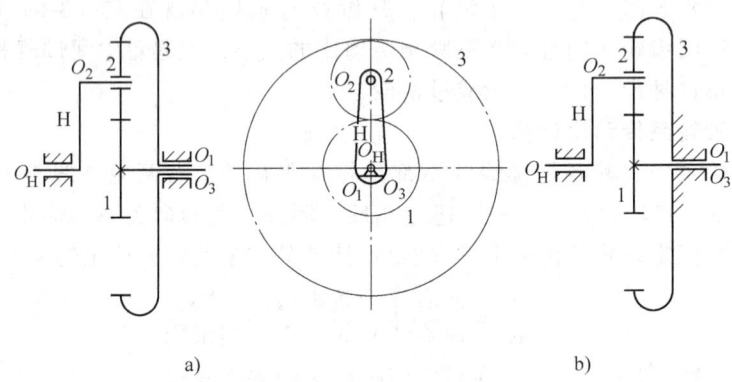

图 8-3　周转轮系
a）差动轮系　b）行星轮系

1）根据周转轮系所具有的自由度数不同，周转轮系可以进一步划分为两类。

① 差动轮系。若周转轮系的自由度为 2（如图 8-3a 所示的周转轮系），则称其为差动轮系。为了使差动轮系具有确定的运动，需要两个原动件。

② 行星轮系。若周转轮系的自由度为 1 (如图 8-3b 所示的周转轮系)，则称其为行星轮系。为了使行星轮系具有确定的运动，只需要一个原动件即可。

2) 根据周转轮系中基本构件的不同，还可以将其分为两类。

① 2K-H 型周转轮系。设以 K 表示轮系中的太阳轮，以 H 表示系杆，则图 8-4 所示的周转轮系可称为 2K-H 型周转轮系。其中图 8-4a 所示为单排形式，图 8-4b、c 所示为双排形式。

② 3K 型周转轮系。图 8-5 所示周转轮系可称为 3K 型周转轮系。因为在该轮系中基本构件是三个太阳轮 1、3 和 4，而系杆则只起支撑行星轮 2 和 2′使之与太阳轮保持啮合的作用，而不起传力作用，因此不是基本构件，在轮系的型号中不再含有 "H"。

在实际机械中，采用最多的是 2K-H 型周转轮系。

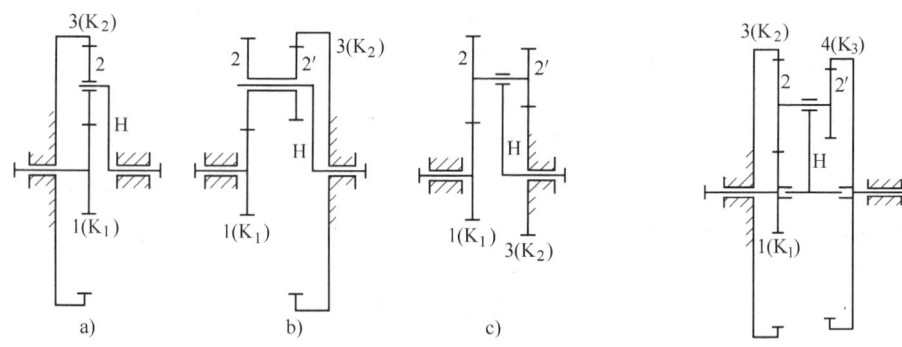

图 8-4　2K-H 型周转轮系　　　　图 8-5　3K 型周转轮系

二、周转轮系的传动比计算

周转轮系与定轴轮系的根本区别在于周转轮系中有转动着的系杆，从而使得行星轮既有自转又有公转，而不是绕着固定轴线的简单转动。所以周转轮系的传动比不能直接用定轴轮系传动比的计算方法来计算。但是，如果能够在保持周转轮系中各构件间相对运动不变的条件下，使得系杆固定不动，则周转轮系即转化为定轴轮系（称为转化机构）。

如图 8-6 所示的周转轮系，设 ω_1、ω_2、ω_3 和 ω_H 分别为齿轮 1、2、3 和系杆 H 的原有绝对角速度。根据相对运动原理，设想给整个周转轮系加一公共角速度 "$-\omega_H$"，则各构件间的相对运动关系并不改变，但此时系杆的角速度变为 $\omega_H - \omega_H = 0$，即系杆"静止不动"了，如图 8-7 所示。于是，周转轮系转化成了"定轴轮系"，这种转化所得的假想的定轴轮系称为原周转轮系的转化机构。

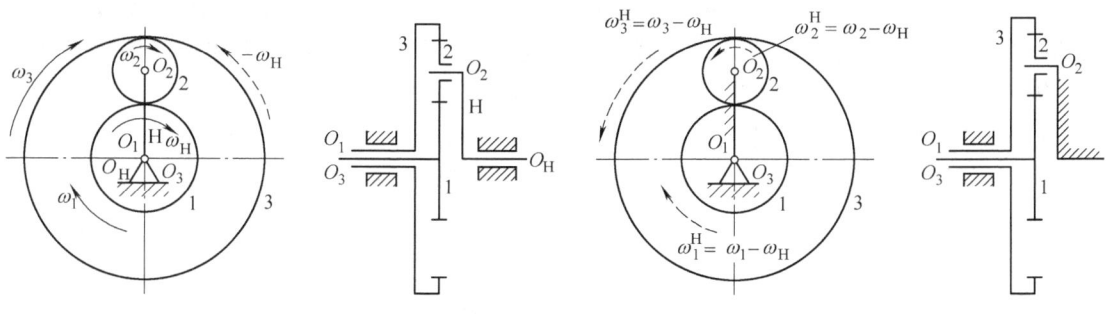

图 8-6　周转轮系　　　　　　　　　图 8-7　周转轮系的转化机构

表8-1列出了原周转轮系中各构件角速度和转化机构中各构件角速度的关系。

表 8-1 原周转轮系及其转化机构中各构件角速度的关系

构件代号	原周转轮系中各构件的绝对角速度	转化机构中各构件（右上角标 H 表示构件 1、2、3 及 H 相当于构件 H 的相对角速度）
1	ω_1	$\omega_1^H = \omega_1 - \omega_H$
2	ω_2	$\omega_2^H = \omega_2 - \omega_H$
3	ω_3	$\omega_3^H = \omega_3 - \omega_H$
H	ω_H	$\omega_H^H = \omega_H - \omega_H = 0$

既然周转轮系的转化机构是定轴轮系，那么转化机构的传动比就可以按定轴轮系传动比公式来计算，从而可以借助于转化机构应用定轴轮系计算公式间接计算周转轮系的传动比。

对图 8-7 所示转化机构，按定轴轮系传动比计算公式可得

$$i_{13}^H = \frac{\omega_1^H}{\omega_3^H} = \frac{\omega_1 - \omega_H}{\omega_3 - \omega_H} = -\frac{z_2 z_3}{z_1 z_2} = -\frac{z_3}{z_1}$$

式中，i_{13}^H 表示转化机构中轮 1 与轮 3 的传动比，齿数比前的"–"号表示转化机构中轮 1 和轮 3 的转向相反，但并不代表其真实转向相反。

依照上述原理，可以给出计算周转轮系转化机构传动比的一般公式。设周转轮系的两个太阳轮分别为 A、B，系杆为 H，则转化机构传动比通用表达式为

$$i_{AB}^H = \frac{\omega_A^H}{\omega_B^H} = \frac{\omega_A - \omega_H}{\omega_B - \omega_H} = \pm \frac{\text{转化机构中所有从动轮齿数的连乘积}}{\text{转化机构中所有主动轮齿数的连乘积}} = f_{AB}(z) \qquad (8-4)$$

式（8-4）包含了原周转轮系中各构件的绝对角速度和各轮齿数之间的关系，只要给出 ω_A、ω_B 和 ω_H 中任意两个参数，就可以求出第三者，从而可以方便地求出周转轮系中三个基本构件中任意两个构件间的传动比 i_{AB}、i_{AH}、i_{BH}。

在利用上式计算周转轮系传动比时，应该特别注意以下几点：

1) 式中 i_{AB}^H 是转化机构中从轮 A 到轮 B 的传动比（注意 $i_{AB}^H \neq i_{AB}$），齿数比 $f_{AB}(z)$ 由转化机构求出，其大小和正负完全按定轴轮系处理。其正负号只代表转化机构中轮 A 和轮 B 的转向关系，并不代表其真实转向关系。$f_{AB}(z) > 0$，称为正号机构；$f_{AB}(z) < 0$，称为负号机构。

2) 在具体计算时要特别注意齿数比 $f_{AB}(z)$ 的正负号，它不仅表明转化轮系中两太阳轮之间的转向关系，而且影响到周转轮系传动比的计算结果。

3) 式中 ω_A、ω_B 和 ω_H 是原周转轮系中各基本构件的对绝对角速度，均为代数量。若已知其中两个构件角速度大小且转向相同，则以同号代入；反之，若转向相反，则以异号代入。第三个构件的转向则由计算结果的正负号确定。

4) 该式适用于任何周转轮系，条件是 $\omega_A // \omega_B // \omega_H$。

5) 对于行星轮系，设太阳轮 B 固定（$\omega_B = 0$），则式（8-4）简化为

$$i_{AB}^H = 1 - \frac{\omega_A}{\omega_H} = 1 - i_{AH} = f_{AB}(z)$$

即
$$i_{AH} = 1 - i_{AB}^H = 1 - f_{AB}(z) \qquad (8-5)$$

由式（8-5）可以直接求出其他两个基本构件的传动比。

例 8-1 图 8-8 所示为一大传动比行星轮系，设已知 $z_1 = 100$，$z_2 = 101$，$z_{2'} = 100$，$z_3 = 99$。试求轮系传动比 i_{H1}。

解： 这是一个 2K-H 型行星轮系，由式（8-4）其转化机构的传动比为

$$i_{13}^H = \frac{\omega_1^H}{\omega_3^H} = \frac{\omega_1 - \omega_H}{\omega_3 - \omega_H} = (-1)^2 \frac{z_2 z_3}{z_1 z_{2'}}$$

由 $\omega_3 = 0$，并将各轮齿数代入得

$$i_{H1} = \frac{\omega_H}{\omega_1} = 10000$$

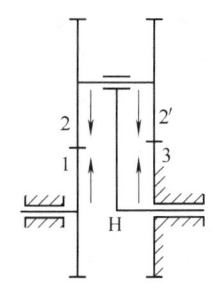

图 8-8 大传动比行星轮系

当然，也可以直接应用公式（8-5）得

$$i_{1H} = 1 - i_{13}^H = 1 - (-1)^2 \frac{z_2 z_3}{z_1 z_{2'}} = 1 - \frac{101 \times 99}{100 \times 100} = \frac{1}{10000}$$

则

$$i_{H1} = \frac{1}{i_{1H}} = 10000$$

这说明当系杆转 10000 转时，轮 1 与系杆同向转 1 转。可见其传动比极大。

若将本例中的 z_3 由 99 改变为 100，而其他齿轮齿数不变，则有

$$i_{1H} = 1 - i_{13}^H = 1 - (-1)^2 \frac{z_2 z_3}{z_1 z_{2'}} = 1 - \frac{101 \times 100}{100 \times 100} = -\frac{1}{100}$$

所以

$$i_{H1} = \frac{1}{i_{1H}} = -100$$

即当系杆转 100 转时，轮 1 与系杆反向转 1 转。可见，行星轮系中各轮齿数的改变不仅会显著影响传动比的大小，还可能改变从动轮的转向。这与定轴轮系大不相同，这就进一步说明为什么不能像定轴轮系那样直接在周转轮系上凭直观判断各构件的真实转向关系，而必须借助转化机构由计算结果来确定。

例 8-2 如图 8-9 所示的轮系，设已知 $z_1 = 18$，$z_2 = 24$，$z_{2'} = 21$，$z_3 = 63$。两个太阳轮转速分别为 $n_1 = 200 \text{r/min}$，$n_3 = 100 \text{r/min}$。试求系杆 H 的转速 n_H。

1）当 n_1、n_3 转向相同时。

2）当 n_1、n_3 转向相反时。

解： 这是一个 2K-H 型差动轮系，由式（8-4）得

$$i_{13}^H = \frac{n_1^H}{n_3^H} = \frac{n_1 - n_H}{n_3 - n_H} = (-1)^1 \frac{z_2 z_3}{z_1 z_{2'}} = -\frac{24 \times 63}{18 \times 21} = -4$$

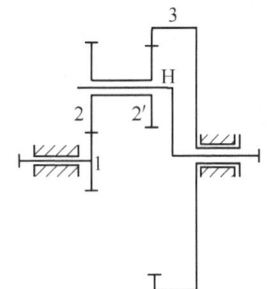

图 8-9 双排 2K-H 型行星轮系

1）当 n_1、n_3 转向相同时，以同号代入上式得

$$\frac{200 - n_H}{100 - n_H} = -4$$

解得，$n_H = 120 \text{r/min}$，转向与 n_1、n_3 相同。

2）当 n_1、n_3 转向相反时，以异号代入上式。取 $n_1 = 200 \text{r/min}$，$n_3 = -100 \text{r/min}$ 得

$$\frac{200 - n_H}{-100 - n_H} = -4$$

解得，$n_H = -40 \text{r/min}$，转向与 n_1 相反。

例 8-3 如图 8-10 所示的轮系，设各轮齿数已知 $z_1 = 48$，$z_2 = 42$，$z_{2'} = 18$，$z_3 = 24$。$n_1 = 200 \text{r/min}$，$n_3 = 80 \text{r/min}$，转向如图中实线所示。试求系杆 H 的转速 n_H 的大小和方向。

解： 该轮系为空间差动轮系，但由于三个基本构件轴线是平行的，即 $\omega_A // \omega_B // \omega_H$，所以以画箭头的方法确定其转化机构中两太阳轮的转向相反（图中虚线箭头），并在计算公式中以负号表示其转向关系。

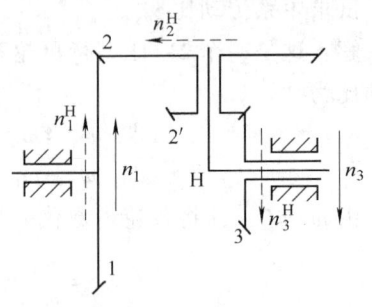

图 8-10 锥齿轮空间差动轮系

$$i_{13}^H = \frac{n_1^H}{n_3^H} = \frac{n_1 - n_H}{n_3 - n_H} = -\frac{z_2 z_3}{z_1 z_{2'}} = -\frac{42 \times 24}{48 \times 18} = -\frac{7}{6}$$

由于实际机构中 n_1、n_3 转向相反，故应以异号代入上式计算。取 $n_1 = 200 \text{r/min}$，$n_3 = -80 \text{r/min}$，则

$$\frac{200 - n_H}{-80 - n_H} = -\frac{7}{6}$$

解得
$$n_H = 49.2 \text{r/min}$$

计算结果为正，表明该轮系的系杆 H 与齿轮 1 转向相同，与齿轮 3 转向相反。

第三节 混合轮系及其传动比

一、混合轮系及其传动比的计算方法

在实际机械中，除了广泛应用单一的定轴轮系和单一的周转轮系外，还常常使用由定轴轮系与周转轮系，或由若干个周转轮系组成的轮系，这种复杂的轮系称为混合轮系。图 8-11 所示是由齿轮 1′、3′、4′、4、5 组成的定轴轮系和由太阳轮 1、3、行星轮 2 和系杆 H 组成的自由度为 2 的差动轮系连接后构成的混合轮系，其中左边的定轴轮系把右边的差动轮系中的太阳轮 1 和 3 联接起来，这时整个轮系的自由度变为 1。通常把这种联接称为封闭，而把所得到的自由度为 1 的轮系称为封闭差动轮系。图 8-12 所示为由 1、2、3、H 和 1′、2′、3′、H′两个行星轮系所组成的混合轮系。

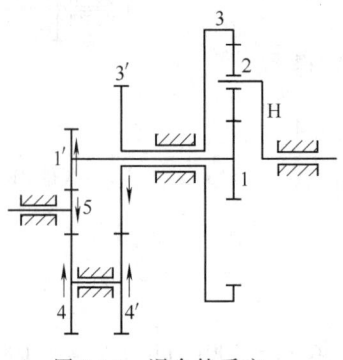

图 8-11 混合轮系之一

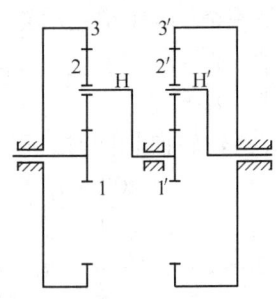

图 8-12 混合轮系之二

在计算混合轮系传动比时，既不能直接按定轴轮系来处理，也不能对整个轮系采用转化机构的办法。如对图 8-11 所示的混合轮系，若将整个机构附加一个公共角速度（$-\omega_H$），

虽然原来的周转轮系部分转化为一个定轴轮系，但同时却使原来的定轴轮系部分转化成了周转轮系，整个轮系仍是一个新的混合轮系；又如，对图 8-12 所示由多个周转轮系组成的混合轮系，由于各周转轮系不共用同一个系杆 H，所以也无法通过附加一个公共的角速度（$-\omega_H$）将整个轮系转化为定轴轮系。可见，对于混合轮系，传动比计算应遵循如下步骤：

1）正确划分各个基本轮系，这也是最关键的一步。

所谓基本轮系，指的是单一的定轴轮系或单一的周转轮系。在划分基本轮系时，首先应找出各基本周转轮系。根据周转轮系的特点，先找几何轴线位置不固定的行星轮，支承行星轮的构件即为系杆 H，而几何轴线与系杆重合且直接与行星轮相啮合的定轴齿轮就是太阳轮。这一由行星轮、系杆、太阳轮所组成的轮系，就是一个基本的周转轮系。重复上述过程，直至将所有周转轮系逐一找出，而每一个系杆均对应一个周转轮系。区分出各个基本的周转轮系后，剩余的部分就是定轴轮系。

2）分别列出计算各基本轮系传动比的方程式。

3）根据各基本轮系之间的连接条件，将各传动比方程式联立求解。

二、混合轮系传动比计算举例

例 8-4 图 8-13 所示为摩托车里程表的机构，C 为车轮轴。已知各轮的齿数为 $z_1 = 17$，$z_3 = 23$，$z_4 = 19$，$z_4' = 20$，$z_5 = 24$。设轮胎受压变形后使 28 in 车轮的有效直径约为 0.698m。当车行 1km 时，表上的指针 P 刚好回转一周，求齿轮 2 的齿数。

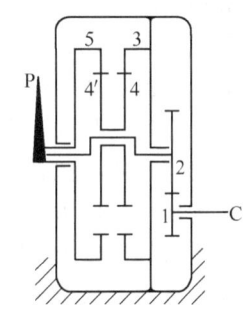

图 8-13 摩托车里程表机构

解：首先将该轮系划分为由 3、4、4'、5、H（2）组成的行星轮系和由 1、2 组成的定轴轮系，并分别列出它们的传动。

对由 3、4、4'、5、H（2）组成的行星轮系，由式（8-5）得

$$i_{52} = 1 - i_{53}^2 = 1 - \frac{z_4' z_3}{z_5 z_4} \quad (a)$$

对由 1、2 组成的定轴轮系，由式（8-2）得

$$i_{21} = -\frac{z_1}{z_2} \quad (b)$$

对式（a）、式（b）联立求解得

$$\frac{n_5}{n_1} = i_{51} = i_{52} i_{21} = \frac{(z_4' z_3 - z_5 z_4) z_1}{z_5 z_4 z_2}$$

已知 $n_1 = 1000/(0.698\pi)$ r/min 时，$n_5 = 1$r/min。代入上式得

$$z_2 = \frac{(z_4' z_3 - z_5 z_4) z_1}{z_5 z_4} \frac{n_1}{n_5} = \frac{(20 \times 23 - 24 \times 19) \times 17 \times 1000}{24 \times 19 \times 0.698\pi} = 68$$

例 8-5 图 8-14 所示为一电动卷扬机减速器的运动简图。已知各轮齿数：$z_1 = 24$，$z_2 = 33$，$z_{2'} = 21$，$z_3 = z_5 = 78$，$z_{3'} = 18$。试求传动比 i_{15}。

解：双联齿轮 2-2′的几何轴线不固定，而是支撑在卷筒 5（与内齿轮 5 固接在一起）上，随着卷筒 5 的转动绕齿轮 1、3 的轴线运动，因此它是一个双联行星轮。支承该行星轮的卷筒 5 即为系杆 H，而与齿轮 2-2′分别啮合的定轴齿轮 1 和 3 即为太阳轮。可见，齿轮 1、2-2′、3 和 H（5）组成了一个差动轮，剩余的定轴齿轮 3′、4、5 组成一个定轴轮系。整个轮系是一个由定轴轮系把差动轮系的系杆 H（5）和太阳轮 3 封闭起来的封闭差

动轮系。

对 1、2-2′、3 和 5（H）组成的差动轮系，有

$$i_{13}^H = i_{13}^5 = \frac{n_1 - n_5}{n_3 - n_5} = -\frac{z_2 z_3}{z_1 z_{2'}} \quad (a)$$

对 3′、4、5 组成的定轴轮系，有

$$i_{3'5} = \frac{n_{3'}}{n_5} = -\frac{z_5}{z_{3'}} \quad (b)$$

两个基本轮系间 3-3′ 是双联齿轮，即 $n_3 = n_{3'}$，将式（a）、式（b）联立求解得

$$i_{15} = \frac{z_2 z_3}{z_1 z_{2'}} \left(1 + \frac{z_5}{z_{3'}}\right) + 1 = \frac{33 \times 78}{24 \times 21}\left(1 + \frac{78}{18}\right) + 1 = 28.24$$

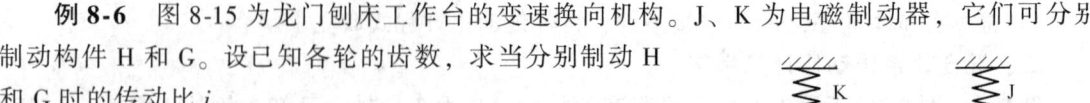

图 8-14 电动卷扬机减速器运动简图

可见，卷筒 5 和齿轮 1 转向相同。

例 8-6 图 8-15 为龙门刨床工作台的变速换向机构。J、K 为电磁制动器，它们可分别制动构件 H 和 G。设已知各轮的齿数，求当分别制动 H 和 G 时的传动比 i_{AB}。

解：1）当用制动器 J 制动 H 时，齿轮 1、2、3 的几何轴线固定不动，且齿轮 5 固定不动，输入轴 A 上的齿轮 1 通过齿轮 2 推动双联内齿轮 3-3′，带动齿轮 4 在齿轮 5 上滚动，从而带动输出轴 B。可见，这时齿轮 4 一方面绕其几何轴线转动，同时随输出轴 B（系杆）绕其轴线转动，所以齿轮 5、4、3′ 和系杆 B 组成一个行星轮系。剩余的齿轮 1、2、3 组成定轴轮系。两个基本轮系的连接条件是齿轮 3 和 3′ 固连在一起，故有 $n_3 = n_{3'}$。

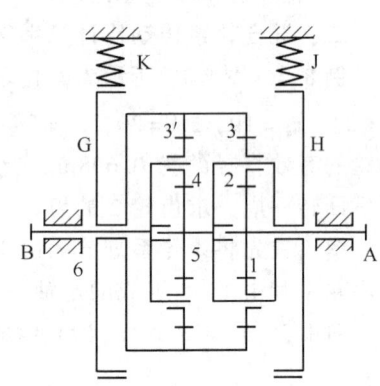

图 8-15 龙门刨床工作台变速换向机构

对 1、2、3 组成的定轴轮系有

$$i_{13} = \frac{n_1}{n_3} = -\frac{z_3}{z_1} \quad (a)$$

对 5、4、3′ 和系杆 B 组成行星轮系有

$$i_{3'B} = 1 - i_{3'5}^B = 1 - \left(-\frac{z_5}{z_{3'}}\right) = 1 + \frac{z_5}{z_{3'}} \quad (b)$$

对式（a）、式（b）联立求解得

$$i_{AB} = i_{1B} = i_{13} i_{3'B} = -\frac{z_3}{z_1}\left(1 + \frac{z_5}{z_{3'}}\right)$$

可见，此时输出轴 B 与输入轴 A 反向转动。

2）当用制动器 K 制动 G（与双联内齿轮 3′-3 固接在一起）时，运动经齿轮 1、2、5、4 传给输出轴 B。分析可见，齿轮 2 一方面自转，同时随系杆 H 绕其轴线转动，齿轮 4 既有自转，又随系杆 B 绕其轴线转动，所以齿轮 1、2、3 和行星架 H 及齿轮 5、4、3′ 和行星架 B 各组成一行星轮系，两个行星轮系的联系是前者的行星架 H 与后者的齿轮 5 固连，故有 $n_H = n_5$。

对 1、2、3 和 H（5）组成的行星轮系

$$i_{15} = 1 - i_{13}^5 = 1 - \left(-\frac{z_3}{z_1}\right) = 1 + \frac{z_3}{z_1} \quad \text{(c)}$$

对 5、4、3′和 B 组成的行星轮系

$$i_{5B} = 1 - i_{53'}^B = 1 - \left(-\frac{z_{3'}}{z_5}\right) = 1 + \frac{z_{3'}}{z_5} \quad \text{(d)}$$

对式（c）、式（d）联立求解得

$$i_{AB} = i_{1B} = i_{15} i_{5B} = \left(1 + \frac{z_3}{z_1}\right)\left(1 + \frac{z_{3'}}{z_5}\right)$$

可见，此时输出轴 B 与输入轴 A 同向转动。

例 8-7 图 8-16 所示为极大传动比减速器轮系，已知 1 和 5 均为右旋单头蜗杆，各轮齿数为 $z_{1'} = 101$，$z_2 = 99$，$z_{2'} = z_4$，$z_{4'} = 100$，$z_{5'} = 100$，试求轮系传动比 i_{1H}。又若直接以转速为 1375r/min 的电动机与输入轴 1 相联，试求输出轴 H 转一周所需时间 t。

解：该混合轮系中，由 2′、3、4 和 H 组成差动轮系，由 1、2 及 1′、5′、5 和 4′各组成一定轴轮系。三个基本轮系组成一自由度为 1 的封闭式差动轮系。

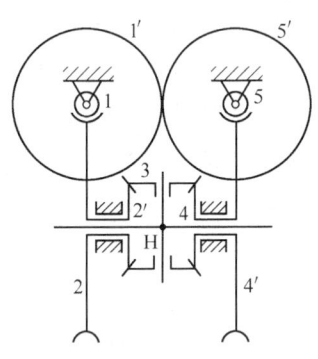

图 8-16 极大传动比轮系

由 2′、3、4 和 H 组成差动轮系中

$$i_{2'4}^H = \frac{n_{2'} - n_H}{n_4 - n_H} = -\frac{z_4}{z_{2'}} = -1 \quad \text{(a)}$$

由 1、2 组成的定轴轮系中

$$n_2 = n_1 \frac{z_1}{z_2} = \frac{n_1}{99} \quad \text{(b)}$$

由 1′、5′、5 和 4′组成的定轴轮系中

$$n_{4'} = n_{1'} \frac{z_{1'} z_5}{z_{5'} z_{4'}} = \frac{101 \times 1}{100 \times 100} = \frac{101}{10000} n_{1'} \quad \text{(c)}$$

三个基本轮系的连接条件为 $n_{2'} = n_2$，$n_4 = n_{4'}$，$n_{1'} = n_1$，并注意到轮 2 和轮 4′实际转向相反，取 n_2 为正、$n_{4'}$ 为负代入式（a），解得

$$i_{1H} = 1980000$$

可见，当蜗杆转 1980000 转时，输出轴 H 才与轮 2 同向回转 1 转。若以转速为 1375r/min 的电动机直接与输入轴 1 相联，则输出轴 H 转一周所需时间为 $t = 24h$。

第四节 轮系的功用

在各种机械设备中，轮系的应用非常广泛。按其用途不同，其功用可以归纳为以下几个方面。

1. 实现相距较远的两轴之间的传动

在齿轮传动中，当输入轴和输出轴之间的距离较远时，如果只用一对齿轮直接把输入轴的运动传递给输出轴，如图 8-17 所示的齿轮 1 和齿轮 2，齿轮的尺寸将很大。若改用两对齿轮 a、b、c、d 组成的轮系来传动，既能减小机器的结构尺寸和质量，又能节约材料，降低成本，且制造安装方便。

2. 实现分路传动

利用定轴轮系，可以将主动轴的运动，传递给若干从动轴，获得所需要的各种运动。图 8-18 所示为滚齿机工作台中实现轮坯与滚刀展成运动的传动机构，电动机驱动主动轴转动，通过该轴上的齿轮 1、2 将运动传递给单线滚刀 A，又通过齿轮 3、4、

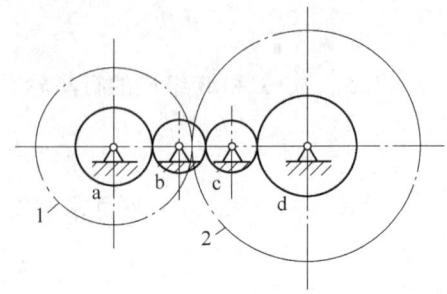

图 8-17 实现远距离传动的轮系

5、6、7 和蜗杆传动 8、9 将运动传递给轮坯 B，从而实现刀具和轮坯之间的展成运动。图 8-19 所示为机械式钟表机构，动力源由 N 输入，通过齿轮 1、2 直接带动分针 M；同时，一路通过齿轮 2″、3-3′、4 带动时针 H；另一路通过齿轮 2′、5-5′、6 带动秒针 S；又通过齿轮 6′、7 驱动操纵轮 E。只要正确确定各齿轮的齿数，就可以保证时针、分针与秒针的传动比关系。

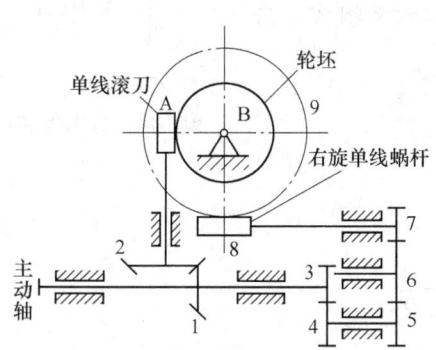

图 8-18 滚齿机的分路传动机构

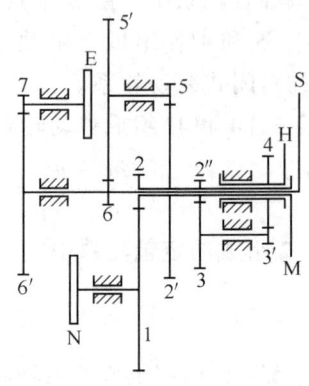

图 8-19 钟表中的分路传动机构

3. 实现变速和变向传动

当主动轴的转速、转向不变时，利用轮系可以使从动轴获得多种不同的转速或改变输出轴转向，这种传动称为变速、换向传动。汽车、机床、起重机等许多机械中都广泛应用轮系实现变速、变向传动。

图 8-20 所示为汽车的变速器变速换向轮系。图中轴 Ⅰ 为动力输入轴，Ⅱ 为输出轴，操纵双联齿轮 4-6 和牙嵌式离合器 A、B，可以获得高、中、低和低速倒车四种车速：

第一档：离合器 A、B 相嵌合，而齿轮 5、6 和 3、4 均脱离。

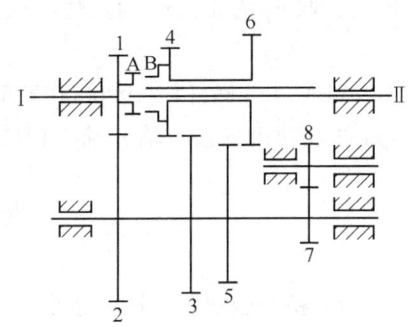

图 8-20 汽车变速器变速换向轮系

第二档：齿轮 3、4 相啮合，而齿轮 5、6 和离合器 A、B 均脱离。

第三档：齿轮 5、6 相啮合，而齿轮 3、4 和离合器 A、B 脱离。

倒退档：齿轮6、8相啮合，而齿轮3、4和齿轮5、6以及离合器A、B均脱离，输出轴Ⅱ反转。

例8-6中图8-15所示龙门刨床工作台变速换向机构，利用两个制动器分别对混合轮系作用，以实现变速、换向传动。

4. 实现大传动比传动

一对齿轮传动，为了避免由于齿数过于悬殊而导致机构轮廓尺寸过大，且小齿轮易于损坏和发生齿根干涉等问题，一般传动比不得大于5~7。在需要获得更大传动比时，可利用多级传动组成的轮系，如图8-21所示。

采用周转轮系和混合轮系，只用少数几个齿轮就可以获得较大或很大的传动比，且结构十分紧凑。图8-22所示为车床三爪自定心卡盘的行星减速器，它是利用周转轮系实现大传动比传动的一个典型实例。电动机带动齿轮1转动，通过一个3K型行星轮系带动内齿轮4转动，从而在固接于齿轮4右端面上的阿基米德螺旋槽作用下，驱使3个卡爪快速径向移动，以夹紧或放松工件。其各轮齿数为 $z_1=6$，$z_2=z_{2'}=25$，$z_3=57$，$z_4=56$，传动比 $i_{14}=-588$。例8-7中图8-16所示为极大传动比减速器轮系，由锥齿轮差动轮系被两个定轴轮系封闭而成，其传动比高达 $i_{1H}=1980000$。

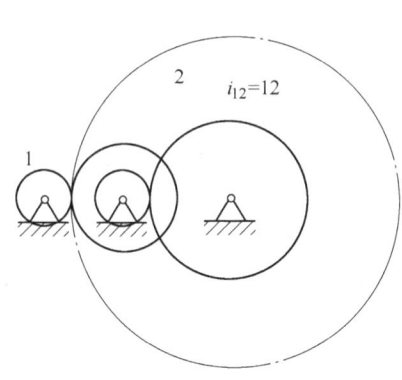

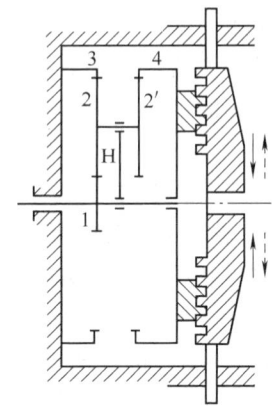

图8-21 实现较大传动比的定轴轮系　　　　图8-22 车床三爪自定心卡盘的周转轮系

5. 实现结构紧凑的大功率传动

在周转轮系中，通常都采用多个行星轮均匀地分布在太阳轮四周的结构形式，如图8-23所示。这样，既可使载荷由多个行星轮共同承担，大大提高轮系承载能力，同时又可使各行星轮因公转所产生的离心惯性力和各齿廓啮合处的径向分力得以平衡，大大改善受力状况。此外，采用内啮合又有效地利用了空间，加之其输入轴与输出轴共轴线，故其径向尺寸可大大减小。因此可在结构十分紧凑的条件下，实现大功率传动，且运转平稳，传动效率高。

图8-24所示为某国产涡轮螺旋桨发动机主减速器的传动简图。其右部为一差动轮系，左部为一定轴轮系。动力由太阳轮1输入后，经系杆H和内齿轮3分两路向左传递，最后在系杆H与内齿轮5的接合处汇合，输往螺旋桨。该减速器采用4个行星轮和6个中间惰轮，在外廓尺寸有仅约430mm的情况下传递功率可达2850kW。

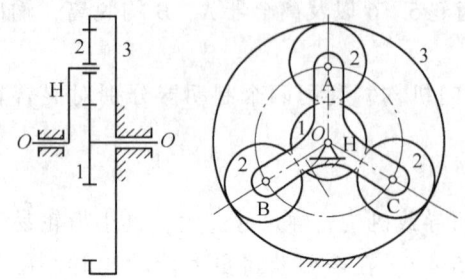
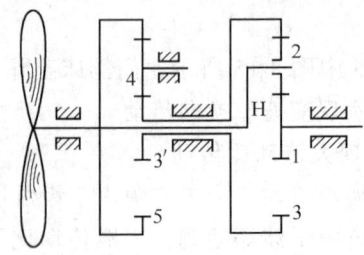

图 8-23　多个行星轮均布的周转轮系　　　　图 8-24　涡轮螺旋桨发动机主减速器传动简图

6. 实现运动的合成与分解

差动轮系有两个自由度，只有给定三个基本构件中任意两个的运动后，第三个基本构件的运动才能确定。这就是说，第三个基本构件的运动为另两个基本构件的运动的合成。

如图 8-25 所示的锥齿轮差动轮系就常用作运动的合成。其中 $z_1 = z_3$，则

$$n_H = \frac{1}{2}(n_1 + n_3) \tag{8-6}$$

可见，该机构中系杆 H 的转速是两个太阳轮转速之和，故称为加法机构。

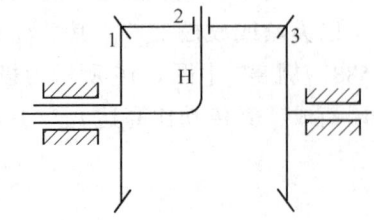

又若在该轮系中，给定系杆 H 和任一太阳轮的运动，则可得到另一太阳轮的运动。如已知 n_H 和 n_3，可以求得

图 8-25　利用差动轮系实现运动合成

$$n_1 = 2n_H - n_3 \tag{8-7}$$

此时，该轮系又称为减法机构。差动轮系这种能将两个独立的运动合成为一个运动的特性被广泛应用于机床、计算机构和补偿调整等装置中。

同样，利用周转轮系也可以实现运动的分解，即将差动轮系中一个基本构件的主动转动，按所需比例分解成另两个基本构件的独立转动。一个典型应用实例是汽车的后桥差速器。

图 8-26 所示为汽车后桥差速器的工作原理图。其中，齿轮 1、2 组成定轴轮系，齿轮 3、

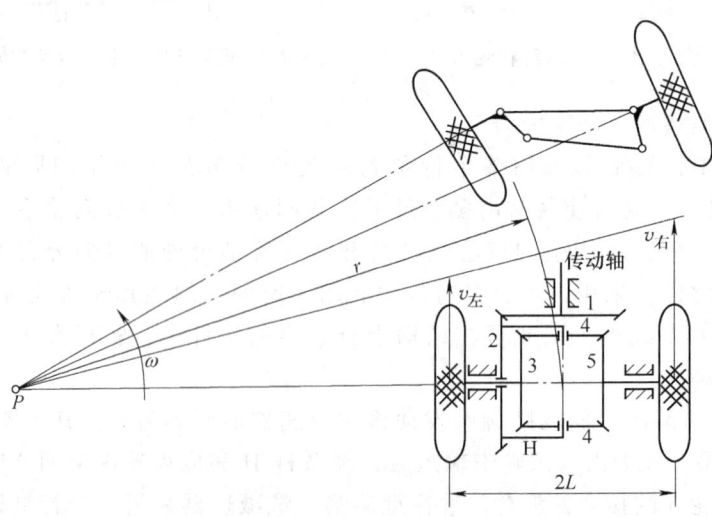

图 8-26　汽车后桥差速器的工作原理图

4、5 和 2（H）组成一差动轮系。汽车行驶时，动力由发动机经传动轴传给齿轮 1，再推动活套在左半轴上的齿轮 2 及与之相固接的差动轮系的系杆 H 一起转动。

在差动轮系中

$$i_{35}^H = \frac{n_3 - n_H}{n_5 - n_H} = -\frac{z_5}{z_3} = -1$$

所以
$$n_H = (n_3 + n_5)/2 \tag{a}$$

当汽车在平坦的道路上直线行驶时，左右两后轮滚过的路程相等，所以具有相同的转速，即 $n_3 = n_5$。由式（a）则有 $n_3 = n_5 = n_H$，即齿轮 3、5 和系杆 H 之间没有相对运动，整个差动轮系如同一个整体随齿轮 2 一起转动。

当汽车转弯时，在前轮转向机构的作用和地面约束下，整个汽车绕着转弯中心 P 点转动。此时处于弯道内侧的左后轮走的是一个小圆弧，而处于弯道外侧的右后轮走的是一个大圆弧，两后轮所走的路程不相等，因此要求分别与左、右后轮固接的齿轮 3、5 具有不同的转速。汽车后桥差速器的作用，正是根据转弯半径的不同自动调节两后轮的转速。

为使汽车安全转弯并减小地面对轮胎的磨损，应使两后轮与地面之间作无滑动的纯滚动。因为两轮直径相等，则两轮的转速应于它们各自所走弯道的半径成正比。即

$$\frac{n_3}{n_5} = \frac{r - L}{r + L} \tag{b}$$

联立式（a）、式（b）求解，得汽车两后轮的转速分别为

$$n_3 = \frac{r - L}{r} n_H$$

$$n_5 = \frac{r + L}{r} n_H$$

这说明，当汽车转弯时，两后轮的转速随着弯道半径的不同而变化，故汽车的后轴要做成左、右两根半轴，在两半轴之间用差速器连接，利用差速器自动将主轴的转动分解为两个后轮各自所需要的转动。

第五节　行星轮系的效率及选型

一、行星轮系的效率

轮系既然广泛应用于各种机械中，所以其效率对于这些机械的总效率具有决定意义。因此，对于主要用于传递动力的轮系，特别是传递较大动力的轮系，就必须对其效率加以分析。对于那些主要用于传递运动的轮系，尽管其效率的高低并不十分重要，但为了对不同设计方案的评估和避免机构发生自锁，也需要进行效率分析。

在各种轮系中，定轴轮系的效率计算比较简单，其效率就等于组成该轮系的各对齿轮的效率的连乘积。设轮系由 n 对齿轮串联组成，每对齿轮传动的效率分别为 η_1、η_2、$\cdots$、η_n（可由有关设计手册查取），则其传动总效率为

$$\eta = \eta_1 \eta_2 \cdots \eta_n \tag{8-8}$$

由于周转轮系中具有既有自转又有公转的行星轮，其效率不能再用定轴轮系的公式来计算，但可利用"转化机构法"将周转轮系转化为假想的定轴轮系，进而得到计算周转轮系

效率的方法。

对于周转轮系来说，差动轮系一般主要用于运动传递，而用作动力传动的则主要是行星轮系。所以本节将只讨论行星轮系效率的计算问题。

根据机械效率的定义，对于任何机械来说，设其输入功率 P_d 等于输出功率 P_r 和摩擦损耗功率 P_f 之和，即 $P_d = P_r + P_f$。则其效率为

$$\eta = \frac{P_r}{P_d} = \frac{P_d - P_f}{P_d} = 1 - \frac{P_f}{P_d} \tag{8-9}$$

或

$$\eta = \frac{P_r}{P_d} = \frac{P_r}{P_r + P_f} = \frac{1}{1 + \dfrac{P_f}{P_r}} \tag{8-10}$$

当已知机械的输入功率 P_d 或输出功率 P_r 时，只要求出其摩擦损耗功率 P_f 就可以由式(8-10)或式(8-10)求出其效率。

齿廓啮合传动时，其齿面摩擦功率损耗主要取决于啮合齿面间的相互作用力、相对滑动速度和摩擦因数。行星轮系的转化机构与原行星轮系相比，其差别仅仅在于给整个行星轮系附加了一个公共的角速度 $(-\omega_H)$，其内部各构件之间的相对运动并没有发生改变，各对啮合齿廓间的相对滑动速度不变，摩擦因数也不会发生变化，构件上所受的力矩和各运动副中的作用力（当不考虑各构件回转的离心惯性力时）也不变，所以行星轮系与其转化机构中的齿面摩擦损耗功率应是相等的。这就是以转化机构法计算行星轮系效率的理论依据。以图8-4 中的 2K-H 型行星轮系为例，分析如下：

在图 8-4 所示的 2K-H 型行星轮系中，设齿轮 1 为主动轮，作用于其轴上的转矩为 T_1，则齿轮 1 所传递的功率为

$$P_1 = T_1 \omega_1$$

而在其转化机构中，齿轮 1 所传递的功率则为

$$P_1^H = T_1(\omega_1 - \omega_H) = P_1(1 - i_{H1}) \tag{8-11}$$

若 $P_1^H > 0$，则 P_1^H 与 P_1 同号，说明齿轮 1 在转化机构中仍为主动件，故 P_1^H 为输入功率，可求出转化机构的摩擦损耗功率应为

$$P_f^H = P_1^H(1 - \eta_{13}^H) = T_1(\omega_1 - \omega_H)(1 - \eta_{13}^H) \tag{8-12}$$

式中，η_{13}^H 为该行星轮系转化机构的效率。如式(8-8)所示，它等于把原行星轮系视为定轴轮系，由齿轮 1 到齿轮 3 之间各对啮合齿轮传动效率的连乘积。

若 $P_1^H < 0$，则 P_1^H 与 P_1 异号，说明齿轮 1 在转化机构中变为从动件，故 P_1^H 为输出功率，可求出转化机构的摩擦损耗功率应为

$$P_f^H = |P_1^H| \left(\frac{1}{\eta_{13}^H} - 1 \right) = |T_1(\omega_1 - \omega_H)| \left(\frac{1}{\eta_{13}^H} - 1 \right) \tag{8-13}$$

又因 η_{13}^H 一般都在 0.9 以上，故 $\left(\dfrac{1}{\eta_{13}^H} - 1 \right)$ 与 $(1 - \eta_{13}^H)$ 相差不大，所以为了简便起见，可以不必区分 $P_1^H > 0$ 还是 $P_1^H < 0$，将式(8-12)和式(8-13)统一为

$$P_f^H = |P_1^H|(1 - \eta_{13}^H) = |T_1(\omega_1 - \omega_H)|(1 - \eta_{13}^H) \tag{8-14}$$

如前所述，行星轮系与其转化机构中的齿面摩擦损耗功率应是相等的，所以式(8-14)

可视为原行星轮系中的摩擦损耗功率。最后，如将式（8-11）代入式（8-14），可得行星轮系损耗功率的计算公式为

$$P_f = P_f^H = |P_1(1-i_{H1})|(1-\eta_{13}^H) \tag{8-15}$$

行星轮系的损耗功率求得后，其效率的计算问题便迎刃而解。将式（8-15）代入式（8-9）和式（8-10），即可求得行星轮系的效率。

若齿轮 1 为主动，P_1 为输入功率

$$\eta_{1H} = \frac{P_1 - P_f}{P_1} = 1 - |1-i_{H1}|(1-\eta_{13}^H) \tag{8-16}$$

若系杆 H 为主动，P_1 为输出功率

$$\eta_{H1} = \frac{|P_1|}{|P_1|+P_f} = \frac{1}{1+|1-i_{H1}|(1-\eta_{13}^H)} \tag{8-17}$$

由以上两式可见，当 η_{13}^H 一定时，行星轮系的效率是其传动比的函数，其变化曲线如图 8-27 所示，图中设 $\eta_{13}^H = 0.95$，实线为 $\eta_{1H} \sim i_{1H}$ 线图，这时齿轮 1 为主动件，系杆 H 为从动件。虚线为 $\eta_{H1} \sim i_{H1}$ 线图，这时，系杆 H 为主动件，齿轮 1 为从动件。

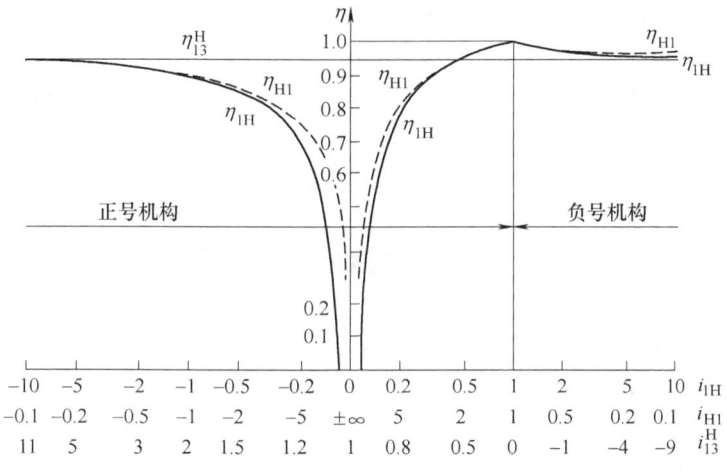

图 8-27 2K-H 型行星轮系效率曲线

由图 8-27 可以看出：

1）正号机构（即 $i_{13}^H > 0$ 的行星轮系），当 i_{13}^H 由 0 向 1 变化时，轮系的效率迅速降低；而当 i_{13}^H 由 1 向 2 变化时，轮系的效率又迅速增大；当 $i_{13}^H > 2$ 后，其效率 η 逐渐平稳地趋于 η_{13}^H，但总不会大于 η_{13}^H。若太阳轮 1 为主动件，系杆 H 为从动件，当增速比 $|1/i_{1H}| = |i_{H1}|$ 足够大时，$\eta_{1H} \le 0$，轮系将发生自锁。此时，若取系杆 H 为主动件，虽不会发生自锁，但效率却很低。

2）负号机构（即 $i_{13}^H < 0$ 的行星轮系），无论太阳轮 1 主动还是系杆 H 主动，轮系的效率都很高，均高于其转化机构的效率 η_{13}^H，但随着 $|i_{13}^H|$ 的增大会逐渐减小趋于 η_{13}^H。

上面用转化机构法对轮系效率的计算问题进行了讨论，但由于实际加工精度、安装精度和使用情况的不同，以及行星轮离心力引起的摩擦损失等都会直接影响到轮系效率的大小，故这种方法的理论计算结果并不能完全准确地反映传动装置的实际效率。因此，在工程中，该方法主要用于设计阶段对不同设计方案的定性评价、比较与选择，若有必要，应在行星轮系制成之后，用试验的方法进行效率的测定。

二、行星轮系的类型选择

选择轮系的类型时，主要应从传动比范围、传递功率大小、效率高低、结构复杂程度和外廓尺寸大小等方面综合考虑，其中主要的是效率和传动比要求。

1）由上述效率曲线分析可知，对负号机构来说，无论太阳轮主动（减速）还是系杆主动（增速），轮系的效率都很高，因此，在设计行星轮系时，若用于动力传递，这时要求传动具有较高的效率，则应尽可能选用负号机构。但需注意，负号机构的传动比 i_{1H} 只比其转化机构的传动比 i_{13}^H 的绝对值大 1，而转化机构是一定轴轮系，其传动比 i_{13}^H 不可能很大。当要求实现较大传动比时的动力传动时，可用多级负号机构或负号机构和定轴轮系组成的混合轮系来实现。

2）对于正号机构，当由太阳轮到系杆的增速比 $|1/i_{1H}| = |i_{H1}|$ 足够大时，$\eta_{1H} \leq 0$，轮系将发生自锁。此时，若该取系杆 H 为主动件，虽不会发生自锁，效率却很低。但也注意到，当正号机构的 $|i_{1H}|$ 很小，且以系杆 H 为主动件时，其传动比 $|i_{H1}|$ 将很大，也即利用正号机构可以获得很大的传动比，且由于此时其转化机构的传动比 i_{13}^H 将接近于 1，机构尺寸较小。因此正号机构主要用于传动比较大而对效率要求不高的场合。

综上所述，在行星轮系中，存在着效率、传动比和机构尺寸等相互制约的矛盾。负号机构效率较高，但传动比小、尺寸较大；正号机构效率低，但可实现较大传动比且结构紧凑。因此在设计行星轮系时，应根据具体的工作要求和工作条件，适当选择行星轮系的类型。

第六节 行星轮系各轮齿数和行星轮个数的选择

行星轮系是一种共轴式（即三个基本构件的轴线重合）的传动装置，且为了提高轮系承载能力和行星轮因公转所产生的离心惯性力，通常都采用多个行星轮均匀地分布在太阳轮四周的结构形式。为了保证轮系能够正常运转，其各轮齿数和行星轮个数必须满足下述四个条件，现以图 8-23 所示的单列 2K-H 负号行星轮系为例加以讨论。

一、传动比条件

行星轮系用以传递运动，首先必须能够实现工作所给定的传动比 i_{1H}。所以，各轮齿数应根据传动比要求确定。

因
$$i_{1H} = 1 - i_{13}^H = 1 + \frac{z_3}{z_1}$$

所以
$$z_3 = (i_{1H} - 1)z_1 \tag{8-18}$$

二、同心条件

为保证装在系杆上的行星轮在运转过程中始终能与太阳轮正确啮合，三个基本构件的轴线必须重合，即太阳轮 1 与行星轮 2 的中心距应等于太阳轮 3 与行星轮 2 的中心距。故各轮节圆半径之间必须满足如下关系

$$r_3' = r_1' + 2r_2'$$

当采用标准齿轮传动或高度变位齿轮传动时，则有

$$r_3 = r_1 + 2r_2$$

$$z_3 = z_1 + 2z_2 \quad 或 \quad z_2 = \frac{z_3 - z_1}{2} \tag{8-19}$$

可见，两太阳轮的齿数应同时为奇数或偶数。将式（8-18）代入并整理可得

$$z_2 = \frac{i_{1H} - 2}{2} z_1 \tag{8-20}$$

三、装配条件

行星轮的数目和各轮齿数之间必须满足一定的条件，才能将各个行星轮均匀地分布在两个太阳轮之间。

如图 8-28 所示，设有 k 个行星轮均匀布置在中心轮的四周，则相邻两个行星轮之间的夹角为 $2\pi/k$。现假设采用"依次轮流装入法"，将每个行星轮都依次从位置 I 处装入。

设在位置 I 处将第一个行星轮装入两太阳轮之间，则两太阳轮轮齿间的相对位置已通过行星轮而确定。现设想将太阳轮 3 固定而转动太阳轮 1，使第一个行星轮由位置 I 转到位置 II，此时系杆转过角度 $\varphi_H = 2\pi/k$，太阳轮 1 转过角度 φ_1，其上齿厚中点 a 转到了 a'。根据传动比公式有

$$\varphi_1 = i_{1H}\varphi_H = (1 + \frac{z_3}{z_1})\frac{2\pi}{k} \tag{8-21}$$

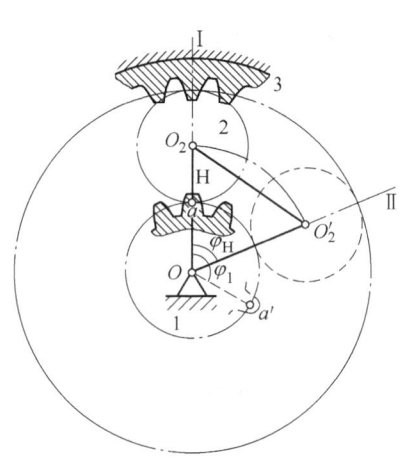

图 8-28 行星轮系装配条件

如果此时太阳轮 1 正好转过 N 个完整的齿，即

$$\varphi_1 = N\frac{2\pi}{z_1} \tag{8-22}$$

则在位置 I 处又会出现与安装第一个行星轮时一样的情形，于是在位置 I 处又可装入第二个行星轮。以此类推，直至装入 k 个行星轮。

将式（8-21）和式（8-22）联立求解，可得

$$N = \frac{z_1}{k} i_{1H} = \frac{z_1 + z_3}{k} \tag{8-23}$$

可见，欲将多个行星轮均匀分布在太阳轮四周，则两太阳轮的齿数和必须为行星轮个数的整数倍。

四、邻接条件

如图 8-28 所示，为了保证相邻两行星轮不发生干涉和碰撞，则必须保证相邻两行星轮的齿顶圆不得相交，即

$$O_2 O_2' > 2 r_{a2}$$

式中，r_{a2} 为行星轮的齿顶圆半径。对于标准齿轮传动，由上式可得

$$2(r_1 + r_2) \sin \frac{\pi}{k} > 2(r_2 + h_a^* m)$$

或

$$(z_1 + z_2) \sin \frac{\pi}{k} > z_2 + 2h_a^* \tag{8-24}$$

为了便于设计时选择各轮齿数，通常将式（8-18）、式（8-20）、式（8-23）所代表的前三个条件合并为一个总的配齿公式，即

$$z_1 : z_2 : z_3 : N = z_1 : \frac{i_{1H} - 2}{2} z_1 : (i_{1H} - 1) z_1 : \frac{i_{1H}}{k} z_1 \qquad (8\text{-}25)$$

设计时，先用上述配齿公式选择 z_1 和 k，保证 z_2、z_3 和 N 为整数，再用邻接条件式（8-24）验算，若不满足，则应增加太阳轮齿数或减少行星轮个数。

例 8-8 设计一单列 2K-H 负号行星轮系，已知 $i_{1H} = 5$，$k = 3$，采用标准齿轮，确定各轮齿数。

解： 应用配齿公式（8-25），即

$$\begin{aligned}
z_1 : z_2 : z_3 : N &= z_1 : \frac{i_{1H} - 2}{2} z_1 : (i_{1H} - 1) z_1 : \frac{i_{1H}}{k} z_1 \\
&= z_1 : \frac{5 - 2}{2} z_1 : (5 - 1) z_1 : \frac{5}{3} z_1 \\
&= z_1 : \frac{9}{6} z_1 : \frac{24}{6} z_1 : \frac{10}{6} z_1
\end{aligned}$$

为了使上式右边各项均为正整数且各轮齿数均大于 $z_{\min}$（17），取 $z_1 = 18$，则 $z_2 = 27$，$z_3 = 72$。

由式（8-24）验算邻接条件

$$(18 + 27) \sin \frac{\pi}{3} = 39 > 29 = z_2 + 2h_a^*$$

故满足条件。

第九章 其他常用机构简介

【内容提示】 本章介绍几种常用的能实现周期性动、停式运动的间歇运动机构及其他常用机构,简单介绍它们的工作原理、运动特点、功能及应用。

【基本要求】 了解棘轮机构、槽轮机构、不完全齿轮机构、万向联轴器、螺旋机构等常用机构的原理、特点、功能和应用。

前面讨论的连杆机构、凸轮机构和齿轮机构是组成机器的几种最常用机构。在各类机械中,为了满足不同的运动要求,还常常使用一些其他类型的机构。如为了实现分度转位、送进输出、制动超越等运动,常需采用能将主动件的连续运动变换成从动件周期性动、停式运动的棘轮机构、槽轮机构、不完全齿轮机构等间歇运动机构;在汽车、机床等机械传动系统中,广泛使用着能实现变角传动的万向联轴器;在机床进给机构、起重设备、工装夹具、测量工具等方面广泛应用着螺旋机构。本章简要介绍这些机构的工作原理、运动特点、应用场合及设计要点。

第一节 棘 轮 机 构

一、棘轮机构的组成和工作原理

图 9-1a 所示为一典型的外啮合齿式棘轮机构,它主要由主动摆杆 1、驱动棘爪 2、棘轮 3、止回棘爪 4 和机架 5 组成,弹簧 6 用以使棘爪 4 与棘轮 3 保持接触。主动摆杆 1 活套在与棘轮 3 固联的转轴 O_3 上,并绕 O_3 轴作往复摆动。当主动摆杆 1 沿顺时针方向转动时,摆杆上铰接的驱动棘爪 2 插入棘轮 3 的齿槽内,推动棘轮同向转动一定的角度,而止回棘爪 4

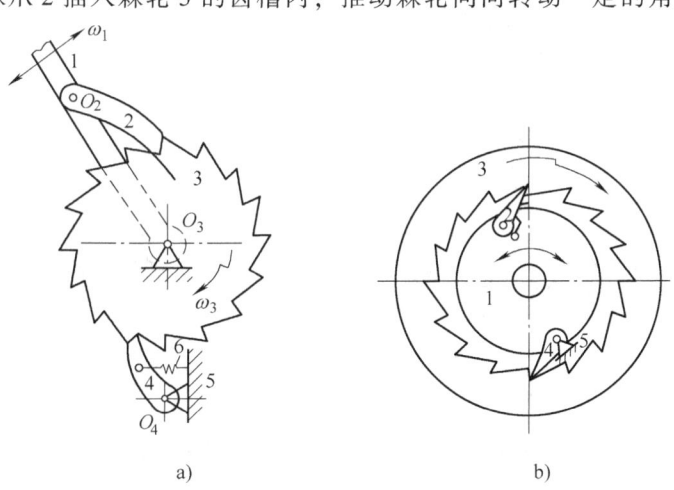

图 9-1 齿式棘轮机构
a) 外啮合 b) 内啮合

仅在棘轮 3 的齿背上滑过。当主动摆杆 1 沿逆时针方向转动时，驱动棘爪 2 在棘轮 3 的齿背上滑过，而止回棘爪 4 插入棘轮 3 的齿槽内阻止棘轮向逆时针方向反转，棘轮静止不动，从而将主动摆杆 1 的往复摆动转换为从动棘轮 3 的单向间歇转动。

二、棘轮机构的类型

根据结构特点，常用的棘轮机构分为齿式棘轮机构和摩擦式棘轮机构两大类。

1. 齿式棘轮机构

齿式棘轮机构在棘轮的外缘或内缘上具有刚性的轮齿。按啮合方式分，有外啮合（见图 9-1a，棘爪装在棘轮的外部）和内啮合（见图 9-1b，棘爪装在棘轮的内部）两种形式。

按照运动形式的不同，齿式棘轮机构又分为：

（1）单动式棘轮机构　如图 9-1 所示，主动摆杆 1 往复摆动一次，只能在一个方向推动棘轮沿同一方向间歇转过一定的角度。当棘轮的直径为无穷大时，棘轮变为棘条，如图 9-2 所示，主动摆杆 1 作往复摆动时，棘爪 2 推动棘条 3 作单动式单向间歇移动。

（2）双动式棘轮机构　如图 9-3 所示，主动摆杆 1 上铰接有两个棘爪，在摆杆沿两个方向往复摆动一次的过程中，分别带动棘爪 2 和 2'，使棘轮沿同一方向间歇转动两次。

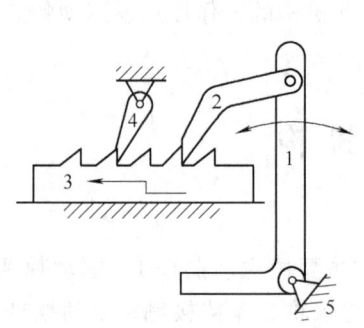

图 9-2　棘齿条机构

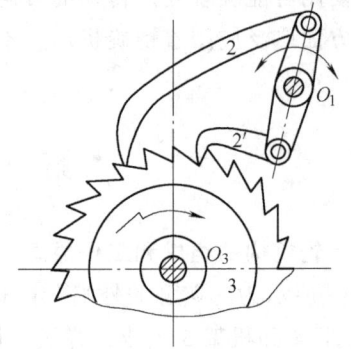

图 9-3　双动式棘轮机构

（3）可变向棘轮机构　如图 9-4 所示，可变向棘轮的轮齿一般做成梯形齿或矩形齿，通过改变棘爪的放置位置或方向，可改变棘轮的转动方向。在图 9-4a 中，棘爪 2 具有对称的

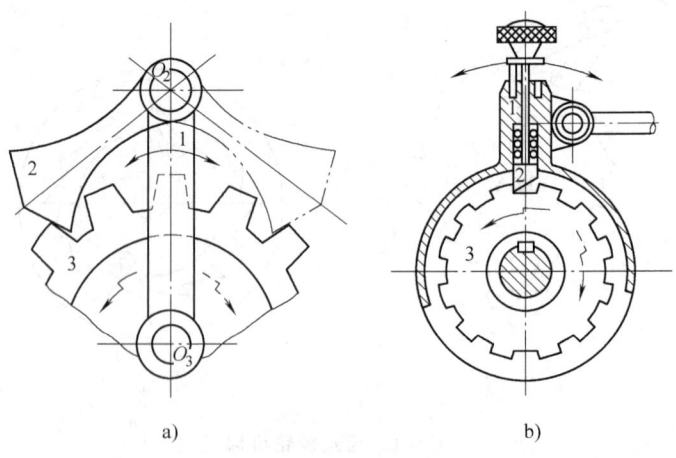

a)　　　　　　　　　　　　b)

图 9-4　可变向棘轮机构

爪端，棘轮3具有梯形齿，当棘爪2位于实线位置时，棘轮可以实现逆时针的单向间歇转动；将棘爪2翻转到虚线位置时，棘轮则可实现顺时针的单向间歇转动。在图9-4b中，棘爪2具有单面的直边工作面，棘轮3具有矩形齿，当棘爪在图示位置时，棘轮将沿逆时针方向作单向间歇转动；若将棘爪提起并绕自身轴线转180°后再放下，棘轮就可沿顺时针方向作单向间歇转动。

2. 摩擦式棘轮机构

按结构形式又可以分为两类：

（1）偏心扇形楔块式棘轮机构　如图9-5a所示，它的工作原理与轮齿式棘轮机构相同，只不过是用偏心扇形楔块代替了棘爪，用摩擦轮代替了棘轮。当主动摆杆1逆时针摆动时，扇形楔块2在摩擦力的作用下楔紧摩擦轮3，与之成为一体，从而使摩擦轮3也随之同向转动，这时止动楔块4与摩擦轮3打滑；当主动摆杆1顺时针摆动时，扇形楔块2在摩擦轮3上打滑，而止动楔块4与摩擦轮3楔紧，以防止其反转。从而，随着摆杆1的往复摆动，摩擦轮3便作单向间歇转动。

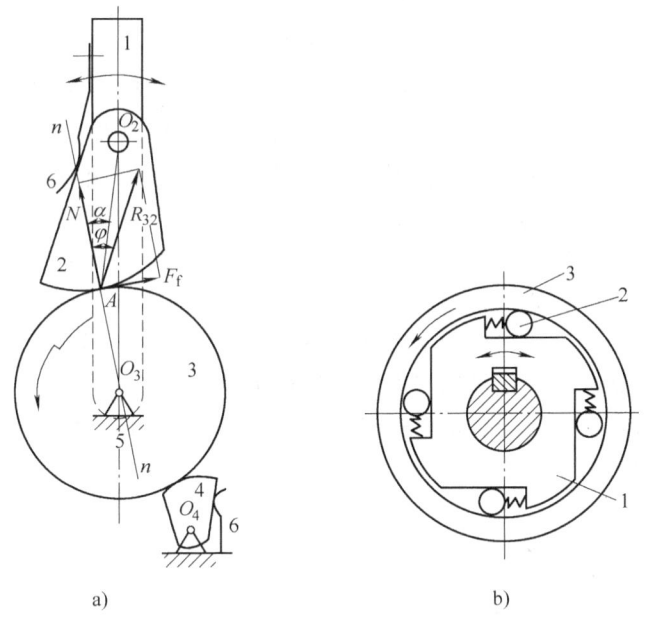

图9-5　摩擦式棘轮机构

（2）滚子楔紧式棘轮机构　如图9-5b所示，当主动棘轮1逆时针转动时，滚子2借助摩擦力的作用楔紧在间隙的狭窄处，使套筒3随棘轮1一同回转；当主动棘轮1顺时针转动时，滚子2被松开，套筒3静止不动或由于惯性作用继续逆时针转动。可见，当主动棘轮1以任意角速度反复转动时，可使从动套筒获得任意角速度的单向间歇转动或超越运动。

三、棘轮机构的特点和应用

1. 棘轮机构的特点

齿式棘轮机构结构简单、制造方便、运动可靠，棘轮转角容易实现有级调节，应用广泛。其缺点是棘爪在齿背上滑行时，会引起噪声、磨损和冲击，运动平稳性较差，且棘轮转角只能实现有级调节。故常用在低速、轻载的场合实现间歇运动。

摩擦式棘轮机构传动平稳、无噪声，可实现棘轮转角的无级调节。其缺点是靠摩擦传动，无法避免打滑现象，运动准确性较差，故适用于低速轻载和运动精度要求不高的场合。

2. 棘轮机构的应用

棘轮机构常用于各种机械中，以实现进给、超越、转位、制动等功能。

如图 9-6 所示，牛头刨床工作台的横向进给机构由齿轮机构、曲柄摇杆机构和图 9-4b 所示的可变向棘轮机构组成。运动首先由一对齿轮传给固联在大齿轮上的曲柄 1，再经连杆 2 带动摇杆 3 作往复摆动；摇杆 3 上装有棘爪，从而推动棘轮 4 作单向间歇转动；而棘轮 4 与丝杠 5 固联，这样，当棘爪带动棘轮作单向间歇转动时，即可通过丝杠使与螺母固联的工作台 6 作间歇进给运动。若改变曲柄 1 的长度，就可以改变棘爪的摆角，以调节进给量。

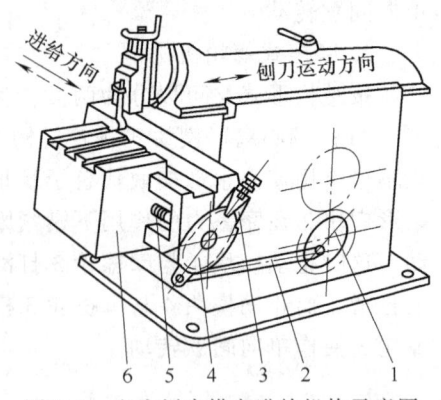

图 9-6　牛头刨床横向进给机构示意图

图 9-7 所示为用于自行车后轴"飞轮"的内啮合齿式棘轮机构。当踩动脚蹬通过链条带动与链轮固联的内棘轮 3 逆时针方向转动时，通过棘爪 2 推动与后车轮固联的套筒 1 使之一同作逆时针方向的转动，自行车向左方前进。当停止踩动脚蹬（甚至反向倒踩脚蹬）时，棘爪 2 在棘轮 3 的齿面上滑过（此时可以听到棘爪 2 在棘轮齿面上滑过时击打齿根部的"哒、哒、……"声），棘轮 3 与套筒 1 脱开，套筒 1 连同与之固联的后车轮将在惯性力作用下继续作逆时针方向的转动，自行车继续向左方前进。这时出现了从动套筒 1 的转动"超越"主动棘轮 3 的运动的情况。设想一下，如果自行车后轮上不装设棘轮机构，这时，即使不踩踏或是走下坡，脚蹬也将不停地转动，这将会给骑车人带来多大的麻烦！又如图 9-5b 所示的摩擦式棘轮机构常常用作自动钻床或现代机床刀架进给机构传动的超越离合器。

图 9-8 所示为棘轮机构用于防止提升机、卷扬机等起重运输机械中机构逆转的止逆器，以防止被提升的重物自行下降。

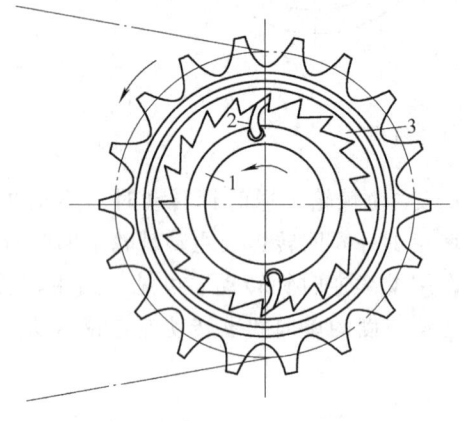

图 9-7　自行车后轴飞轮棘轮机构

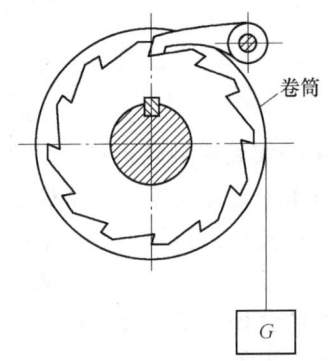

图 9-8　提升设备中的制动机构

四、齿式棘轮机构的设计要点

齿式棘轮机构的设计要点包括：棘轮齿形的选择、模数及齿数的确定、齿面倾斜角的选取及棘轮转角的调节方法等。

1. 棘轮齿形的选择

常用的棘轮齿形有不对称梯形齿、直线型三角形齿、圆弧型三角形齿等。不对称梯形齿的强度较高,齿形已经标准化,是最常用的一种齿形,用于承受载荷较大的场合。为便于加工,在承受载荷不大的场合,也常采用三角形齿。对于双向式棘轮机构,由于需要双向驱动,所以常采用矩形齿和对称梯形齿。

2. 模数、齿数的确定

与齿轮相同,棘轮轮齿的有关尺寸也用模数 m 作为计算的基本参数,但棘轮的标准模数是棘轮顶圆直径 d_a 上的模数,即

$$d_a = mz \tag{9-1}$$

常用的模数 m 值(单位为 mm)有 1、1.25、1.5、2、2.5、3、4、5、6、8、10 等。

棘轮齿数 z 一般由棘轮机构的使用条件和运动要求选定。对于一般进给和分度所用的棘轮机构,其棘轮齿数可根据所要求的棘轮最小转角 θ_{min} 来确定。即

$$z \geq \frac{2\pi}{\theta_{min}} \tag{9-2}$$

3. 齿面倾斜角的选取

如图 9-9 所示,棘轮轮齿的工作齿面与径向线间的夹角 θ 称为齿面倾斜角,L 为棘爪的长度。棘爪与棘轮在棘轮的齿顶 A 点开始啮合,棘爪即将进入棘轮的齿槽。显然在传递相同力矩的条件下,当棘爪轴心 O_1 位于棘轮轴心 O_2 与齿顶 A 连线 O_2A 的垂线上时,棘爪轴受到的力最小。此时,棘轮工作齿面对棘爪的总反力 R 可分解为法向反力 N 和摩擦力 F_f。为使棘爪在推动棘轮的过程中始终紧压齿面并顺利滑向齿根部,应使棘齿对棘爪的法向反力 N 对 O_1 轴的力矩大于阻止棘爪滑入齿槽的摩擦力 F_f 对 O_1 轴的摩擦力矩。即

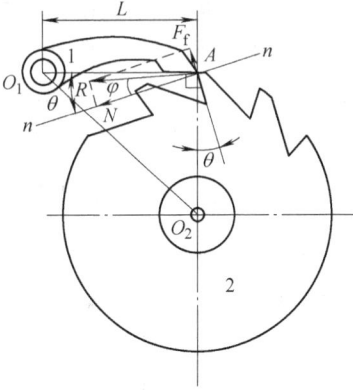

图 9-9 棘爪受力分析

$$NL\sin\theta \geq F_f L\cos\theta$$

因为

$$F_f = fN = N\tan\varphi$$

则有

$$\theta \geq \varphi \tag{9-3}$$

式中,f 和 φ 分别为棘爪与棘轮齿面间的摩擦因数和摩擦角,一般 f 取 0.15~0.2。若取 f = 0.2,有 φ = 11.30°。所以,通常取 θ = 15°~20°。

由此可知,棘爪能顺利滑向齿根部的条件为:棘爪齿面倾斜角 θ 应大于摩擦角 φ,即棘轮对棘爪的总反力 R 的作用线应在棘爪轴心 O_1 和棘轮轴心 O_2 之间穿过。

4. 棘轮转角的调节

(1) 改变摆杆的摆角　如图 9-10 所示,棘轮机构由曲柄摇杆机构 O_1ABO_2 驱动,通过调节滑块 A 在丝杠上的位置改变曲柄 O_1A 的长度,可以改变摆杆 O_2B 摆角的大小,从而调整棘轮转角的大小。

(2) 装置棘轮遮板　如图 9-11 所示,在棘轮机构上装置棘轮遮板 4,用以遮盖摆杆摆角范围内棘轮上的一部分齿。当摆杆逆时针摆动时,在前一部分行程内,棘爪先在棘轮遮板上滑动而不与棘轮相啮合,在后一部分行程内棘爪才嵌入棘轮的齿槽推动棘轮转动。通过改

变插销 6 在定位板 5 上孔中的位置，可以调节棘轮遮板遮盖的棘轮齿数，从而实现棘轮转角大小的调整。

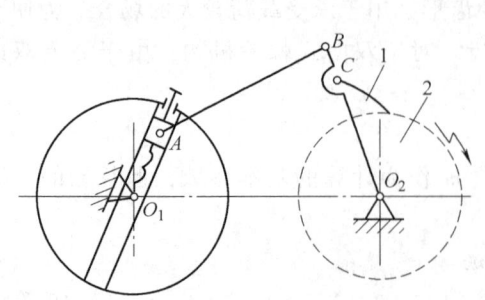

图 9-10 改变摆杆摆角调节棘轮转角

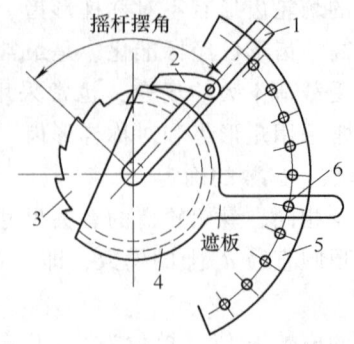

图 9-11 装置棘轮遮板调节棘轮转角

第二节 槽 轮 机 构

一、槽轮机构的组成和工作原理

图 9-12 所示为一典型的外槽轮机构，它是由装有圆柱销的主动拨盘 1、开有径向槽的从动槽轮 2 和机架 3 组成的。主动拨盘 1 通常作等速连续转动，当圆柱销 A 未进入从动槽轮 2 的径向槽时，槽轮 2 上的内凹锁止弧 $\overset{\frown}{nn}$ 被拨盘 1 上的外凸圆弧 $\overset{\frown}{mm}$ 锁住，因此槽轮 2 静止不动；当主动拨盘 1 上的圆柱销 A 在图示位置开始进入槽轮 2 径向槽时，槽轮的锁止弧 $\overset{\frown}{nn}$ 刚好被松开，受圆柱销 A 的驱动而沿着与拨盘 1 相反的方向转动。当圆柱销 A 在另一边开始脱出槽轮 2 的径向槽时，槽轮 2 上的另一个内凹锁止弧 $\overset{\frown}{nn}$ 又被拨盘 1 上的外凸圆弧 $\overset{\frown}{mm}$ 锁住，槽轮又静止不动，直至圆柱销 A 再次进入槽轮上的另一个径向槽时，槽轮又重复上述运动，如此周而复始，就可以将主动拨盘的等速连续转动转变为从动槽轮的单向间歇转动。

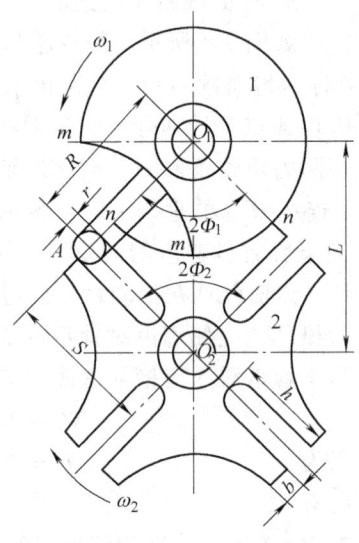

图 9-12 外槽轮机构

二、槽轮机构的类型

槽轮机构分为传递两平行轴间运动的平面槽轮机构和传递两相交轴间运动的空间槽轮机构两大类型。

平面槽轮机构又有外槽轮机构（见图 9-12）和内槽轮机构（见图 9-13）两种形式。前者其槽轮上径向槽的开口从圆心向外，主动拨盘 1 与从动槽轮 2 的转向相反；后者其槽轮上径向槽的开口朝着圆心向内，主动拨盘 1 与从动槽轮 2 的转向相同。

图 9-14 所示为空间槽轮机构，从动槽轮 2 呈半球形，主动构件 1、销 A 的轴线与槽轮 2 的回转轴线交于槽轮 2 的球心。当主动件 1 连续转动时，通过销 A 驱动槽轮 2 作单向间歇运动。

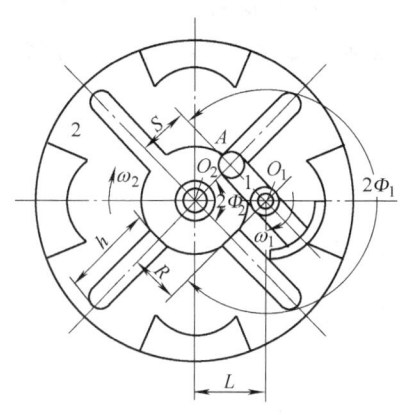

图 9-13 内槽轮机构

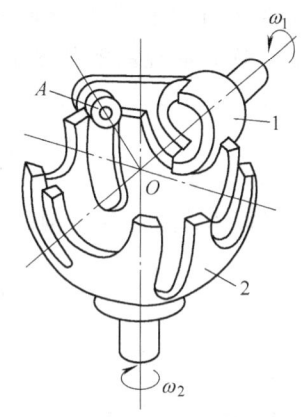

图 9-14 空间槽轮机构

三、槽轮机构的特点及应用

槽轮机构的结构简单、制造容易、工作可靠，且能准确控制转动的角度，机械效率高，常用于要求恒定旋转角的分度机构中。但因圆柱销是突然地进入和脱出径向槽，使传动存在柔性冲击，且随着转速的增加或槽轮槽数的减少而加剧，因而不适用于高速。此外，对一个已定的槽轮机构来说，其槽轮转角大小不能调节，故只能用于定转角的间歇运动机构中。

槽轮机构一般用于转速不很高的自动机械、轻工机械或仪器仪表中。图 9-15 所示为槽轮机构用于电影放映机的间歇卷片机构，它的作用是使影片的一格画幅在片门处作一视觉停留，以便银幕上呈现清晰、稳定的影像，然后很快地通过片门，更换下一格画幅。

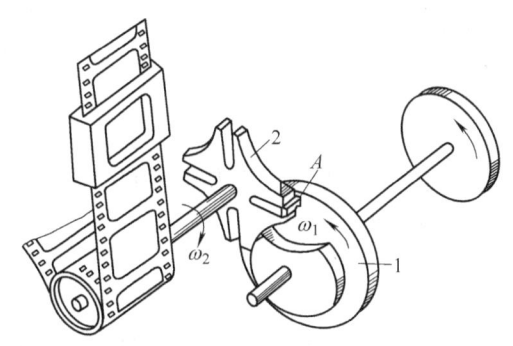

图 9-15 电影放映机的简写输片机构

四、槽轮机构的运动特性及主要参数的设计

槽轮机构的设计主要是根据运动要求及运动特性分析，选择从动槽轮的槽数 z，主动拨盘上的圆柱销数 n 以及槽轮机构的基本尺寸。

1. 运动系数

在图 9-12 所示的外槽轮机构中，主动拨盘 1 每回转一周时，从动槽轮 2 的运动时间 t_2 与主动拨盘 1 的运动时间 t_1 之比，称为运动系数，用 k 表示，即

$$k = \frac{t_2}{t_1} \tag{9-4}$$

因主动拨盘 1 通常为等速回转，所以该时间比可用转角比来表示。对于图 9-12 所示的单圆销外槽轮机构，时间 t_1 和 t_2 分别对应于拨盘 1 回转一周时，其转角 2π 和槽轮 2 运动所对应的拨盘 1 的转角 $2\Phi_1$，即

$$k = \frac{2\Phi_1}{2\pi}$$

为了避免或减轻槽轮 2 在起动和停歇时，发生圆柱销和径向槽发生冲突产生刚性冲

击，圆柱销 A 在进入和脱出径向槽时，径向槽的中心线与圆柱销中心的轨迹圆应相切。设外槽轮 2 上均布的径向槽的数目为 z，则当槽轮转动角度 $2\Phi_2$ 时，主动拨盘 1 的转角 $2\Phi_1$ 的大小为

$$2\Phi_1 = \pi - 2\Phi_2 = \pi - \frac{2\pi}{z}$$

于是，可以求出外槽轮机构的运动系数为

$$k = \frac{t_2}{t_1} = \frac{2\Phi_1}{2\pi} = \frac{\pi - \frac{2\pi}{z}}{2\pi} = \frac{1}{2} - \frac{1}{z} \tag{9-5}$$

由式（9-5）可知：

1）因运动系数 k 应大于 0，故槽轮槽数必须大于或等于 3，即 $z \geq 3$。

2）单圆销外槽轮机构的运动系数只与槽轮槽数有关，且总有 $k < 0.5$，即槽轮的运动时间总小于其静止时间。

若欲使主动拨盘转一周，而槽轮能转动几次，则需采用多圆销槽轮机构。设均匀对称分布的圆销数目为 n，则当拨盘转动一周时，槽轮被带动 n 次，运动系数 k 是单圆销槽轮机构运动系数的 n 倍，即

$$k = \frac{n(z-2)}{2z} \tag{9-6}$$

这种槽轮机构，可使运动系数 $k \geq 0.5$。但因为运动系数 k 应小于 1，否则机构便失去间歇运动特性，所以应有

$$n < \frac{2z}{z-2} \tag{9-7}$$

由式（9-7）可见，圆销数 n 的选择与槽轮的槽数 z 有关，其关系见表 9-1。设计时，可根据工作要求的不同，选择不同的 z 和 n，以得到不同动静规律的槽轮机构。

表 9-1 槽轮机构圆销数与槽数的关系

槽数 z	3	4、5	≥ 6
圆销数 n	1～5	1～3	1～2

图 9-16 所示为双圆销外槽轮机构，其槽数为 4，运动系数为 0.5，即槽轮运动的时间与静止的时间相等。

同理可求出圆销和径向槽均布的内槽轮机构的运动系数为

$$k = n\left(\frac{1}{2} + \frac{1}{z}\right) \tag{9-8}$$

可见，内槽轮机构的运动系数 $0.5 < k < 1$，径向槽数 $z \geq 3$，且圆销数只能为 $n = 1$。

2. 槽轮机构的角速度和角加速度

图 9-17 所示为外槽轮机构的任一瞬时位置，槽轮转角 φ_2 和拨盘转角 φ_1 之间的关系为

$$\tan\varphi_2 = \frac{\overline{AB}}{\overline{O_2B}} = \frac{R\sin\varphi_1}{L - R\cos\varphi_1}$$

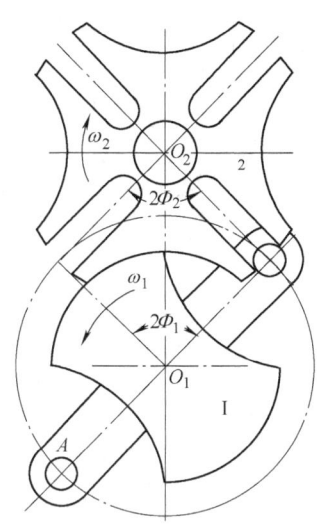
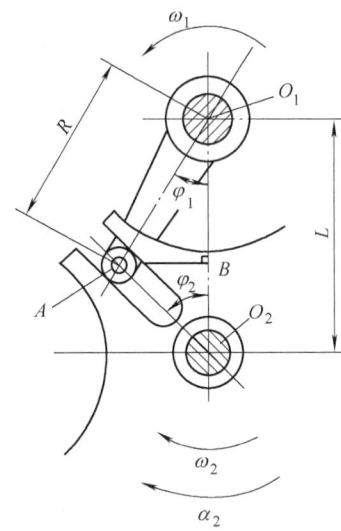

图 9-16 双圆销外槽轮机构　　图 9-17 外槽轮机构的运动分析

式中，R 为拨盘上圆销中心的回转半径；L 为拨盘与槽轮的中心距。令 $\lambda = R/L$，并带入上式，得

$$\varphi_2 = \arctan \frac{\lambda \sin\varphi_1}{1 - \lambda \cos\varphi_1} \tag{9-9}$$

将 φ_2 对时间 t 求导，得槽轮 2 的角速度为

$$\omega_2 = \frac{d\varphi_2}{dt} = \frac{\lambda(\cos\varphi_1 - \lambda)}{1 - 2\lambda\cos\varphi_1 + \lambda^2}\omega_1 \tag{9-10}$$

当 ω_1 为常数时，槽轮 2 的角加速度为

$$\varepsilon_2 = \frac{d\omega_2}{dt} = \frac{\lambda(\lambda^2 - 1)\sin\varphi_1}{(1 - 2\lambda\cos\varphi_1 + \lambda^2)^2}\omega_1^2 \tag{9-11}$$

由图 9-12 和图 9-13 可知，$\lambda = R/L = \sin\Phi_2 = \sin(\pi/z)$，故由式（9-10）和式（9-11）可知，当拨盘 1 的角速度 ω_1 为常数时，槽轮 2 的角速度 ω_2 和角加速度 ε_2 均为槽轮槽数 z 和拨盘转角 φ_1 的函数。槽轮机构的运动和动力特性，通常用 ω_2/ω_1 和 ε_2/ω_1^2 来衡量，图 9-18 给出了外槽轮机构的运动和动力特性曲线。

由图 9-18 可知，槽轮槽数 z 越少，其角加速度 ε_2 变化越大，机构运转平稳性就越差。此外，当圆销开始进入和脱离径向槽时，ε_2 发生突变，因而产生柔性冲击，且冲击随槽数 z 的减小而加剧。因此在设计时，为使机构传动平稳、冲击小，槽数不宜选得太少。但槽数过多又会使槽轮尺寸过大，转动时产生较大的惯性力矩。另一方面，在许多多工位自动工作台机器中，需要尽量减少槽轮运动时间（非工作时间），即减少运动系数 k，以提高生产率，也应选择较少的槽数。所以，在工程实际中，常用的槽轮槽数为 4~8。

对内槽轮机构而言，当 ω_1 一定时，其角速度和角加速度也随槽轮槽数的变化而变化，但其加速度变化较小，且不像外槽轮机构那样中间有两个峰值，因此，内槽轮机构的运动平稳性比外槽轮机构要好。

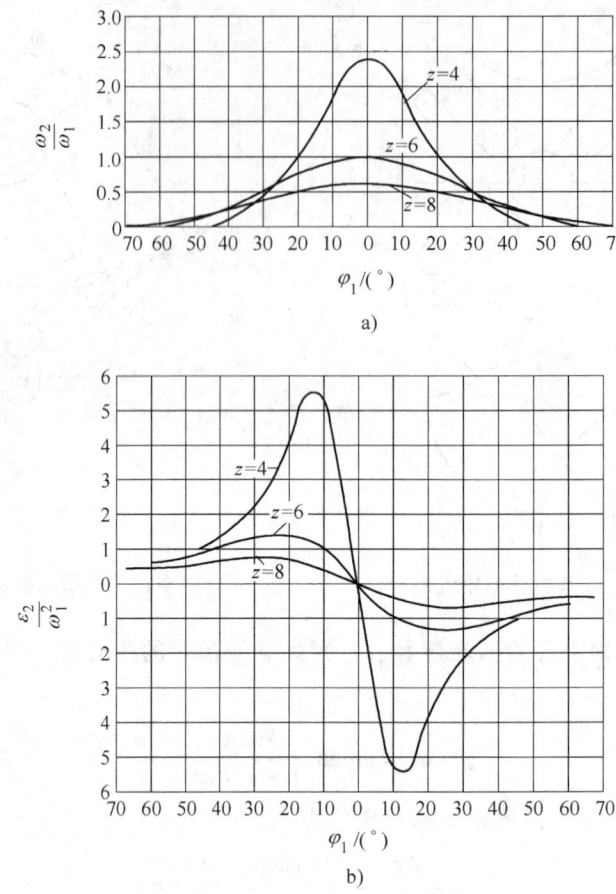

图 9-18 外槽轮机构的运动和动力特性曲线

3. 槽轮机构的基本尺寸计算

设计槽轮机构时,首先应根据运动要求和允许的安装尺寸、受力情况、动力特性等因素,合理选择槽轮的槽数 z、圆销数 n、中心距 L 等主要参数,然后可按表9-2所列公式计算槽轮机构的基本尺寸(参照图9-12和图9-13)。

表 9-2 槽轮机构主要结构尺寸计算公式

名 称	符号	外槽轮机构	内槽轮机构
圆销中心的回转半径	R	$R = L\sin\dfrac{\pi}{z}$	
圆销半径	r	$r \approx \dfrac{R}{6}$	$r \approx \dfrac{R}{4}$
槽顶高	S	$S = L\cos\dfrac{\pi}{z}$	
径向槽长	h	$h \geq L\left(\sin\dfrac{\pi}{z} + \cos\dfrac{\pi}{z} - 1\right) + r$	$h \geq L\left(\sin\dfrac{\pi}{z} - \cos\dfrac{\pi}{z} + 1\right) + r$
运动系数	k	$k = n\left(\dfrac{1}{2} - \dfrac{1}{z}\right)$	$k = \dfrac{1}{2} + \dfrac{1}{z}$

(续)

名称	符号	外槽轮机构	内槽轮机构
槽轮角位移	φ_2	$\varphi_2 = \arctan\dfrac{\lambda\sin\varphi_1}{1-\lambda\cos\varphi_1}$	$\varphi_2 = \arctan\dfrac{\lambda\sin\varphi_1}{1+\lambda\cos\varphi_1}$
槽轮角速度	ω_2	$\omega_2 = \dfrac{\lambda(\cos\varphi_1-\lambda)}{1-2\lambda\cos\varphi_1+\lambda^2}\omega_1$	$\omega_2 = \dfrac{\lambda(\cos\varphi_1+\lambda)}{1+2\lambda\cos\varphi_1+\lambda^2}\omega_1$
槽轮角加速度	ε_2	$\varepsilon_2 = \dfrac{\lambda(\lambda^2-1)\sin\varphi_1}{(1-2\lambda\cos\varphi_1+\lambda^2)^2}\omega_1^2$	$\varepsilon_2 = \dfrac{\lambda(\lambda^2-1)\sin\varphi_1}{(1+2\lambda\cos\varphi_1+\lambda^2)^2}\omega_1^2$

第三节　不完全齿轮机构

一、不完全齿轮机构的工作原理和类型

不完全齿轮机构是由普通渐开线齿轮机构演化而成的一种间歇运动机构，它与普通渐开线齿轮机构主要区别在于轮齿不布满整个圆周。在图 9-19 所示的不完全齿轮机构中，主动轮上有 3 个轮齿，其余部分为外凸锁止弧，在从动轮 2 上有与主动轮轮齿相应的齿槽及内凹锁止弧相间布置。设主动轮连续转动，当主动轮上的外凸锁止弧 S_1 与从动轮上的内凹锁止弧 S_2 相接触时，从动轮被锁止定位静止不动，当两轮的轮齿部分进入啮合时，从动轮开始转动，从而实现从动轮的间歇运动。从动轮上有 6 段轮齿和 6 段内凹圆弧相间分布，当主动轮转一周时，从动轮转过角度 $\varphi = 2\pi/6$，从动轮每转停歇 6 次。不完全齿轮机构也有外啮合不完全齿轮机构（见图 9-19）、内啮合不完全齿轮机构（见图 9-20）和不完全齿轮齿条机构（见图 9-21）三种形式。

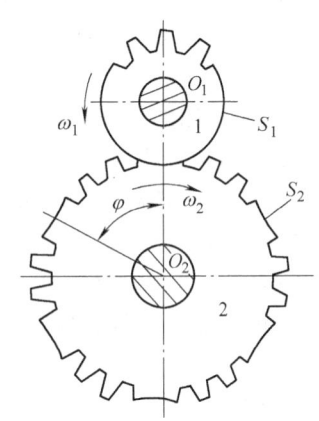

图 9-19　外啮合不完全齿轮机构

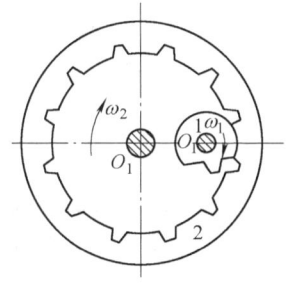

图 9-20　内啮合不完全齿轮机构

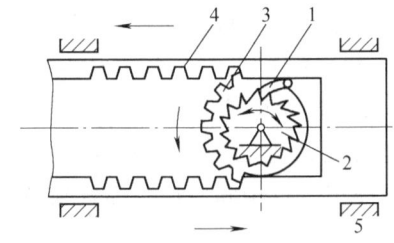

图 9-21　不完全齿轮齿条机构

二、不完全齿轮机构的啮合特点

1. 不完全齿轮机构的啮合过程

不完全齿轮机构的主动轮的齿数是指主动轮上两锁止弧之间的齿数，用 z_1 表示。先分析 $z_1 = 1$ 的情况，如图 9-22 所示，其啮合过程分三个阶段：

（1）前接触段 $\overset{\frown}{EB_2}$　当主动轮 1 的齿廓与从动轮 2 的齿顶在啮合线之外的 E 点接触时，

开始推动从动轮 2 转动，从动轮 2 的齿顶在主动轮 1 的齿廓上由顶部向根部滑动，直至轮 2 的齿顶圆与啮合线的交点 B_2 为止。在这段时间内，从动轮 2 的角速度大于正常角速度 ω_2。

（2）正常啮合段 B_2B_1 当两轮接触点到达点 B_2 以后，随着主动轮 1 继续转动，两轮与普通渐开线齿轮啮合一样，作定传动比传动，啮合点沿啮合线 B_2B_1 移动，直至主动轮齿顶圆与啮合线的交点 B_1，在这段时间内，从动轮 2 以等角速度 ω_2 转动。

（3）后接触段 $\overset{\frown}{B_1D}$ 当两轮啮合点到达点 B_1 以后，两轮并未脱离啮合，而是随着主动轮 1 继续转动，其齿顶沿从动轮 2 的齿廓向齿顶滑动，直到两轮齿顶圆的交点 D 为止，在这段时间内，从动轮 2 的角速度小于正常角速度 ω_2。此后，主动轮 1 再继续转动，从动轮 2 停歇不转。

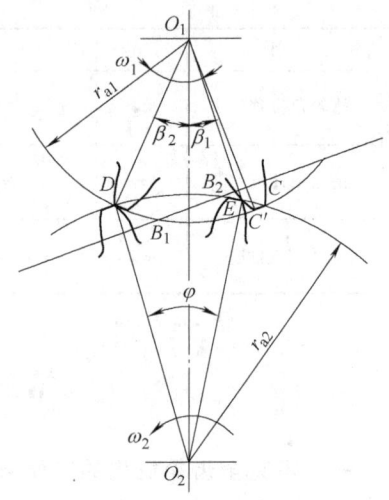

图 9-22 不完全齿轮机构的啮合过程

当主动轮的不完全齿数 $z_1 > 1$ 时，主动轮上第一个齿（首齿）前接触段与主动轮齿数 $z_1 = 1$ 的前接触段情况相同。在主动轮首齿与从动轮 2 的接触点到达点 B_2 后，两轮作定传动比传动，以后各对齿传动都与普通渐开线齿轮传动相同。当主动轮最后一个齿（末齿）与从动轮 2 的啮合点到达点 B_1 时，由于无后续齿进入啮合，所以随后的啮合与 $z_1 = 1$ 的后接触段情况相同。因此，可以把主动轮齿数 $z_1 > 1$ 的不完全齿轮的啮合情况看做是主动轮齿数 $z_1 = 1$ 的不完全齿轮和齿数为 ($z_1 - 1$) 的普通渐开线齿轮啮合的组合。

2. 不完全齿轮的齿顶干涉

如图 9-23 所示，不完全齿轮机构在开始啮合时，如果两轮齿顶圆的交点 C' 在从动轮上第一个正常齿齿顶尖 C 的右面（图中虚线所示），即 $\angle C'O_2O_1 > \angle CO_2O_1$，则主动轮的齿顶被从动轮的齿顶挡住，不能进入啮合，即发生齿顶干涉。为了避免干涉现象的发生，可以将主动轮齿顶高降低，使降低后的两轮齿顶圆正好是 C 点或在 C 点左侧（图中实线所示），以使首齿能顺利进入啮合。

不完全齿轮的主动轮除了首齿齿顶高进行修正外，末齿也应当进行相同修正，而其他各齿均保持标准齿顶高，不作修正。

由于主动轮首、末齿齿顶高降低，其重合度也相应降低。若重合度 $\varepsilon < 1$，则当主动轮首齿啮合点已经到达 B_1 点时，第二个对齿将不能在 B_2 及时进入啮合，从而产生又一次冲击。为避免第二次冲击，须保证首齿工作时其重合度 $\varepsilon_\alpha > 1$，其校核方法与普通渐开线齿轮传动相同。

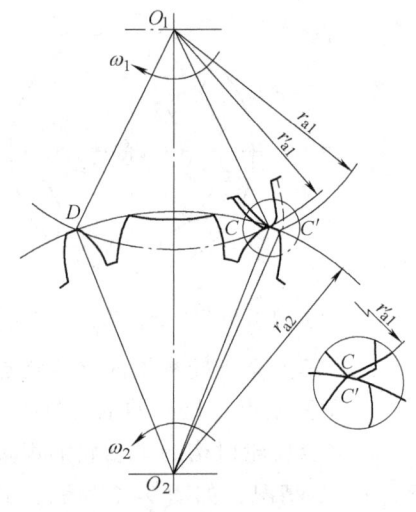

图 9-23 不完全齿轮机构的齿廓修正

3. 从动轮的运动时间和停歇时间

如图 9-22 所示，当主动轮不完全齿数 $z_1 = 1$ 时，设主动轮每转一周所需时间为 t_1，主动轮转过角度 $\beta_1 + \beta_2$ 时，从动轮转过相应角度 φ，当主动轮转过一周中的其余角度时，从动轮停歇不动。所以，从动轮运动的时间 t_2 为

$$t_2 = \frac{\beta_1 + \beta_2}{2\pi} t_1 \tag{9-12}$$

从动轮停歇时间 t_2' 为

$$t_2' = \left(1 - \frac{\beta_1 + \beta_2}{2\pi}\right) t_1 \tag{9-13}$$

当主动轮的不完全齿数 $z > 1$ 时，从动轮运动时间与停歇时间可计算如下

$$t_2 = \left(\frac{\beta_1 + \beta_2}{2\pi} + \frac{z_1 - 1}{z_1'}\right) t_1 \tag{9-14}$$

$$t_2' = \left[1 - \left(\frac{\beta_1 + \beta_2}{2\pi} + \frac{z_1 - 1}{z_1'}\right)\right] t_1' \tag{9-15}$$

式中，z_1' 为主动轮的假想齿数，即主动轮的轮齿布满整个圆周的齿数。

三、不完全齿轮机构的工作特点及应用

不完全齿轮机构结构简单、设计灵活。它与前两种间歇运动机构相比，其从动轮每转一周的停歇次数、每次停歇的时间及每次转过的角度变化范围都较宽。其缺点是：加工复杂；在进入和退出啮合时速度有突变，会产生刚性冲击，故不宜用于高速传动；主、从动轮不能互换。不完全齿轮机构常用于多工位、多工序的自动机械和生产线上，实现工作台的间歇转位和进给运动。

第四节 凸轮式间歇运动机构

一、凸轮式间歇运动机构的组成和工作原理

凸轮式间歇运动机构是由主动凸轮、从动转盘和机架组成的，以主动凸轮带动从动转盘实现间歇运动。通常有圆柱凸轮间歇运动机构和蜗杆凸轮间歇运动机构两种类型。

图 9-24 所示为圆柱凸轮间歇运动机构，其主动件 1 是具有曲线沟槽（或凸脊）的圆柱凸轮，从动转盘 2 的端面上有周向均匀分布的圆柱形滚子 3。当凸轮转过螺旋角不为零的曲线槽所对应的角度 φ 时，凸轮曲线槽推动滚子，使从动转盘转过相邻两滚子所夹的中心角为 $2\pi/z$（z 为滚子数，通常 $z \geq 6$）。当凸轮继续转过其余角度（$2\pi - \varphi$）时，转盘静止不动，并以凸轮的棱边定位。这样，当按转盘运动规律要求设计的圆柱凸轮连续转动时，就可得到转盘的间歇转动，从而实现交错轴间的分度运动。

图 9-25 所示为蜗杆凸轮间歇运动机构，凸轮上有一条凸脊，犹如一个变螺旋角的圆弧面蜗杆，滚子则均匀分布在从动转盘的圆柱面上，犹如蜗轮的齿。当凸轮连续转动时，则通过转盘上的滚子推动转盘作间歇运动。这种凸轮机构可以通过调整凸轮与转盘的中心距来消除滚子与凸轮凸脊接触面的间隙，补偿磨损或产生预紧所需要的过盈量，从而保证机构的传动精度。

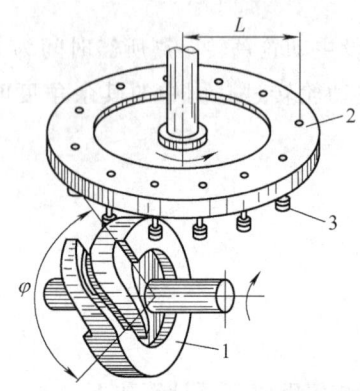
图 9-24　圆柱凸轮间歇运动机构

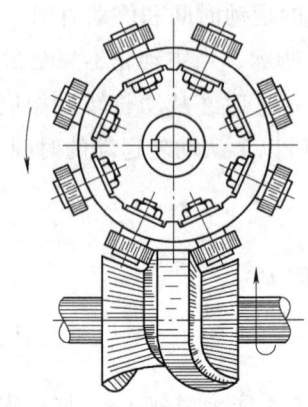
图 9-25　蜗杆凸轮间歇运动机构

凸轮式间歇运动机构实际上是摆动从动件圆柱凸轮机构的变异形式。其转盘就相当于许许多多的摆动从动件，摆杆长度为滚子中心所在圆周的半径 L，最大摆角为 $2\pi/z$，且只有推程和远休止。其设计方法与普通圆柱凸轮机构相似，只不过为使转盘向一个方向间歇地转动，凸轮廓线槽必须是开口的，而不像普通圆柱凸轮那样，为使摆杆摆回原处其曲线槽必须是封闭的。

设凸轮转动一周所需的时间为 t_1，那么在此期间内转盘转动时间为

$$t_2 = \frac{\varphi}{2\pi} t_1 \tag{9-16}$$

转盘静止时间为

$$t_2' = \left(1 - \frac{\varphi}{2\pi}\right) t_1 \tag{9-17}$$

由式（9-16）和式（9-17）可知，在不改变凸轮转速的情况下，只要改变凸轮螺旋曲线槽对应的角度 φ，即可改变其动、停时间比。

二、凸轮式间歇运动机构的工作特点及应用

棘轮机构、槽轮机构和不完全齿轮机构都是目前常用的间歇运动机构，由于它们的结构、运动和动力条件的限制，一般只能用于低速的场合，否则，其冲击、振动和动载荷都很大，工作精度难以保证。而凸轮式间歇运动机构结构简单、运转可靠、转位精确，无需专门的定位装置，且易实现工作对动停比的要求。根据运动要求适当选择转盘的运动规律，即可获得良好的动力特性，使机构传动平稳。因而凸轮式间歇运动机构主要在现代轻工机械、冲压机械等高速机械中，常用作高速、高精度的步进进给、分度转位等机构。例如用于高速冲床、多色印刷机、包装机等。凸轮式间歇运动机构的主要缺点是加工较复杂，加工精度、安装调整要求都很高，故其成本较高。

第五节　万向联轴器

万向联轴器主要用于传递两相交轴间的运动和动力，而且允许在传动过程中两轴之间的夹角或轴间距离不断发生变化。因此它广泛应用于汽车、机床、冶金机械等的传动系统中。

万向联轴器可以分为单万向联轴器和双万向联轴器两大类。

一、单万向联轴器

图9-26所示为单万向联轴器的结构简图，它由端部为叉形的主动轴1和从动轴2、十字形构件3及机架4组成。轴1和2的叉分别与构件3组成转动副B和C，轴1和轴2分别与机架间组成转动副A和D，转动副A和B、B和C、C和D的回转轴线分别互相垂直，并且都相交于构件3的中心O，轴1和2之间所夹的锐角为β。当主动轴1转动一周时，从动轴2也随之转动一周，但两轴的瞬时传动比却不恒等于1。通过速度分析，可得出两轴角速度之比为

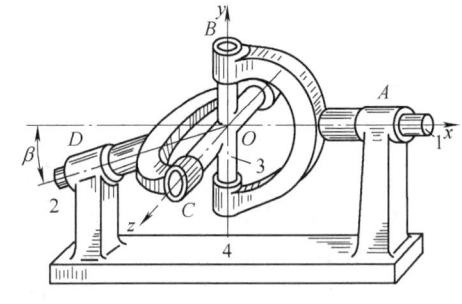

图9-26 单万向联轴器

$$i_{21}=\frac{\omega_2}{\omega_1}=\frac{\cos\beta}{1-\sin^2\beta\cos^2\varphi_1} \qquad (9-18)$$

式中，φ_1为主动轴1的转角，当该轴的叉形平面位于两轴线所在平面时，$\varphi_1=0$。

由式（9-18）可知，当主动轴作匀速转动时，角速比i_{21}是两轴夹角β和主动轴转角φ_1的函数。当$\beta=0$时，$i_{21}=1$，它相当两轴刚性联接；当$\beta=90°$时，$i_{21}=0$，即两轴不能进行传动。又若两轴夹角β一定，则当$\varphi_1=0°$或$\varphi_1=180°$时，i_{21}为最大，$\omega_{2\max}=\omega_1/\cos\beta$；当$\varphi_1=90°$或$\varphi_1=270°$时，$i_{21}$为最小，$\omega_{2\min}=\omega_1\cos\beta$。故在两轴回转一周的过程中，$\omega_2$作周期性变化，其变化范围为

$$\omega_1\cos\beta \leqslant \omega_2 \leqslant \omega_1/\cos\beta$$

且两轴间夹角β越大，从动轴角速度ω_2的变化幅度越大。因此，在实际应用中，β值及其变化范围不能过大，一般不超过35°~45°。

综上所述，单万向联轴器传递两相交轴间的运动时，从动轴的角速度作周期性变化，因此在传动中会产生附加动载荷，使轴产生振动。为了消除这一缺点，可采用双万向联轴器。

二、双万向联轴器

图9-27所示为双万向联轴器，是它用一个中间轴3和两个单万向联轴器将主动轴1和从动轴2联接起来的。为适应主、从动轴相对位置在传动中发生的变化，中间轴常做成两部分并用滑移的花键联接，以自动调节两轴间距离的改变。

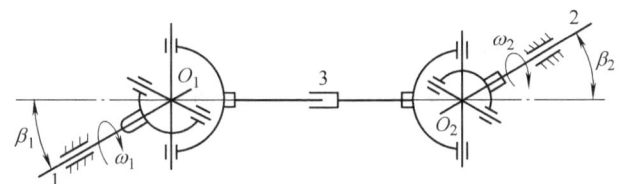

图9-27 双万向联轴器

在双万向联轴器中，主动轴与从动轴间的传动比可通过对左、右两个单万向联轴器套用式（9-18）求得。

因为

$$i_{13}=\frac{\omega_1}{\omega_3}=\frac{\cos\beta_1}{1-\sin^2\beta_1\cos^2\varphi_{31}}$$

$$i_{23} = \frac{\omega_2}{\omega_3} = \frac{\cos\beta_2}{1 - \sin^2\beta_2 \cos^2\varphi_{32}}$$

所以
$$i_{12} = \frac{\omega_1}{\omega_2} = \frac{\cos\beta_1}{1 - \sin^2\beta_1 \cos^2\varphi_{31}} \frac{1 - \sin^2\beta_2 \cos^2\varphi_{32}}{\cos\beta_2} \tag{9-19}$$

可见，要使主、从动轴的传动比恒等于1，双万向联轴器安装时必须符合下面两个条件：

1) 中间轴与主动轴、从动轴之间的夹角必须相等，即 $\beta_1 = \beta_2$。

2) 中间轴两端的叉面应分别位于中间轴与主动轴、中间轴与从动轴所构成的平面内。

特殊情况下，当主动轴、中间轴与从动轴位于同一平面内时，中间轴两端的叉应在同一平面内。图 9-28 所示的双万向联轴器满足上述条件，因此能实现 $i_{12} = \omega_1/\omega_2 = 1$。

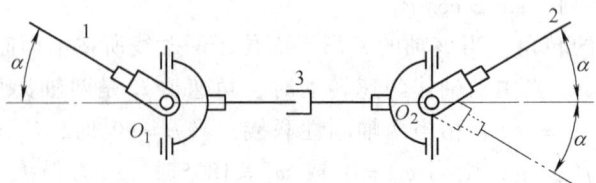

图 9-28 $\omega_1 = \omega_2$ 的双万向联轴器

双万向联轴器的优点是，可联接夹角较大的相交轴或偏距较大的平行轴，当两轴夹角或偏距发生改变时仍能继续工作，并在满足上述条件下，保证等传动比传动。图 9-29 所示是双万向联轴器在汽车驱动系统中的应用。在变速器 1 输出轴和后桥传动装置 2 的输入轴之间用双万向联轴器 3 联接。在汽车行驶时，由于道路的不平，致使变速器输出轴与后桥装置输入轴相对位置的不断变化，但传动仍能继续，并实现等角速度传动，汽车继续行驶。

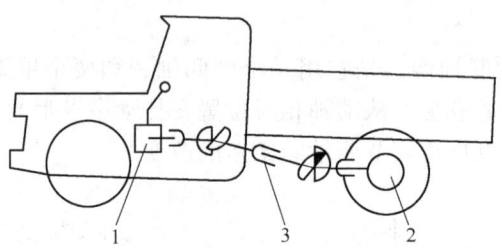

图 9-29 双万向联轴器在汽车驱动系统中的应用

第六节 螺 旋 机 构

一、螺旋机构的工作原理和类型

螺旋机构是主要利用螺旋副传递运动和动力的机构，它由螺杆、螺母和机架组成。常用的螺旋机构除了螺旋副外还有转动副和移动副。图 9-30a 所示为最简单的螺旋机构。其中，构件 1 为螺杆，构件 2 为螺母，构件 3 为机架，B 为螺旋副，其导程为 l_B，A 为转动副，C 为移动副。当螺杆转动角度为 φ 时，螺母 2 的位移 s 为

$$s = \frac{\varphi}{2\pi} l_B \tag{9-20}$$

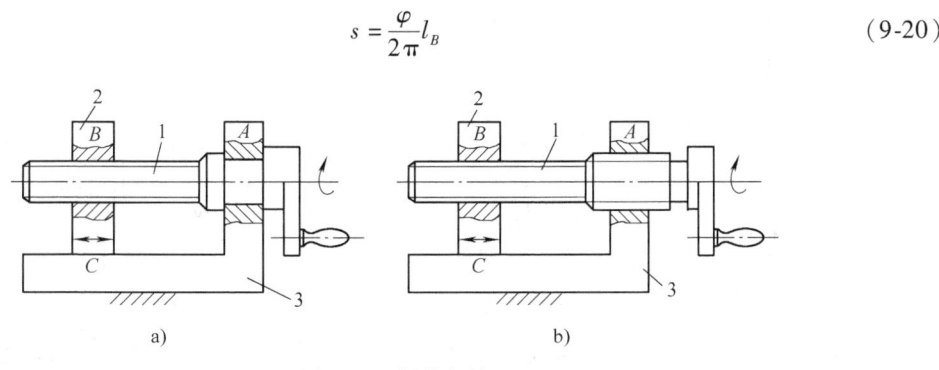

图 9-30 螺旋机构

螺旋机构按照其功能不同可分为以下三种形式:

(1) 传力螺旋机构 以传递动力为主,一般要求以较小的转矩产生较大的轴向推力。这种螺旋机构多用在工作时间较短、速度较低的场合,通常要求具有自锁性,广泛用于各种起重和加压装置中。

(2) 传动螺旋机构 以传递运动为主,要求具有较高的传动精度或工作速度,且能在较长时间内连续工作,常用作机床刀架和工作台的进给机构。

(3) 调整螺旋机构 用于调整并固定零件或工件间的相对位置。

将图 9-30a 所示螺旋机构中转动副 A 也变为螺旋副,其导程为 l_A,则得到图 9-30b 所示螺旋机构。若螺旋副 A、B 螺旋方向相反,则当螺杆 1 转动角度 φ 时,螺母 2 的轴向位移是两个螺旋副移动量之和,即

$$s = (l_A + l_B) \frac{\varphi}{2\pi} \tag{9-21}$$

可见,这种情况下两螺母将快速趋近或离开。这种螺旋机构称为复式螺旋机构,常用于张紧装置和夹紧机构中。

若螺旋副 A、B 螺旋方向相同,则当螺杆 1 转动角度 φ 时,螺母 2 的轴向位移是两个螺旋副移动量之差,即

$$s = (l_A - l_B) \frac{\varphi}{2\pi} \tag{9-22}$$

可见,如果两个螺旋副的导程 l_A 和 l_B 十分接近,位移 s 将很小。这种螺旋机构称为差动螺旋机构,常用于测微计、分度机构、微调机构中。

二、螺旋机构的特点及应用

螺旋机构结构简单,制造方便,运动准确,工作平稳,且能获得很大的降速比和力的增益,合理选择螺纹导程角可具有自锁性;主要用于将回转运动转换为直线运动,同时传递动力,在大升角的情况下也可将直线运动转变为回转运动。螺旋机构在机床进给机构、起重设备、工装夹具、测量工具等方面得到广泛应用。

图 9-31a 所示螺旋千斤顶和图 9-31b 所示螺旋压力机,即为传力螺旋机构以较小的转矩 T 产生较大的轴向推力 F_a,获得很大力的增益。图 9-32 所示则为螺旋机构在机床刀架进给机构中的应用。

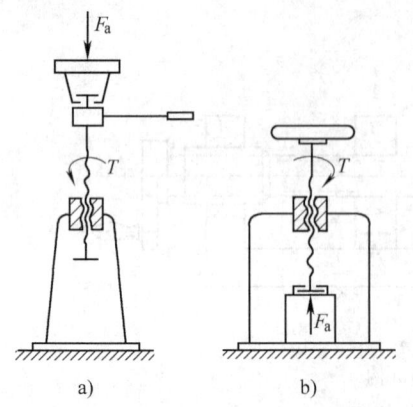 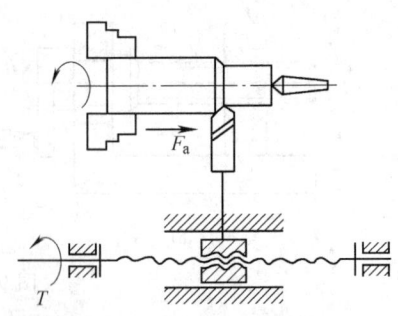

图 9-31　传力螺旋机构的应用　　　　　图 9-32　传导螺旋机构的应用

图 9-33 所示为镗床镗刀的微调机构。螺母 2 与镗杆 3 固联，螺杆 1 与螺母 2 组成螺旋副 A，同时又与可动螺母 4 组成螺旋副 B，螺母 4 的末端是镗刀，它与 2 组成移动副 C。当螺旋副 A 与 B 旋向相同而导程不同时，构成了差动螺旋机构。转动螺杆 1 可使镗刀相对镗杆作微量的移动，以调整镗孔时的进刀量。

图 9-34 所示为台钳定心夹紧机构。由平面夹爪 1、V 形夹爪 2、螺杆 3 和底座 4 组成。螺杆 3 的 A 端是右旋螺纹，B 端是左旋螺纹，采用不同的导程，构成螺杆仅转动而不能移动的复式螺旋机构。当转动螺杆 3 时，平面夹爪 1 与 V 形夹爪 2 夹紧工件 5。

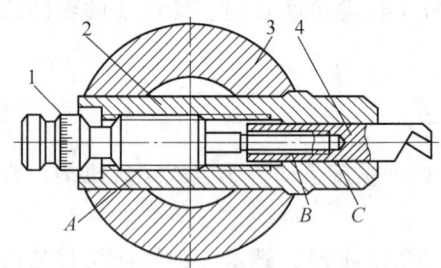 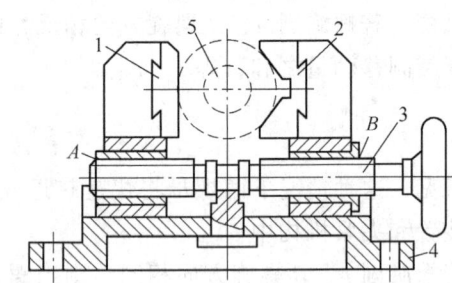

图 9-33　镗床镗刀微调机构　　　　　图 9-34　台钳定心夹紧机构

第十章 机械的运转及其速度波动的调节

【内容提示】本章讨论作用在机械系统上的外力和其运动之间的关系，研究机械在外力作用下的真实运动规律、机械速度波动原因及其调节方法。

【基本要求】理解单自由度机械系统等效动力学模型的概念；了解建立机械系统运动方程式的方法；熟悉机械速度波动的分类及其调节原理；掌握飞轮转动惯量的近似计算方法。

前面在研究有关机构运动问题时，总是认为原动件的运动规律是已知的，且一般视其为等速运动，目的是为使问题简化，便于单纯地研究机构本身的几何因素对机构运动的影响。但实际上，原动件的运动是机械中各构件的质量、转动惯量、作用在机械上的外力以及原动件位置等的函数。因而在一般情况下，原动件的运动规律是随时间而变化的，即速度是波动的。速度波动会导致运动副中产生附加的动压力，并引起机械的振动，从而降低机械的寿命、效率和工作可靠性，故必须加以调节，使其速度波动被控制在所允许的范围内。

研究机械的真实运动规律，并对其速度波动进行调节，是非常必要的，特别是对高速、重载、高精度，以及高自动化的机械具有十分重要的意义。

第一节 作用在机械上的力及机械的运转过程

一、作用在机械上的力的特性

为了研究机械在外力作用下的真实运动规律，首先必须知道作用在机械上的外力及其特性。当忽略机械中各构件的重力以及各运动副中的摩擦力时，作用在机械上的力可分为驱动力和工作阻力两大类。力（或力矩）与运动参数（位移、速度、时间等）之间的关系通常称为力的机械特性。

1. 驱动力及其机械特性

驱动力一般由原动机提供，其变化规律决定于原动机的机械特性。如利用重锤的质量作驱动力时，其值为常数；利用弹簧的弹力作驱动力时，其值为位移的函数；蒸汽机、内燃机等原动机输出的驱动力是活塞位置的函数；而机械中应用最广泛的电动机输出的驱动力矩是转子角速度的函数。图 10-1 所示为交流异步电动机的机械特性曲线，图中 N 为其额定工作点，ω_n 为电动机额定角速度，M_n 为电动机额定转矩，ω_0 为电动机同步角速度，N 点附近的 BC 段为其工作区域。为了便于用解析法研究机械在外力作用下的运动，必须将原动机的驱动力用解析式表达。用通过 N 点和 C 点的直线 NC 近似代替曲线 $\overset{\frown}{NC}$。则驱动力矩 M_d 的解析表达式为

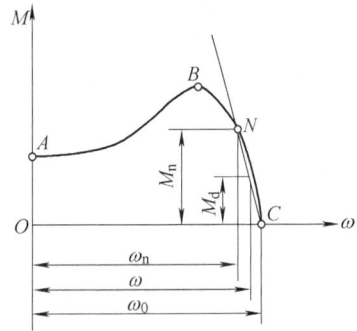

图 10-1 交流异步电动机的机械特性曲线

$$M_d = \frac{\omega_0 - \omega}{\omega_0 - \omega_n} M_n$$

式中，M_n、ω_n 和 ω_0 可由电动机产品目录或从电动机铭牌上查出。除上述表达形式外，电动机的机械特性还可用其他形式近似表示，如抛物线形式等。

2. 工作阻力及其工作特性

工作阻力是机械正常工作时必须克服的外载荷，其变化规律取决于机械的工作过程。如起重机、轧钢机、车床等在工作过程中，工作阻力近似为常数；弹簧的弹性力、空气压缩机和曲柄压力机的工作阻力是执行构件位置的函数；鼓风机、搅拌机等的工作阻力是执行构件速度的函数；揉面机、球磨机等工作阻力是时间的函数。

二、机械运转的三个阶段

根据能量守恒定律，作用在机械上的力在任一时间间隔内所做的功，应等于机械动能的增量，即

$$W_d - W_r - W_f = E_2 - E_1 \tag{10-1}$$

式中，W_d 为驱动力所作的功，即输入功；W_r 和 W_f 分别为工作阻力和有害阻力所做的功，两者之和为总耗功，用 $W_c = W_r + W_f$ 表示；E_1、E_2 分别为机械在该时间间隔起、止时刻所具有的动能，用 $\Delta E = E_2 - E_1$ 表示该时间间隔内的动能的增量。则式（10-1）可简写为

$$W_d - W_c = \Delta E \tag{10-2}$$

机械从开始运转到停止运转的整个过程，通常要经过起动、稳定运转和停车三个运转阶段。图10-2 所示为一般机械主轴（原动件）的角速度 ω 随时间 t 的变化曲线。

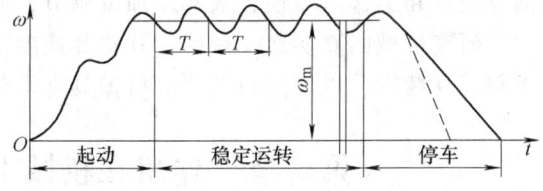

图 10-2　机械运转过程的三个阶段

1. 起动阶段

在该阶段，原动件的角速度 ω 由零逐渐上升到正常运转的角速度 ω_m，机械的动能由 $E_1 = 0$ 逐渐增加到 E_2，$\Delta E = E_2 - E_1 > 0$。由式（10-2）得，$W_d - W_c > 0$。该阶段的特点是驱动力的输入功大于机械的总耗功，机械的动能增加，原动件作加速运动。

2. 稳定运转阶段

起动阶段结束后，机械进入稳定运转阶段，开始正常工作。该阶段的运动特点是原动件的角速度或角速度的平均值是稳定的。

（1）周期性变速稳定运转　通常情况下，在稳定运转阶段，机械原动件的角速度 ω 会在其平均值 ω_m 的附近作周期性的波动，如图10-2 所示（如活塞式发动机与压缩机、自动机床、生产流水线上的各种机械设备等即属此类，在工作时外力按一定的周期有规律地作用在机械上，使机械的主轴角速度呈现周期性波动）。在速度波动的一个周期 T 的始末，$\omega_1 = \omega_2 = \omega_m$，$E_1 = E_2$。由式（10-2），有

$$W_d - W_c = \Delta E = 0 \tag{10-3}$$

即在一个运动循环及整个稳定运转阶段中，输入功等于总耗功。式（10-3）为机械实现周期性变速稳定运转的条件。

但在每一运动周期内的任意时间间隔 Δt，$\omega_1 \neq \omega_2$，$E_1 \neq E_2$，$\Delta E \neq 0$。因此，$W_d \neq W_c$，即输入功不等于总耗功，此即速度波动的原因。

(2) 等速稳定运转 若在该阶段内，机械原动件的角速度保持恒定不变，称为等速稳定运转（如鼓风机、提升机等）。其特点是，在任一时间间隔内，$\Delta E = 0$，$W_d = W_c$，即机械的动能保持恒定，输入功恒等于总耗功。

3. 停车阶段

在停车阶段，原动件的角速度从正常运转速度逐渐下降到零。其特点是 $\Delta E = E_2 - E_1 < 0$，$W_d - W_c < 0$，输入功小于总耗功，机械的动能逐渐减小。机械在停车阶段，驱动力已经撤去，输入功 $W_d = 0$，机械依靠起动阶段所积蓄起来的动能克服阻力做功，继续运转一段时间，直至总耗功逐渐将机械动能全部耗尽，机械便停止运转。

起动阶段与停车阶段统称为机械运转的过渡过程。为了缩短过渡过程，在起动阶段，常使机械在空载下起动，使 $W_r = 0$，或者另加一个起动电动机来增大输入功 W_d，以达到快速起动的目的。为了加快停车过程，在某些机械上安装有制动装置，用增大损耗功 W_f 的方法来缩短停车时间，如图 10-2 中的虚线所示。

有些机械（如汽车、推土机等）在作变速稳定运转的过程中，会由于种种原因，受到外力无规律变化的作用，使得输入功和总耗功的平衡关系遭到破坏，从而引起机械主轴角速度的无规律变化（升高或降低），于是机械由稳定运转转入不稳定运转。当通过调节措施使输入功和总耗功又恢复平衡关系时，机械将又转入稳定运转。

第二节 机械的运动方程及等效动力学模型

一、机械系统运动方程的一般表达式

研究机械系统的真实运动，必须首先建立作用在机械上的外力（力矩）、构件质量（转动惯量）及运动参数间的函数关系，即机械的运动方程式。

设机械系统由 n 个运动构件组成。图 10-3 所示为第 i 个活动构件，S_i、m_i、J_{si}、ω_i、v_{si} 分别为该构件的质心、质量、绕质心 S_i 的转动惯量、构件的角速度、质心 S_i 的速度，F_i、M_i 分别为作用于该构件上的外力和外力矩，v_i 为外力 F_i 作用点的速度，α_i 为 F_i 与 v_i 之间的夹角。

该构件在 dt 时间间隔内的动能增量为

$$dE_i = d(\frac{1}{2}m_i v_{si}^2 + \frac{1}{2}J_{si}\omega_i^2)$$

作用于该构件上的外力在 dt 时间间隔内所做的功为

$$dW_i = (F_i v_i \cos\alpha_i \pm M_i \omega_i)dt$$

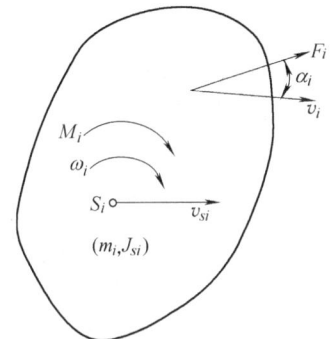

图 10-3 任一构件的受力与运动示意图

对于有 n 个活动构件的机械系统，在 dt 时间间隔内其总的动能增量为

$$dE = \sum dE_i = d(\sum_{i=1}^{n} \frac{1}{2}m_i v_{si}^2 + \sum_{i=1}^{n} \frac{1}{2}J_{si}\omega_i^2) \tag{10-4}$$

所有外力在 dt 时间间隔内所做的功为

$$dW = \sum (dW_i) = [\sum_{i=1}^{n} F_i v_i \cos\alpha_i + \sum_{i=1}^{n} (\pm M_i \omega_i)]dt \tag{10-5}$$

根据动能定理,在任一时间间隔 dt 内,系统所有外力和外力矩所做的功 dW 应等于系统动能的增量 dE,即

$$dE = dW \tag{10-6}$$

将式(10-4)和式(10-5)代入式(10-6),得

$$d\left(\sum_{i=1}^{n}\frac{1}{2}m_i v_{si}^2 + \sum_{i=1}^{n}\frac{1}{2}J_{si}\omega_i^2\right) = \left[\sum_{i=1}^{n}F_i v_i \cos\alpha_i + \sum_{i=1}^{n}(\pm M_i \omega_i)\right]dt \tag{10-7}$$

显然,系统运动方程式(10-7)将包含许多未知参数,求解复杂而繁琐,况且也无必要。我们知道,对于一个单自由度的机械系统,独立运动参数只有一个,只要知道其中一个构件的运动规律,其余所有构件的运动规律就可随之求得。因此,可把复杂的机械系统简化成一个活动构件(称为等效构件),建立最简单的等效动力学模型,使研究机械真实运动的问题大为简化。

二、机械系统的等效动力学模型

将式(10-7)改写成

$$d\left\{\frac{1}{2}\omega^2\left[\sum_{i=1}^{n}m_i\left(\frac{v_{si}}{\omega}\right)^2 + \sum_{i=1}^{n}J_{si}\left(\frac{\omega_i}{\omega}\right)^2\right]\right\} = \left[\sum_{i=1}^{n}F_i\left(\frac{v_i}{\omega}\right)\cos\alpha_i + \sum_{i=1}^{n}\left(\pm M_i\frac{\omega_i}{\omega}\right)\right]\omega dt \tag{10-8}$$

式(10-8)左端括号内的量具有转动惯量的量纲,设以 J_e 表示;右端括号内的量具有力矩的量纲,设以 M_e 表示。则式(10-8)可以简化为

$$d\left\{\frac{1}{2}J_e\omega^2\right\} = M_e\omega dt \tag{10-9}$$

式(10-9)就犹如一个转动惯量为 J_e 的单一虚拟构件,在力矩 M_e 作用下以角速度 ω 绕定轴转动的运动方程,如图10-4a所示。该构件的转动惯量 J_e 所具有的动能等于整个系统的总动能 E,而力矩 M_e 所做的功或所产生的功率等于作用于整个系统的所有力和力矩所做功或所产生的功率之和。因此,图10-4a可以作为真实机械系统的等效动力学模型,称该虚拟构件为等效构件,J_e 为等效构件的等效转动惯量,M_e 为作用于该等效构件的等效力矩。

同理,可以将式(10-7)改写成

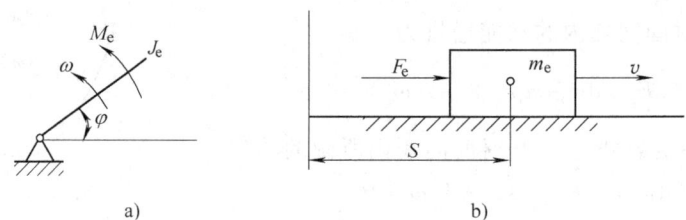

图 10-4 机械的等效动力学模型

$$d\left\{\frac{1}{2}v^2\left[\sum_{i=1}^{n}m_i\left(\frac{v_{si}}{v}\right)^2 + \sum_{i=1}^{n}J_{si}\left(\frac{\omega_i}{v}\right)^2\right]\right\} = \left[\sum_{i=1}^{n}F_i\left(\frac{v_i}{v}\right)\cos\alpha_i + \sum_{i=1}^{n}\left(\pm M_i\frac{\omega_i}{v}\right)\right]vdt \tag{10-10}$$

上式左端括号内的量具有质量的量纲,设以 m_e 表示;右端括号内的量具有力的量纲,设以 F_e 表示。则式(10-10)可以简化为

$$d\left\{\frac{1}{2}m_e v^2\right\} = F_e v dt \tag{10-11}$$

式（10-11）就犹如一个质量为 m_e 的单一虚拟构件，在力 F_e 作用下以速度 v 作直线移动，如图 10-4b 所示，该移动构件的质量 m_e 所具有的动能等于整个系统的总动能 E，而力 F_e 所做的功或所产生的功率等于作用于整个系统的所有力和力矩所做功或所产生的功率之和。因此，图 10-4b 也可以作为真实机械系统的等效动力学模型，m_e 为等效质量，F_e 为等效力。

综上所述，一个复杂的机械系统可以简化成一个等效构件，建立等效动力学模型，等效构件通常取为绕定轴转动的构件或作直线移动的构件。等效的原则是，等效构件的质量或转动惯量所具有的动能，应等于整个系统的总动能；等效构件上的等效力、等效力矩所做的功或所产生的功率，应等于作用于整个系统的所有力和力矩所做功或所产生的功率之和。

等效构件为定轴转动时，其等效转动惯量 J_e 和等效力矩 M_e 分别为

$$J_e = \sum_{i=1}^{n} m_i \left(\frac{v_{si}}{\omega}\right)^2 + \sum_{i=1}^{n} J_{si} \left(\frac{\omega_i}{\omega}\right)^2 \tag{10-12}$$

$$M_e = \sum_{i=1}^{n} F_i \left(\frac{v_i}{\omega}\right) \cos\alpha_i + \sum_{i=1}^{n} \left(\pm M_i \frac{\omega_i}{\omega}\right) \tag{10-13}$$

等效构件为直线移动时，其等效质量 m_e 和等效力矩 F_e 分别为

$$m_e = \sum_{i=1}^{n} m_i \left(\frac{v_{si}}{v}\right)^2 + \sum_{i=1}^{n} J_{si} \left(\frac{\omega_i}{v}\right)^2 \tag{10-14}$$

$$F_e = \sum_{i=1}^{n} F_i \left(\frac{v_i}{v}\right) \cos\alpha_i + \sum_{i=1}^{n} \left(\pm M_i \frac{\omega_i}{v}\right) \tag{10-15}$$

至于选定轴转动构件还是直线移动构件为等效构件，应视具体情况计算简便而定，在实际应用中多选机械的主轴为等效构件。

由式（10-12）~式（10-15）可知，等效质量、等效转动惯量、等效力和等效力矩不仅与机械系统中各构件的质量、转动惯量及作用于系统的所用外力和外力矩有关，而且和各构件与等效构件的速比有关，通常是机构位置的函数。但对于单自由度机械系统，其速比是由机构类型和结构尺寸决定的，速比大小仅与机构瞬时位置有关，而与原动件的具体速度大小无关。因此，可在机械真实运动未知的情况下计算各等效量。

例 10-1 图 10-5a 所示为一齿轮驱动的正弦机构。已知齿轮 1 的齿数为 z_1，转动惯量为 J_1；齿轮 2 的齿数为 z_2，转动惯量为 J_2；滑块 3、4 的质量分别为 m_3、m_4，其质心分别位于 C 和 D。又知，在齿轮 1 上作用有驱动力矩 M_1，滑块 4 上作用有工作阻力 F_4。试取构件 2 为等效构件，求在图示位置时的等效转动惯量 J_e 和等效力矩 M_e。

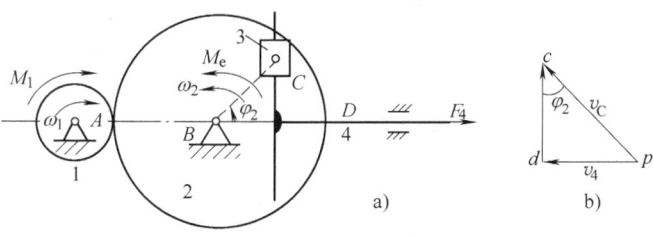

图 10-5 正弦机构

解：取构件 2 为等效构件。

（1）求等效转动惯量 J_e 根据动能等效原则，有

$$\frac{1}{2}J_e\omega_2^2 = \frac{1}{2}J_1\omega_1^2 + \frac{1}{2}J_2\omega_2^2 + \frac{1}{2}m_3v_3^2 + \frac{1}{2}m_4v_4^2$$

化简得

$$J_e = J_1(\omega_1/\omega_2)^2 + J_2 + m_3(v_3/\omega_2)^2 + m_4(v_4/\omega_2)^2$$

由图 10-5b 所示速度多边形可知

$$v_3 = v_C = l_{BC}\omega_2, \quad v_4 = v_C\sin\varphi_2 = l_{BC}\omega_2\sin\varphi_2$$

又

$$\omega_1/\omega_2 = z_2/z_1$$

代入上式，得

$$J_e = J_1(z_2/z_1)^2 + J_2 + m_3l_{BC}^2 + m_4l_{BC}^2\sin^2\varphi_2$$

（2）求等效力矩 M_e 根据功和功率等效原则，有

$$M_e\omega_2 = M_1\omega_1 + F_4v_4\cos 180°$$

化简，得等效力矩为

$$M_e = M_1(\omega_1/\omega_2) - F_4(v_4/\omega_2) = M_1(z_2/z_1) - F_4l_{BC}\sin\varphi_2$$

第三节 机械运动方程式的建立与求解

一、机械运动方程式的建立

通过前面分析可知，任何复杂的单自由度机械系统都可以用其等效动力学模型表达。因此，机械系统的真实运动规律可以通过建立等效构件的运动方程式求解。

为了简化书写格式，在以后的叙述中，在不引起混淆的情况下，略去有关等效量的下标"e"。

常用的机械运动方程式有能量形式和力矩形式两种。

1. 能量形式的运动方程式

若等效构件为转动构件，根据动能定理，由式（10-9）得

$$d\left\{\frac{1}{2}J(\varphi)\omega^2\right\} = M(\varphi)d\varphi \tag{10-16}$$

设等效构件在初始位置 φ_0 的角速度和等效转动惯量分别为 ω_0 和 $J_0 = J(\varphi_0)$，对式（10-16）积分，可得

$$\frac{1}{2}J(\varphi)\omega^2 - \frac{1}{2}J_0\omega_0^2 = \int_{\varphi_0}^{\varphi}M(\varphi)d\varphi \tag{10-17}$$

同理，若等效构件是移动构件，并设等效构件在初始位置 s_0 的速度和等效质量分别为 v_0 和 $m_0 = m(s_0)$，由式（10-11）积分，可得

$$\frac{1}{2}m(s)v^2 - \frac{1}{2}m_0v_0^2 = \int_{s_0}^{s}F(s)ds \tag{10-18}$$

2. 力（力矩）形式的运动方程式

若将式（10-16）改写成

$$\frac{d\left\{\frac{1}{2}J(\varphi)\omega^2\right\}}{d\varphi} = M(\varphi)$$

则可得等效构件为转动构件的力矩形式运动方程

$$M(\varphi) = \frac{\omega^2}{2}\frac{dJ(\varphi)}{d\varphi} + J(\varphi)\frac{d\omega}{dt} \qquad (10\text{-}19)$$

同理可得，等效构件为移动构件的力形式运动方程

$$F(s) = \frac{v^2}{2}\frac{dm(s)}{ds} + m(s)\frac{dv}{dt} \qquad (10\text{-}20)$$

当等效构件的等效质量 m 和等效转动惯量 J 为常数时，式（10-19）和式（10-20）可以简化为

$$M = J\frac{d\omega}{dt} \qquad (10\text{-}21)$$

$$F = m\frac{dv}{dt} \qquad (10\text{-}22)$$

二、机械运动方程式的求解

建立了机械运动方程式，即可求解已知外力作用下机械系统的真实运动规律。由于不同的机械是由不同的原动机与执行机构组成的，因此等效构件的等效量可能是位置、速度或时间的函数。等效量还可以用函数表达式、曲线或数值表格等不同形式给出。不同情况下，求解运动方程的方法也应该不同，下面就三种常见情况介绍求解机械真实运动的解析法和数值法。

1. 等效力矩和等效转动惯量均是等效构件位置的函数

用内燃机驱动的往复式工作机（如活塞式压缩机）即属此类，等效驱动力矩 M_d、等效阻力矩 M_r 和等效转动惯量 J 均是等效构件角位置的函数。设已知等效力矩 $M(\varphi) = M_d(\varphi) - M_r(\varphi)$，等效转动惯量 $J = J(\varphi)$。应用能量形式的运动方程式（10-17）可得

$$\frac{1}{2}J(\varphi)\omega^2 = \frac{1}{2}J_0\omega_0^2 + \int_{\varphi_0}^{\varphi} M(\varphi)d\varphi$$

$$\omega = \sqrt{\frac{J_0}{J(\varphi)}\omega_0^2 + \frac{2}{J(\varphi)}\int_{\varphi_0}^{\varphi} M(\varphi)d\varphi} \qquad (10\text{-}23)$$

当给定初始位置 φ_0 的角速度 ω_0 和等效转动惯量 $J_0 = J(\varphi_0)$ 时，即可求出任意位置 φ 的角速度 ω。显然，角速度 ω 是位置 φ 的函数，即 $\omega = \omega(\varphi)$。

若需求出相应角位移变化规律 $\varphi = \varphi(t)$，由 $\omega = d\varphi/dt$ 得

$$\int_{t_0}^{t} dt = \int_{\varphi_0}^{\varphi} \frac{d\varphi}{\omega(\varphi)}$$

积分即可得到 $\varphi = \varphi(t)$。将其带入代入 $\omega = \omega(\varphi)$，即可进一步求出 $\omega = \omega(t)$。

进而，求得等效构件的角加速度 ε 为

$$\varepsilon = \frac{d\omega}{dt} = \omega\frac{d\omega}{d\varphi} \qquad (10\text{-}24)$$

求得了等效构件的角速度及角加速度，机械中其他各构件的真实运动规律即可随之求得。

2. 等效转动惯量为常数和等效力矩为速度的函数

用电动机驱动的鼓风机、搅拌机等即属此类，等效驱动力矩 M_d、等效阻力矩 M_r 均是等效构件角速度的函数。设已知等效力矩 $M(\omega) = M_d(\omega) - M_r(\omega)$，由于此类机械速比为常

数,所以其等效转动惯量 J 为常数。应用力矩形式的运动方程式(10-21),分离变量并积分得

$$\int_{t_0}^{t} dt = \int_{\omega_0}^{\omega} \frac{J}{M(\omega)} d\omega$$

$$t = t_0 + \int_{\omega_0}^{\omega} \frac{J}{M(\omega)} d\omega \tag{10-25}$$

由式(10-25)即可解出角速度 $\omega = \omega(t)$,进而可以求出角加速度 $\varepsilon = d\omega/dt$ 和 $\varphi(t) = \varphi_0 + \int_{t_0}^{t} \omega(t) dt$。

3. 等效转动惯量是角位置的函数,等效力矩是位置和速度的函数

用电动机驱动的刨床、插床、冲床以及往复式空气压缩机等机械即属此类。这类机械由于包含了速比不等于常数的机构(如平面连杆机构),等效转动惯量是角位置的函数,而驱动力是速度的函数,工作阻力是机械位置的函数,因此等效力矩是机械位置和速度的函数。

这类问题可采用式(10-19)形式的运动方程式,并改写成

$$\frac{\omega^2}{2} dJ(\varphi) + J(\varphi) \omega d\omega = M(\varphi, \omega) d\varphi \tag{10-26}$$

这是个非线性微分方程,一般不能用解析法求解。工程上常用数值法求解,利用计算机可方便求得较为满意的结果。

用差分代替微分,如图 10-6 所示。$d\varphi = \Delta\varphi = \varphi_{i+1} - \varphi_i$,$i = 0, 1, 2, \cdots, n$,对应的

$$dJ = \Delta J = J(\varphi_{i+1}) - J(\varphi_i) = J_{i+1} - J_i$$

$$d\omega = \Delta\omega = \omega(\varphi_{i+1}) - \omega(\varphi_i) = \omega_{i+1} - \omega_i$$

代入式(10-26)可得,当 $\varphi = \varphi_i$ 时

$$\frac{\omega_i^2}{2}(J_{i+1} - J_i) + J_i \omega_i (\omega_{i+1} - \omega_i) = M(\varphi_i, \omega_i) \Delta\varphi$$

解得,迭代公式如下

$$\omega_{i+1} = \frac{M(\varphi_i, \omega_i) \Delta\varphi}{J_i \omega_i} + \frac{3J_i - J_{i+1}}{2J_i} \omega_i \tag{10-27}$$

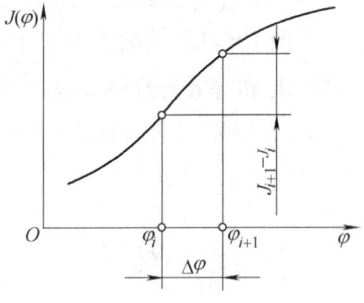

图 10-6 等效转动惯量的变化曲线

利用式(10-27)求解时,$M(\varphi_i, \omega_i)$、J_i、J_{i+1} 均为已知,若已知初始值 ω_0,即可依次迭代求出 ω_{i+1}, $i = 0, 1, 2, \cdots n$。但问题是运动规律 ω 是待求未知量,显然初始值 ω_0 也是未知的,计算时需根据实际情况试取 ω_0(一般取周期变速稳定运转的平均角速度 ω_m 为 ω_0 的近似值)进行试算,且反复迭代,逐渐逼近机械的真实运动。由于机械作周期稳定运转,故经过一个运动循环的迭代后,应有 $\omega_p = \omega_0$,$(0 \sim p)$ 为一个运动循环。否则,应取 $\omega_0 = \omega_p$,进行下一轮迭代计算,直至 $\omega_p = \omega_0$,或 $|\omega_p - \omega_0| \leq \varepsilon$($\varepsilon$ 为给定的精度)为止。

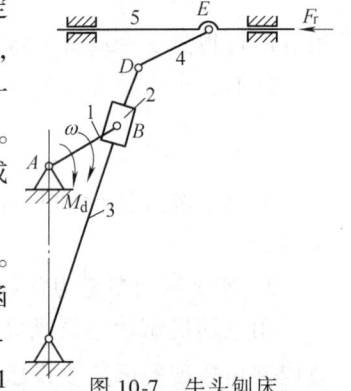

图 10-7 牛头刨床

例 10-2 设有一台电动机驱动的牛头刨床,如图 10-7 所示。取主轴 1 为等效构件,其等效转动惯量 J 为是主轴转角 φ 的函数,其值列于表 10-1 中第 3 列;等效驱动力矩 $M_d = 5500 - 1000\omega$,等效阻力矩 M_r 为主轴转角 φ 的函数,其值列于表 10-1

中第4列。试求在稳定运转阶段主轴角速度 ω 的变化规律。

表 10-1 牛头刨床机械主轴等效转动惯量、等效阻力矩及角速度变化规律

i	$\varphi/(°)$	$J(\varphi)/\text{kg} \cdot \text{m}^2$	$M_r(\varphi)/\text{N} \cdot \text{m}$	$\omega^{(1)}/\text{rad} \cdot \text{s}^{-1}$	$\omega^{(2)}/\text{rad} \cdot \text{s}^{-1}$
0	0	34.0	789	5.00	4.81
1	15	33.9	812	4.56	4.66
2	30	33.6	825	4.80	4.73
3	45	33.1	797	4.63	4.67
4	60	32.4	727	4.80	4.77
5	75	31.8	850	4.80	4.82
6	90	31.2	105	5.90	5.88
7	105	31.1	137	5.19	5.19
8	120	31.6	181	5.43	5.42
9	135	33.0	185	5.14	5.14
10	150	35.0	179	5.25	5.25
11	165	37.2	150	5.19	5.18
12	180	38.2	141	5.34	5.34
13	195	37.2	150	5.43	5.43
14	210	35.0	157	5.49	5.49
15	225	33.0	152	5.45	5.45
16	240	31.6	132	5.42	5.42
17	255	31.1	132	5.38	5.38
18	270	31.2	139	5.35	5.35
19	285	31.8	145	5.32	5.32
20	300	32.4	756	5.33	5.33
21	315	33.1	803	4.38	4.39
22	330	33.6	818	4.92	4.91
23	345	33.9	802	4.52	4.52
24	360	34.0	789	4.81	4.81

解：由题目可知，该机械的一个运动循环周期为主轴转一周，即 $\varphi_p = 360°$。参照电动机的额定转速，试选初始条件：当 $i=0$ 时，$t_0 = 0$，$\varphi_0 = 0°$，$\omega_0^{(1)} = 5\text{rad/s}$。再取步长 $\Delta\varphi = 15° = 0.2618$，即可开始迭代计算。

当 $i=1$ 时，由式（10-27）可得

$$\omega_1^{(1)} = \left[\frac{(5500 - 1000 \times 5 - 789) \times 0.2618}{34.0 \times 5} + \frac{3 \times 34.0 - 33.9}{2 \times 34.0} \times 5 \right] \text{rad/s} = 4.56\text{rad/s}$$

当 $i=2$ 时，将上式计算结果代入式（10-27）可得

$$\omega_2^{(1)} = \left[\frac{(5500 - 1000 \times 4.56 - 812) \times 0.2618}{33.9 \times 4.56} + \frac{3 \times 33.9 - 33.6}{2 \times 33.9} \times 4.56 \right] \text{rad/s} = 4.80\text{rad/s}$$

如此迭代，可得 $\omega_3^{(1)}$、$\omega_4^{(1)}$、$\omega_5^{(1)}$、$\cdots$、$\omega_{24}^{(1)}$，其结果列于表 10-1。由表中数据可见 $\omega_{24}^{(1)} \neq$

$\omega_0^{(1)}$，需要进行第二轮迭代。令 $\omega_0^{(2)} = \omega_{24}^{(1)}$，重复上述迭代过程，结果也列于表 10-1。比较发现 $\omega_{24}^{(2)} = \omega_0^{(2)}$，表明表中 $\omega_i^{(2)}$，$i = 0, 1, 2, \cdots, 24$ 即为所求机械稳定运转阶段主轴角速度变化规律，图 10-8 所示为其变化曲线。

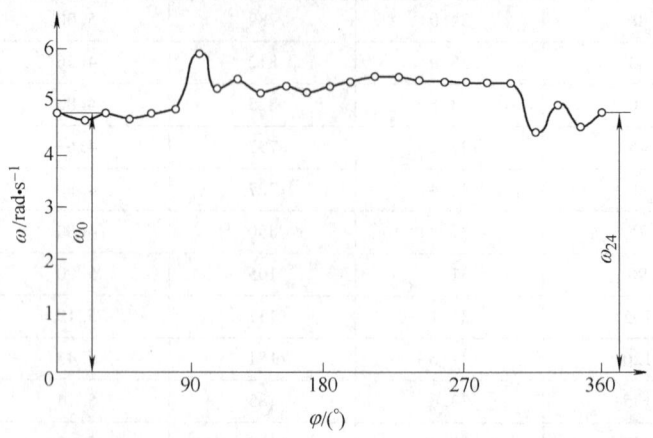

图 10-8　牛头刨床主轴角速度 $\omega(\varphi)$ 变化曲线

第四节　机械的速度波动及其调节

如前所述，机械在运转过程中，由于作用于其上的外力或力矩的变化，会导致机械运转速度的波动。对于以杆长、质量均不变的构件组成的机械系统，若等效驱动力矩 M_d 和等效阻力矩 M_r 是周期性，则机械运转的速度将出现周期性波动。反之，若 M_d 和 M_r 是非周期性变化，则机械运转的速度将出现非周期性波动。

一、周期性速度波动的调节

一般来说，作用于等效构件上的等效力矩可能是等效构件位置、速度等参数的函数，下面仅以等效力矩和等效转动惯量是等效构件位置函数的情况为例，分析周期性速度波动产生的原因及调节方法。

1. 周期性速度波动产生的原因

图 10-9a 所示为某一机械在稳定运转过程中，其等效构件在稳定运转的一个周期 φ_p 内所受等效驱动力矩 M_d 与等效阻力矩 M_r 的变化曲线。设一个运动周期的起始位置角为 φ_a，则当等效构件转动到 φ 位置角时，其等效驱动力矩和等效阻力矩所做功分别为

$$W_d(\varphi) = \int_{\varphi_a}^{\varphi} M_d(\varphi) d\varphi$$

$$W_r(\varphi) = \int_{\varphi_a}^{\varphi} M_r(\varphi) d\varphi$$

在该 φ 位置角作用于等效构件上等效力矩所作功的增量 ΔW 为

$$\Delta W = W_d(\varphi) - W_r(\varphi) = \int_{\varphi_a}^{\varphi} [M_d(\varphi) - M_r(\varphi)] d\varphi \quad (10\text{-}28)$$

由图 10-9a 可见，在 $\varphi_a < \varphi < \varphi_b$ 区间，由于 $M_d < M_r$，故由式（10-28）可知，$\Delta W_{ab} < 0$，驱动功小于阻抗功，功的增量为负，称为亏功，以"-"标识，其大小以图中阴影部分面

积 f_1 表示。反之，在 $\varphi_b < \varphi < \varphi_c$ 区间，由于 $M_d > M_r$，故 $\Delta W_{bc} > 0$，功的增量为正，称为盈功，以"+"表示，其大小以图中阴影部分面积 f_2 表示。由式（10-28）计算出各点处功的增量后，即可作出以 a 为基点一个运动周期内功的增量 ΔW 与角位置 φ 的关系曲线 ΔW-φ，如图 10-9b 所示。

由于功的增量等于机械动能的增量，显然 ΔW-φ 曲线同时也是机械动能的变化曲线 ΔE-φ。再考虑到机械在运动循环起始处 a 所具有的初始动能为 E_0，则 ΔE-φ 曲线在坐标系 φaE 中也是机械动能 E 的变化曲线。而机械动能的变化与等效构件角速度的变化相对应，在 ab 区间等效力矩做亏功，等效构件的角速度由于机械动能的减小而下降；反之，在 bc 区间等效力矩做盈功，等效构件角速度由于机械动能的增加而上升，从而使得等效构件的角速度是波动的。

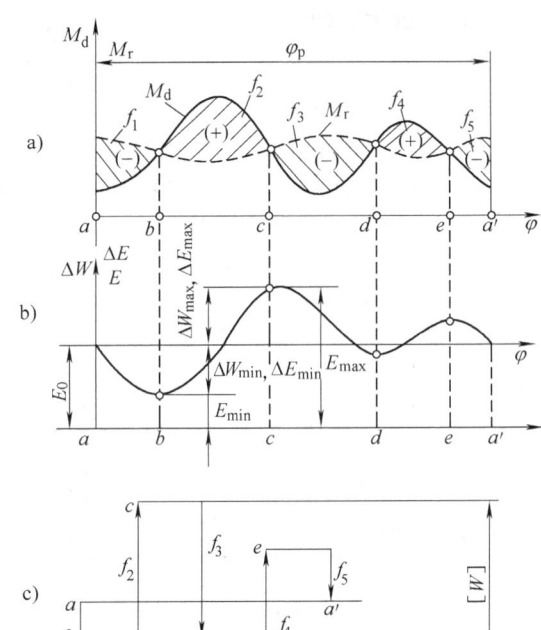

图 10-9 机械运转的功能关系

若经过一个等效力矩 M 和等效转动惯量 J 变化的公共周期，驱动力矩与阻力矩所做功相等，则机械动能的增量等于零。由式（10-17）可得

$$\int_{\varphi_a}^{\varphi_a'} [M_d(\varphi) - M_r(\varphi)] d\varphi = \frac{1}{2} J_a \omega_a'^2 - \frac{1}{2} J_a \omega_a^2 = 0$$

可见经过等效力矩与等效转动惯量变化的一个公共周期，机械的动能又恢复到原来的值，因而等效构件的角速度也将恢复到原来的数值。

综上分析可知，机械在稳定运转过程中等效构件的角速度将呈现周期性的波动。

2. 周期性速度波动的衡量指标

图 10-10 所示为机械系统一个运动周期内等效构件角速度的变化曲线，其最大和最小角速度分别为 ω_{max} 和 ω_{min}，则在该运动周期 φ_p 内的平均角速度应为

$$\omega_m = \frac{\int_0^{\varphi_p} \omega(\varphi) d\varphi}{\varphi_p} \quad (10\text{-}29)$$

工程实际中，当 ω 变化不大时，常按 ω_{max} 和 ω_{min} 的算术平均值来计算平均角速度。即

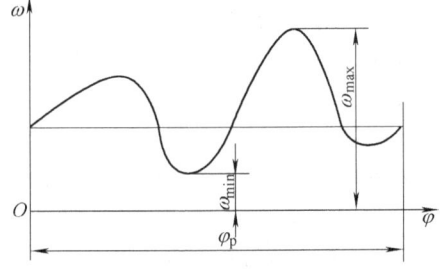

图 10-10 等效构件角速度周期波动

$$\omega_m = \frac{\omega_{max} + \omega_{min}}{2} \quad (10\text{-}30)$$

最大和最小角速度之差（$\omega_{max} - \omega_{min}$）只能表示机械在一个运动循环中速度波动幅度的大小，并不能反映机械相对于其平均速度的波动程度。故用最大和最小角速度之差与其平均角速度的比值来反映机械运转的速度波动程度，该比值称为波动系数（或称速度不均匀系

数），用 δ 表示，即

$$\delta = \frac{\omega_{max} - \omega_{min}}{\omega_m} \tag{10-31}$$

由式（10-31）可知，当 ω_m 一定时，δ 越小，则（$\omega_{max} - \omega_{min}$）越小，即机械运转越平稳。不同类型的机械，所允许的速度波动程度是不同的，表 10-2 给出了一些常用机械的许用速度波动系数，供设计时参考。

表 10-2 常用机械速度波动系数的许用值 $[\delta]$

机械的名称	$[\delta]$	机械的名称	$[\delta]$
碎石机	1/5 ~ 1/20	水泵、鼓风机	1/30 ~ 1/50
冲床、剪床	1/7 ~ 1/10	造纸机、织布机	1/40 ~ 1/50
轧压机	1/10 ~ 1/25	纺纱机	1/60 ~ 1/100
汽车、拖拉机	1/20 ~ 1/60	直流发电机	1/100 ~ 1/200
金属切削机床	1/30 ~ 1/40	交流发电机	1/200 ~ 1/300

3. 周期性速度波动的调节方法

由图 10-9b 所示，在 $\varphi = \varphi_b$ 处具有最小的功的增量 ΔW_{min}，对应于机械最小动能增量 ΔE_{min} 和最小动能 E_{min}；而在 $\varphi = \varphi_c$ 处具有最大的功的增量 ΔW_{max}，对应于机械最大动能增量 ΔE_{max} 和最大动能 E_{max}。将 ΔW_{max} 与 ΔW_{min} 之差称为最大盈亏功，用 $[W]$ 表示，则有

$$[W] = \Delta W_{max} - \Delta W_{min} = \Delta E_{max} - \Delta E_{min} = E_{max} - E_{min} \tag{10-32}$$

若忽略等效转动惯量中的变量部分，假设机械系统的等效转动惯量 J 是常数，则当 $\varphi = \varphi_b$ 时，$\omega = \omega_{min}$；当 $\varphi = \varphi_c$ 时，$\omega = \omega_{max}$。则由式（10-32）得

$$[W] = \frac{1}{2}J\omega_{max}^2 - \frac{1}{2}J\omega_{min}^2 = J\omega_m^2 \delta \tag{10-33}$$

对于一个具体的作周期性稳定运转的机械系统而言，其最大盈亏功 $[W]$、平均角速度 ω_m 和等效转动惯量 J 都是确定的，倘若能设法增大系统的等效转动惯量，则可大大减小速度波动系数 δ。

故为了减小机械运转时的周期性速度波动，通常是在机械中安装一个具有较大转动惯量的盘状零件——飞轮。由于飞轮转动惯量很大，当机械出现盈功时，它以动能的形式将多余的能量"储存"起来，从而使主轴角速度上升的幅度减小；反之，当机械出现亏功时，它又"释放"出其储存的能量，以弥补能量的不足，从而使主轴角速度下降的幅度减小，从而使机械的速度波动得以调节。从此种意义来看，飞轮在机械中的作用实质上就相当于一个"能量存储器"。

4. 飞轮的设计方法

（1）飞轮转动惯量的计算 设在机械中安装的飞轮的等效转动惯量为 J_F，除飞轮之外其他所有运动构件的等效转动惯量为 J，则安装了飞轮后，机械的等效转动惯量为 $J + J_F$。

设计时，对于给定的调速要求 $\delta \leq [\delta]$，由式（10-33）可以求得所需要的飞轮等效转动惯量 J_F 为

$$J_F \geq \frac{[W]}{\omega_m^2 [\delta]} - J \tag{10-34}$$

若 $J \ll J_F$,则 J 通常可以忽略不计,上式可以近似为

$$J_F \geq \frac{[W]}{\omega_m^2 [\delta]} \tag{10-35}$$

若将上式中平均角速度 ω_m 用平均转速(或额定转速)n(r/min)代替,则有

$$J_F \geq \frac{900[W]}{\pi^2 n^2 [\delta]} \tag{10-36}$$

显然,由式(10-35)或式(10-36)求出的飞轮等效转动惯量将比实际需要的要大,从满足运转平稳性的要求来看是趋于安全的。

需要指出的是,由式(10-35)或式(10-36)计算求出的是飞轮的等效转动惯量。若飞轮不安装在等效构件上,并设其安装轴的角速度为 ω_F,则飞轮实际所需的转动惯量为

$$J_{F实} = J_F \left(\frac{\omega}{\omega_F}\right)^2 \tag{10-37}$$

在由式(10-35)或式(10-36)计算飞轮等效转动惯量时,由于 n 和 $[\delta]$ 均为已知的,所以关键在于确定最大盈亏功 $[W]$。由式(10-32)可知,为了确定最大盈亏功 $[W]$,需要确定 ΔW_{max} 和 ΔW_{min} 及其所在位置。由图 10-9a、b 可见,ΔW_{max} 和 ΔW_{min} 应出现在 M_d 和 M_r 两曲线的交点处。因此,若 M_d 和 M_r 均以 φ 的数学表达式给出,则可由式

$$\Delta W = \int_{\varphi_0}^{\varphi} [M_d(\varphi) - M_r(\varphi)] d\varphi$$

直接积分求出各交点处的 ΔW,进而找出 ΔW_{max} 和 ΔW_{min} 及其所在位置,并由式(10-32)求出最大盈亏功 $[W] = \Delta W_{max} - \Delta W_{min}$;若 M_d 和 M_r 以线图或表格给出,可通过计算 M_d 和 M_r 之间所包含的各块面积(见图 10-9a 中 f_1、f_2、f_3、f_4、f_5),计算各交点处的 ΔW,进而找出 ΔW_{max} 和 ΔW_{min} 及其所在位置和最大盈亏功 $[W]$。此外,还可借助于能量指示图来确定 $[W]$,如图 10-9c 所示,取任意点 a 作起点,按一定比例用向量线段依次表示相应位置 M_d 和 M_r 之间所包围的面积 f_1、f_2、f_3、f_4、f_5 的大小和正负,亏功为负,箭头向下,盈功为正,其箭头向上。由于在一个循环的起始位置与终了位置处的动能相等,故能量指示图的起点 a 和终点 a' 应在同一水平线上。图 10-9c 中折线的最高点和最低点的距离就代表了最大盈亏功 $[W]$ 的大小。

由式(10-35)或式(10-36)分析可知以下几点:

1)当 $[W]$ 和 ω_m(或 n)一定时,增大飞轮转动惯量,可以有效调节速度波动。但 $[\delta]$ 值取得过小,飞轮转动惯量 J_F 就会很大。所以,过分追求机械运转速度的均匀性,会导致飞轮过于笨重。

2)由于 J_F 是有限值,不可能取无穷大,所以 δ 不可能为零。即安装飞轮可以有效调节速度波动,但不能完全消除速度波动。

3)当 $[W]$ 和 $[\delta]$ 一定时,J_F 与 ω_m(或 n)的平方成反比。所以,为减小飞轮转动惯量,最好将飞轮安装在机械的高速轴上。当然,在实际设计中还要综合考虑安装飞轮轴的刚性和结构上的可能性。

(2)飞轮主要尺寸的确定 飞轮按构造形状可分为轮形和盘形两种,工程上常采用轮形飞轮。图 10-11 所示为轮形飞轮,由轮缘 1、轮辐 2 和轮毂 3 三部分组成。由于轮毂和轮辐的转动惯量相比轮缘很小,故通常可略去不计。若设飞轮轮缘质量为 m,外径、内径和平

均直径分别为 D_1、D_2 和 D，则轮缘的转动惯量为

$$J_F = \frac{m}{2} \frac{D_1^2 + D_2^2}{4} = \frac{m(D^2 + H^2)}{4}$$

又因轮缘的厚度 H 与平均直径 D 相比很小，$H^2 \ll D^2$，故可近似认为飞轮质量集中于其平均直径 D 的圆周上，由此可得

$$J_F = \frac{mD^2}{4} \quad (10\text{-}38)$$

式中，mD^2 称为飞轮矩，其单位为 $kg \cdot m^2$。

设轮缘宽度为 B，材料密度为 ρ（kg/m^3），则飞轮质量为

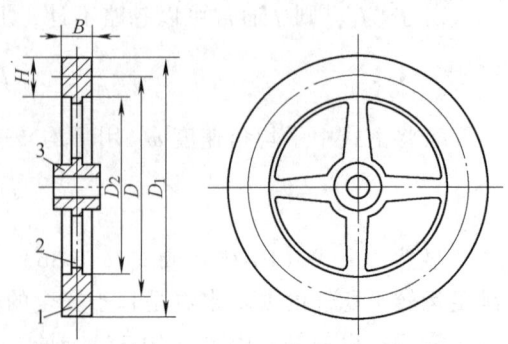

图 10-11 轮形飞轮主要结构尺寸

$$m = \frac{\pi}{4}(D_1^2 - D_2^2)\rho B = \pi \rho D H B$$

于是

$$HB = \frac{m}{\pi \rho D} \quad (10\text{-}39)$$

设计计算时，由式（10-35）或式（10-36）求得飞轮的转动惯量 J_F，根据飞轮在机械中的安装空间选择轮缘的平均直径 D 后，由式（10-38）计算出飞轮的质量 m。然后，便可根据飞轮的材料（密度为 ρ）和选定的比值 H/B，由式（10-39）求出飞轮的剖面尺寸 H 和 B。对于较小的飞轮，通常取 $H/B \approx 2$，对于较大的飞轮，通常取 $H/B \approx 1.5$。

由式（10-38）可知，当飞轮转动惯量一定时，选择的飞轮直径越大，则质量越小。但直径太大，占据空间大，还会增加制造和运输困难。同时轮缘的圆周速度增大，会使飞轮轮缘有受过大离心力作用而破裂的危险。因此，在确定飞轮尺寸时应核验飞轮轮缘的最大圆周速度，使其小于安全极限值。

二、非周期性速度波动的调节

1. 非周期性速度波动产生的原因及危害

机械在运转过程中，如果等效力矩 $M = M_d - M_r$ 的变化是非周期性的，则机械的稳定运转状态将遭到破坏，出现非周期性速度波动。非周期性速度波动多是由于驱动力或工作阻力在机械运转过程中发生突变，从而使系统的输入功与输出功在较长一段时间内失衡所造成的。若不加以调节将会使机械的转速持续上升或下降，严重时将导致"飞车"或被迫"停车"现象。典型的事例是，在汽轮发电机组中，当电负荷减少时，必须关小汽阀，否则会使供给能量持续大于所需能量，导致"飞车"事故；当用电负荷增大时，必须开大汽阀，否则会使供给能量持续小于所需能量，导致"停车"。

2. 非周期性速度波动的调节方法

对于非周期性速度波动，利用飞轮的储、放能量功能是无法达到调节目的的，因为飞轮既不能创造出能量，也不能消耗掉能量。非周期性速度波动的调节方法可分为两种情况：

（1）利用原动机的自调性进行调节　对于选用电动机作为原动机的机械，原动机所发出的驱动力矩 M_d 是主轴角速度 ω 的减函数，机械本身就可使驱动力矩与阻力矩保持协调一致，即具有自调节的能力。当电动机转速由于 $M_d > M_r$ 而上升时，其驱动力矩将随着 ω 的增大而减小；当由于 $M_d < M_r$ 引起电动机转速下降时，其驱动力矩将随着 ω 的减小而增大，从

而使系统自动地重新达到平衡。

（2）利用反馈原理进行调节　对于没有自调性的机械系统（如采用蒸汽机、汽轮机或内燃机为原动机的机械系统），就必须安装一种专门的调节装置——调速器，用以调节机械出现的非周期性速度波动。

图 10-12 所示是一种最简单的机械式离心调速器的工作原理图。虚线框内是由两个对称的摇杆滑块机构组成的调速器本体，安装在机械主轴 1 上随主轴一起旋转。当主轴转速增高时，调速器本体也加速回转，安装在摇杆 4 末端的两重球 M 由于离心惯性力的作用将向外张开带动滑块 2 上升，再通过连杆机构关小节流阀 8，供油量减少从而降低原动机驱动力矩。反之，如果由于工作负荷突然增加而造成机械主轴转速下降，两重球 M 由于离心惯性力减小将向内靠近推动滑块 2 下移，通过连杆机构开

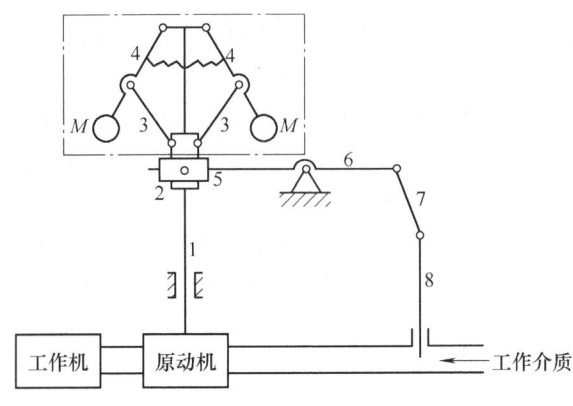

图 10-12　机械式离心调速器

大节流阀，供油量增加使驱动力矩增大，从而使被打破的平衡关系重新建立。

调速器的种类很多，可以是纯机械式的、液压式的，或是机电一体式的，关于各种类型调速器的原理与设计可参阅有关专业书籍。

例 10-3　在电动机驱动剪床的机组中，已知电动机的转速为 1500r/min 及作用在剪床主轴上的阻力矩 $M_r(\varphi)$，如图 10-13a 所示。设驱动力矩 M_d 为常数，机组各构件的等效转动惯量可以忽略不计。求保证运转不均匀系数 δ 不超过 0.05 时，安装在电动机轴上的飞轮转动惯量 J_F。

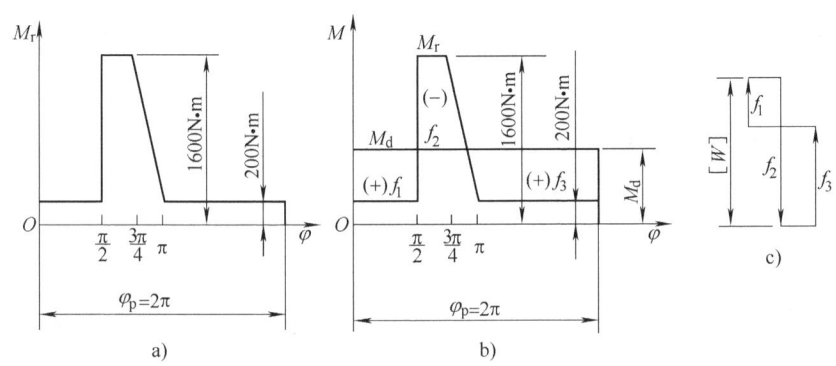

图 10-13　剪床等效力矩曲线及功增量指示图

解： 已知驱动力矩 M_d 为常数，并由周期性变速稳定运转的条件，在稳定运转的一个运动循环内，等效驱动力矩所做的功应等于等效阻力矩所做的功。则有

$$2\pi M_d = \int_0^{2\pi} M_r(\varphi) d\varphi = \left[2\pi \times 200 + \left(\frac{\pi}{4} + \frac{\pi}{2}\right)\frac{1600 - 200}{2}\right] \text{N} \cdot \text{m}$$

$$M_d = 462.5 \text{N} \cdot \text{m}$$

作表示 M_d 的平行于 φ 轴的直线，如图 10-13b 所示。

求 M_d 与 $M_r(\varphi)$ 两线间面积表示的盈、亏功。其值为

$$f_1 = (462.6 - 200) \times \frac{\pi}{2} \text{N} \cdot \text{m} = 412.3 \text{N} \cdot \text{m}$$

$$f_2 = -\left[\frac{\pi}{4} \times (1600 - 462.5) + \frac{\pi}{4} \times \frac{1600 - 462.5}{1600 - 200} \times \frac{1600 - 462.5}{2}\right] \text{N} \cdot \text{m} = -1256.3 \text{N} \cdot \text{m}$$

$$f_3 = -f_1 - f_2 = [-412.3 - (-1256.2)] \text{N} \cdot \text{m} = 843.9 \text{N} \cdot \text{m}$$

根据以上各值作功增量指示图，如图 10-13c 所示。由图可知

$$[W] = |f_2| = 1256.3 \text{N} \cdot \text{m}$$

由式（10-36）得

$$J_F \geqslant \frac{900[W]}{\pi^2 n^2 [\delta]} = \frac{900 \times 1256.3}{\pi^2 \times 1500^2 \times 0.05} \text{kg} \cdot \text{m}^2 = 1.02 \text{kg} \cdot \text{m}^2$$

第十一章 机械的平衡

【内容提示】 机械在运转时，运动构件所产生的惯性力将会在运动副中产生附加动压力，并引起机械的振动，降低机械的精度、效率和使用寿命。特别是对于高速、高精度机械危害甚大。本章研究机械的平衡，采用平衡设计和平衡试验的方法，完全或部分地平衡惯性力，以消除或尽量减轻惯性力的有害影响。

【基本要求】 掌握刚性转子静平衡、动平衡的基本原理和设计方法；了解刚性转子平衡试验方法和平面机构平衡的基本概念。

机械在运转时，各活动构件所产生的惯性力将会在运动副中引起附加动压力，从而增加运动副中的摩擦、磨损和构件的内应力，降低机械效率和使用寿命。同时，由于惯性力随机械的运转而作周期性变化并传到机架上，故将会使机械及其基础产生强迫振动，从而导致机械工作精度和可靠性下降，并引起零件内部材料疲劳损伤加剧和噪声污染。如该振动频率接近机械系统的固有频率，将会引起共振而造成机械设备更大的破坏，严重时将危及周围建筑和人员的安全。这一问题在高速、重型及精密机械中尤为突出。因此，研究机械中惯性力的变化规律，采用平衡设计和平衡试验的方法，完全或部分地平衡惯性力，以消除或尽量减轻惯性力的有害影响，是改善机械工作性能，提高机械工作质量，延长机械使用寿命，减轻噪声污染的重要措施。机械的平衡问题对设计高速、重型及精密机械具有重要意义。

第一节 机械平衡的类型和方法

一、机械平衡的类型

在机械中，由于各构件的结构及运动形式不同，其产生的惯性力的情况及其平衡方法也不同。机械的平衡问题可分为下述两类。

1. 转子的平衡

绕固定轴转动的构件又称为转子。当转子的质量分布不均匀，或由于制造误差而造成质心与回转轴线不重合时，在转动过程中将产生惯性力。这类构件的惯性力可以通过重新调整转子上质量的分布，使其质心位于旋转轴线上的方法予以平衡。经平衡后的转子，在其回转时，各惯性力形成一个平衡力系，不再在运动副中产生附加动压力。根据工作转速的不同，转子的平衡又分为刚性转子的平衡和挠性转子的平衡两类。

（1）刚性转子的平衡　工作转速低于一阶临界转速，其旋转轴线挠曲变形可以忽略不计的转子称为刚性转子。刚性转子的平衡问题可以应用理论力学中的力系平衡理论予以解决。若只要求其惯性力达到平衡，则称之为转子的静平衡；若同时要求其惯性力和由惯性力引起的力偶矩都得到平衡，则称之为转子的动平衡。本章主要介绍刚性转子的静平衡和动平衡的原理与方法。

（2）挠性转子的平衡　工作转速高于一阶临界转速，其旋转轴线挠曲变形不可忽略的转子称为挠性转子。如航空发动机、汽轮机、发电机等大型高速转子，其工作转速很高，质量和跨度很大，而径向尺寸很小，故在工作过程中将会产生很大的挠性变形，从而使其惯性力显著增大。对于挠性转子，不仅要平衡其离心惯性力，减小或消除支承中的动反力，同时还要尽量消除其转动时的动挠度，所以其平衡问题非常复杂，本章不作介绍。值得指出的是，挠性转子的平衡问题是高速、大型转子的设计、制造和运行的关键技术之一，其具体的平衡原理和方法可参考有关文献和专著。

2. 机构的平衡

对于存在有往复运动或平面复合运动构件的机构，其惯性力和惯性力矩不可能在构件内部通过重新分布质量而予以平衡，但所有构件上的惯性力和惯性力矩可合成为一个通过机构质心并作用于机架上的总惯性力和总惯性力矩。因此，这类平衡问题必须就整个机构加以研究，设法使其总惯性力和总惯性力矩在机架上得到完全或部分平衡，简称为机构在机架上的平衡。

二、机械平衡的方法

1. 平衡设计

在机械的设计阶段，通过平衡计算在结构上采取措施以消除或减小不平衡惯性力和惯性力矩的影响，即平衡设计。

2. 平衡试验

经过平衡设计的机械，虽然从理论上已达到平衡，但由于制造误差、材质不均及安装不准确等非设计方面的原因，实际制造出来后往往达不到原来的设计要求，还会有不平衡现象。这种不平衡在设计阶段是无法确定和消除的，必须通过试验的方法加以平衡。

第二节 刚性转子的平衡

一、刚性转子的静平衡设计

对于径宽比 $D/b \geqslant 5$ 的盘形转子，如齿轮、带轮、链轮、盘形凸轮、砂轮、飞轮等构件，其质量可以近似地认为分布在通过质心的同一回转平面内。在此情况下，若转子的质心不在回转轴线上，当其转动时，其偏心质量就会产生离心惯性力，从而在运动副中引起附加动压力，这种不平衡现象称为静不平衡。所谓刚性转子的静平衡设计，就是要根据转子偏心质量的大小和方位，计算出为平衡偏心质量需要加或减的平衡质量的大小及方位，利用在转子上加或减平衡质量的办法，使其质心与固定回转轴线相重合，从而使设计出来的转子在理论上达到静平衡。

图 11-1a 所示为一盘形转子，已知分布于同一回转平面内的偏心质量为 m_1、m_2、m_3，由回转中心到各偏心质量中心的向径分别为 $\boldsymbol{r}_1(r_1, \theta_1)$、$\boldsymbol{r}_2(r_2, \theta_2)$、$\boldsymbol{r}_3(r_3, \theta_3)$，当转子以等角速度 ω 转动时，各偏心质量所产生的离心惯性力分别为

$$\boldsymbol{F}_1 = m_1 \omega^2 \boldsymbol{r}_1, \boldsymbol{F}_2 = m_2 \omega^2 \boldsymbol{r}_2, \boldsymbol{F}_3 = m_3 \omega^2 \boldsymbol{r}_3$$

为了平衡这些惯性力，可在转子的回转平面内向径为 r_b 处增加一个平衡质量 m_b，使其所产生的离心惯性力为 $\boldsymbol{F}_b = m_b \omega^2 \boldsymbol{r}_b$ 与不平衡质量的离心惯性力 $\boldsymbol{F}_1$、$\boldsymbol{F}_2$、$\boldsymbol{F}_3$ 的合力 F 为零。即

第十一章 机械的平衡

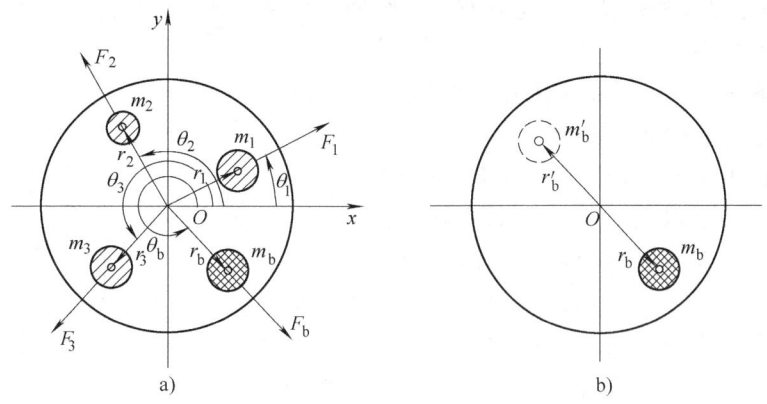

图 11-1 刚性转子的静平衡设计

$$F = F_b + \sum_{i=1}^{3} F_i = 0$$

$$m\omega^2 e = m_b \omega^2 r_b + \sum_{i=1}^{4} m_i r_i \omega^2 = 0$$

消去 ω 得

$$me = m_b r_b + \sum_{i=1}^{4} m_i r_i = 0 \tag{11-1}$$

式中，m 和 e 分别为增加或减少平衡质量 m_b 后转子的总质量和质心向径。$m_i r_i$ 称为质径积，它表示在同一转速下转子上各不平衡质量所产生离心惯性力的相对大小和方位。式 (11-1) 表明转子平衡后，其总质心将与回转轴线相重合，即 $e = 0$。

当已知各不平衡质量的质径积 $m_i r_i$ 时，便可求出为了使转子静平衡所需增加的平衡质量的质径积 $m_b r_b$ 的大小及方位。

由式 (11-1) 可得

$$m_b r_b = -\sum_{i=1}^{3} m_i r_i \tag{11-2}$$

将式 (11-2) 分别向 x、y 轴投影，即可求得平衡质量质径积 $m_b r_b$ 的大小及方位角为

$$m_b r_b = \sqrt{\left(\sum m_i r_i \cos\theta_i\right)^2 + \left(\sum m_i r_i \sin\theta_i\right)^2} \tag{11-3}$$

$$\theta_b = \arctan\frac{-\sum m_i r_i \sin\theta_i}{-\sum m_i r_i \cos\theta_i} \tag{11-4}$$

值得注意的是，式 (11-4) 中需要根据分子、分母的正负号确定 θ 所在象限。

当求出平衡质量的质径积 $m_b r_b$ 后，就可以根据转子的结构特点选定 r_b，所需的平衡质量 m_b 的大小也就随之确定，其安装方向由 θ_b 确定。为使转子质量不致过大，一般应尽可能取 r_b 大些。显然，根据转子的实际结构条件也可以在向径 r_b 的相反方向 r'_b 处去掉一部分质量 m'_b 使转子得到平衡，只要保证 $m'_b r'_b = m_b r_b$，如图 11-1b 中虚线所示。

由上述分析可得出如下结论：

1) 刚性转子静平衡的条件是，分布于转子上的各偏心质量的离心惯性力的合力为零，或质径积的矢量和为零。

2）对于静不平衡的转子，无论它有多少个偏心质量，都只需要适当地增加或减少一个平衡质量即可达到平衡。

由于静平衡是对同一平面回转质量的平衡，所以又称单面平衡。

二、刚性转子的动平衡设计

对于径宽比 $D/b<5$ 的转子，如多缸发动机的曲柄、电动机转子、汽轮机转子以及一些机床的主轴等，由于其轴向尺寸较大，其质量分布不能再近似地认为是位于同一回转平面内，而是分布于几个不同的回转平面内，所产生的离心力不再是一个平面汇交力系，而是空间力系。这时，即使转子的质心在回转轴线上，但由于各偏心质量所产生的离心惯性力不在同一回转平面内，所形成的惯性力偶矩仍使转子处于不平衡状态，如图 11-2 所示的曲轴。由于这种不平衡只有在转子运动的情况下才能显示出来，故称其为动不平衡。对这类

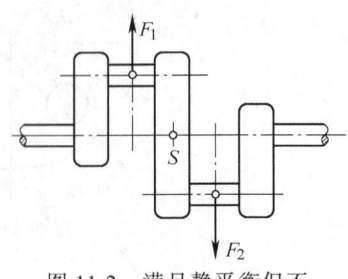

图 11-2 满足静平衡但不满足动平衡的曲轴

转子进行平衡，要求转子在运转时其各偏心质量所产生的离心惯性力和惯性力偶矩同时得到平衡。

如图 11-3 所示，设转子上的偏心质量 m_1、m_2、m_3 分别位于三个不同的回转平面 1、2、3 内，其质心的向径分别为 $r_1(r_1,\theta_1)$、$r_2(r_2,\theta_2)$、$r_3(r_3,\theta_3)$。当转子以等角速度 ω 转动时，这些偏心质量所产生的离心惯性力 F_1、F_2、F_3 将构成一空间力系。因此，这类转子单靠在某一回转平面内加或减平衡质量以达到静平衡的方法，是不能解决转动时的不平衡问题的。

由理论力学知，一个力可以分解为两个与之平行的分力。因此，根据转子的实际结构，选定两个垂直于转子轴线的平面 T'、T'' 作为平衡平面（平衡校正面），并将上述各离心惯性力分解到该两平衡平面内

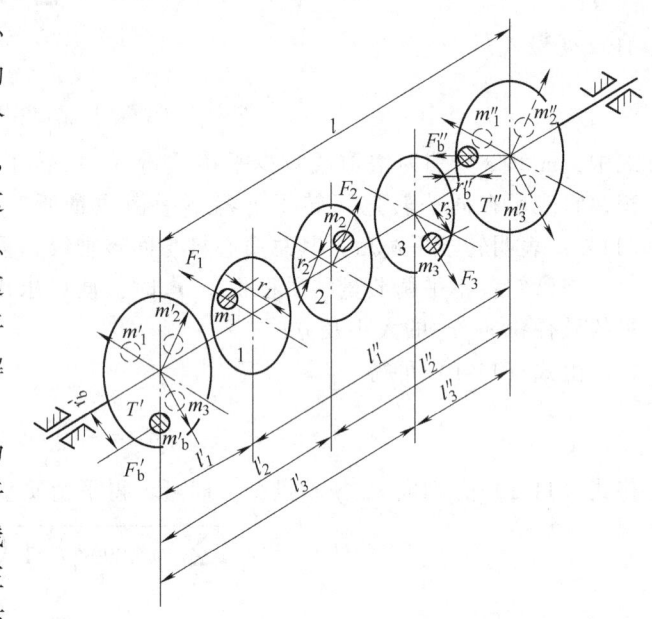

图 11-3 刚性转子的动平衡设计

$$F'_i = \frac{l''_i}{l}F_i, \qquad F''_i = \frac{l'_i}{l}F_i, \qquad i=1,2,3$$

式中，F'_i、F''_i 分别为向径为 r_i 的质量 m_i 分解到 T'、T'' 平面内的质量 m'_i、m''_i 所产生的惯性力。于是有

$$m'_i r_i = \frac{l''_i}{l} m_i r_i, \qquad m''_i r_i = \frac{l'_i}{l} m_i r_i, \qquad i=1,2,3 \tag{11-5}$$

这样就把空间力系的平衡问题转化为两个平面汇交力系的平衡问题，从而使刚性转子的动平衡设计问题可以通过静平衡设计的方法解决。

对于平面 T'，由式（11-1）可得

$$m'_b \boldsymbol{r}'_b = -\sum_{i=1}^{3} m'_i \boldsymbol{r}_i \tag{11-6}$$

$$m'_b r'_b = \left[\left(\sum l''_i m_i r_i \cos\theta_i\right)^2 + \left(\sum l''_i m_i r_i \sin\theta_i\right)^2\right]^{1/2}/l \tag{11-7}$$

$$\theta'_b = \arctan\frac{-\sum l''_i m_i r_i \sin\theta_i}{-\sum l''_i m_i r_i \cos\theta_i} \tag{11-8}$$

同理，对于平面 T'' 有

$$m''_b \boldsymbol{r}''_b = -\sum_{i=1}^{3} m''_i \boldsymbol{r}_i \tag{11-9}$$

$$m''_b r''_b = \left[\left(\sum l'_i m_i r_i \cos\theta_i\right)^2 + \left(\sum l'_i m_i r_i \sin\theta_i\right)^2\right]^{1/2}/l \tag{11-10}$$

$$\theta''_b = \arctan\frac{-\sum l'_i m_i r_i \sin\theta_i}{-\sum l'_i m_i r_i \cos\theta_i} \tag{11-11}$$

可见，原 1、2、3 平面内的偏心质量 m_1、m_2、m_3 完全可以被所选两个平衡平面 T'、T'' 内的平衡质量 m'_b、m''_b 所平衡。

由上分析可得结论如下：

1) 动平衡的条件是，当转子转动时转子上分布在不同平面内的各个质量所产生的空间离心惯性力系的合力及合力矩均为零。

2) 任何动不平衡的转子，无论它在其几个不同的回转平面内，有多少个偏心质量，都只需要在任选的两个平衡平面 T'、T'' 内适当的方位上各增加或减少一个合适的平衡质量，即可使转子获得动平衡。由于动平衡必须在两个回转平面内加或减平衡质量才能平衡，所以又称双面平衡。

3) 由于动平衡同时满足静平衡条件，所以经过动平衡的转子一定静平衡；反之，经过静平衡的转子则不一定是动平衡的。

三、刚性转子的平衡试验

经过上述平衡设计的刚性转子在理论上已达到完全平衡，但由于制造和装配误差及材质不均等原因，实际的转子在运转时还会出现不平衡现象，这种不平衡现象在设计阶段是无法确定和消除的，只能借助试验的方法对其做进一步平衡。

1. 静平衡试验

当刚性转子的径宽比 $D/b \geq 5$ 时，通常只需对转子进行静平衡试验。图 11-4a 所示为带有两根平行导轨的导轨式静平衡架，为减小轴颈与导轨之间的摩擦，导轨的形状常做成钢制刀口形（也有棱柱形和圆柱形的），安装在同一平面内。实验时，首先将两导轨调整为水平且互相平行，然后将需要平衡的转子放在导轨上，让其轻轻地自由滚动。如果转子质心偏离其旋转轴线，在重力的作用下，待转子停

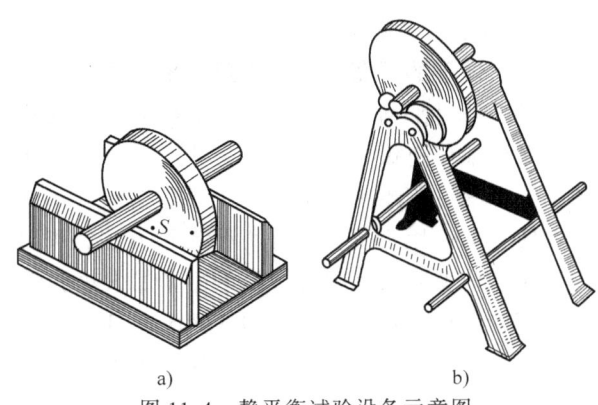

图 11-4 静平衡试验设备示意图

止滚动时，其质心 S 必在轴心的正下方。这时，在轴心的正上方任意向径处加装一平衡质量（一般用橡皮泥），并逐步调整其大小或径向位置，直至转子在任意位置都能保持静止，说明转子已达到静平衡。最后根据所加橡皮泥的质量和位置得到其质径积。再根据转子的结构，在合适的位置上增加或减少相应的平衡质量，使转子最终达到平衡。

导轨式静平衡架虽然结构简单，平衡精度较高，但必须保证两刀口在同一水平面内且相互平行，故安装调整比较困难，且不适用于转子两端轴径尺寸不等的情况。

图 11-4b 所示为圆盘式静平衡架，被平衡转子的轴的两端分别放置于由两个圆盘组成的支承上，圆盘可绕其几何中心转动，因此转子可自由转动。其平衡方法与上述相同。它的主要优点是使用方便，可以平衡两端轴径尺寸不同的转子，但由于其摩擦阻力较大，所以其平衡精度不如前者高。

2. 动平衡试验

对经过动平衡设计理论上已达到平衡的径宽比 $D/b < 5$ 的刚性转子，必要时还要进行动平衡试验。

刚性转子的动平衡试验一般需要在专用的动平衡机上进行，现代工业用动平衡机类型很多，虽然其构造及工作原理不尽相同，但大多是采用电测技术测量转子在动平衡机上运转时其支承处的振动强度和相位，用以确定需加于两个平衡平面中的平衡质量的大小及方位。

图 11-5 所示为一电测式动平衡机的工作原理示意图。它由驱动装置、转子支承架和测振系统三部分组成。电动机 1 通过带传动 2 和万向联轴器 3 驱动安放在弹性支架上的转子 4。由两片弹簧悬挂起来的支承架使转子在某一近似的平面内（一般在水平面内）作微振动，如转子有不平衡量存在，则由此产生的振动信号由传感器 5、6 拾取，并送到解算电路 7 进行处理，以消除两平衡校正面间的相互影响。经选频放大器 8 将信号放大，最后由电表 9 输出不平衡质径积的大小。选频放大后的信号经过整形放大器 10 放大后成为脉冲信号。同时，光电头 13 的信号受转子周向黑白标记 14 的影响，

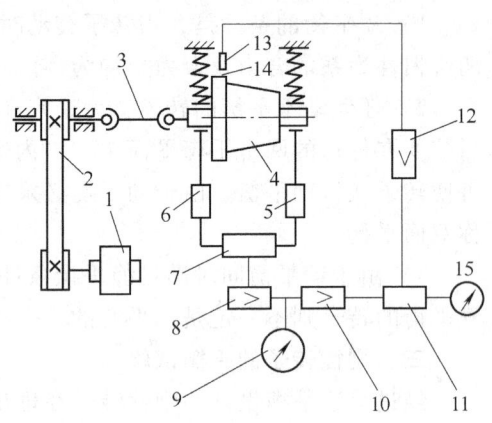

图 11-5 动平衡机工作原理示意图

经整形放大器 12 放大后与放大器 10 的输出信号一起输入鉴相器 11。最后经处理后在电表 15 上指示出不平衡质径积的相位。

四、转子的平衡精度及许用不平衡量

转子通过平衡实验后，其不平衡惯性力及其所引起的动力效应将大大减少，但绝对的平衡是无论如何也做不到的。实际上，完全平衡也是不必要的，而应根据不同的实际工作要求，规定其许用不平衡量。

转子的许用不平衡量有两种表示方法，即许用质径积 $[mr]$ 表示法和许用偏心距 $[e]$ 表示法。前者直接反映转子不平衡量的大小，但却不能反映转子不平衡量的相对大小，因为相同值的质径积对于质量不同的转子，其动力效应是不同的，而偏心距 e 是一个与转子质量无关的绝对量。因此，为了能反映转子不平衡程度和平衡精度，应以单位质量对应的不平衡质径积来表示比较合理。

$$[e] = \frac{[mr]}{m} \tag{11-12}$$

工程上制定了作旋转运动的刚性转子平衡状态的判别标准。表 11-1 为国际标准化组织（ISO）制定的"刚性转子平衡精度"标准，标准中给出了各种典型转子的平衡精度值及对应的许用不平衡量。表中字母 G 表示平衡精度等级，其后数值 A 为该等级 $e\omega$ 上限值的千分之一。平衡精度确定后，即可求出转子用偏心距 e 表示的许用不平衡量。

$$[e] = \frac{1000A}{\omega} \tag{11-13}$$

表 11-1　各种典型刚性转子的平衡精度等级

精度等级	$A = \dfrac{[e]\omega}{1000}/\text{mm} \cdot \text{s}^{-1}$	典型转子示例
G4000	4000	刚性安装的具有奇数个气缸的低速[①]船用柴油机曲轴部件[②]
G1600	1600	刚性安装的大型两冲程发动机曲轴部件
G630	630	刚性安装的大型四冲程发动机曲轴部件；弹性安装的船用柴油机曲轴部件
G250	250	刚性安装的高速四缸柴油机曲轴部件
G100	100	六缸或六缸以上的高速柴油机曲轴部件；汽车和机车用发动机整机
G40	40	汽车轮、轮缘、轮组、传动轴；弹性安装的六缸或六缸以上的四冲程高速发动机曲轴部件；汽车和机车用发动机整机
G16	16	特殊要求的传动轴（螺旋桨轴、万向传动轴）；破碎机械及农业机械的零部件；汽车和机车用发动机的特殊部件；有特殊要求的六缸或六缸以上的发动机曲轴部件
G6.3	6.3	作业机械的回转零件；船用主汽轮机的齿轮；风扇；航空燃气轮机转子部件；泵的叶轮；离心机鼓轮；机床及一般机械的回转零、部件；普通电动机转子；特殊要求的发动机回转零、部件
G2.5	2.5	燃气轮机和汽轮机的转子部件；刚性汽轮发电机的转子；透平压缩机转子；机床主轴和驱动部件；特殊要求的大型和中型电动机转子；小型电动机转子；透平驱动泵
G1.0	1.0	磁带记录仪及录音机驱动部件；磨床驱动部件；特殊要求的微型电动机转子
G0.4	0.4	精密磨床主轴、砂轮盘及电动机转子；陀螺仪

① 按国际标准，低速柴油机的活塞速度小于 9m/s，高速柴油机的活塞速度大于 9m/s。
② 曲轴部件包括曲轴、飞轮、离合器、带轮等零部件。

例 11-1　图 11-6 所示的转子质量为 $m = 100\text{kg}$，工作转速为 $n = 3000\text{r/min}$，两平衡面 T'、T'' 至质心 S 的距离分别为 $a = 200\text{mm}$，$b = 300\text{mm}$，平衡精度为 G6.3。求两平衡面上的许用不平衡量。

解： $\omega = \dfrac{n\pi}{30} = \dfrac{3000\pi}{30}\text{rad/s} = 314.159\text{rad/s}$

质心的许用偏心距为

$$[e] = \frac{1000A}{\omega} = \frac{1000 \times 6.3}{314.159}\mu\text{m} = 20\mu\text{m} = 0.02\text{mm}$$

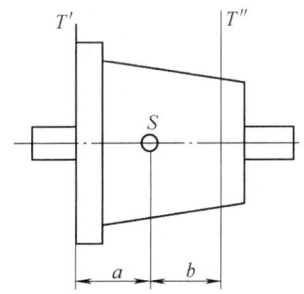

图 11-6　许用不平衡量向两较正面分配

许用不平衡质径积为

$$m[e] = 100 \times 0.02 \text{kg} \cdot \text{mm} = 2 \text{kg} \cdot \text{mm}$$

则两个平衡面上的许用不平衡质径积分别为

T' 平面 $\quad m[e]\dfrac{b}{a+b} = 2 \times \dfrac{300}{200+300} \text{kg} \cdot \text{mm} = 1.2 \text{kg} \cdot \text{mm}$

T'' 平面 $\quad m[e]\dfrac{a}{a+b} = 2 \times \dfrac{200}{200+300} \text{kg} \cdot \text{mm} = 0.8 \text{kg} \cdot \text{mm}$

第三节 平面机构的平衡设计

如前所述，绕定轴转动的刚性转子，在运动中所产生的惯性力可以在构件本身上加配质量予以平衡。而对于机构中作平面复合运动或往复运动的构件，其质心位置随原动件的运动而随时变化，故其在运动中所产生的惯性力和惯性力矩则不能像转子那样在构件本身予以平衡，必须对整个机构进行平衡。机构在运动时各运动构件所产生的惯性力可以合成为一个通过机构质心的总惯性力和总惯性力偶矩，且全部由基座来承受。因此，机构平衡的条件是：通过机构质心的总惯性力 F 和总惯性力偶矩 M 分别为零。由于对机构总惯性力偶矩的平衡问题必须综合考虑机构的驱动力矩和生产阻力矩，而驱动力矩和阻力矩与机械的工作性质有关，所以单独平衡惯性力矩实际意义不大，故此只讨论机构总惯性力在机架上的平衡问题。

设机构中活动构件的总质量为 m，机构总质心 S 的加速度为 a_S，则机构的总惯性力 $F = -ma_S$。由于质量 m 不可能为零，故欲使总惯性力 F 为零，必须使 a_S 为零，即机构总质心 S 应作匀速直线运动或静止不动。又由于机构中各构件的运动是周期性变化的，故总质心 S 不可能永远作匀速直线运动。因此，欲使总惯性力 F 得到平衡，必须设法使总质心 S 静止不动。

一、机构惯性力的完全平衡

机构惯性力的完全平衡是指机构总惯性力为零。设计机构时，可以通过加平衡质量或者加平衡机构的方法来使机构的惯性力得到完全平衡。

1. 加平衡质量法

对某些机构，可以通过在机构中的某些构件上加平衡质量（又称配重）的方法，以调整运动构件总质心的位置，使机构得到完全平衡。用以确定平衡质量大小和位置的常用计算方法是质量代换法。

质量代换法就是假想地将构件的质量用集中于若干选定点上的集中质量来代换的方法。代换的条件是，各代换质量所产生的惯性力和惯性力偶矩与原构件实际产生的惯性力和惯性力偶矩相等，即代换前后力学效应完全相同。

如图 11-7 所示，设有一构件的质量为 m，其对质心 S 的转动惯量为 J_S，若以 n 个集中质量 m_1、m_2、$\cdots$、m_n 来代换，代换点的坐标为 (x_1, y_1)、(x_2, y_2)、$\cdots$、(x_n, y_n)，则为使替代前后的力学效应完全相同，必须满足下列条件：

（1）所有代换质量之和与原构件质量相等

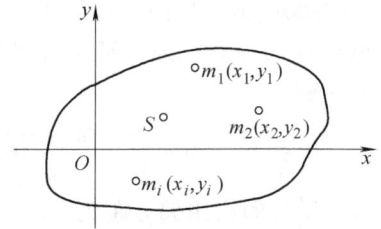

图 11-7 构件的质量代换

$$\sum_{i=1}^{n} m_i = m \tag{11-14}$$

（2）所有代换质量的总质心与原构件的质心重合

$$\sum_{i=1}^{n} m_i x_i = m x_S \qquad \sum_{i=1}^{n} m_i y_i = m y_S \tag{11-15}$$

（3）所有代换质量对质心的转动惯量与原构件对质心的转动惯量相同

$$\sum_{i=1}^{n} m_i [(x_i - x_S)^2 + (y_i - y_S)^2] = J_S \tag{11-16}$$

满足上述三个条件时，各代换质量所产生的总惯性力和惯性力矩与原构件的惯性力和惯性力偶矩相等，这种替代称为质量动代换。若只满足前两个条件，则代换质量的总惯性力和原构件的惯性力相同，而惯性力偶矩不同，这种代换称为质量静替代。需要指出的是，若仅需平衡机构的惯性力，可以采用静代换；但若需要同时平衡机构惯性力和惯性力偶矩，则必须采用动代换。

工程实际中，常用的是两点静代换，且常将质量代换点选在运动简单且容易确定的点上（如构件的转动副中心）。

如图 11-8 所示的铰链四杆机构，设活动构件 1、2、3 的质量分别为 m_1、m_2、m_3，其质心分别位于 S_1、S_2、S_3。为了平衡机构的惯性力，可先将构件 2 的质量 m_2 用静代换的方法代换为 B、C 两点的集中质量 m_{2B} 和 m_{2C}。由式（11-14）和式（11-15）得

$$m_{2B} = \frac{l_{CS_2}}{l_{BC}} m_2$$

$$m_{2C} = \frac{l_{BS_2}}{l_{BC}} m_2$$

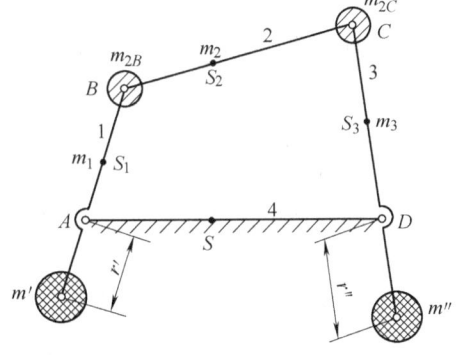

图 11-8 铰链四杆机构的平衡

而后，可将代换质量 m_{2B} 看做是构件 1 上在 B 点的一个集中质量，而将代换质量 m_{2C} 看做是构件 3 上在 C 点的一个集中质量。为使构件 1 得到平衡，可在 BA 的延长线上距 A 点为 r' 处附加一平衡质量 m'，使其与 m_1、m_{2B} 的合成质心位于 A。故可得平衡质量 m' 的大小为

$$m' = \frac{m_{2B} l_{AB} + m_1 l_{AS_1}}{r'}$$

同理，为使构件 3 得到平衡，可在 CD 的延长线上距 D 点为 r'' 处附加一平衡质量 m''，使其与 m_3、m_{2C} 的合成质心位于 D。可得平衡质量 m'' 的大小为

$$m'' = \frac{m_{2C} l_{CD} + m_3 l_{DS_3}}{r''}$$

至此，包括平衡质量在内的机构总质量 m 可以用位于 A、D 两点的两个集中质量 m_A、m_D 来代替，即

$$m = m_A + m_B$$

其中 $\qquad m_A = m_{2B} + m_1 + m' \qquad m_D = m_{2C} + m_3 + m''$

机构总质心 S 位于机架 AD 上，且有

$$\frac{l_{AS}}{l_{DS}} = \frac{m_D}{m_A}$$

当机构运动时,总质心 S 静止不动,$a_S = 0$。故机构总惯性力得到完全平衡。

对于图 10-9 所示的曲柄滑块机构,可用同样方法进行平衡。由于该机构三个活动构件上只有一个固定点 A,所以欲使机构总惯性力得到平衡,必须使三个活动构件的总质心 S 位于 A 点。首先在构件 2 上 CB 延长线上距离 B 点为 r' 处附加平衡质量 m',使之与 m_2、m_3 的合成质心位于 B,集中于 B 点的总质量为

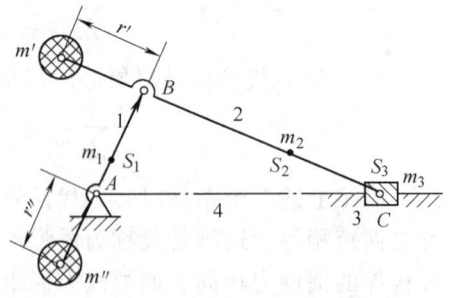

图 11-9 曲柄滑块机构的平衡

$$m_B = m' + m_2 + m_3$$

而

$$m' = \frac{m_2 l_{BS_2} + m_3 l_{BC}}{r'}$$

然后,在曲柄 1 上 BA 延长线上距离 A 点为 r'' 处附加一平衡质量 m'',使之与 m_1、m_B 的合成质心位于 A。m'' 的大小为

$$m'' = \frac{m_1 l_{AS_1} + m_B l_{AB}}{r''}$$

于是,机构总质心移至固定点 A,包括平衡质量在内的机构总质量 m 为

$$m = m'' + m_1 + m_B$$

从而,整个机构的惯性力得到完全平衡。

2. 利用对称机构平衡

实际应用中还常常采用对称平衡或多套相同机构对称布置的设计使惯性力得到完全平衡。如图 11-10 所示的机构,由于其左右两个共曲柄的曲柄滑块机构对 A 点完全对称,故机构运动过程中其总质心保持静止不动,从而使总惯性力得到完全平衡。

设置对称机构时要注意选择好镜像线,可使对称结构最少而得到平衡。如图 11-11 所示的铰链四杆机构,首先以坐标轴 y 为镜像线作出机构 $ABCD$ 的镜像机构 $AB'C'D'$,再以坐标轴 x 为镜像线作出机构 $AB'C'D'$ 的镜像机构 $AB''C''D'$,所得机构 $AB''C''D'$ 与机构 $ABCD$ 完全对称,则其惯性力得到平衡。

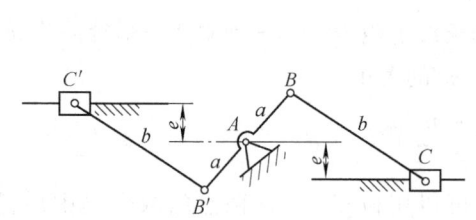

图 11-10 机构对称布置平衡法

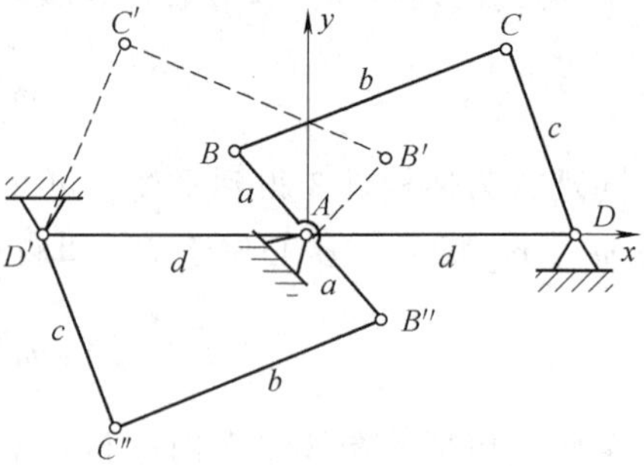

图 11-11 机构两次镜像示意图

二、机构惯性力的部分平衡

上述的平面机构在机架上的平衡方法,从理论上讲可以使机构的惯性力得到完全平衡。在轧钢机升降台、插齿机和抽油机等机构上都曾应用上述平衡方法。因为这样平衡不仅能消

除运动构件作用在基座上的动压力,而且还可以减小原动机的功率。但这种平衡方法的也存在着明显缺点:利用配重平衡法,由于需配置若干个平衡质量,故会使机构的质量大大增加,尤其是把平衡质量安装在连杆上时,对结构更为不利;利用对称布置法,又会使机构体积增加和结构复杂化。所以,在工程实际中,常常采用惯性力的部分平衡法。

1. 加平衡质量法

如图 11-12 所示的曲柄滑块机构,将三个活动构件的质量均按静代换法分别代换到三个转动副 A、B、C 的中心。可得到 3 个集中代换质量 $m_A = m_{1A}$、$m_B = m_{1B} + m_{2B}$ 和 $m_C = m_{2C} + m_3$。质量 m_A 静止不动,无需平衡。质量 m_B 所产生的惯性力,只需在曲柄 1 的延长线上 D 点处加一平衡质量 m'(满足 $m'r = m_B l_{AB}$)即可被完全平衡。而质量 m_C 作往复移动,其惯性力的大小随曲柄转角 φ 的不同而不同,平衡较为复杂。

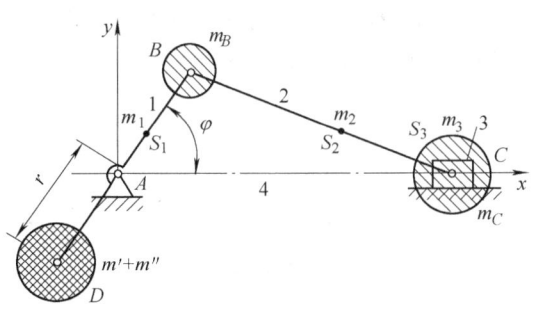

图 11-12 曲柄滑块机构的部分平衡

由机构的运动分析,将 C 点的位移方程用牛顿二项式定理展开成级数,连续求导两次并取前两项得 C 点加速度近似值为

$$a_C \approx -\omega^2 l_{AB}\cos\varphi - \omega^2 \frac{l_{AB}^2}{l_{BC}}\cos 2\varphi \tag{11-17}$$

质量 m_C 所产生的惯性力为

$$F_C = -m_C a_C \approx m_C \omega^2 l_{AB}\cos\varphi + m_C \omega^2 \frac{l_{AB}^2}{l_{BC}}\cos 2\varphi \tag{11-18}$$

由式(11-18)可见,惯性力 F_C 主要包括两部分,第一部分 $m_C \omega^2 l_{AB}\cos\varphi$ 称为第一阶惯性力,第二部分 $m_C \omega^2 \frac{l_{AB}^2}{l_{BC}}\cos 2\varphi$ 称为第二阶惯性力。通常后者较前者小得多,故可略去不计,即取

$$F_C = m_C \omega^2 l_{AB}\cos\varphi \tag{11-19}$$

为了平衡 F_C,可在曲柄延长线上 D 点处再加一平衡质量 m'',它所产生的惯性力在 x、y 方向的分力分别为

$$F''_x = -m''\omega^2 r\cos\varphi \qquad F''_y = -m''\omega^2 r\sin\varphi \tag{11-20}$$

比较式(11-19)和式(11-20)可见,若取 $m''r = m_C l_{AB}$,则 $F''_x = -F_C$。这样,m_C 所产生的第一阶惯性力 F_C 得到完全平衡。但是,平衡质量 m'' 又在 y 方向引起一个新的不平衡惯性力 F''_y,而且其最大值与 F_C 的最大值相等,这同样是对机构运动不利的。为了使机构在 x、y 方向都不至于产生过大的惯性力,通常采用部分平衡 F_C 的方法。通常取

$$F''_x = -\left(\frac{1}{3} \sim \frac{1}{2}\right) F_C$$

即

$$m''r = \left(\frac{1}{3} \sim \frac{1}{2}\right) m_C l_{AB} \tag{11-21}$$

这种部分平衡法,既可以减小往复惯性力 F_C,又使新的惯性力 F''_y 不至于太大,这对机

械的工作较为有利，故应用较广。如在内燃机、蒸汽机、空气压缩机及一些农用机械上都有应用。

2. 非完全对称布置法

图 11-13a 所示为曲柄滑块机构，当曲柄 AB 转动时，滑块 C 和 C' 的加速度方向相反，其惯性力可以得到部分平衡。

图 11-13b 所示为曲柄摇杆机构，当曲柄 AB 转动时，两连杆 BC、$B'C'$ 和摇杆 CD、$C'D$ 的惯性力也可以得到部分平衡。

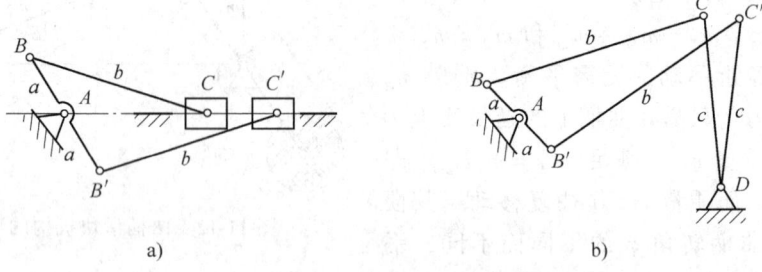

图 11-13 非完全对称机构部分平衡惯性力

第十二章 机械执行系统运动方案及其创新设计

【内容提示】本章介绍机械执行系统运动方案及其创新设计的基本概念、设计流程、构思规划、决策评价。重点介绍如何根据机械预期功能要求，进行功能原理设计、工艺动作和运动规律设计、执行机构型式设计和执行系统各执行机构间运动协调设计，特别是通过对常用基本机构的倒置、变异、组合等进行机构的创新。

【基本要求】了解机构的选型、组合方式、运动循环图拟定等方面的基本知识；熟悉机械系统运动方案设计的基本过程，了解机械系统运动方案的评价准则。

机械执行系统的运动方案设计是机械系统总体方案设计的核心，对机械能否实现预期的功能、性能的优劣、经济效益的好坏以及产品在国际市场上的竞争能力，都起着决定性的作用。它涉及如何根据功能要求选定工作原理；如何根据工作原理选择运动规律；如何根据运动规律和动力性能要求选择或创新不同的机构型式并将其巧妙地组合，构思出各种可能的运动方案来满足这些功能或运动规律要求；如何通过方案评价、优化筛选，从众多可行方案中选择最佳的方案。设计者不仅应对各种基本机构及其演化、运动原理、工作特性和适用场合及各种设计方法有较深入和全面的了解，而且还需要具备一定的专业和实际知识，充分发挥自己的想象力和创造才能，灵活运用各种设计技巧才能使所设计的机械执行系统运动方案新颖高效、实用可靠。因此，机械执行系统的方案设计，又是一项最富创造性的工作。

机械执行系统运动方案设计的过程和内容，可用图 12-1 所示的流程框图来表示。

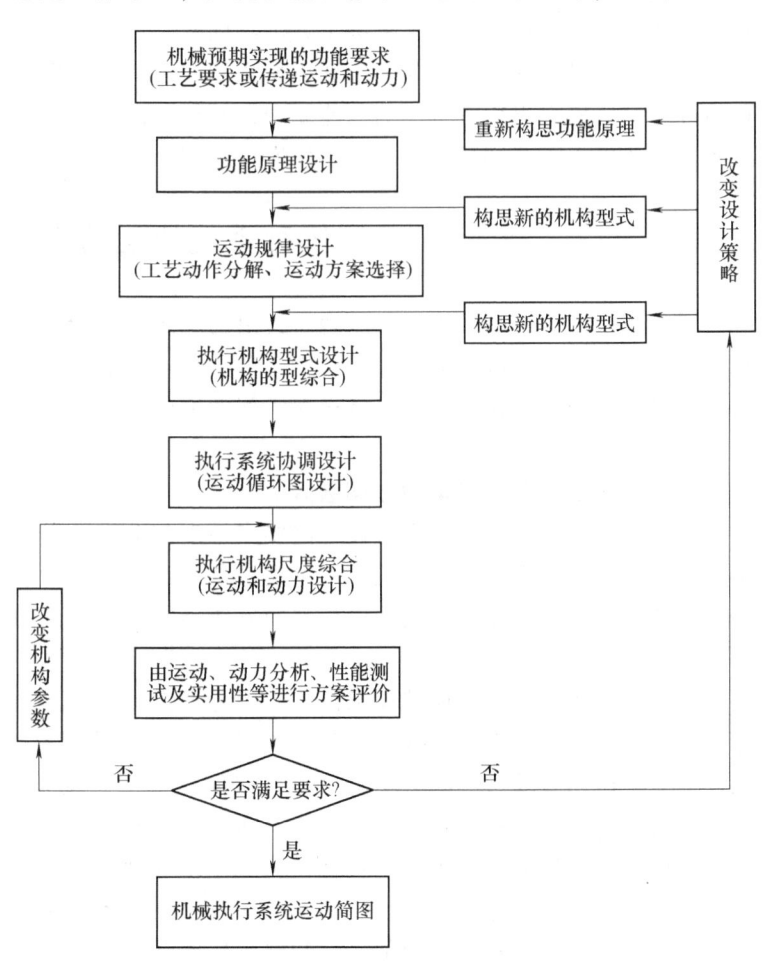

图 12-1 机械执行系统运动方案设计流程图

第一节　机械执行系统的功能原理设计

机械产品的设计目的是为了实现某种预期的功能要求，包括工艺要求和使用要求。所谓功能原理设计，就是根据机械预期实现的功能，构思和选择机械工作原理来实现这一功能要求。实现某种预期的功能要求，可以采用多种不同的工作原理，不同的工作原理需要不同的工艺动作，机械执行系统的运动方案也必然不同。

例如，要求设计一个齿轮加工设备，其预期实现的功能是在轮坯上加工出轮齿，为了实现这一功能要求，既可以选择仿形原理，也可以采用展成原理。若选择仿形原理，则工艺动作除了有切削运动、进给运动外，还需要准确的分度运动；若采用展成原理，则工艺动作除了有切削运动和进给运动外，还需要刀具与轮坯对滚的展成运动等。这说明，实现同一功能要求，可以选择不同的工作原理；选择的工作原理不同，其执行系统运动方案也完全不同；所设计的机械在工作性能、工作品质和适用场合等方面就会有很大差异。

再比如，为了加工出螺栓上的螺纹，可以采用车削加工原理，也可以采用套丝工作原理，还可以采用滚压工作原理。这几种不同的螺纹加工原理适用于不同的场合，满足不同的加工需要，其执行系统的运动方案也各不相同。

功能原理设计的任务，就是根据机械预期实现的功能要求，充分发挥设计者的想象力和创造性思维，构思出所有可能的功能原理，并加以认真的分析比较，从中选择出既能很好地满足功能要求，工艺动作又简单的工作原理。

第二节　执行系统的运动规律设计

运动规律设计就是根据工作原理所提出的工艺要求构思出能够实现该工艺要求的各种运动规律，然后从中选取最为简单、适用、可靠的运动规律，作为机械的运动方案。运动方案选择得是否适当，直接关系到机械运动实现的可能性、机械的工作性能、适用性、生产率及整机的复杂程度。

一、工艺动作分解和运动方案选择

实现一个复杂的工艺过程，往往需要多种工艺动作，而任何复杂的动作总是由一些最基本的运动合成的。因此，运动规律设计通常是对工作原理所提出的工艺动作进行分析，把其分解成若干个基本动作。工艺动作分解的方法不同，所得到的运动规律也各不相同，所形成的运动方案也不相同。

例如，同是采用展成原理加工齿轮，工艺动作可以有不同的分解方法：一种方法是把工艺动作分解成齿条插刀（或齿轮插刀）与轮坯的展成运动、齿条插刀（或齿轮插刀）上下往复的切削运动以及刀具的进给运动等，按照这种工艺动作分解方法，得到的是图 12-2 所示插齿机床的方案；另一种方法是把工艺动作分解成滚刀与轮坯的连续转动和刀具沿轮坯轴线方向的移动，按照这种工艺动作分解方法，就得到了图 12-3 所示滚齿机床的方案。前者由于其切削运动是不连续的，因此其生产率较低，后者当滚刀连续转动时，相当于一根无限长的齿条连续向前移动，其切削运动和展成运动合为一体，因而生产效率大大提高。

第十二章 机械执行系统运动方案及其创新设计

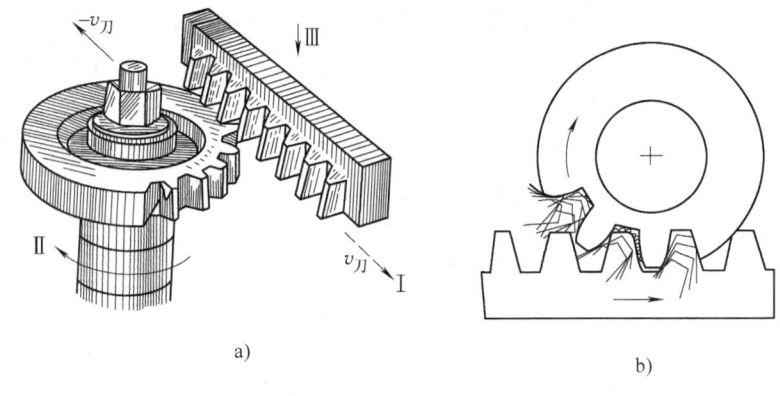

图 12-2 插齿工艺动作分解

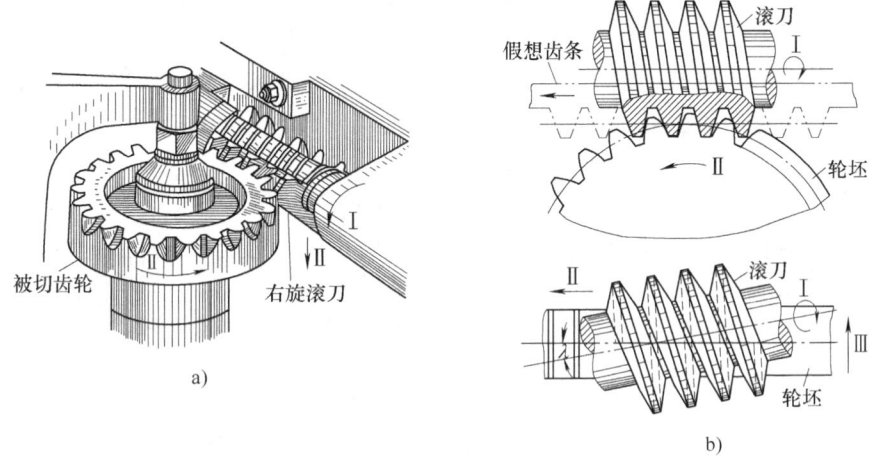

图 12-3 滚齿工艺动作分解

又如，要求设计一个计算机的绘图机，使其能按照计算机发出的指令绘制出各种平面曲线。需要将绘制复杂平面曲线的工艺动作进行分解：一种分解方法是让绘图纸固定不动，而绘图笔作 x、y 两个方向的移动，从而在绘图纸上绘制出复杂的平面曲线。工艺动作的这种分解方法，就得到了图 12-4a 所示的小型绘图机的运动方案。工艺动作的另一种分解方法是

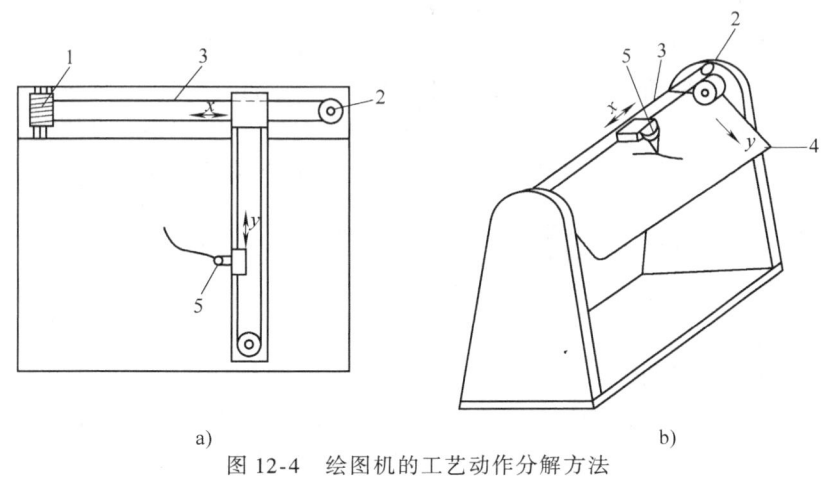

图 12-4 绘图机的工艺动作分解方法
1—主动轮 2—从动轮 3—钢丝 4—绘图纸 5—绘图笔

让绘图笔作 x 方向的移动，而让绘图纸绕在卷筒上绕 x 轴作转动（实现绘图纸沿 y 轴的移动），从而在绘图纸上绘制出复杂的平面曲线。工艺动作的这种分解方法，就得到了图12-4b所示的大型绘图机的运动方案。

再如，要求设计一台加工内孔的机床，所依据的是刀具与工件间相对运动的原理。根据这一工作原理，加工内孔的工艺动作可以有几种不同的分解方法：

第一种方法是让工件作连续等速转动，刀具作纵向等速移动和径向进给运动。工艺动作的这种分解方法，就得到图12-5a所示的镗内孔的车床方案。

第二种分解方法是让工件固定不动，使刀具既绕被加工孔的中心线转动，又作纵向进给运动和径向调整运动。这种分解方法就形成了图12-5b所示的镗内孔的镗床方案。

第三种分解方法是让工件固定不动，而采用不同尺寸的专用刀具——钻头和铰刀等，使刀具作等速转动并作纵向送进运动。这种分解方法就形成了图12-5c所示的加工内孔的钻床的方案。

第四种方法是让工件和刀具均不转动，而只让刀具作直线运动。这种分解方法就形成了图12-5d所示的拉床方案。

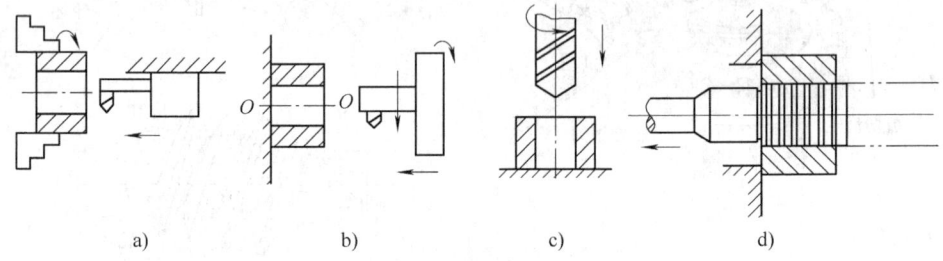

图12-5 加工内孔的车床的工艺动作分解方法

从对以上几个例子的分析中可以看出：实现同一个工艺动作，可以分解成各种简单运动，工艺动作分解的方法不同，所得到的运动规律和运动方案也大不相同，它们在很大程度上决定了机械工作的特点、性能、生产率、适用场合和复杂程度。

例如，在上面加工内孔的机床例子中，车、镗、钻、拉各种方案各具特点和用途。当加工小的圆柱形工件时，选用车床镗内孔的方案比较简单；当加工尺寸很大且外形复杂的工件时（如加工箱体上的主轴孔），由于将工件装在机床主轴上转动很不方便，因此可以采用镗床的方案；钻床的方案取消了刀具的径向调整运动，工艺动作简化了，但带来了刀具的复杂化，且加工大的内孔有困难；拉床的方案动作最为简单，生产率也高，但所需拉力大，刀具价格昂贵且不易自制，拉削大零件和长孔时有困难，在拉孔前还需要在工件上预先制出拉孔和工件端面。

所以，在进行运动规律设计和运动方案选择时，应综合考虑机械的工作性能、生产率、应用场合、经济性等各方面的因素，根据实际情况对各种运动规律和运动方案加以认真分析和比较，从中选择出最佳方案。

二、运动规律设计的创造性

运动规律设计也是一个创造性过程，需要设计者既要熟练掌握和灵活应用基本设计理论、设计方法和专业实际知识，同时还要充分发挥创造性思维和创新潜能，冲破传统观念的束缚，才能标新立异，构思设计出结构简单、性能优良、生产率高、具有竞争力的新产品。

运动规律设计的创新方法也有多种。

1. 仿生法

所谓仿生法就是模仿人或动物的动作将工艺动作进行分解,产生新的构思。在进行运动规律创新设计中,人们成功地采用仿生法创造出了六自由度机器人以及仿动物行走的四足步行机器人。例如,人们常见的建筑工地上使用的挖土机,其运动规律就是完全模仿人手挖土的工艺动作,它由腰部、上臂、肘、挖斗等组成,是一种很成功的设计。又如图 12-6 所示的搓元宵机,其运动规律也是模仿人手搓元宵的动作而设计的。整个装置是由旋转圆盘 1、连杆 2 和 3、转动构件 4 和机架 5 所组成的空间五杆机构,运动由旋转圆盘 1 输入,通过装在圆

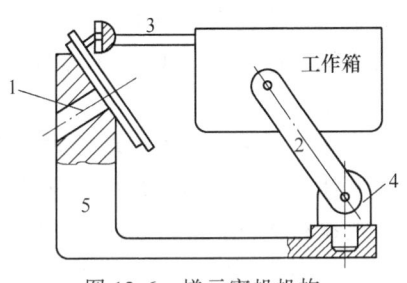

图 12-6 搓元宵机机构
1—旋转圆盘 2、3—连杆
4—转动构件 5—机架

盘外圈上的球形铰链带动连杆 3、2 和转动构件 4 运动,从而使与连杆 3 固接的工作箱作空间振摆运动,工作箱内的元宵馅在稍许湿润的元宵粉中经多方向滚动即可制成元宵。这是一个构思巧妙、结构简单的设计。

2. 思维扩展法

例如滚动轴承厂往往要对大量轴承钢球按不同直径进行分选。为了提高分选效率,同时又避免设计复杂的对钢珠直径的测量动作,设计者避开传统的设计思路,让被测钢球也参与到运动规律的设计中去,使钢球沿着两条斜放的不等距棒条滚动,如图 12-7 所示。当钢球沿这两条棒条移动时,尺寸小的钢球由于棒条夹不住靠自重先行落下,大一些的钢球则可多移动一段距离。钢球落下的先后顺序与其直径大小有关,于是就达到了钢球尺寸分级的目的。这是一个构思巧妙、结构简单又经济实用的设计。又如,在滚针轴承保持架生产线中,为了把冲好的保持架料片从模具中能自动而又安全地取出,设计人员利用冲头的往复运动,通过一个十分简单的连杆滑块机构就可以把料片方便地从下模中勾出来,如图 12-8 所示,既保证了安全生产又能实现落料自动化,从而提高了生产率。

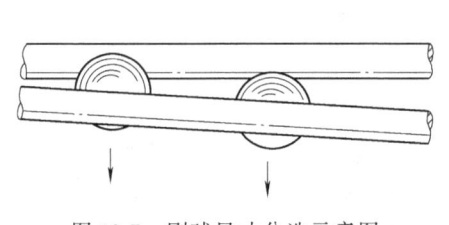

图 12-7 刚球尺寸分选示意图

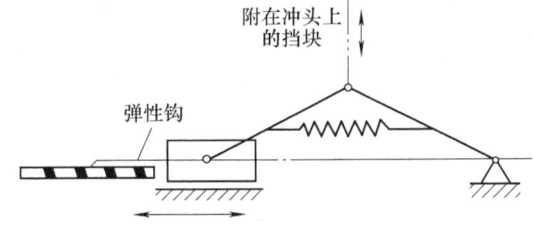

图 12-8 自动落料机构

第三节 执行机构型式设计

当根据工艺动作分解,确定了执行机构运动规律后,必须根据各基本动作或功能的要求,选择或创造合适的机构型式来实现这些动作或运动规律。这一工作称为执行机构的型式设计,又称为机构的型综合。在进行机构型式设计时,设计者需要在熟悉各种基本机构和常

用机构的运动形式、功能特点、适用场合等的基础上，综合考虑执行系统的运动要求、动力特性、机械效率、制造成本、外形尺寸等因素，通过机构组合或结构变异等创造构思出结构简单、性能优良、成本低廉的机构。这是一项极具创造性的工作。需要说明的是，只要所选的机构能够实现预期的工作要求、结构简单、性能优良，且用得巧妙，其本身也是一种创新。

一、按执行构件运动形式进行机构选型

任何复杂的运动都可以分解成直线运动、转动、连续运动、间歇运动等。为了便于设计者按执行构件所需的运动形式进行机构选型，可以按运动形式对各种常用机构分类，如表12-1所示，将常用机构的主要性能与特点列于表12-2。

表 12-1 常见运动形式及其所对应机构分类

执行构件运动形式		对应机构示例
连续转动	定传动比匀速	平行四杆机构、双万向联轴器机构、定轴齿轮传动机构、定轴轮系、摩擦传动机构等
	变传动比匀速	混合轮系变速机构、摩擦传动机构、行星无级变速机构、挠性无级变速机构等
	非匀速	双曲柄机构、转动导杆机构、单万向联轴器机构、非圆齿轮机构、组合机构等
往复运动	往复移动	曲柄滑块机构、移动导杆机构、正弦、正切机构、移动从动件凸轮机构、齿轮齿条机构、楔块机构、螺旋机构、气动机构、液压机构等
	往复摆动	曲柄摇杆机构、双摇杆机构、摆动导杆机构、曲柄摇块机构、摆动从动件凸轮机构、组合机构等
间歇运动	间歇转动	棘轮机构、槽轮机构、不完全齿轮机构、凸轮式间歇运动机构、组合机构等
	间歇摆动	带有休止段轮廓的摆动从动件凸轮机构、多杆机构、齿轮—连杆组合机构等
	间歇移动	利用连杆曲线的圆弧段实现间歇运动的平面连杆机构、带有休止段轮廓的直动从动件凸轮机构、棘齿条机构、气动机构、液压机构等
预定轨迹	直线轨迹	连杆近似直线机构、八杆精确直线机构、组合机构
	曲线轨迹	利用连杆曲线实现预定轨迹的多杆机构、凸轮—连杆组合机构、齿轮连杆组合机构等

表 12-2 常用机构的主要性能与特点

机构类型	主要性能特点	运动变换
连杆机构	结构简单，制造方便，工作可靠；运动副为低副，能承受较大载荷；可实现从动件不同的运动规律；连杆曲线具有多样性，可满足不同运动轨迹的设计要求；但传动不平稳，平衡困难，冲击与振动大，不适用于高速场合	转动⇌转动 转动⇌摆动 转动⇌移动 转动→平面运动
凸轮机构	结构简单，尺寸紧凑，工作可靠；可获得从动杆任意运动规律；运动副为高副，易于磨损，故不适用于重载；常在自动机或控制系统中应用	转动→移动 转动→摆动
齿轮机构	结构紧凑，承载能力高，适用速度范围大，传动比恒定，效率高，工作可靠；锥齿轮机构可传递两相交轴的运动，蜗杆机构可传递空间两垂直交错轴的运动，不完全齿轮机构能传递间歇运动，轮系能获得大的传动比，差动轮系可实现运动合成与分解；但制造和安装精度要求高	转动⇌转动 转动⇌移动
螺旋机构	结构简单，工作平稳无噪声，减速比大，运动准确，可用于微调和微位移，反行程具有自锁性能；但传动效率低，螺纹易磨损；如采用滚珠螺旋，可提高效率	转动⇌移动

(续)

机构类型	主要性能特点	运动变换
棘轮机构	结构简单，可获得从动件单向或双向较小角度的可调间歇转动；但工作时磨损和冲击噪声大，只适用于低速轻载，常用于分度转位装置及防止逆转装置中	摆动→间歇转动
槽轮机构	结构简单，常用于分度转位机构。可实现任意等时的单向间歇转动，分度转角取决于槽轮的槽数，槽数少时，角加速度变化较大，冲击现象较严重，不适用于高速	转动→间歇转动
摩擦轮机构	结构简单，制造容易，传动平稳无噪声，且有过载保护作用；但运转中工作表面有滑动，传动效率低；作用在轴和轴承上的载荷大；只宜用于传递动力较小的场合	转动→转动
带传动机构	结构简单，安装要求不高，可实现远距离传动；工作平稳无噪声，能缓冲吸振，摩擦式带传动有过载保护作用；但外廓尺寸较大，摩擦式带传动有弹性滑动，传动不准确；摩擦易起电，不宜用于易燃易爆的场合；轴和轴承受力较大	转动→转动
链传动机构	结构简单，安装要求不高，对恶劣环境有较强的适应能力，工作可靠；可实现远距离传动，传动能力大；轴上载荷较小；瞬时运转速度不均匀，动载荷大，不宜用于高速	转动→转动
组合机构	可由凸轮、连杆、齿轮等机构组合而成，能实现多种形式的运动规律，满足多种运动要求，且具有各机构的综合优点，但结构较复杂，设计较困难，常在要求实现复杂动作的场合应用	灵活性和多用性大

实现执行构件同一种运动形式或轨迹可以选择不同的机构，设计者需根据给定的工艺动作的运动要求，结合各种常用机构的性能和工作特点，并根据本节稍后所述设计原则，比较分析，择优选用。

二、按执行机构动作分解进行机构选型

任何一个复杂的执行系统都是由一些基本机构所组成的。这些机构有低副机构（如平面四杆机构）、高副机构（如凸轮机构、齿轮机构）、多自由度机构（如平面五杆机构、差动轮系等）。这些基本机构具有如图12-9所示的进行运动变换和传递动力的基本功能。

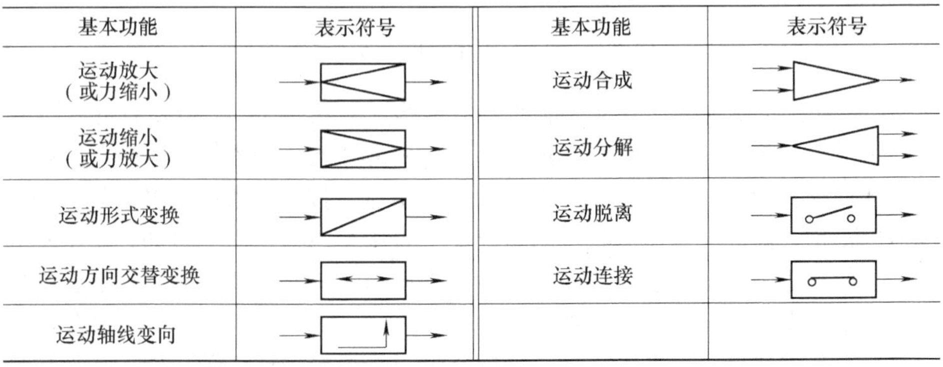

基本功能	表示符号	基本功能	表示符号
运动放大（或力缩小）	→ ▷ →	运动合成	⇒ ▷ →
运动缩小（或力放大）	→ ◁ →	运动分解	→ ▷ ⇒
运动形式变换	→ □ →	运动脱离	→ ⟋ →
运动方向交替变换	→ ⇌ →	运动连接	→ ⌒ →
运动轴线变向	→ ⌐ ↑		

图 12-9 运动变换基本功能及其符号图

对于任意一个复杂的工艺动作总可以分解为若干个相对独立的运动转换和动力传递的基本功能，而实现同一功能又可以采用不同的工作原理，如推拉原理、啮合传动原理、摩擦传

动原理、流体传动原理。不同的工作原理对应着不同的机构,如连杆机构、凸轮机构、齿轮机构、摩擦轮机构、气动或液压机构。因而可以按照工艺动作的分解,列出相应的功能——原理矩阵表,再按不同的运动传递顺序组合成运动方案,并根据设计原则,进一步比较、分析和选优。

以一简单的手动加压装置为例,说明方案形成的具体过程。

设计一手动加压装置,要求将驱动轴的旋转运动变换为直移的加压运动。根据空间条件,驱动轴必须水平放置,而加压执行构件必须沿铅垂方向运动,加压装置在铅垂方向的允许高度较小。

按设计要求,该加压机构应该有下列几个基本运动功能:

1)运动形式变换功能(转动变换为移动)。
2)运动轴线变向功能(水平轴线运动变换为铅垂方向运动)。
3)增力功能(为了加压,机构要有增力作用,由 $F = W/s$,所以要有运动缩小的功能)。

变更上述三种基本功能的排列顺序,可得到如图 12-10 所示的六种基本动作结构。其中 Ⅰ、Ⅱ、Ⅲ 三种结构是先将转动变为移动,在移动状态下再改变运动轴线方向;Ⅳ、Ⅴ、Ⅵ 三种结构是先在转动状态下改变运动方向,再将转动变换为移动;Ⅲ、Ⅳ、Ⅴ 三种结构是在转动状态下增力;Ⅰ、Ⅱ、Ⅵ 三种结构是在移动状态下增力。

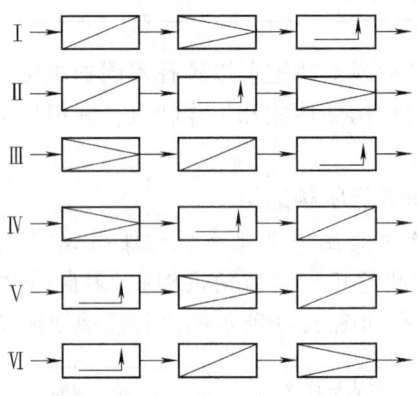

图 12-10 加压装置的基本动作结构

图 12-11 中列出了实现上述基本功能的基本机构。若在图 12-11 中每行的基本功能中各选一个机构组成一个动作结构,则可组成 $6^3 = 216$ 个执行机构方案。在这些众多的机构方案中,根据设计要求,凭经验、凭直观可先删除一些明显不符合要求的方案。如利用摩擦原理的机构作加压机构,除非在加压力很小的情况下,否则是不适用的。再如,用手动驱动加压的情况下,若要求去掉驱动力后仍能保持压力,则所选机构必须要有自锁性能,否则也只能舍弃。又如,由于图中第一列(连杆机构)和第二列(凸轮机构)都同时兼有这三种基本功能,因此只要从中选择一个基本机构,就能完成设计要求中的三种功能,从而构成所有方案中结构最简单的方案。但是,由于凸轮机构是高副接触,接触点压力过大,故不宜采用;曲柄滑块机构虽具有压力大、效率高等优点,但其刚度较小,也不宜用采用。图 12-12 列出了三种存留方案供最后评选。

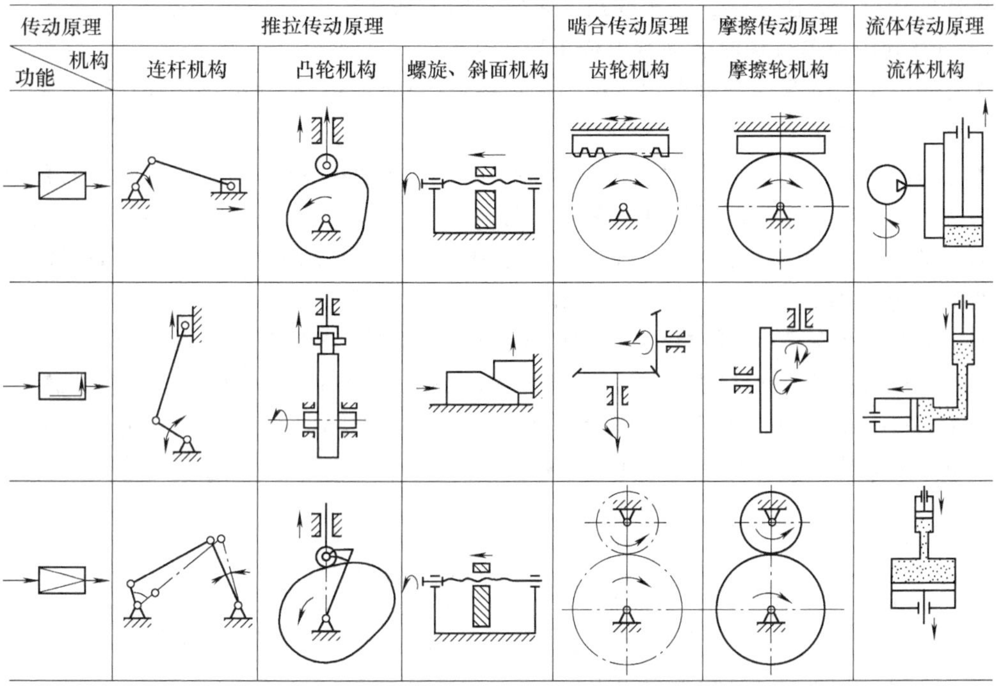

图 12-11 实现基本功能的基本机构

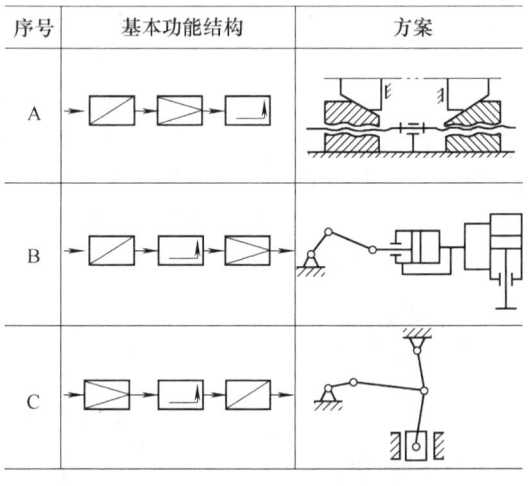

图 12-12 加压装置部分方案

三、机构的创新

在按通常的工艺动作分解进行机构选型时，若所选择的机构型式虽能实现功能要求但存在着或结构较复杂、或运动精度不当、或动力性能欠佳、或占据空间较大等缺点，设计者就应充分利用自己所掌握的基本设计理论和设计方法及自己在设计、制造和使用方面所积累的经验，借鉴各行各业成功的经验和文献、刊物上刊载的各种机构的图例，以启发自己的创新思路、开拓自己的创新能力，创造性地构思设计出结构简单、成本低廉、性能优良、新颖别致的新机构。这是一项比机构选型更具创造性的工作。

机构创新设计方法很多,这里介绍几种常用的方法。

1. 巧妙利用简单机构的运动特点构思新机构

认真研究并巧妙利用简单常用机构的运动特点,构思新机构完成某一动作过程是机构创新的一种有效方法。

图 12-13 所示的车门开闭机构,巧妙地利用了反平行四边形机构运动时两曲柄转向相反的运动特点,使两扇车门同时打开或关闭。两扇车门 AE、DF 分别固接于反平行四边形机构 1-2-3-4 的两曲柄 1 和 3 上,当主动曲柄 1 位于 AB 位置时,车门位于 AE、DF 关闭位置,当主动曲柄 1 转至 AB_1 位置时,车门转至 AE_1、DF_1 打开位置。

图 12-14 所示为铸锭供料机构,它的主机构是双摇杆机构 1-2-3-4,构件 5、6 构成了液动机构。主机构在位置 1234 处用连杆 2 将加热炉中出料后的铸锭 8 接住,转到位置 1′2′3′4′ 处连杆 2 翻转 180°将铸锭 8 送到升降台 7 上。该机构利用连杆导引运动特性和连杆的特殊构形的位置与姿态构成了一种巧妙的出料机构。

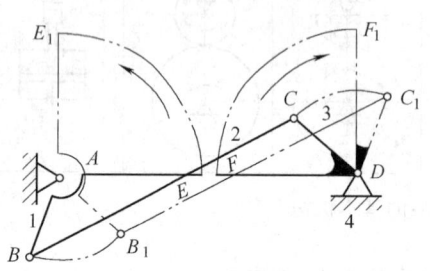

图 12-13 车门开闭机构
1、3—曲柄 2—连杆 4—机架

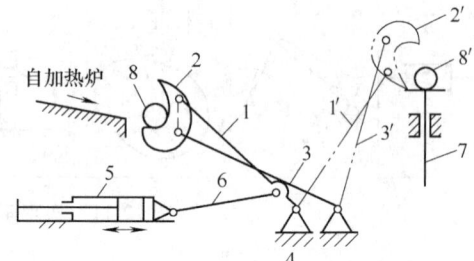

图 12-14 铸锭供料机构
1、3—摇杆 2、6—连杆 4—机架
5—液压缸 7—升降台 8—铸锭

图 12-15 所示为平行四边形移动式抓取机构示意图。如图 12-15a 所示,固接于活塞 1 上的推杆 2 和扇形齿轮 3 构成齿轮齿条啮合机构,当活塞 1 上移时,通过扇形齿轮 3 带动对称布置的平行四边形机构 $OABO_1$,使手爪 5、6 作平行移动,从而夹紧工件。图 12-15b 所示则为通过蜗杆、蜗轮带动平行四边形机构的移动式抓取机构。

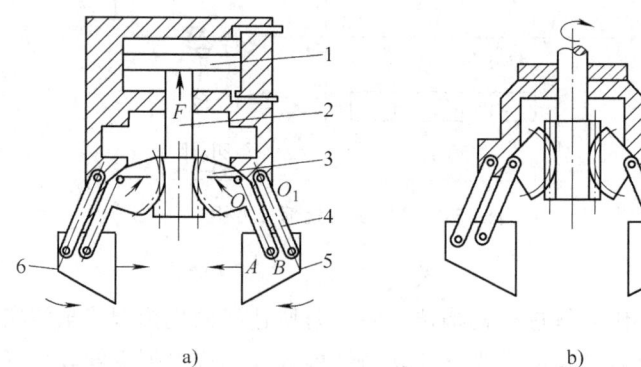

a)   b)

图 12-15 平行四边形移动式抓取机构
1—活塞 2—推杆 3—扇形齿轮 4—杆件 5、6—手爪

2. 巧妙利用两构件相对运动关系构思新机构

图 12-16 所示为齿轮式自锁性抓取机构,由曲柄摇块机构 1-2-3-4 与齿轮机构 5、6 组合

而成。活塞 2 为主动件，由气缸提供动力。齿轮 5 与摇杆 3 固接，手爪 7、8 分别与齿轮 5、6 固接，齿轮机构的传动比等于 1。当气缸内的液压推动活塞 2 时，驱动摇杆 3 带动齿轮 5 绕 B 轴摆动，并驱使齿轮 6 同步反向运动。利用齿轮 5、6 转向相反，即可实现夹持和松开压铁的动作。当手爪闭合夹持工件（如图示位置）时，工件对手爪的作用力 F 的方向线在手爪回转中心的外侧，故可实现自锁性夹紧。

图 12-17 所示为用于打包机中的双向加压的机构。当扳动杠杆式操作手柄 4 逆时针摆动时，通过滑块 5 推动齿条 6，使齿轮 1 逆时针回转，与之啮合的齿条 2、3 沿相反方向移动，即可完成加压动作。反之，工件被松开。

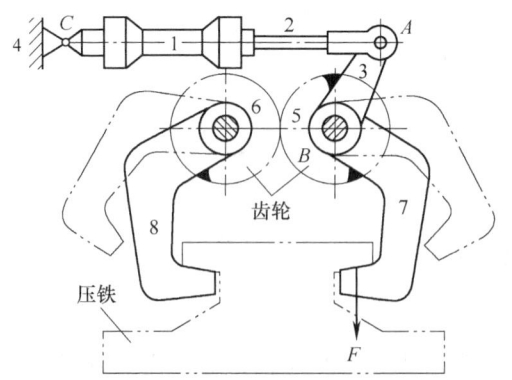
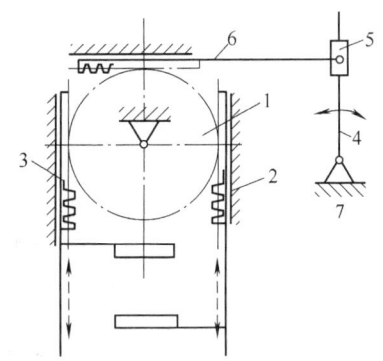

图 12-16　齿轮式自锁性抓取机构
1—液压缸　2—活塞　3—摇杆
4—机架　5、6—齿轮　7、8—手爪

图 12-17　双向加压机构
1—齿轮　2、3、6—齿条　4—杠杆式操作手柄
5—滑块　7—机架

3. 基于机构组成原理的机构创新

根据机构组成原理，在一个机构上联接若干个基本杆组，可以构成新的机构来实现某种工艺动作或改善机构的功能。

例如，要求设计一个急回特性比较显著、运动行程比较大的加工平面的急回机构。根据已有知识可考虑使用导杆机构，在其上叠加杆组，将机构扩展，以增加机构急回特性并扩大执行构件工作行程。

图 12-18a 所示以摆动导杆机构 ABC 为基本机构，在其导杆 CB 延长线上的 D 点处连接一个 RPP 二级杆组，形成如图所示的六杆机构。该机构增加了执行构件（滑块）的行程，且具有工作行程近似等速的优点。

图 12-18b 所示以转动导杆机构 ABC 作为基本机构，先在其转动导杆 CB 的延长线上的 B' 处联接一个 RPR 二级杆组，形成一个以转动导杆 CB'（$A'B'$）为曲柄、以 $C'B'$ 为导杆的新的摆动导杆机构 $A'B'C'$，然后再在其摆动导杆 $C'B'$ 延长线上的 D 处添加一个 RRP 二级杆组，形成如图所示的八杆机构。该机构可使执行构件滑块具有更大的行程和更显著的急回特性。

4. 基于机构组合原理的机构创新

随着生产过程的机械化和自动化程度的不断提高，机器动作也越来越复杂，单一的基本机构如四杆机构、凸轮机构、齿轮机构、间歇运动机构等，往往由于本身固有的运动和动力性能局限性而无法实现复杂多样的功能和运动要求。为此，人们常常将几种基本机构用适当方式组合起来，使各基本机构既能发挥其良好特长，又能避免其本身的局限性，从而形成性

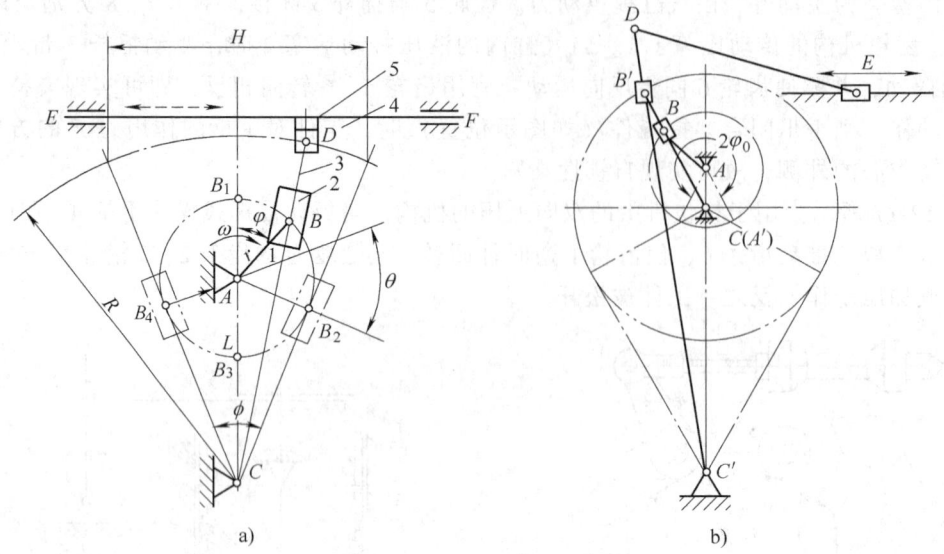

图 12-18 基于机构组成原理的机构创新
1—曲柄 2、4—滑块 3—导杆 5—移动件

能优良、实用性强的机构系统,来实现基本机构不易实现的复杂多样的运动或动力特性。

常用的组合方式有串联、并联、反馈、复合和叠联式组合。

(1) 串联式组合 串联式机构组合是将若干个单自由度的基本机构顺序联接,以每一个前置机构的输出构件作为每一个后置机构的输入构件,其运动传递框图如

图 12-19 机构串联式组合运动传递框图

图 12-19 所示。若联接点设在前置机构中作简单运动的连架杆上,则称其为 I 型串联;若联接点设在前置机构中作平面复杂运动的浮动构件上,则称其为 II 型串联。

I 型串联式组合主要是为了使输出构件减速或增速、增程或增力、或改善输出构件的运动和动力特性。用于改善输出构件的运动和动力性能常见于后置机构输出的运动性能不很令人满意的情况,如速度与加速度有较大波动,从而造成运转不稳定,并且产生振动等。为改善这种状况,可串联一个输出非匀速运动的前置机构,用以中和后置机构的速度变化,从而改善输出构件的运动和动力性能。

II 型串联式组合主要是利用前置机构与后置机构联接点处的特殊运动轨迹——直线、圆弧曲线、"8"字自交形曲线等,使机构的输出构件获得某些特殊的运动规律,如停歇、行程两次重复等。

1) I 型串联式组合示例。如图 12-18b 所示,以转动导杆机构 ABC 和摆动导杆机构 $A'B'C'$ 串联组合,然后再在其摆动导杆 $C'B'$ 延长线上的 D 处添加一个 RRP 二级杆组,形成如图 12-18b 所示的八杆机构。该机构可使执行构件滑块具有更大的行程和更显著的急回特性。

一个对心曲柄滑块机构没有急回运动特性,而且工作行程中滑块的速度是变化的。若如图 12-20 所示,将凸轮机构 1-2-3 与曲柄滑块机构(或摇杆滑块机构)2'-4-5-3 串联起来,并适当设计凸轮的轮廓,则输出滑块 5 便可既具有急回运动特性,又在工作行程中近似匀速

运动,并在空回行程终端具有停歇功能。这个串联机构优点还在于,只要增大杆长比 $l_2':l_2$,则可在凸轮的尺寸较小的情况下,输出件滑块获得大的冲程。

槽轮机构常用于转位和分度机械装置中,但其运动与动力特性不太理想,尤其在槽数较少的外槽轮机构中,其角速度与角加速度的波动均较大,造成工作台转位的不稳定。这是因为主动拨盘一般作匀速转动,且回转半径是不变的,当运动传递给槽轮时,由于主动拨盘的滚销在槽轮的

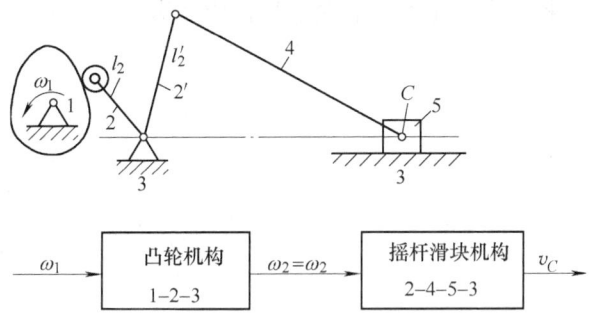

图 12-20 凸轮机构与连杆机构串联式组合
1—凸轮 2、2′—摇杆 3—机架 4—连杆 5—滑块

传动槽内沿径向相对滚移,槽轮受力点沿径向位置发生变化,导致槽轮在一次转位的过程中,角速度发生周期性变化,从而带来了槽轮转位时的冲击与振动。

图 12-21 所示为串联式连杆槽轮机构,以双曲柄机构为前置机构,以槽轮机构为后置机构。槽轮机构的主动拨盘固联在双曲柄机构 ABCD 的从动曲柄 CD 上。若对双曲柄机构进行尺寸综合时,考虑 E 点的速度变化,使从动曲柄 CD(主动拨盘)作相应的非匀速转动,则能够中和槽轮的转速变化,从而使槽轮以近似等速转位。

图 12-22 所示为一摆动导杆机构与一摇杆滑块机构串联组合而成的六杆机构。主动曲柄 AB 匀速转动,滑块 5 在垂直于 AC 的导路上往复移动,具有较大的急回特性。改变连杆 ED 的长度,滑块 5 可获不同运动规律。改变摇杆 DC 的长度,即可改变滑块 5 的行程。在滑块 5 上安装插刀,机构可作为插床的插削机构。

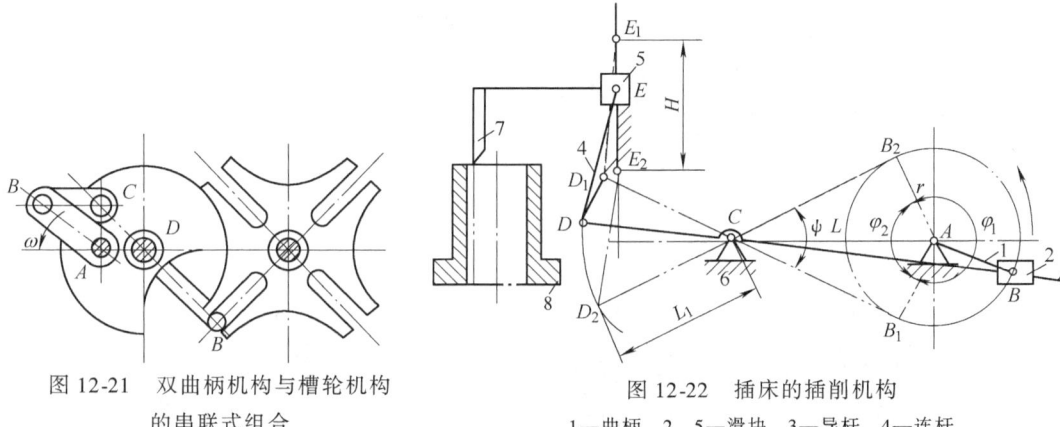

图 12-21 双曲柄机构与槽轮机构的串联式组合

图 12-22 插床的插削机构
1—曲柄 2、5—滑块 3—导杆 4—连杆
6—机架 7—插刀 8—工件

2) Ⅱ型串联式组合示例。图 12-23 所示是一个输出构件具有单侧停歇特性的Ⅱ型串联式组合机构。前置机构为曲柄摇杆机构 ABCD,其连杆 2 上 M 点的轨迹为图中虚线 m 所示,其中 $\overline{M_1M_2}$ 段为近似直线段。后置机构为一具有两自由度的五杆机构 DCMEF。连接点即设在连杆 2 上具有该特殊轨迹的 M 点。当主动曲柄 1 连续转动时,通过杆连杆 2 上的 M 点带动滑块 4 和导杆 5 往复摆动。当导杆 5 摆动到左极限位置时,正好与 M 点的近似直线轨迹段 $\overline{M_1M_2}$ 重合,在 M 点从 M_1 到 M_2 的运动过程中,从动导杆 5 作近似停歇。该机构可用于轻工

机械、自动生产线和包装机械中运送工件或满足某种特殊的工艺要求、实现某种加工。

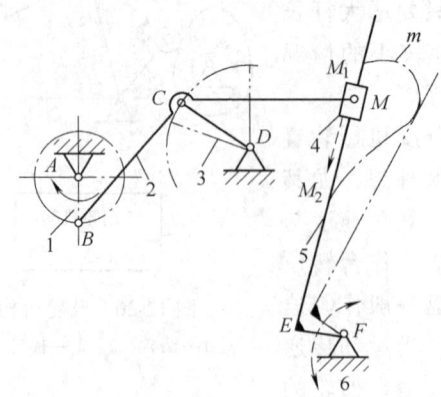

图 12-23 实现单侧间歇运动的六杆机构
1—曲柄 2—连杆 3—摇杆 4—滑块 5—导杆 6—机架

在图 12-24a 中,系杆 1 为主动构件,当固定齿轮 5 与行星齿轮 4 的齿数比满足 $z_5/z_4 = 3$ 时,行星轮节圆上点 C 的轨迹是 3 段近似圆弧的内摆线,其圆弧的半径近似等于 $8r_4$ (r_4 为齿轮 4 的节圆半径)。若选取连杆 2 的长度等于 $8r_4$,并且滑块 3 与连杆 2 的铰接点 D 近似位于圆心位置时,则当系杆转动一转时,从动滑块 3 有三分之一的时间处于停歇状态。

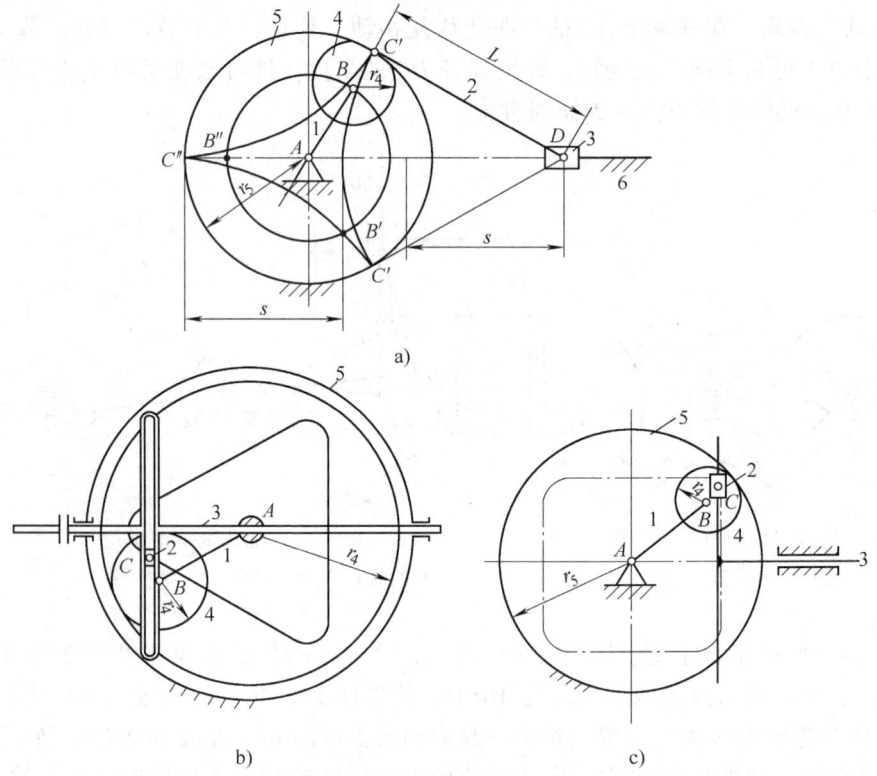

图 12-24 行星齿轮连杆机构
1—系杆 2—连杆 3—滑块 4—行星齿轮 5—固定齿轮 6—机架

在图 12-24b 中，当齿数比 $z_5/z_4=3$，行星轮上 C 点到中心 B 的距离 $\overline{BC}=r_4/2$ 时，C 点所描绘出的短幅内摆线有较长一段为近似直线。当主动件 AB 转动时，从动滑块 3 沿水平方向往复移动，而在其右极限位置有一段停歇。

在图 12-24c 中，当齿数比 $z_5/z_4=4$，行星轮上 C 点到中心 B 的距离 $\overline{BC}=r_4/3$ 时，C 点所描绘出的轨迹为带有近似圆角的正方形。当主动件 AB 转动时，从动滑块 3 沿水平方向往复移动，而在行程的两端各有一段时间处于停歇状态。

在串联式机构的组合中，输入构件的运动是通过各基本机构，依次传递给输出构件的，因此其分析和综合的方法均较简单。在进行运动分析时，从已知运动规律的第一个基本机构开始，按照运动的传递路线顺序进行，直至求得最后一个基本机构的输出运动。在进行设计时则正好相反，从最后一个基本机构从动件的工作要求开始，逐个向前找出每个基本机构主、从动件间运动关系，协调各基本机构间的传动比、相位及运动幅值的关系，设计出每一个基本机构。

（2）并联式组合 两个或两个以上基本机构并列布置，称为并联式机构组合。若各个基本机构具有各自的输入构件，而有共同的输出构件，则为 Ⅰ 型并联式组合，如图 12-25a 所示；若各个基本机构有共同的输入与输出构件则为 Ⅱ 型并联式组合，如图 12-25b 所示；若各个基本机构有共同的输入构件，但却有各自的输出构件则为 Ⅲ 型并联式组合，如图 12-25c 所示。并联式机构组合的特点是运动并行传递。

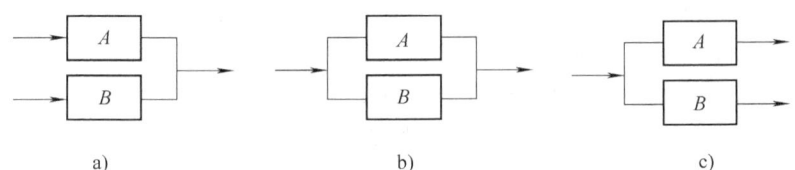

图 12-25 机构并联式组合运动传递框图

按输出运动的性质划分，可分为简单型和复杂型。

简单型并联式机构组合，要求并联的两个子机构类型、形状和尺寸完全相同，且对称布置。它主要用于改善机构的受力状态、动力特性、自身的动平衡，以解决机构运动中的死点问题及输出运动的可靠性等问题。并联的两子机构常采用连杆机构或齿轮机构，它们共同的输入或输出构件，一般是两子机构共有的同一构件。输入或输出运动的性质是简单的移动、转动或摆动。

复杂型并联式机构组合的两并联子机构，可以是不同类型的基本机构，也可以是同一类型但具有不同结构尺寸的基本机构，还可以是经过串联组合的机构。它主要用于实现复杂的运动或动作要求，它的输出形式一般按功能要求而设定。

1） Ⅰ 型并联式组合示例。该类型的组合相当于运动的合成，其特点是各个基本机构具有各自的输入构件，而有共同的输出构件，其主要功能是对输出构件运动形式的补充、加强和改善，或是将两基本机构的输出运动合成为新的运动规律或轨迹。设计时要保证两个并联的机构运动要协调，以满足所要求的输出运动。

图 12-26 所示的星形发动机是由六个曲柄滑块并联组合而成的，六个气缸呈星形对称布置，其轴线同时通过公用曲柄回转的固定轴线，六个活塞的往复运动同时通过连杆传给公用曲柄 AB，其输出转动是六个曲柄滑块机构输出转动的代数和，与单缸发动机相比，实现了

无死点传动,其输出转矩波动小,并具有很好的平衡和减振作用。

图 12-27 所示为某型飞机上所采用的襟翼操纵机构,它由两个齿轮齿条机构并列组合而成,用两个直移电动机输入运动,这样可以使襟翼摆动速度加快。若其中一个直移电动机发生故障,另一个直移电动机可以单独驱动(这时襟翼摆动速度减半),从而增大了操纵系统的安全程度。

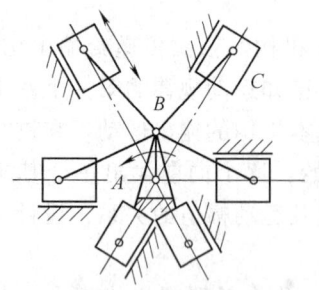

图 12-26 星形发动机

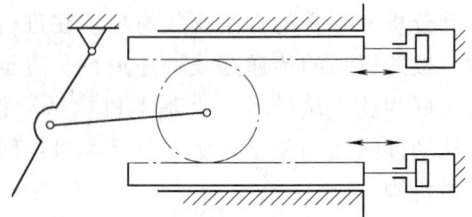

图 12-27 襟翼操纵机构

显然上述两个例子均加强了输出构件运动的可靠性。

2)Ⅱ型并联式组合示例。该类型组合的特点是并列布置的 n(在常见的组合中大多 $n=2$)个单自由度的基本机构共用一个输入运动,而它们的输出又合成为一个输出运动,或同时输入给一个 n 自由度的基本机构,再合成为一个输出运动,完成较复杂的运动规律或轨迹要求。设计的主要问题也是并联机构之间的运动协调或结构对称。

图 12-28 所示是压力机的螺旋杠杆机构,用以改善机构的受力状况。其中两个双滑块机构 ABP 和 CBP 并联组合、对称布置,构件长度满足 $\overline{AB}=\overline{CB}$,两个滑块同时与输入构件 1 组成导程相同、旋向相反的螺旋副。机构的工作原理是,构件 1 输入转动,使滑块 A 和 C 同时向内或向外移动,从而使从动构件 2 沿导轨 P 上下移动,完成加压动作。

图 12-29 所示为刻字、成形机构的运动简图,其组成原理与图 12-35 相同。主动轴上安装有固接的两个槽形凸轮 1、2,两个凸轮机构的输出作为自由度为 2 的四杆四副机构的输入,从而形成并联组合的凸轮连杆机构。当凸轮转动时,其上的曲线凹槽 1、2 通过滚子推动从动杆 3 和 4 分别在 x 和 y 方向上移动,从而使与杆 3 和杆 4 组成移动副的十字

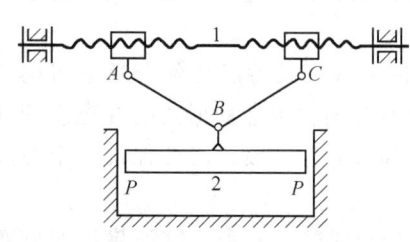

图 12-28 螺旋杠杆机构
1—螺杆 2—滑块

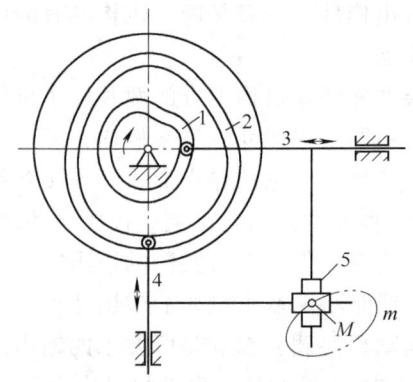

图 12-29 并联组合凸轮连杆机构
1、2—曲线凹槽 3、4—推杆 5—十字滑块

滑块 5 上的 M 点描绘出预期的复杂轨迹 m。其中，每个凸轮机构各自使从动件完成一个方向的运动，因此其设计方法与单个凸轮机构相同，只要注意两个凸轮机构工作协调问题即可。

3) Ⅲ型并联式组合示例。Ⅲ型并联组合的特点是将同一个输入运动通过两个基本机构的并列布置，分解成两个输出运动，且这两个输出运动一般符合严格的时序、协调关系，从而完成较复杂的工艺动作，如复杂的传递、包装、编织等。设计的主要问题是两个并联机构动作的协调和时序的控制。

图 12-30 所示为丝织机的开口机构。两个摇杆滑块机构 3-4-5 和 3-6-7 并列布置，且共用曲柄摇杆机构的输出构件 3 为输入构件。当主动曲柄 1 转动时，通过摇杆 3 将运动传给两个摇杆滑块机构，使两个从动件滑块 5 和 7 实现上下往复移动，完成丝织机织平纹丝织物的开口动作。

图 12-31 所示为糖果包装机剪刀机构。槽形凸轮 1 绕定轴 B 转动，摆杆 2 与机架铰接于 A。两个双摇杆机构 2-5-3 和 2-6-4 并列布置，且共用凸轮机构的摆杆 2 为输入构件，构件尺寸满足条件 $\overline{ED} = \overline{FC}$ 和 $\overline{KE} = \overline{KF}$。当主动凸轮 1 转动时，通过构件 2 将运动传递给并联的两个双摇杆机构，使剪刀 3、4 打开和关闭。

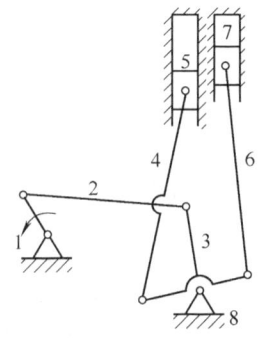 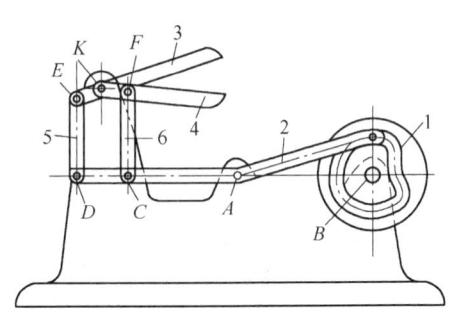

图 12-30　丝织机的开口机构　　　　图 12-31　糖果包装机剪刀机构
1—曲柄　2、4、6—连杆　3—摇杆　5、7—滑块　8—机架　　1—凸轮　2—摆杆　3、4—剪刀　5、6—连杆

（3）复合式组合　复合式组合是指一个两自由度的基本机构 A（基础机构）和一个单自由度基本机构 B（附加机构）组合在一起，基础机构的两个输入运动，一个直接来自机构的主动构件，另一个则来自附加机构，最后将这两个输入运动合成为一个输出运动。按来自附加机构的输入方式不同有两种情况：一种是通过与附加机构的构件并接；另一种是通过附加机构的回接。其运动传递框图如图 12-32 所示。

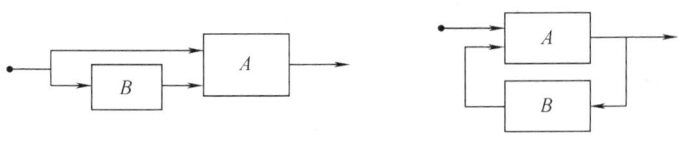

a)　　　　　　　　b)
图 12-32　复合式机构组合运动传递框图
a) 构件并接式　b) 机构回接式

复合式机构组合一般是不同类型的基本机构的组合。其基础机构一般为两自由度机构，

如五连杆机构、差动齿轮机构、差动凸轮机构等；附加机构为各种单自由度基本机构，如单自由度的连杆机构、凸轮机构、齿轮机构等。各种基本机构通过复合式组合有机地融合为一体，成为一种新机构，如齿轮连杆机构、凸轮连杆机构、齿轮凸轮机构等。其主要功能是可以实现任意运动规律的输出，如一定规律的停歇、逆转、加速、减速等，或实现特殊的运动轨迹；但设计比较复杂，缺乏共同的规律，需要根据具体的机构进行分析和综合。

1）凸轮连杆组合机构。图 12-33a 所示的机构由单自由度凸轮机构 1-4-5（附加机构）和两自由度五杆机构 1-2-3-4-5（基础机构）组合而成。基础机构曲柄 AB 和原动凸轮 1 固接，构件 4 是两个基本机构的公共构件。当原动凸轮转动时，一方面直接给五杆机构输入转动 φ_1，同时通过凸轮机构给五杆机构输入位移 s_4，故此五杆机构有确定运动。构件 2 或 3 上任一点 C（例如转动副中心）的运动是 φ_1 和 s_4 运动的合成，所以该机构能精确实现比四杆机构连杆曲线更为复杂的轨迹。该组合机构的运动传递框图如图 12-33b 所示。

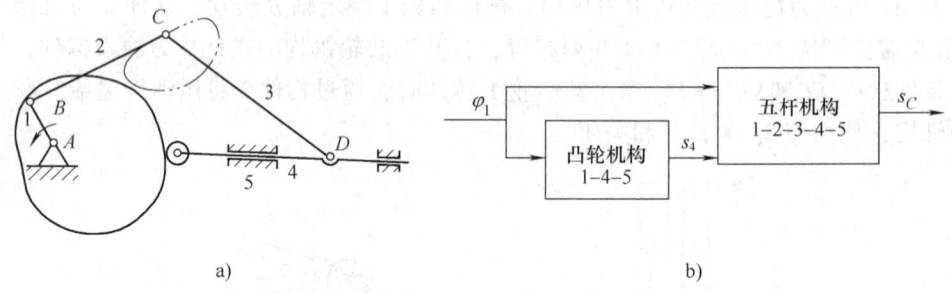

图 12-33　凸轮连杆组合机构
1—凸轮　2、3—连杆　4—推杆　5—机架

2）齿轮连杆组合机构。图 12-34a 所示为工程实际中常用来实现复杂运动轨迹的齿轮连杆组合机构。它由定轴轮系 1-4-5（附加机构）和自由度为 2 的五杆机构 1-2-3-4-5（基础机构）经复合式组合而成。当改变两轮的传动比、相对相位角和各杆长度时，连杆上 C 点即可描绘出不同的轨迹。图 12-34b 所示为连杆尺寸确定后，当主动曲柄起始位置不动而从动曲柄处于不同的起始位置时连杆 2 和 3 的铰链点 C 得到的不同运动轨迹。

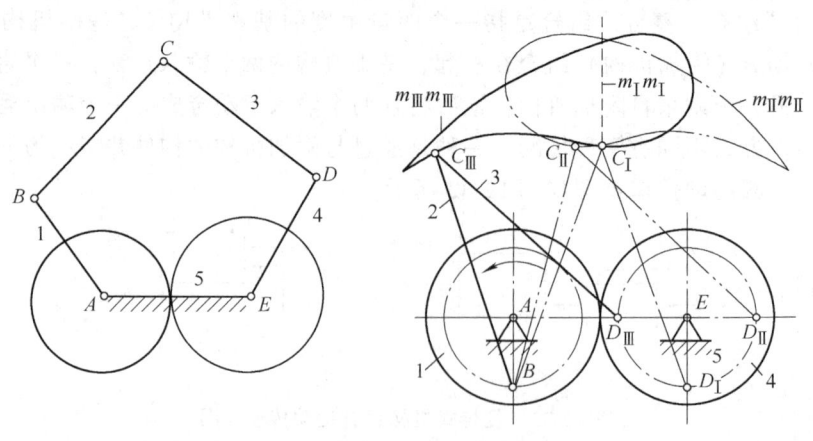

图 12-34　实现复杂轨迹的齿轮连杆组合机构
1、4—齿轮　2、3—连杆　5—机架

3) 凸轮—齿轮组合机构。图 12-35 所示为实现复杂运动规律的凸轮齿轮组合机构。其中,基础机构是由齿轮 1、行星轮 2(扇形齿轮) 和系杆 H 所组成的两自由度差动轮系,附加机构是由与行星轮 2 固接的摆杆和槽形凸轮 4 组成的摆动从动件凸轮机构,且凸轮 4 固定不动。当主动件系杆 H 转动时,带动行星轮 2 的轴线作周转运动,同时由于行星轮 2 上铰接的滚子 3 置于固定凸轮 4 的槽中,凸轮廓线将迫使行星轮 2 相对于系杆 H 转动。从而,从动轮 1 的输出运动就是系杆 H 的运动与行星轮相对于系杆的运动之合成。

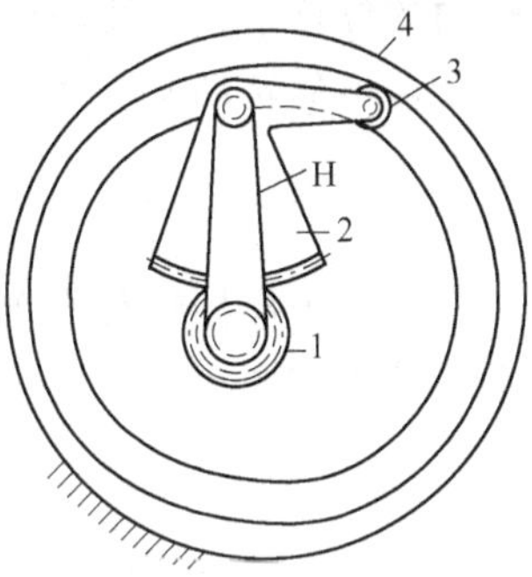

图 12-35 凸轮齿轮组合机构
1—齿轮 2—扇形齿轮
3—滚子 4—槽型凸轮
H—系杆

$$\frac{\omega_1 - \omega_H}{\omega_2 - \omega_H} = -\frac{z_2}{z_1}$$

所以

$$\omega_1 = -\frac{z_2}{z_1}(\omega_2 - \omega_H) + \omega_H$$

可见,在主动件 H 的角速度 ω_H 一定的情况下,改变凸轮 4 的廓线形状,也就改变了行星轮 2 相对于系杆的运动 $\omega_2 - \omega_H$,即可得到不同规律的输出运动 ω_1。当凸轮的某段廓线满足关系式

$$\omega_H = \frac{z_2}{z_1}(\omega_2 - \omega_H)$$

此时从动轮 1 在这段时间内将处于停歇状态。因此,利用该组合机构可以实现具有任意停歇时间的间歇运动。

4) 回接式蜗杆凸轮组合机构。图 12-36a 所示为回接式蜗杆凸轮组合机构,由直动从动件槽形凸轮机构 (附加机构) 2′-3-4 和带有滑架 3 的两自由度蜗杆机构 1-2-4 (基础机构) 组合而成。其中凸轮 2′ 和蜗轮 2 是一个构件,滑架 3 与凸轮机构的从动件固接。蜗杆 1 与机架构成空间圆柱副,既能绕自身轴线转动又能由滑架带着沿轴向移动。机构工作时,蜗杆 1 转动来自于原动件,沿轴线方向的移动通过凸轮机构从蜗轮回授。该组合机构的运动传递框图如图 12-36b 所示。

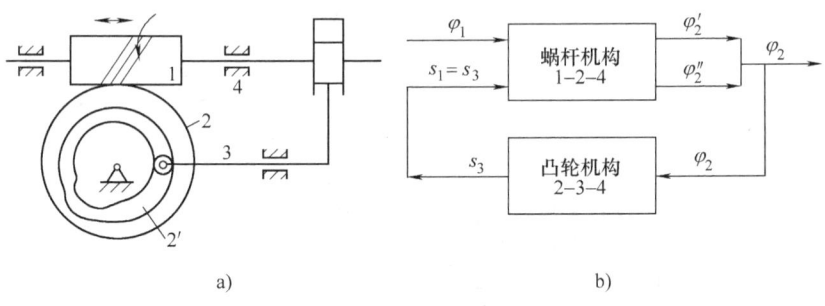

图 12-36 回接式蜗杆凸轮组合机构
1—蜗杆 2—蜗轮 2′—凸轮 3—滑架 4—机架

由图 12-36b 可见,输出件蜗轮 2 运动 φ_2 由两部分所组成:其一是由蜗杆的输入转动 φ_1 所产生的转动 $\varphi_2' = z_1 \varphi_1 / z_2$;其二是由蜗轮通过凸轮机构将运动反馈至蜗杆,使蜗杆获得沿

轴向的位移 s_1，致使蜗轮产生的附加转动 $\varphi''_2 = s_1/r_2$，式中 r_2 为蜗轮 2 的节圆半径。因此，蜗轮输出的转动 φ_2 应为

$$\varphi_2 = \varphi'_2 \pm \varphi''_2 = \frac{z_1}{z_2}\varphi_1 \pm \frac{s_1}{r_2}$$

若由于蜗杆转动所产生的蜗轮转动方向与由于蜗杆移动所产生的蜗轮转动方向相同，则上式等号右边取"+"号；反之，则取"−"号。将上式对时间求导数得

$$\omega_2 = \omega'_2 \pm \omega''_2 = \frac{z_1}{z_2}\omega_1 \pm \frac{v_1}{r_2}$$

可见蜗轮输出为按一定规律而变化的非匀速转动。

回接式组合机构有补偿运动的作用，精密滚齿机中的分度校正机构就是应用这种组合方式来校正传动系统运动误差的应用实例。如图 12-36 中蜗轮的实际转动因传动误差而与理想的转动不符时，就可根据所测得的误差设计凸轮机构，以补偿运动误差。

(4) 叠联式组合 叠联式组合的特点是各基本机构没有共同的机架，而是互相叠联在一起的。每一个基本机构各有一个动力源，后一个基本机构的相对机架就是前一个基本机构的输出件，各机构各自进行运动，系统输出则为各机构运动叠加而成。叠联式组合机构的主要功能是实现特定的输出，完成复杂的工艺动作。

图 12-37a 所示为由三个摆动液压缸机构组成的叠联式挖掘机机构。其第一个基本机构 3-2-1-4 的机架 4 是挖掘机的机身；第二个基本机构 7-6-5-3 叠联在第一个基本机构的输出件 3 上，即以 3 作为它的相对机架；第三个基本机构 10-9-8-7 又叠联在第二个基本机构的输出件 7 上，即以 7 作为它的相对机架。这三个基本机构都各有一个动力源。第一个液压缸 1-2 带动大臂 3 升降；第二个液压缸 5-6 使铲斗柄 7 绕轴线 D 摆动；而第三个液压缸 8-9 带动铲斗 10 绕轴线 G 摆动。这三个液压缸分别或同时动作时，便可使挖掘机完成挖土、提升和卸载动作。图 12-37b 所示为该叠联式机构的组合方式框图（图中 s 和 φ 的下标 i、j 表示构件 i 相对构件 j）。

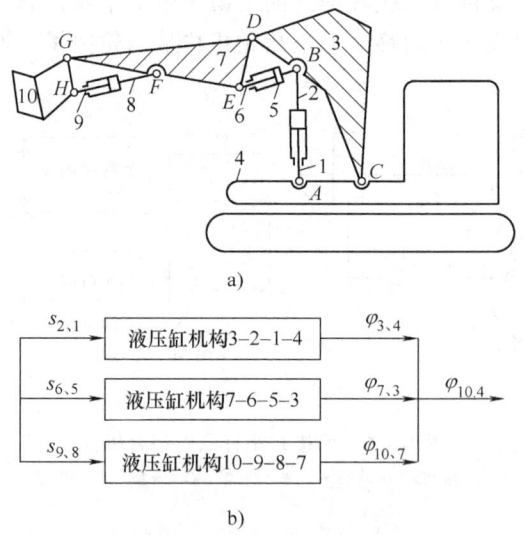

图 12-37 叠联式挖掘机机构

1、6、9—气缸　2、5、8—活塞　3—大臂　4—机架　7—铲斗柄　10—铲斗

第十二章 机械执行系统运动方案及其创新设计

图12-38所示为电动玩具马的主体运动机构,能模仿马的奔驰运动形态。它由曲柄摇块机构叠加在两杆机构的杆4上,两杆机构为运载机构,使马绕轴线 OO 向前奔驰,而曲柄摇块机构中的导杆2的摇摆和伸缩则使马获得跃上、窜下、前俯、后仰的姿态。

(5) 组合机构设计示例 图12-39a所示是典型的实现复杂运动轨迹的复合式凸轮连杆组合机构。当原动曲柄 AB 转动时,一方面直接给五杆机构输入转动 φ_1,同时通过凸轮机构给五杆机构输入位移 s_4,五杆机构将这两个输入运动合成后,从 C 点输出一个复杂运动轨迹 cc。下面介绍该机构的设计方法和步骤。

在未引入凸轮机构之前,由于五杆机构具有两个自由度,故需要两个输入运动。因此,当使原动曲柄 AB 作等速转动时,可同时让连杆上的 C 点沿着工作所要求的轨迹 cc 运动,这时,构件4的运动则完全确定。由此可求出构件4与构件1(它们是五杆机构的两个原动件)之间的运动关系 $s_4(\varphi_1)$。因为原动曲柄 AB 和凸轮1固接,构件4同时也是凸轮机构的从动件,所以只要按照此运动关系正确设计凸轮廓线,则 C 点必将输出预定的轨迹 cc。

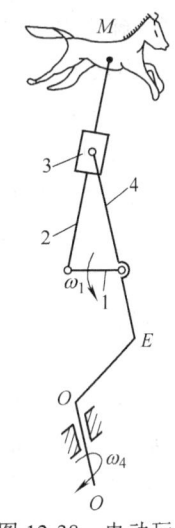

图12-38 电动玩具马机构

1—连杆 2—导杆
3—摇块 4—曲柄

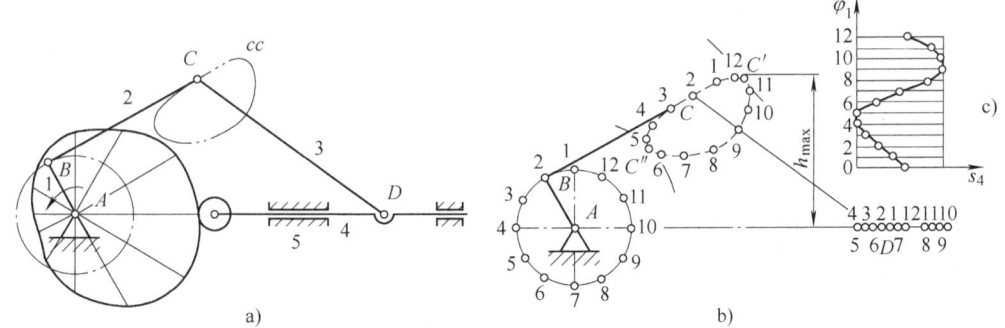

图12-39 实现复杂运动轨迹的复合式凸轮连杆组合机构设计

根据上述分析,其图解法设计步骤如下:

① 如图12-39b所示,作出轨迹曲线 cc,并根据机构的总体布局,选定曲柄转动中心 A 相对于给定轨迹 cc 曲线的位置。

② 确定构件1和构件2的长度。以 A 为圆心作圆弧与给定轨迹 cc 相切,远、近两相切点 C'、C'' 即为轨迹 cc 距 A 最远点和最近点,分别对应于构件1和构件2两次共线的位置,故有

$$l_{AB} = \frac{1}{2}(l_{AC'} - l_{AC''})$$

$$l_{BC} = \frac{1}{2}(l_{AC''} + l_{AC'})$$

③ 将曲柄销 B 的轨迹圆分为若干等份,得到曲柄回转一周期间 B 点的一系列位置 B_1,B_2,B_3,…。以 B 的一系列位置为中心,以连杆长 l_{BC} 为半径,作圆弧交给定轨迹于 C_1,C_2,C_3,…。

④ 确定构件 3 的长度。由于构件 4 的导路通过凸轮轴心，为了保证 CD 杆与导路有交点，必须使 l_{CD} 大于轨迹 cc 上各点到导路的最大距离。为此，作与 cc 轨迹相切且平行于导路的直线，找出曲线 cc 与导路间的最大距离 h_{max}。显然，取 $l_{CD} > h_{max}$。

⑤ 自轨迹 cc 上各点 C_1，C_2，C_3，…，以 CD 半径作圆弧，与导路交于 D_1，D_2，D_3，…，即为机构运动过程中 D 点对应于曲柄的一系列位置。由此即可绘制出从动件的位移曲线 $s_4(\varphi_1)$，如图 12-39c 所示。

⑥ 根据结构选定凸轮的基圆半径，按从动件的位移曲线 $s_4(\varphi_1)$ 设计移动滚子从动件盘形凸轮的廓线。

至此，该机构的图解法设计即告完成。

下面介绍解析法设计：

如图 12-40 所示，设对应于曲柄 AB 转角 φ_1，轨迹 cc 上 C 点的坐标为 x、y，则有

$$x = l_{AB}\cos\varphi_1 + l_{BC}\cos\varphi_2$$
$$y = l_{AB}\sin\varphi_1 + l_{BC}\sin\varphi_2 \quad (12\text{-}1)$$

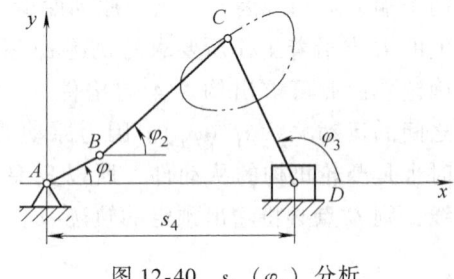

图 12-40 $s_4(\varphi_1)$ 分析

由式 (12-1) 得

$$\tan\frac{\varphi_2}{2} = \frac{y - l_{AB}\sin\varphi_1}{l_{BC} + x - l_{AB}\cos\varphi_1} = K \quad (12\text{-}2)$$

五杆机构位置的封闭矢量方程为

$$\boldsymbol{l}_{AB} + \boldsymbol{l}_{BC} = \boldsymbol{s}_4 + \boldsymbol{l}_{DC}$$

将其分别向 x、y 轴投影，得

$$\begin{cases} l_{AB}\cos\varphi_1 + l_{BC}\cos\varphi_2 = s_4 + l_{CD}\cos\varphi_3 \\ l_{AB}\sin\varphi_1 + l_{BC}\sin\varphi_2 = l_{CD}\sin\varphi_3 \end{cases} \quad (12\text{-}3)$$

由式 (12-3) 解得

$$\tan\frac{\varphi_2}{2} = \frac{A + \sqrt{A^2 + B^2 - C^2}}{B - C} \quad (12\text{-}4)$$

式中

$$A = 2l_{AB}l_{BC}\sin\varphi_1$$
$$B = 2l_{BC}(l_{AB}\cos\varphi_1 - s_4)$$
$$C = l_{AB}^2 + l_{BC}^2 - l_{CD}^2 + s_4^2 - 2l_{AB}s_4\cos\varphi_1$$

由式 (12-2) 和式 (12-4) 可得

$$K = \frac{A + \sqrt{A^2 + B^2 - C^2}}{B - C} \quad (12\text{-}5)$$

若给定对应于主动曲柄 AB 转角 φ_1 的 C 点坐标参数方程 $x = x(\varphi_1)$、$y = y(\varphi_1)$，则可由式 (12-5) 求出从动件运动规律 $s_4 = s_4(\varphi_1)$，进而按解析法设计凸轮的廓线。

5. 通过机构类型变异进行机构创新

在机构构思设计时要凭空想出一个能实现预期动作要求的新机构，往往比较困难。但我们已经熟悉一些基本机构的结构特点及其运动原理，已经知道机构的运动主要取决于构件和运动副的形状、尺寸和位置。那么通过改变构件和运动副形状、尺寸和位置以及增加辅助构件、机构倒置对基本机构进行变异，从而创新构思出能实现预期动作要求的新机构，是机构

创新的另一重要途径。

(1) 改变构件形状　如图 12-41 所示，如将图 12-41a 所示移动凸轮的直廓线包在圆柱面上，就形成图 12-40b 所示交叉螺旋槽的圆柱凸轮，则当圆柱凸轮 1 单向连续转动时，从动件 2 作往复运动。为了使从动件能按确定的螺旋线方向越过交叉槽口，从动件末端应增加图示履状滑块 3（辅助构件）。该机构成功地应用于插秧机中。

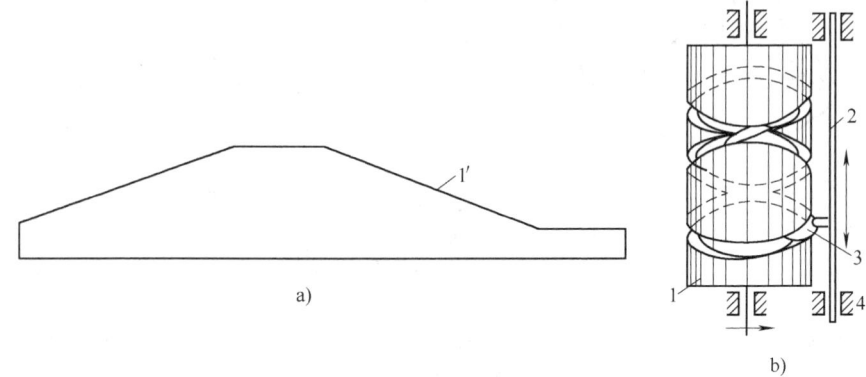

图 12-41　凸轮机构的变异
1′—移动凸轮　1—圆柱凸轮　2—从动件　3—履状滑块　4—机架

图 12-42 所示为直槽摆动导杆机构，当曲柄 1 逆时针方向由 O_1A 转过角度 2φ 到 O_1B 时，导杆 2 从 O_2A 顺时针方向转过角 2ψ 到 O_2B，曲柄继续由 O_1B 转至 O_1A 时，导杆又由 O_2B 逆时针方向摆回到 O_2A。今若作如图 12-43a 所示结构上的变化，将滑块变成滚子，并将导杆 2 做成轮状，而在轮上每隔 2ψ 角度开一个槽，然后以 O_2 为圆心，为 O_2A 半径作圆，沿该圆将轮分为 2 和 2′两部分，两部分都能绕 O_2 转动。这样，当曲柄逆时针方向由 OA_1 转至 O_1B 时，滚子在轮 2 的槽Ⅰ中滑动，并推动轮 2 顺时针方向转过角 2ψ，使轮 2 的槽Ⅳ转至位置 A（此过程中轮 2′不动）。曲柄继续转动时，滚子由 B 进入轮 2′的槽Ⅱ中，推动轮 2′逆时针方向转过角 2ψ，使轮 2′的槽Ⅱ转到位置 A（此过程中轮 2 不动）和轮 2 的槽Ⅳ在位置 A 对齐。依此类推，曲柄连续转动时，轮 2 和 2′依次作单向间歇转动。通常，轮 2 和 2′分别与曲柄 1 单独组成机构。于是，如图 12-42 所示的直槽导杆机构演化成如图 12-43b 所示由 1 和 2 组成的外槽轮机构和如图 12-43c 所示由 1 和 2 组成的内槽轮机构。

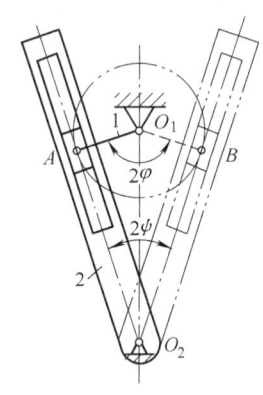

图 12-42　直槽摆动导杆机构
1—曲柄　2—导杆

(2) 运动副变换　通过运动副变换生成新的机构是机构创新的常用方法之一。常用的运动副变换有转动副变换为移动副，高、低副互代。

如图 12-44a 所示，为了使执行构件滑块 F 在行程极限位置附近得到较长时间的停歇，可将曲柄摇杆机构 $ABCD$ 和曲柄滑块机构 DCF 在两机构的从动件 CD 和滑块 F 均处于速度零位时串联。根据机构串联组合方式的特点，由于在该位置的前后，两者的速度都很小，因而滑块速度在较长时间内近似为零，从而实现了近似停歇功能。

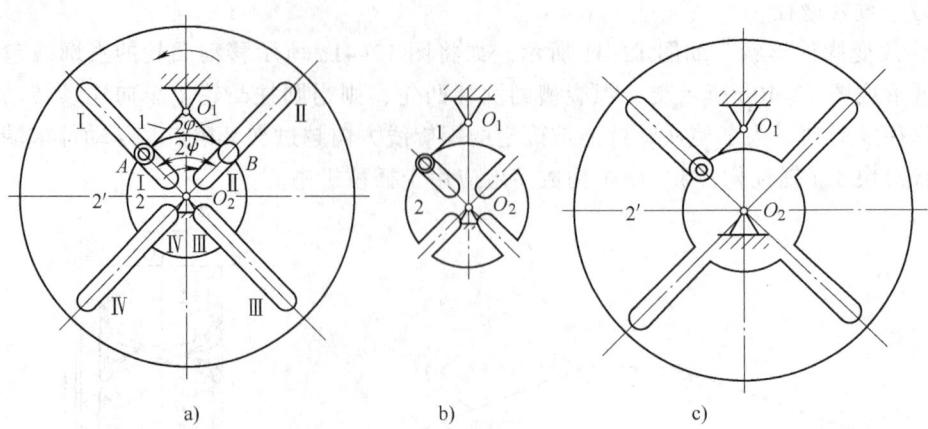

图 12-43 摆动导杆机构的变异
1—曲柄　2—外槽轮　2'—内槽轮

若将该铰链四杆机构的连杆 BC 与从动摇杆 DC 相连的转动副 C 变为移动副，则可得到如图 12-44b 所示的摆动导杆机构与摆杆滑块机构的串联组合方案。为了使滑块 F 在行程的一端获得准确的停歇功能，可将滑块 B 改成滚子，导杆槽由直槽改为带有一段圆弧的曲线槽，且使其圆弧槽的半径等于曲柄长度 AB，其圆心与曲柄转轴 A 重合，如图 12-44c 所示。经过如上变异后，当曲柄 AB 转至导杆曲线槽圆弧段位置时，滑块 F 将获得准确的停歇。

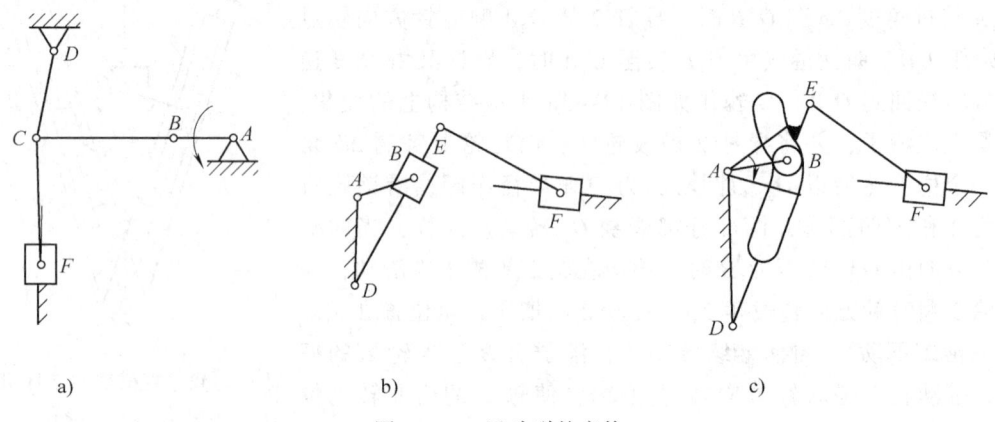

图 12-44 运动副的变换

如图 12-45 和图 12-46 所示，若将槽轮机构和棘轮机构中槽轮和棘轮改变形状，并将其转动副变换为移动副，则分别得到间歇移动式槽轮机构和间歇移动式棘轮机构。

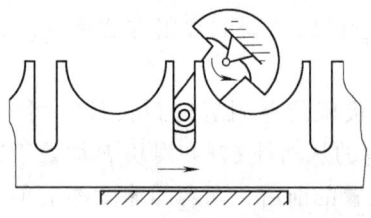

图 12-45 间歇移动式槽轮机构

图 12-46 间歇移动式棘轮机构

如图 12-47 所示，若将曲柄摇杆机构 ABCD 的转动副 D 变换为移动副则得到曲柄滑块机构，若进一步将转动副 C 变换为移动副则得到双滑块机构（正弦机构）。

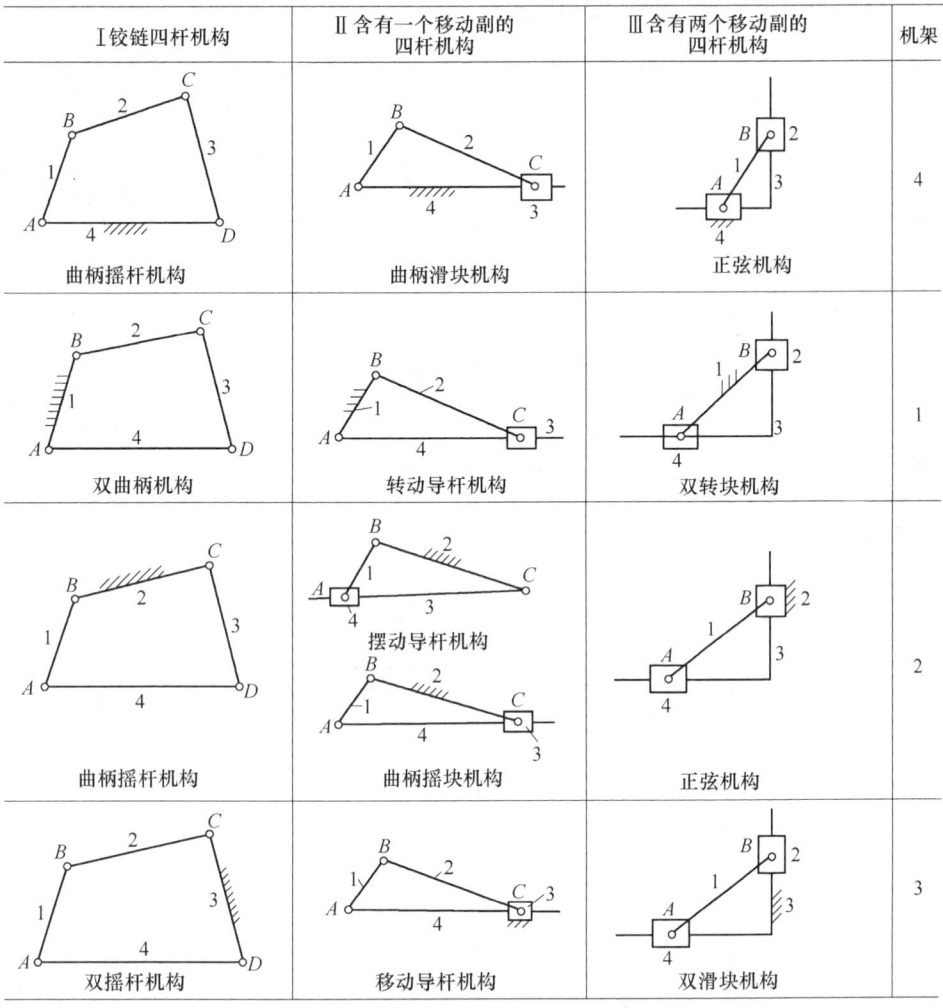

图 12-47 四杆机构的倒置和变异

（3）机构倒置　如第三章所述，根据低副机构运动可逆性，四杆机构经过倒置可以能生成不同型式的机构。如图 12-47 所示，曲柄摇杆机构经过倒置可得到双曲柄机构、曲柄摇杆机构和双摇杆机构等；曲柄滑块机构经过倒置可以得到转动导杆机构、摆动导杆机构、曲柄摇块机构和移动导杆机构等；双移动副四杆机构经过倒置可以得到正弦机构、正切机构、双转块机构和双滑块机构等。图 12-48 所示为部分四杆机构倒置和变异机构的应用实例。巧妙应用机构倒置的概念，研究现有机构的内在联系，构思新机构是机构创新的另一有效途径。

（4）改变运动副的尺寸　改变运动副尺寸主要是指增大转动副或移动副尺寸。图 12-49a 所示为曲柄滑块机构。当转动副 B 的直径尺寸加大到将转动副 A 包含在其中时，曲柄 1 就变成了一偏心轮，若偏心轮和圆环形连杆组成的转动副能使连杆紧贴固定的机架内壁运动，则曲柄滑块机构变异成图 12-49b 所示的活塞泵。当移动副扩大，将转动副 A、B 及

C 均包括在其中，则曲柄滑块机构变异成图 12-49c 所示的冲压机构，曲柄 1 通过连杆 2 带动冲头 3 上下往复运动，实现冲压动作。将连杆头处设计成圆弧曲面，使其与滑块内空间的圆弧曲面相吻合，用于提高机构的刚度和稳定性。

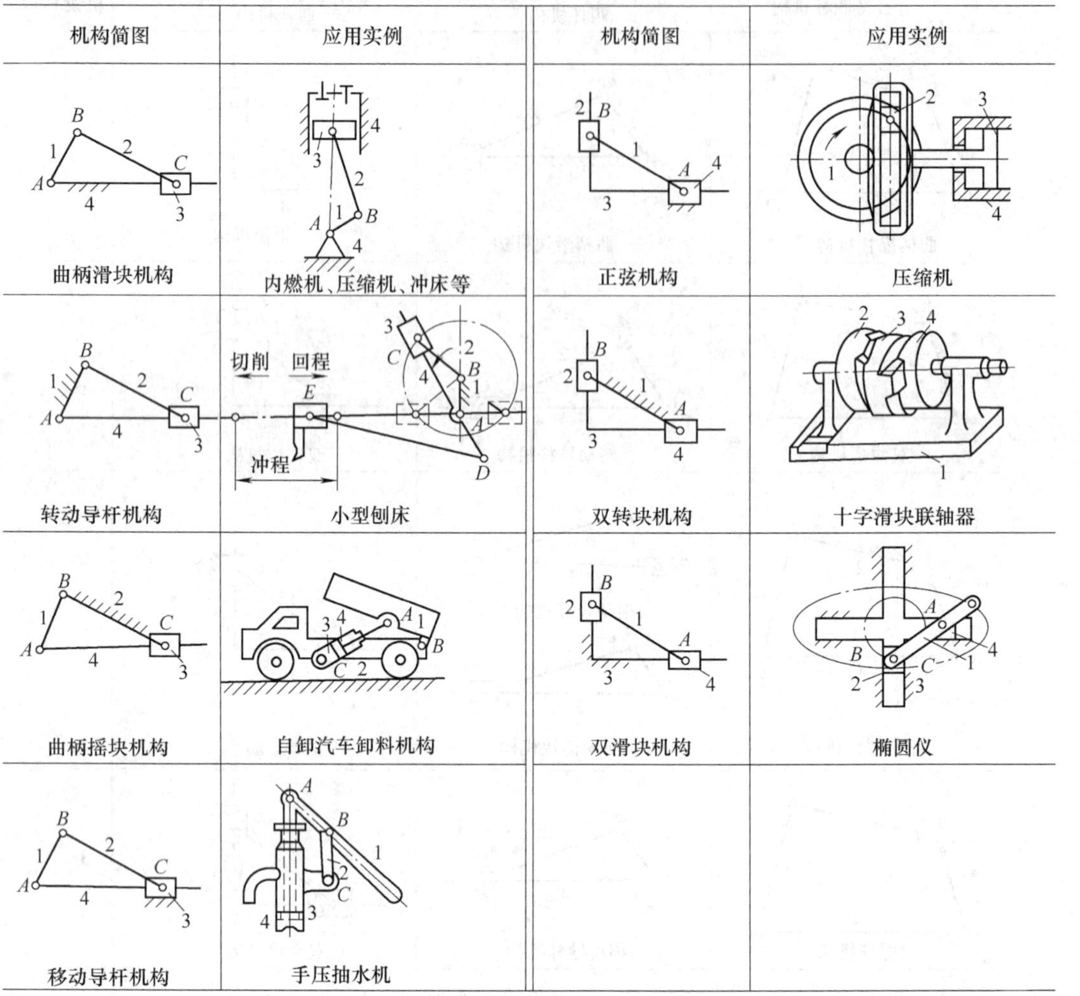

机构简图
应用实例
机构简图
应用实例
曲柄滑块机构
内燃机、压缩机、冲床等
正弦机构
压缩机
转动导杆机构
切削
回程
冲程
小型刨床
双转块机构
十字滑块联轴器
曲柄摇块机构
自卸汽车卸料机构
双滑块机构
椭圆仪
移动导杆机构
手压抽水机

图 12-48　四杆机构的倒置和变异机构的应用

a)
b)
c)

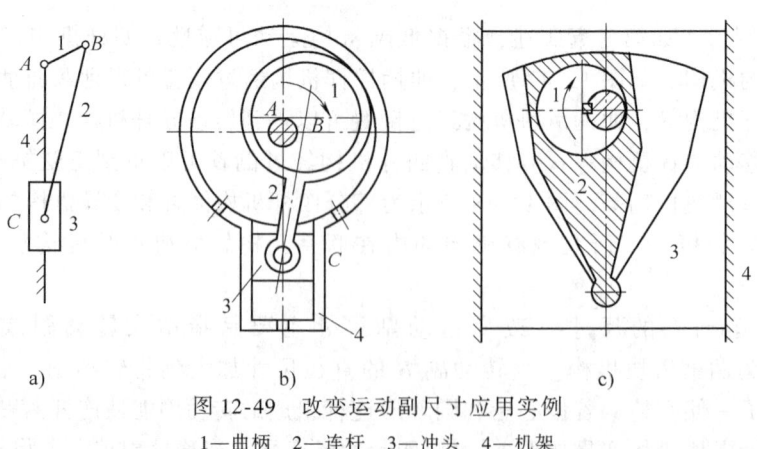

图 12-49　改变运动副尺寸应用实例

1—曲柄　2—连杆　3—冲头　4—机架

（5）增加辅助结构　某些机构在运动时，往往会产生一些机构组成元素本身无法解决的问题，如运动不确定问题、运动规律可调性问题等，一般可采用增加辅助结构解决。

图 12-50 所示的平行四边形机构 ABCD 是双曲柄机构的特例。其运动特点是机构运动时，相对构件平行且相等，能传递匀速运动。但当机构处于四个构件共线时，机构运动不确定。通过增加构件 EF，克服了机构运动不确定现象。

图 12-51 所示为双气缸机构。在曲柄滑块机构中，当滑块为主动件时，机构会出现死点，而在蒸汽机动力设备中采用 90°开式双气缸结构，巧妙地避开了死点的出现。

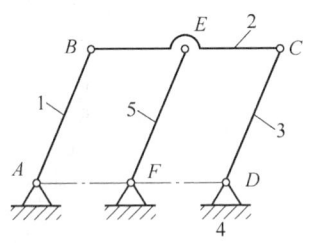

图 12-50　平行四边形机构

图 12-52 所示为凸轮机构和正弦机构的串联组合，其中摆杆 2 制成螺杆，与滚子 B 外侧固接的螺母相配合，手柄 5 与螺杆固接。当旋转手柄 5 时，通过螺旋移动滚子位置，以此改变摆杆 AB 的长度，从而调整从动件 4 的行程及运动规律。

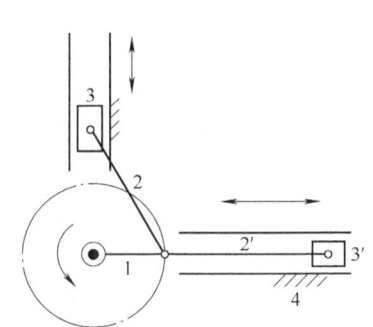

图 12-51　双气缸机构
1—曲柄　2、2′—连杆　3、3′—滑块　4—机架

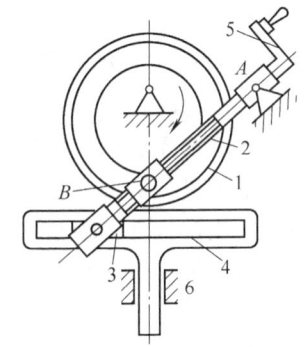

图 12-52　凸轮连杆机构
1—凸轮　2—摆杆　3—滑块　4—从动件
5—手柄　6—机架

6. 应用现代交叉学科进行机构创新设计

摆脱纯机械模式的束缚，巧妙利用光、电、液（气）等技术发明创造新机构是机构创新的又一重要途径。

图 12-53 所示为"光电动机"的原理图，其受光面 2 是太阳能电池，三只太阳能电池组成三角形，与电动机的转子轴 1 固接。太阳能电池提供电动机转动的能量，电动机一转动，太阳能电池也跟着旋转，动力就由电动机转子轴输出。由于受光面是连成一个三角形，所以当光的入射方向改变时，也不会影响起动。

图 12-54 所示为记忆金属发电装置。轮 2 和 1 相对偏心安置，且各自相对机架作定轴转动。将若干根自由长度相等的记忆金属丝 3 两端分别与轮 1 和 2 相连。利用太阳能或地热能将一槽中的水 7 加热到一定温度，根据记忆金属性质，浸入水中的记忆金属丝受热发生收缩变形，槽外面的记忆金属丝保持原来长度，这样轮 2 上下两侧的记忆金属丝牵引轮 1 的力大小不同，会产生转矩使轮 1 转动。与轮 1 固接一起转动的大带轮通过带传动 4 拖动发电机 5 工作，输出电能。

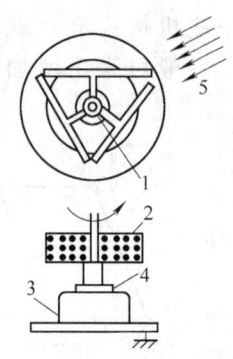

图 12-53 "光电动机"的原理图
1—转子轴　2—太阳能电池
3—固定子　4—滑环　5—太阳光线

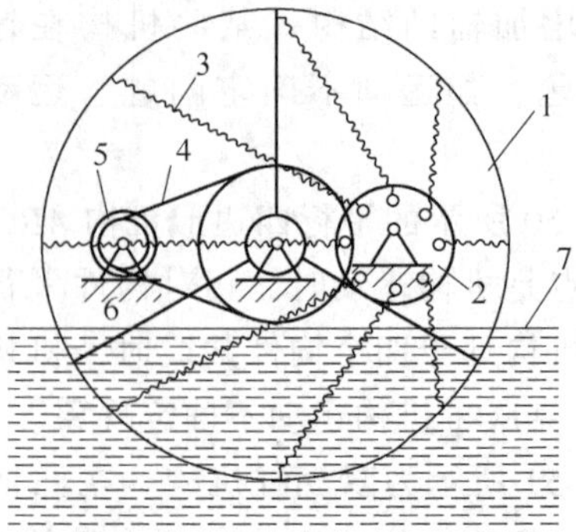

图 12-54 记忆金属发电装置
1、2—圆轮　3—记忆金属丝　4—带传动
5—发电机　6—机架　7—水

四、执行机构型式设计原则

实现同一工艺动作要求，可选用或创造出不同的机构型式及其组合。机构型式设计的优劣将直接影响机械的制造成本、运动精度、动力特性、机械效率、使用效果及工作可靠性等。在进行机构型式设计时，设计者应注意考虑以下几个方面的原则。

1. 满足执行构件的工艺动作和运动要求

进行机构型式设计时，首先必须满足执行构件在包括运动形式、运动规律和运动轨迹等方面的工艺动作和运动要求。一般高副机构和组合机构容易实现较复杂的运动要求。满足同一动作和运动要求的机构类型有多种，可以多选几个，比较分析，择优而取。

例如，若要求执行构件实现精确而连续的位移规律，可选机构类型有凸轮机构、连杆机构、液压或气动机构等。但经分析比较，最理想的还是凸轮机构，它能够准确实现预期位移规律，且结构简单，设计容易。若采用连杆机构，则结构复杂，且设计困难。若采用液压或气动机构，则不妥当，因为液体或气体的泄漏及环境温度的变化均会影响其运动的准确性。液压或气动机构最适合应用于要求始、末位置准确，而中间过程不需要准确定位的情况下。

2. 尽量缩短传动链，使机构结构最简单

在满足工作要求前提下，机构系统应尽可能简单，构件数和运动副数尽可能少，机构系统的活动空间尽可能小。减少构件数和运动副数有利于降低制造和装配（配合）两方面的困难程度，降低成本，减轻重量；有利于减少误差环节和摩擦损耗，提高传动精度和机械效率；有利于提高机构系统的刚度，降低机械系统的故障率，提高其工作可靠性。所以有时宁可采用有较小设计误差但结构简单的近似机构，而不采用理论上没有设计误差但结构复杂的机构系统。图 12-55 和图 12-56 所示分别为理论上能精确实现直线运动的铰链八杆机构和利

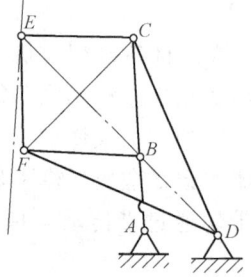

图 12-55 铰链八杆机构

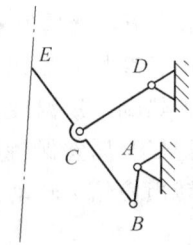

图 12-56 铰链四杆机构

用连杆曲线上一段近似直线满足运动要求的铰链四杆机构。但相比之下，前者构件和运动副数目较多，运动链长，结构复杂，且实际分析表明，在同一制造精度条件下，由于不可避免的构件尺寸制造误差和不可缺少的运动副间隙，前者的实际累积传动误差为后者的2～3倍。所以，人们往往选用后者而不选用前者。

3. 合理选择运动副形式

运动副类型的选择直接影响到机械的结构形式、耐用性能、传动效率、运动精度、灵敏程度和加工成本等。一般来说，转动副易于加工，容易保证运动副元素的配合精度，且效率较高，若采用滚动轴承，则更容易达到高精度、高效率和高灵敏度要求。同转动副相比，移动副元素制造较困难，不易达到较高精度，效率较低且易发生自锁或楔紧，故一般只宜用于作直线运动或将转动变为移动的场合。

采用带高副的机构比较易于实现执行构件较复杂的运动规律或运动轨迹，且有可能减少构件数和运动副数目，从而缩短运动链，但高副元素的曲面形状制造比较困难，且易于磨损而造成运动失真。

总的来说，机构型式设计时应优先考虑采用平面低副机构，尤其是优先采用转动副。尽管对于某些工艺动作和运动规律平面低副机构设计困难，只能近似满足设计要求，但仍可借助计算机辅助优化设计以逼近设计要求。而高副机构一般用于低速轻载且执行构件运动规律复杂、运动精度要求较高的场合。

4. 选择合适的动力源

在进行执行机构型式设计时，应充分考虑工作要求、生产条件和动力源情况，选择合适的动力源，以有利于简化机构和改善机械性能。当原动件为连续转动时，通常采用电动机。当有气、液源时，常采用液压和气动机构，这样既可以简化机构结构，省去电动机、传动机构或转换运动的机构，又有利于操作、调节速度和缓冲减振。特别是对于具有多执行构件的工程机械、自动生产线或自动机等，其优越性更为突出。应特别指出，若现场不具备某种动力源，只是追求简化机构而特别设置一个新的动力源，未必是合适的。

如图12-57所示，飞机起落架收放机构由摇杆摇块机构DCE和四杆机构ABCD串联组合构成，液压缸3作动力源且绕E作定轴转动。当手动泵1将液体经分配开关2压入缸3的下腔时，活塞5在液体作用下，带动杆6一起向上移动，而杆7和8沿箭头方向转动，使机构运动到图示虚线位置，将起落架收回。当液体经分配开关2压入缸3的上腔时，活塞5在液体作用下，推动四杆机构的摇杆CD，使起落架伸出且锁定在图示实线位置。该机构结构紧凑、操作方便、工作可靠。

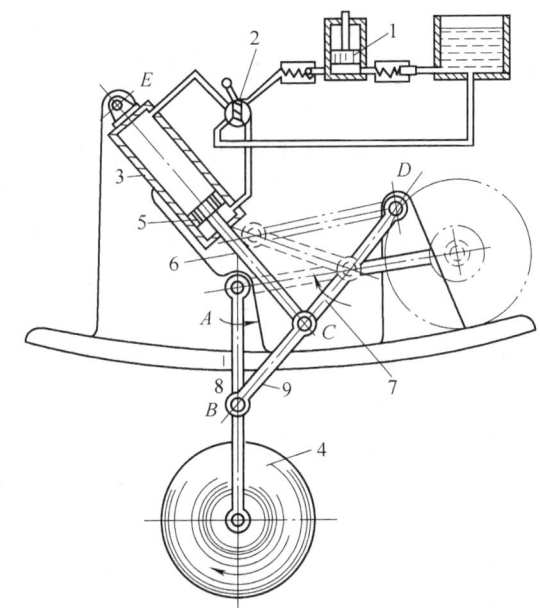

图12-57 飞机起落架收放机构

1—手动泵 2—分配开关 3—液压缸
4—轮子 5—活塞 6—活塞杆 7、8、9—杆件

5. 增设必要的可调环节

考虑到机构在制造时不可避免地会产生误差,给安装、调试造成困难,以及在使用过程中常常需要调整某些参数以满足使用要求,在进行机构型式设计时应尽量增设一些可调环节(如某些杆长可调、初位可调等),从而不仅使整个机械系统在安装、调试时比较方便,而且使执行构件的某些运动参数(如行程、速度等)在一定范围内实现可调,以扩大机构系统的适用范围或在不增加机构系统复杂程度的情况下实现多功能。

图 12-58 所示的牛头刨床机构,曲柄 5 与齿轮 2 固接绕 C 轴转动,与该曲柄在 A 点铰接的导块 6 与导杆 3 的导槽 a 组成移动副,从而带动导杆绕 B 点摆动。曲柄 5 上设置有丝杠 8,与导块 6 组成螺旋副。通过该螺旋副可调节曲柄 5 的长度 AC,由此改变滑杆 7 的行程。

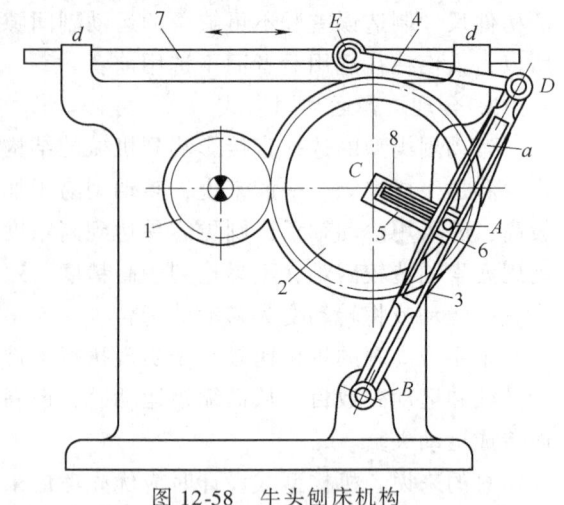

图 12-58　牛头刨床机构
1、2—齿轮　3—导杆　4—连杆
5—曲柄　6—导块　7—滑杆　8—丝杠

6. 执行机构要具有良好的动力特性

在进行执行机构型式设计时,应使机构具有良好的传力条件和动力性能。对于传力大的机构应注意选用工作行程中具有最大传动角、最大增力系数和效率较高的机构,以防止机构自锁,增大机构工作的灵活性,减小主动轴上的力矩和原动机的功率及损耗。对于高速运转机械,机构型式设计时应考虑机构的结构对称性、机构或回转构件的平衡,以使机构工作中的惯性力得到平衡、减小、乃至消除动载荷。

一般情况下尽量少用或不用虚约束。这是因为采用虚约束必然要求提高加工和装配精度,否则虚约束就可能变为真约束,使机构运动不灵活,甚至产生楔紧现象而使机构运动被卡死。若为了克服运动不确定性、改善受力状况或增加机构刚度而必须引入虚约束时,则必须注意结构、尺寸等方面设计的合理性,保证必要的加工和装配精度。

如图 12-59 所示的加压机构,为了使执行构件滑块 F 在接近下死点时能具有较大的压紧力且有较长时间的停歇保压,可将曲柄摇杆机构 $ABCD$ 和曲柄滑块机构 DCE 在两机构的从动件 CD 和滑块 F 均处于速度零位时串联,因而在该位置的前后的较长时间内滑块速度近似为零。若不考虑摩擦损耗,则有 $G = Fv_B/v_E$,即加于主动杆 AB 上很小的力 F 即可克服执行构件滑块上很大的生产阻力 G。

又如,图 12-60 所示为双缸压气机机构简图。两组相向的曲柄滑块机构左右对称配置,使它们组成具有公共曲柄 1 的六杆机构。曲柄 1 的输出转动是曲柄滑块机构输出转动之和。当滑块(活塞)高速往复运动时,会由加速度产生很大的惯性力,但由于两滑块的加速度大小相同、方向相反,因而其惯性力对机架 4 的作用力相互平衡。动载荷被部分或全部消除。

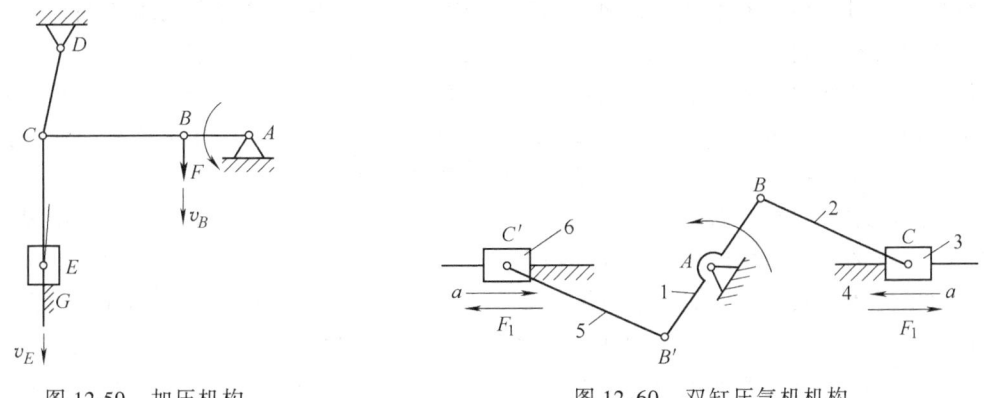

图 12-59　加压机构　　　　　图 12-60　双缸压气机机构

7. 保证机械使用安全、操作方便

在进行执行机构型式设计时，要多为"用户"考虑，除了满足功能要求，结构简单，容易加工之外，还应注意使机构操作简单方便、工作安全可靠。为了防止机械因过载而损坏，可采用有过载保护作用的摩擦传动；为了防止起吊重物的机械在重力作用下自行倒转，可采用有自锁功能的传动装置。

以上介绍了执行机构型式设计时应遵循的一些基本原则，但要同时满足各个方面往往比较困难，有些甚至是相互矛盾的。因此，在对某一具体执行系统进行机构型式设计时，设计者还应深入调查研究，认真分析设计对象，根据具体情况抓住主要矛盾，既有所侧重，又统筹兼顾。

按照上述设计原则，再回到前述的简单手动加压装置的几个方案加以分析评述：

1）从满足运动特性和设计要求来考虑，方案 A 采用螺旋机构实现运动形式变换功能和运动大小变换功能，采用刚度很高的斜面机构实现运动轴线变向功能和运动大小变换功能，该方案经过两次运动大小变换而增加了压紧力。方案 B 采用曲柄滑块机构实现运动形式变换功能，采用液压机构实现运动轴线变向功能和运动大小变换功能，可具有较大压紧力；方案 C 采用曲柄摇杆机构实现运动大小变换功能，采用摆杆滑块机构实现运动形式变换、运动轴线变向和运动大小变换三种功能，由于该方案经过两次运动大小变换，且两机构的从动件均处于速度零位时串联。根据机构串联组合方式的特点，由于在该位置的前后，两者的速度都很小，因而滑块速度在较长时间内近似为零，故具有较大的压紧力并有较长时间的保压。可见，上述三个方案均能满足运动要求，但就设计要求中提出的对机构在铅垂方向的尺寸限制而言，方案 A、B 显然优于方案 C。

2）从机构性能上来考虑，方案 A 采用斜面机构而增强了系统刚度。由于螺旋和楔块机构都可以使其具有自锁性能，两个自锁环节，工作绝对可靠。螺杆受拉力，受力情况好（无压杆稳定问题），采用面接触的两个对称机构，加压时机构稳定。只要斜面和螺杆长度留有余地，磨损后行程便于得到补偿。方案 C 虽不易磨损，但磨损后要补偿行程是不容易的，必须调整四杆机构的尺寸才能得到补偿，且系统刚度较差；而方案 B 活塞密封件磨损后会漏油，必须更换密封圈才能修复。

3）就经济性和实用性来说，方案 A 螺旋副的加工要比转动副复杂一些，但其结构简单、使用方便，当被加压的工件尺寸变化时，可用改变输入构件转角的办法来调整从动件的加压行程，此时机构性能不变。此外，方案 A 用了左、右螺旋机构和两组楔块机构，若工件的加压面较窄，则可用一组螺旋和楔块机构，若加压面较宽，则应用两组机构。方案 C 虽然构件和运动副加工较简单，但当被加压的工件尺寸变化时，则只能用改变工件夹持器的位置来适应机构的加压行程，增加了结构、制造和使用上的困难；而方案 B 中液压缸的防漏问题是一个比较棘手的问题，防漏要求较严，制造要求较高。

4) 由于机构是手动驱动，所以冲击、振动、噪声等问题可不必考虑。本例中没有提出生产率、效率的问题，所以可不再深入研究。

从以上评述可知，各方案各有其优缺点，那么究竟应确定采用哪个方案呢？目前正流行一种比较科学的定量式评价体系和评价办法，就是根据上述基本原则和设计对象的主要功能和性能要求，同时充分考虑机械设计专家的咨询意见，建立合理有效的评价指标，并将有关各项指标按其重要程度分别规定相应的"分"值，然后逐项评分，根据"分"值取优。但对于比较简单的机构系统，这种办法则显得有些繁琐，这时，可抓住关键性的性能指标和突出的优、缺点来决定方案的取舍。像在上述分析评价中，不难发现方案 A 具有良好的反行程自锁性能和行程补偿性能，结构简单、使用方便、工作稳定、且在铅垂方向尺寸较小，故可优先考虑采用方案 A。

必须指出，上述对于各种设计方案的评述还不能作最终评价和确定，这是因为对组成机械执行系统中的各机构还未进行尺度设计。机构几何尺寸未定，对其运动、动力等性能就不能进行定量分析。因此，在实际工作中，机构型式设计与机构尺度设计、运动及动力性能分析是不能截然分开的，经常是相互交叉进行。有时在作机构尺度设计基础上需要对原型式设计进行修改。

第四节 机械执行系统运动协调设计

一、机械执行系统的运动协调设计

一部复杂的机械，通常由多个执行机构组合而成。各执行机构不仅要完成各自的执行动作，还必须以一定的次序协调动作，相互配合，以完成机器预期的功能要求。否则将破坏机械的整个工作过程，不仅无法实现预期工作要求，甚至会损坏机件和产品，造成生产和人身事故。

机械执行系统运动协调设计主要应满足以下要求：

1) 各执行机构的执行动作在时间上要协调配合。各执行机构的动作过程和先后顺序，必须符合工艺过程所提出的要求，同时还要保证各执行机构动作在时间上的同步性要求，使各执行机构的运动循环时间间隔相同或按工艺要求成一定的倍数关系，从而使各执行机构不仅在时间上能保证确定的顺序，而且能够周而复始地循环协调工作。

2) 各执行机构必须保证其在运动过程中的空间协调性。为了保证机械执行系统能够顺利完成预期的工作任务，除了保证各执行机构的执行动作在时间上协调配合外，还必须进行各执行机构在空间上的协调性设计，以保证在运动过程中各执行机构不发生运动轨迹的相互干涉。

3) 各执行机构对操作对象的操作必须满足协同性要求。当两个或两个以上的执行机构同时对同一对象实施操作完成同一执行动作时，各执行机构之间的运动必须协同一致。

4) 对于有些机械，除了要求各执行机构的动作满足时间、空间上的同步性和协同性之外，还必须满足运动速度的协调性。如用展成法加工齿轮时，滚齿机或插齿机中的刀具和轮坯的展成运动必须保证预定的传动比。

5）在安排各执行机构的动作顺序时应尽量缩短执行系统的工作循环周期，有利于提高劳动生产率。通常可采用两种办法：其一是尽量缩短各执行机构空回行程的时间，以缩短非有效生产时间；其二是只要运动不产生相互干涉，可以在前一个执行机构回程结束之前，后一个执行机构即开始工作行程，以充分利用两个执行机构的空间裕量。在系统中有多个执行机构的情况下，采用这种方法可取得明显效果。

6）在确保各执行机构动作按先后顺序执行和时间上的同步性的前提下，为避免因制造、安装等误差造成在动作衔接处发生干涉，在一个机构动作结束到另一个机构动作起始之间应保持适当的时间间隔。

现以粉料压片机为例说明机械执行系统的协调设计。如图 12-61b 所示，压片工艺可分解为五个动作：① 移动料筛 3 至模具 10 的型腔上方，将上一循环已经成形的药片推出（卸料），并准备将粉料装入型腔；② 振动料筛，将粉料装入型腔；③ 下冲头 5 下沉一定深度，以防止上冲头 9 下压时将粉料扑出；④ 上冲头下压，下冲头上压，将粉料加压并保压一定时间；⑤ 上冲头快速退出，下冲头随之将成型药片推出型腔并停歇待料筛推进到型腔上方推出片坯 11，下冲头随之下移，开始下一循环。由上述工艺动作分解过程可知，该机构系统共需 3 个执行构件，即上冲头、下冲头和料筛。

如图 12-61a 所示，粉料压片机执行系统由三个执行机构组成。凸轮连杆机构Ⅰ完成工艺动作①、②；凸轮机构Ⅱ完成工艺动作③；串联六杆机构Ⅲ及凸轮机构Ⅳ配合完成工艺动作④、⑤。根据协调设计要求，对各执行机构的运动应作如下协调安排：

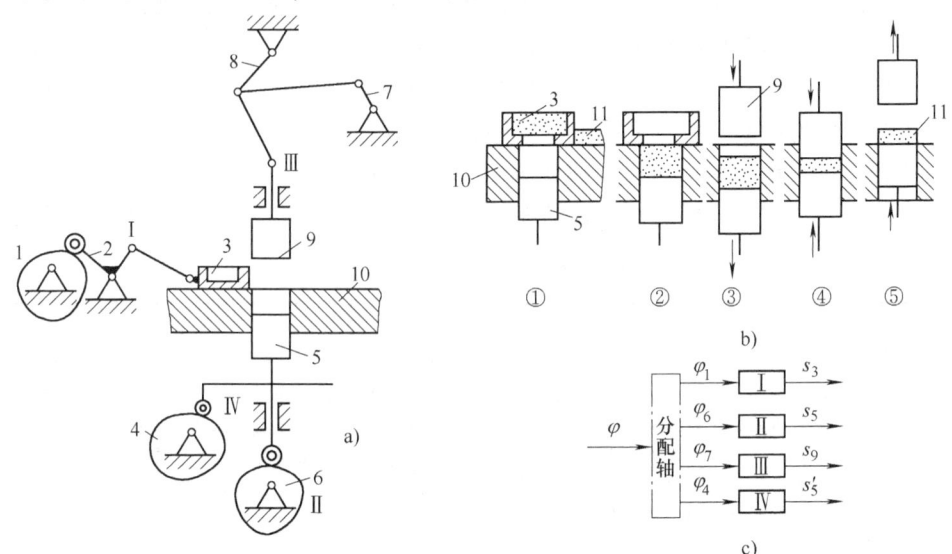

图 12-61 粉料压片机的协调设计

1、4、6—凸轮 2—摆杆 3—料筛 5—下冲头 7—曲柄 8—摇杆 9—上冲头 10—型腔体 11—药片

1）各执行机构的动作过程必须按①→②→③→④→⑤的顺序进行。显然，在料筛送料期间，上冲头不能下移，以免压到料筛，只有在料筛不在上下冲头之间时，冲头才能加压。所以料筛与上、下冲头之间的运动，在时间顺序上要有严格的协调要求。

2）为了保证各执行机构在运动时间上的同步性，可将各执行机构的原动件 1、4、6、7 安装在同一根分配轴上或通过一些传动装置把它们与分配轴相联，整个机构系统可由一个电动机带动，从而使各执行机构的运动循环时间间隔相同，并按确定的顺序周而复始地循环协调工作。如图 12-61c 所示，φ 表示电动机转角，通过分配轴和传动机构（图中未画出）将运动并列分支传给凸轮 1（φ_1）、凸轮 6（φ_6）、曲柄 7（φ_7）和凸轮 4（φ_4）。而它们又分别通过机构 Ⅰ、Ⅱ、Ⅲ、Ⅳ 输出料筛 3 的位移 s_3、下冲头 5 的位移 s_5、上冲头 9 的位移 s_9 和下冲头 5 的位移 s_5'。这些构件的位移按顺序组成了压片成形的整个工艺动作过程。

3）由于料筛 3 和上冲头 9 的运动轨迹是相交的，故在安排这两个执行构件的运动时，不仅要注意时间上的协调性，还应注意其空间位置上的协调性和同步性，以防止在其运动过程中料筛和上冲头相撞。

4）因上冲头 9 和下冲头 5 的操作对象是同一药片，故在安排这两个构件的运动时，应注意使其协同一致。如上、下冲头同时将粉料加压并保压一定时间。此后上冲头快速退出，下冲头稍后并稍慢地上移将成形药片推出型膛。否则，若上冲头还未退出下冲头就上移的话，本已成形的药片就会进一步受压而遭破坏。

二、机械运动循环图及其设计

1. 机械运动循环图的概念

根据生产工艺的不同，机械的运动循环可分为两大类。一类是机械中各执行机构的运动规律是非周期性的，它取决于工作条件的不同而随时改变，具有相当大的随机性，例如起重机、建筑机械和某些工程机械等。另一类是机械中各执行机构的运动是周期性循环的，各执行构件的位移、速度和加速度等运动参数周期性地重复，即经过一定的时间间隔后，其运动参数就重复一次，实现一次循环，生产中大多数机械都属于这种固定运动循环的机械。

对于具有固定运动循环的机械，用来描述各执行构件运动间相互协调配合关系的图称为机械的运动循环图。当采用机械方式集中控制时，通常各执行机构的原动件通过分配轴相联接起来，各执行机构原动件在分配轴上的安装方位，或者控制各执行机构原动件的凸轮在分配轴上的安装方位，均是根据机械运动循环图来决定的。所以机械的运动循环图是机器设计、安装和调试的依据。常用的机械运动循环图的形式、绘制方法和特点见表 12-3。

表 12-3 机械运动循环图的形式、绘制方法和特点

形 式	绘 制 方 法	特 点
直线式	将机械在一个运动循环中各执行构件各运动区段的起止时间（或转角）和先后顺序，按比例绘制在直线坐标轴上	绘制方法简单；能清楚地表示出一个运动循环内各执行构件运动的相互顺序和时间（或转角）关系 直观性较差；不能显示各执行构件的运动规律
圆周式	将机械在一个运动循环中各执行构件各运动区段的起止时间（或转角）和先后顺序，按比例绘制圆形坐标上	能比较直观地看出各执行机构原动件在分配轴上所处的相位，便于各机构的设计、安装和调试 当执行机构数较多时，由于同心圆环太多不便看得清楚；也无法显示各执行构件的运动规律
直角坐标式	用横坐标轴表示各执行构件各运动区段的起止时间（或转角）和先后顺序，以纵坐标轴表示各执行构件相应的角位移或线位移，为简明起见，各区段之间均用直线连接	实际上它就是个执行构件的位移线图，不仅能清楚地表示出各执行构件动作的先后顺序，而且能表示出各执行构件在各区段的运动规律。有利于指导各执行机构的几何尺寸设计

通常选取机械中某一主要的执行构件具有代表性的特征位置作为起始位置（通常以生产工艺的起始点作为运动循环的起始点），由此来确定其他执行构件的运动相对于该主要执行构件

的先后次序和配合关系，并将各执行机构的运动循环按同一时间（或转角）比例尺绘出。

2. 机械运动循环图的设计

下面分别以粉料压片机为例说明机械运动循环图的设计方法和过程。

如图 12-61a 所示的粉料压片机，用于将陶瓷干粉料压制成厚度为 5mm 的圆形片坯，要求其生产率为 25 片/min，其工艺动作的分解过程如图 12-61b 所示。料筛在模具型腔上方往复振动加料，然后向左退出停歇。料筛刚退出，下冲头即开始下沉 3mm，以防止上冲头进入型腔加压时将粉料扑出。下冲头下沉完毕，上冲头下移至型腔入口处。待上冲头下移至台面下 3mm 处时，下冲头开始上升，对粉料双面加压，在此过程中上、下冲头各移 8mm，然后两冲头停歇保压，保压时间 0.4s，即相当于主动件转 60°。随后上冲头先开始退出向上提升（上冲头行程为 90~100mm，为料筛留有进入的空间），下冲头稍后并缓慢地向上移动至和台面平齐，顶出成形片坯。下冲头停歇待料筛向右推进 45~50mm 推卸片坯。接着下冲头下移 21mm，同时，料筛往复振动加料而进入下一个循环。其三种形式的运动循环图，如图 12-62a、b、c 所示。

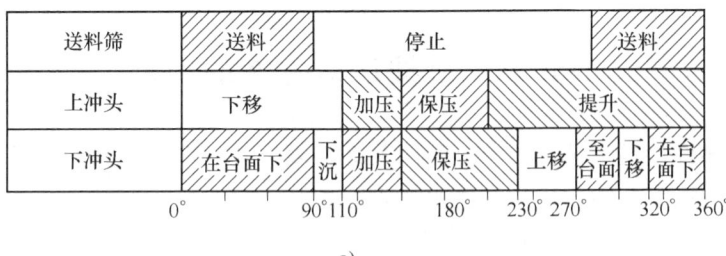

a)

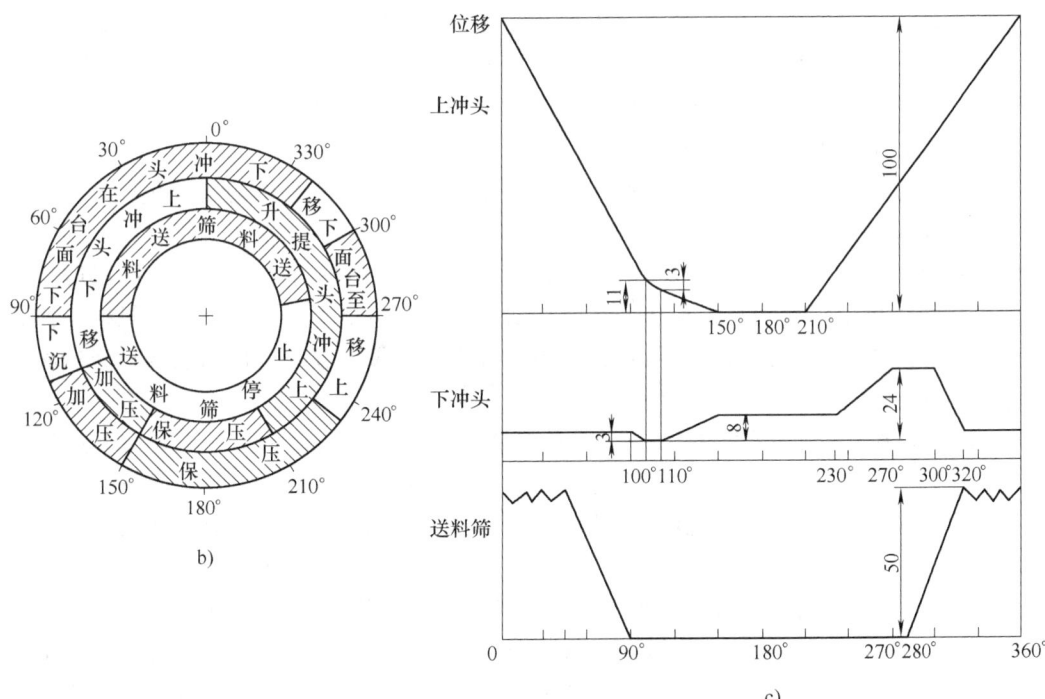

b)

c)

图 12-62 粉料压片机的运动循环图设计

在拟定运动循环图时，还应注意几个问题：一是运动循环图上执行构件的位移曲线主要着眼于其运动的起始位置，对中间过程可不必准确表示出运动规律。二是为了尽量缩短执行系统的工作循环周期，有利于提高劳动生产率，可在保证不发生干涉的前提下，尽量使各执行机构的动作部分重叠安排。例如上冲头还未退到上顶点，料筛即可开始移动送进；而料筛尚未完全退回，上冲头即可开始下行，只要料筛和上冲头不发生碰撞（阻挡）即可。这样安排，同时还可增长执行构件的运动时间，减小加速度，从而改善机构的运动和动力性能。三是在完成了机械执行系统的协调设计，并绘制确定运动循环图后，即可据此并结合前述执行机构型式设计，进行机构运动和动力设计。在完成各执行机构的尺寸设计后，还需要观察各机构运动是否协调，必要时还需要考虑结构和整体布局等方面的原因对运动循环图进行适当修改。

值得指出的是，在完成执行机构的尺寸设计后，常常由于结构和整体布局方面的原因、由于加工工艺方面的原因，或由于改善执行机构运动和动力特性方面的原因等，必须对执行机构的构件尺寸进行必要的调整和修改。这样执行机构所实现的运动规律与原先设计的就不完全相同，因此必须以经过改进的结构设计、强度设计或刚度设计确定的构件结构尺寸为依据，精确地描绘出机械运动循环图。

第五节　机械运动方案的评价

机械运动方案设计是机械设计全过程的关键阶段，其创新效果和性能指标如何将直接影响机械产品的制造成本、功能质量和使用效果。

如前所述，实现同一预期功能，可以采用不同的工作原理，从而构思出不同的设计方案；采用同一工作原理，工艺动作分解的方法不同，也会产生出不同的设计方案；同一执行动作，又可选用多种机构型式，从而形成多种设计方案。因此，机械系统运动方案的设计是一个多解性问题。设计者必须通过科学地分析、比较和评价各方案的性能优劣、价值高低，进而选择一种既能实现功能要求，又性能优良、价格低廉的设计方案。

一、机械运动方案评价的特点

机械运动方案的设计是要解决机械产品的工作原理方案及执行机构选型和设计问题。因此，其评价体系必须具有如下一些特点：

1）评价体系应包括技术、经济、安全可靠这三个方面的内容。但由于在机械运动方案设计阶段只能解决原理方案及机构选型和设计问题，还不可能十分具体地涉及机械结构和强度设计的细节。因此，评价指标总数不宜过多，且应主要考虑技术方面的因素，即功能和工作性能方面的指标应占有较大的比例。

2）评价体系内的各评价指标，一般不考虑具有重要程度的权系数。这是由于在机械运动方案设计阶段，对技术、经济、安全可靠三方面的内容所能提供的信息还不够充分。但为了使评价体系具有广泛的适用范围，对某些评价指标在不同场合下有明显差异的，可以按具体情况给出加权系数。

3）考虑到进行评价的实际可能性和可操作性，一般采用0~4分的五级评分法。

4）若以理想的评价值为1，则相对评价值低于0.6的方案，一般认为较差，应予以剔除。相对评价值高于0.8的方案，只要其各项评价指标都较为均衡，则认为可以采用。相对评价值在0.6~0.8之间的方案，则需作具体分析，有的方案缺点严重且难以改进，则应放弃；有的方案可以找出薄弱环节加以改进，从而使其成为较好的方案，再加以采纳。

5) 为了使评价体系更加客观和有效，应充分征集机械设计专家的知识和经验，尽可能多地掌握各种技术信息和技术情报，尽量采用功能成本指标值进行运动方案的比较。

二、机械运动方案的评价指标及其评价体系

实现一个复杂的工艺过程，往往可以分解成多个动作，每一执行动作，由一个执行机构来完成，而这一执行机构又可能有若干个机构型式。这就是说机械运动方案是由若干个执行机构组成的机构系统，对各执行机构的评价是对整个机械运动方案评价的基础。因而，在方案设计阶段，对于单一机构的选型或整个机械运动方案的选择都应建立合理、实用而有效的评价体系和评价指标。

1. 机构及机械运动方案的评价指标

根据机械系统设计的主要性能要求和机械设计专家的咨询意见，现已初步确定的机构及机械运动方案的评价指标体系一般应包括五大类、十七项具体评价指标，见表12-4。对于具体的机械系统，这些评价指标和具体内容还需要依实际情况加以增减和完善。

表 12-4　机构及机械运动方案的评价指标

序 号	评价指标	具 体 内 容
1	系统功能	1) 运动规律的型式；2) 传动精度高低
2	工作性能	1) 应用范围；2) 可调性；3) 运转速度；4) 承载能力
3	动力性能	1) 加速度峰值；2) 噪声；3) 耐磨性；4) 可靠性
4	经济性	1) 制造难易；2) 制造误差敏感度；3) 调整方便性；4) 能耗大小
5	结构紧凑	1) 尺寸；2) 重量；3) 结构复杂性

2. 机构选型的评价体系

根据上述评价指标所列项目，通过一定范围内的专家咨询（也可在一个班级内选择若干学习成绩好的学生作为"专家"，也可请设计小组内的成员作为"专家"），征集专家对各项评价指标分配值的意见，逐项评定分配分数值，即可构建机构选型的评价体系，表12-5是初步建立的机构选型的评价体系。值得指出的是，这些分配分数值是按照评价项目的重要程度来分配的，针对不同的设计任务，应根据具体情况，进行必要的修改和完善。例如，对于重载的机械，应对其承载能力一项给予较大的重视；对于加速度较大的机械，应对其振动、噪声和可靠性给予较大的重视。

表 12-5　机构选型的评价体系

评价指标	系统功能 A	工作性能 B	动力性能 C	经济性 D	结构紧凑 E
总分	25	20	20	20	15
具体项目	A_1　A_2	B_1　B_2　B_3　B_4	C_1　C_2　C_3　C_4	D_1　D_2　D_3　D_4	E_1　E_2　E_3
分数值	15　10	5　5　5　5	5　5　5　5	5　5　5　5	5　5　5
备注	以实现某一运动为主时，可取加权系数为1.5，即 $A \times 1.5$	当受力较大时，可取后两项指标的加权系数为1.5，即 $(B_3 + B_4) \times 1.5$	当加速度较大时，可取加权系数为1.5，即 $C \times 1.5$		

3. 机构选型评价指标的评价量化

一个执行机构可能有若干个机构型式供选择。利用机构选型评价体系对各待选用机构型式进行评价、选优的重要步骤就是将各项评价指标进行评价量化。由于实际评价较难量化，因此通常按五级评分法进行评价量化，一般采用相对量化值，见表 12-6。

表 12-6 五级评分法

序号	1	2	3	4	5
评价	很好	良好	较好	不太好	不好
评价值	4	3	2	1	0
相对量化值	1	0.75	0.50	0.25	0

三、机械系统运动方案的评价方法

1. 经验性的排队评价法

该方法一般适用于对创新方案进行初步评价。当设计问题不是很复杂或评价指标十分具体时，可使用这种方法。请一组专家对 n 个待选方案进行排队，每个专家按方案的优劣排出这 n 个方案的名次，名次最高者为 n 分，最低者为 1 分，然后将所有专家对每个方案的评分相加，总分最高者为最佳方案。

2. 系统工程评价法

该方法将机械运动方案从总体上进行综合评价，一般情况下评价指标体系按表 12-5。对各种比较特殊用途和特殊使用场合的机械运动方案，可以根据具体需要，按有关评价项目的重要程度确定其权重。例如，对于重型机械的机械运动方案评价指标体系与轻工机械的机械运动方案评价指标体系应通过权系数加以区别。

评价专家对评价指标体系中每项评价指标所能实现的程度按 1.0、0.75、0.50、0.25、0 五级相对比值法进行量化，求出总的评价值。多个待选方案中，总评价值最高的一般认为是最佳方案。

在统计计算总评价值时常用的方法见表 12-7。

表 12-7 总评价值常用计算方法

方法	公式	说明
加法	$H_j = \sum_{i=1}^{n} U_i$	该方法计算简单
乘法	$H_j = \prod_{i=1}^{n} U_i$	对各评价指标都重要时，采用该方法，可以使各方案总评价值差距拉开，便于比较
均值法	$H_j = \dfrac{1}{n}\sum_{i=1}^{n} U_i$	该方法结果直观

注：n 为评价体系中评价指标的个数；U_i 为 n 个评价指标中第 i 个评价指标的评价值；H_j 为 m 个待选方案中第 j 个方案的总评价值。

3. 模糊综合评价法

在机械运动方案评价体系中，常常有很多评价指标难以定量评价，而只能用"很好"、"好"、"较好"、"不太好"、"不好"等模糊概念来评价，模糊评价法就是应用模糊数学的方法将这些模糊信息用 [0，1] 区间内的连续数值来表达，使得评价值更趋合理、准确。

（1）确定评价指标集 由表 12-5 可知，一个执行机构的评价指标集为

$$U = \{A \quad B \quad C \quad D \quad E\}$$

其中，$A = [A_1 \quad A_2]$；$B = [B_1 \quad B_2 \quad B_3 \quad B_4]$；$C = [C_1 \quad C_2 \quad C_3 \quad C_4]$；$D = [D_1 \quad D_2 \quad D_3 \quad D_4]$；$E = [E_1 \quad E_2 \quad E_3]$。

（2）确定评价矩阵　请 M 个专家分别对 U 中各评价指标 u_i 按"很好"、"好"、"较好"、"不太好"、"不好"五各等级作出评价 v_j，列于表 12-8，其中有 x_{ij} 个专家对指标 u_i 评价为 v_j。

表 12-8　专家对 U 中各指标评价的结果

	v_1	v_2	v_3	v_4	v_5	$\sum_{j=1}^{m} x_{ij}$
$u_1(A_1)$	x_{11}	x_{12}	x_{13}	x_{14}	x_{15}	M
$u_2(A_2)$	x_{21}	x_{22}	x_{23}	x_{24}	x_{25}	M
$u_3(B_1)$	x_{31}	x_{32}	x_{33}	x_{34}	x_{35}	M
$\vdots$	$\vdots$	$\vdots$	$\vdots$	$\vdots$	$\vdots$	$\vdots$
$u_{17}(E_3)$	x_{17-1}	x_{17-2}	x_{17-3}	x_{17-4}	x_{17-5}	M

由此可以形成评价矩阵

$$\tilde{R} = \begin{pmatrix} r_{11} & \cdots & r_{1m} \\ \vdots & & \vdots \\ r_{n1} & \cdots & a_{nm} \end{pmatrix}$$

式中，$r_{ij} = x_{ij}/M$，对表 12-5 所示的评价体系，$n = 17$，$m = 5$。

（3）确定权数分配集　根据专家咨询，确定表征各评价指标相对重要性大小的权数分配集

$$\tilde{A} = [a_1 \quad a_2 \quad a_3 \quad \cdots \quad a_n]$$

其中，$a_i \neq 0$，且 $\sum_{i=1}^{n} a_i = 1$。对表 12-5 所示的评价体系，$n = 17$。请 M 个专家分别对 U 中各评价指标 u_i 做出权数判定，并列于表 12-9。

表 12-9　专家对 U 中各指标权数判定的结果

	专家 1	专家 2	专家 3	$\cdots$	专家 M	a_i
$u_1(A_1)$	a_{11}	a_{12}	a_{13}	$\cdots$	a_{1M}	$a_1 = \frac{1}{M}\sum_{j=1}^{M} a_{1j}$
$u_2(A_2)$	a_{21}	a_{22}	a_{23}	$\cdots$	a_{2M}	$a_2 = \frac{1}{M}\sum_{j=1}^{M} a_{2j}$
$u_3(B_1)$	a_{31}	a_{32}	a_{33}	$\cdots$	a_{3M}	$a_3 = \frac{1}{M}\sum_{j=1}^{M} a_{3j}$
$\vdots$	$\vdots$	$\vdots$	$\vdots$	$\vdots$	$\vdots$	$\vdots$
$u_{17}(E_3)$	a_{17-1}	a_{17-2}	a_{17-3}	$\cdots$	a_{17-M}	$a_{17} = \frac{1}{M}\sum_{j=1}^{M} a_{17-j}$
$\sum_{i=1}^{n} a_{ij}$	1	1	1	$\cdots$	1	$\frac{1}{M}\sum_{i=1}^{17}\sum_{j=1}^{M} a_{ij} = 1$

在实际确定权数过程中，为了所求权数更加客观合理，一般应剔除 $a_{ik} = \max(a_{ij})$ 及 $a_{ik'} = \min(a_{ij})$，也即去掉一个最大值和一个最小值，将剩余各值求平均值 a_i。

由于表 12-5 评价体系所列机械运动方案评价指标的分配分数值是征集机械设计领域专家知识和经验确定的，因此按此分配分数值的相对值作为各评价指标的权数，形成权数分配集还是比较合适的。即

$$\tilde{A} = [\begin{matrix} 0.15 & 0.10 & 0.05 & 0.05 & 0.05 & 0.05 & 0.05 & 0.05 & 0.05 & 0.05 & 0.05 \\ 0.05 & 0.05 & 0.05 & 0.05 & 0.05 & 0.05 \end{matrix}]$$

（4）计算模糊决策集　确定了评价矩阵 $\tilde{R}$ 和权数分配集 $\tilde{A}$，即可按下式求出模糊决策集

$$\tilde{B} = \tilde{A}\,\tilde{R} = [\begin{matrix} b_1 & b_2 & \cdots & b_m \end{matrix}]$$

其中，$b_j = \sum_{i=1}^{n} a_i r_{ij}, j = 1, 2, \cdots, m$。

（5）模糊综合评价　对于单一机构的选型评价，只要对所选用的若干机构分别按上述步骤求出各机构的模糊决策集 $\tilde{B}^{\mathrm{I}}$、$\tilde{B}^{\mathrm{II}}$、$\cdots$、$\tilde{B}^{N}$，据此评价选优即可。

对于由 n 执行机构组成的机械运动方案，可以根据上述方法求出该机械运动方案中各执行机构的模糊决策集 $\tilde{B}_1$、$\tilde{B}_2$、$\cdots$、$\tilde{B}_n$，然后确定各机构的综合权数分配集 $\tilde{A}_{\text{综}}$，最后计算该机械运动方案的模糊综合决策集 $\tilde{B}_{\text{综}}$

$$\tilde{B}_{\text{综}} = \tilde{A}_{\text{综}} \tilde{R}_{\text{综}}$$

式中，$\tilde{R}_{\text{综}}$ 由机械运动方案中各执行机构的模糊决策集 $\tilde{B}_1$、$\tilde{B}_2$、$\cdots$、$\tilde{B}_n$ 叠加而成。为了要对多个机械运动方案进行模糊综合评价，需对各方案分别求出其模糊综合决策集 $\tilde{B}_{\text{综}}^{\mathrm{I}}$、$\tilde{B}_{\text{综}}^{\mathrm{II}}$、$\cdots$、$\tilde{B}_{\text{综}}^{N}$，进行综合评价选优。

四、机械运动方案评价举例

冲压式蜂窝煤成型机主要由三个动作来完成工艺动作过程，对应的三个执行机构为冲头和脱模盘机构、扫屑刷机构和模筒转盘间歇机构。三个执行机构可供选择的机构型式列于表 12-10。

表 12-10　冲压式蜂窝煤成型机执行机构型式设计

执行机构名称	可选用的机构型式		
冲头和脱模盘机构	对心曲柄滑块机构	偏置曲柄滑块机构	六杆冲压机构
扫屑刷机构	附加滑块摇杆机构		固定移动凸轮移动从动件机构
模筒转盘间歇机构	槽轮机构	不完全齿轮机构	凸轮式间歇运动机构

由表 12-10 可以求出 $N = 3 \times 2 \times 3 = 18$ 种冲压式蜂窝煤成型机的机械运动方案。这里只就表 12-11 所列两个结构相对简单的运动方案简要说明模糊综合评价法的应用。

第十二章 机械执行系统运动方案及其创新设计

表 12-11 冲压式蜂窝煤成型机两种典型机械运动方案

执行机构名称	机械运动方案	
	方案 I	方案 II
冲头和脱模盘机构	对心曲柄滑块机构	六杆冲压机构
扫屑刷机构	附加滑块摇杆机构	固定移动凸轮移动从动件机构
模筒转盘间歇机构	槽轮机构	凸轮式间歇运动机构

1. 方案 I 中各机构的模糊决策集的计算

(1) 对心曲柄滑块机构 其权数分配集为

$$\widetilde{A}_1^{\mathrm{I}} = [0.25 \quad 0.20 \quad 0.20 \quad 0.20 \quad 0.15]$$

评价矩阵为

$$\widetilde{R}_1^{\mathrm{I}} = \begin{pmatrix} 0.5 & 0.2 & 0.2 & 0.1 & 0 \\ 0.5 & 0.2 & 0.1 & 0.2 & 0 \\ 0.4 & 0.2 & 0.2 & 0.1 & 0.1 \\ 0.4 & 0.2 & 0.2 & 0.2 & 0 \\ 0.4 & 0.3 & 0.2 & 0.1 & 0 \end{pmatrix}$$

模糊决策集为

$$\widetilde{B}_1^{\mathrm{I}} = \widetilde{A}_1^{\mathrm{I}} \widetilde{R}_1^{\mathrm{I}}$$

$$= [0.25 \quad 0.20 \quad 0.20 \quad 0.20 \quad 0.15] \begin{pmatrix} 0.5 & 0.2 & 0.2 & 0.1 & 0 \\ 0.5 & 0.2 & 0.1 & 0.2 & 0 \\ 0.4 & 0.2 & 0.2 & 0.1 & 0.1 \\ 0.4 & 0.2 & 0.2 & 0.2 & 0 \\ 0.4 & 0.3 & 0.2 & 0.1 & 0 \end{pmatrix}$$

$$= [0.445 \quad 0.215 \quad 0.18 \quad 0.14 \quad 0.02]$$

(2) 附加滑块摇杆机构 其权数分配集为

$$\widetilde{A}_2^{\mathrm{I}} = [0.25 \quad 0.20 \quad 0.20 \quad 0.20 \quad 0.15]$$

评价矩阵为

$$\widetilde{R}_2^{\mathrm{I}} = \begin{pmatrix} 0.3 & 0.3 & 0.2 & 0.1 & 0.1 \\ 0.3 & 0.3 & 0.2 & 0.2 & 0 \\ 0.3 & 0.3 & 0.2 & 0.1 & 0.1 \\ 0.4 & 0.3 & 0.2 & 0.1 & 0 \\ 0.5 & 0.3 & 0.1 & 0.1 & 0 \end{pmatrix}$$

模糊决策集为

$$\tilde{B}_2^{\mathrm{I}} = \tilde{A}_2^{\mathrm{I}} \tilde{R}_2^{\mathrm{I}}$$

$$= [0.25 \quad 0.20 \quad 0.20 \quad 0.20 \quad 0.15] \begin{pmatrix} 0.3 & 0.3 & 0.2 & 0.1 & 0.1 \\ 0.3 & 0.3 & 0.2 & 0.2 & 0 \\ 0.3 & 0.3 & 0.2 & 0.1 & 0.1 \\ 0.4 & 0.3 & 0.2 & 0.1 & 0 \\ 0.5 & 0.3 & 0.1 & 0.1 & 0 \end{pmatrix}$$

$$= [0.35 \quad 0.30 \quad 0.185 \quad 0.12 \quad 0.045]$$

(3) 槽轮机构 其权数分配集为

$$\tilde{A}_3^{\mathrm{I}} = [0.25 \quad 0.20 \quad 0.20 \quad 0.20 \quad 0.15]$$

评价矩阵为

$$\tilde{R}_3^{\mathrm{I}} = \begin{pmatrix} 0.4 & 0.2 & 0.2 & 0.1 & 0.1 \\ 0.4 & 0.3 & 0.1 & 0.1 & 0.1 \\ 0.3 & 0.2 & 0.2 & 0.2 & 0.1 \\ 0.4 & 0.3 & 0.1 & 0.1 & 0.1 \\ 0.3 & 0.3 & 0.3 & 0.1 & 0 \end{pmatrix}$$

模糊决策集为

$$\tilde{B}_3^{\mathrm{I}} = \tilde{A}_3^{\mathrm{I}} \tilde{R}_3^{\mathrm{I}}$$

$$= [0.25 \quad 0.20 \quad 0.20 \quad 0.20 \quad 0.15] \begin{pmatrix} 0.4 & 0.2 & 0.2 & 0.1 & 0.1 \\ 0.4 & 0.3 & 0.1 & 0.1 & 0.1 \\ 0.3 & 0.2 & 0.2 & 0.2 & 0.1 \\ 0.4 & 0.3 & 0.1 & 0.1 & 0.1 \\ 0.3 & 0.3 & 0.3 & 0.1 & 0 \end{pmatrix}$$

$$= [0.365 \quad 0.255 \quad 0.175 \quad 0.12 \quad 0.085]$$

2. 方案Ⅱ中各机构的模糊决策集的计算

(1) 六杆冲压机构 其权数分配集为

$$\tilde{A}_1^{\mathrm{II}} = [0.25 \quad 0.20 \quad 0.20 \quad 0.20 \quad 0.15]$$

评价矩阵为

$$\tilde{R}_1^{\mathrm{II}} = \begin{pmatrix} 0.4 & 0.3 & 0.2 & 0.1 & 0 \\ 0.4 & 0.2 & 0.2 & 0.1 & 0.1 \\ 0.4 & 0.2 & 0.2 & 0.1 & 0.1 \\ 0.3 & 0.2 & 0.2 & 0.2 & 0.1 \\ 0.3 & 0.2 & 0.2 & 0.3 & 0 \end{pmatrix}$$

模糊决策集为

$$\tilde{B}_1^{\mathrm{II}} = \tilde{A}_1^{\mathrm{II}} \tilde{R}_1^{\mathrm{II}}$$

$$= \begin{bmatrix} 0.25 & 0.20 & 0.20 & 0.20 & 0.15 \end{bmatrix} \begin{pmatrix} 0.4 & 0.3 & 0.2 & 0.1 & 0 \\ 0.4 & 0.2 & 0.2 & 0.1 & 0.1 \\ 0.4 & 0.2 & 0.2 & 0.1 & 0.1 \\ 0.3 & 0.2 & 0.2 & 0.2 & 0.1 \\ 0.3 & 0.2 & 0.2 & 0.3 & 0 \end{pmatrix}$$

$$= \begin{bmatrix} 0.365 & 0.225 & 0.20 & 0.15 & 0.06 \end{bmatrix}$$

（2）固定移动凸轮移动从动件机构 其权数分配集为

$$\widetilde{A}_2^{II} = \begin{bmatrix} 0.25 & 0.20 & 0.20 & 0.20 & 0.15 \end{bmatrix}$$

评价矩阵为

$$\widetilde{R}_2^{II} = \begin{pmatrix} 0.4 & 0.3 & 0.2 & 0.1 & 0 \\ 0.2 & 0.2 & 0.3 & 0.2 & 0.1 \\ 0.2 & 0.2 & 0.3 & 0.2 & 0.1 \\ 0.3 & 0.2 & 0.3 & 0.1 & 0.1 \\ 0.4 & 0.3 & 0.1 & 0.1 & 0.1 \end{pmatrix}$$

模糊决策集为

$$\widetilde{B}_2^{II} = \widetilde{A}_2^{II} \widetilde{R}_2^{II}$$

$$= \begin{bmatrix} 0.25 & 0.20 & 0.20 & 0.20 & 0.15 \end{bmatrix} \begin{pmatrix} 0.4 & 0.3 & 0.2 & 0.1 & 0 \\ 0.2 & 0.2 & 0.3 & 0.2 & 0.1 \\ 0.2 & 0.2 & 0.3 & 0.2 & 0.1 \\ 0.3 & 0.2 & 0.3 & 0.1 & 0.1 \\ 0.4 & 0.3 & 0.1 & 0.1 & 0.1 \end{pmatrix}$$

$$= \begin{bmatrix} 0.30 & 0.24 & 0.245 & 0.14 & 0.075 \end{bmatrix}$$

（3）凸轮式间歇机构 其权数分配集为

$$\widetilde{A}_3^{II} = \begin{bmatrix} 0.25 & 0.20 & 0.20 & 0.20 & 0.15 \end{bmatrix}$$

评价矩阵为

$$\widetilde{R}_3^{II} = \begin{pmatrix} 0.4 & 0.2 & 0.2 & 0.1 & 0.1 \\ 0.3 & 0.2 & 0.2 & 0.2 & 0.1 \\ 0.4 & 0.3 & 0.2 & 0.1 & 0 \\ 0.3 & 0.2 & 0.1 & 0.2 & 0.2 \\ 0.2 & 0.3 & 0.2 & 0.2 & 0.1 \end{pmatrix}$$

模糊决策集为

$$\widetilde{B}_3^{II} = \widetilde{A}_3^{II} \widetilde{R}_3^{II}$$

$$= \begin{bmatrix} 0.25 & 0.20 & 0.20 & 0.20 & 0.15 \end{bmatrix} \begin{pmatrix} 0.4 & 0.2 & 0.2 & 0.1 & 0.1 \\ 0.3 & 0.2 & 0.2 & 0.2 & 0.1 \\ 0.4 & 0.3 & 0.2 & 0.1 & 0 \\ 0.3 & 0.2 & 0.1 & 0.2 & 0.2 \\ 0.2 & 0.3 & 0.2 & 0.2 & 0.1 \end{pmatrix}$$

$$= \begin{bmatrix} 0.33 & 0.235 & 0.18 & 0.155 & 0.10 \end{bmatrix}$$

3. 两个方案的模糊综合评价

以上对两个机械运动方案中各执行机构进行了模糊评价，接着还需要对两个方案进行模糊综合评价。为此，应首先对各方案中三个执行机构确定权数分配集 $\tilde{A}_{综}$，然后由各方案中各机构的模糊决策集叠加而成综合评价矩阵 $\tilde{R}_{综}$，最后由 $\tilde{B}_{综} = \tilde{A}_{综} \tilde{R}_{综}$ 求出各方案的模糊综合决策集 $\tilde{B}_{综}$。

（1）方案 I 的模糊综合决策集 $\tilde{B}_{综}^{I}$ 的计算 设三个执行机构的权数分配集为

$$\tilde{A}_{综}^{I} = [0.40 \quad 0.25 \quad 0.35]$$

综合评价矩阵为

$$\tilde{R}_{综}^{I} = \begin{bmatrix} \tilde{B}_{1}^{*I} \\ \tilde{B}_{2}^{*I} \\ \tilde{B}_{3}^{*I} \end{bmatrix} = \begin{pmatrix} 0.445 & 0.215 & 0.18 & 0.14 & 0.02 \\ 0.35 & 0.30 & 0.185 & 0.12 & 0.045 \\ 0.365 & 0.255 & 0.175 & 0.12 & 0.085 \end{pmatrix}$$

模糊综合决策集为

$$\tilde{B}_{综}^{I} = \tilde{A}_{综}^{I} \tilde{R}_{综}^{I}$$

$$= [0.40 \quad 0.25 \quad 0.35] \begin{pmatrix} 0.445 & 0.215 & 0.18 & 0.14 & 0.02 \\ 0.35 & 0.30 & 0.185 & 0.12 & 0.045 \\ 0.365 & 0.255 & 0.175 & 0.12 & 0.085 \end{pmatrix}$$

$$= [0.3933 \quad 0.2503 \quad 0.1795 \quad 0.1279 \quad 0.049]$$

（2）方案 II 的模糊综合决策集 $\tilde{B}_{综}^{II}$ 的计算 设三个执行机构的权数分配集为

$$\tilde{A}_{综}^{II} = [0.40 \quad 0.25 \quad 0.35]$$

综合评价矩阵为

$$\tilde{R}_{综}^{II} = \begin{pmatrix} \tilde{B}_{1}^{*II} \\ \tilde{B}_{2}^{*II} \\ \tilde{B}_{3}^{*II} \end{pmatrix} = \begin{pmatrix} 0.365 & 0.225 & 0.20 & 0.15 & 0.06 \\ 0.30 & 0.24 & 0.245 & 0.14 & 0.075 \\ 0.33 & 0.235 & 0.18 & 0.155 & 0.10 \end{pmatrix}$$

模糊综合决策集为

$$\tilde{B}_{综}^{II} = \tilde{A}_{综}^{II} \tilde{R}_{综}^{II}$$

$$= [0.40 \quad 0.25 \quad 0.35] \begin{pmatrix} 0.365 & 0.225 & 0.20 & 0.15 & 0.06 \\ 0.30 & 0.24 & 0.245 & 0.14 & 0.075 \\ 0.33 & 0.235 & 0.18 & 0.155 & 0.10 \end{pmatrix}$$

$$= [0.3365 \quad 0.2323 \quad 0.2042 \quad 0.1493 \quad 0.0777]$$

4. 机械运动方案的评估与选择

从上述两个方案的模糊综合决策集 $\tilde{B}_{综}^{Ⅰ}$、$\tilde{B}_{综}^{Ⅱ}$ 来看，方案Ⅰ的"很好"、"好"、"较好"占了 82.31%，方案Ⅱ的"很好"、"好"、"较好"占了 77.30%。可见，一般情况下应选方案Ⅰ。

值得指出的是，通过创造性构思产生多个待选方案，再以科学的评价和决策优选出最佳的设计方案，而不是主观地确定一个可行的设计方案，是现代设计方法较传统设计方法的重要进步标志之一。评价结果为设计者的决策提供了重要依据，通常情况下综合评价最优的方案应确定为最优方案，但最终是否选择这一方案，还取决于设计者的决策思想，还需综合考虑设计问题的具体情况由设计者作出决策。例如，有时为了满足某些特殊的要求，并不一定选择综合评价最优的方案，而是选择综合评价略低、但某些评价指标评价值较高的方案。

参 考 文 献

[1] 申永胜. 机械原理 [M]. 2版. 北京：清华大学出版社，2006.
[2] 邹慧君，等. 机械原理 [M]. 北京：高等教育出版社，1999.
[3] 张春林. 机械创新设计 [M]. 北京：机械工业出版社，1999.
[4] 杨家军. 机械系统创新设计 [M]. 武汉：华中科技大学出版社，1999.
[5] 邹慧君. 机械原理课程设计手册 [M]. 北京：高等教育出版社，1998.
[6] 师忠秀. 机械原理课程设计 [M]. 北京：机械工业出版社，2009.
[7] 姜琪. 机构运动方案及机构设计 [M]. 北京：高等教育出版社，1999.
[8] 曹惟庆，徐曾荫. 机构设计 [M]. 北京：机械工业出版社，1998.
[9] 黄越平，徐进进. 自动化机构设计构思应用图例 [M]. 北京：中国铁道出版社，1993.
[10] 田竹友，郭莹. 微机在机械原理中的应用 [M]. 北京：机械工业出版社，1994.
[11] 孟彩芳. 机械原理电算分析与设计 [M]. 天津：天津大学出版社，2000.
[12] 裘建新. 机械设计课程设计指导书 [M]. 北京：高等教育出版社，2005.
[13] 陆凤仪. 机械原理课程设计 [M]. 北京：机械工业出版社，2002.
[14] 罗绍新. 机械创新设计 [M]. 北京：机械工业出版社，2003.
[15] 魏兵，熊禾根. 机械原理 [M]. 武汉：华中科技大学出版社，2007.
[16] 刘会英，等. 机械原理 [M]. 北京：机械工业出版社，2006.

《机械原理》

师忠秀　主编

读者信息反馈表

尊敬的老师：

您好！感谢您多年来对机械工业出版社的支持和厚爱！为了进一步提高我社教材的出版质量，更好地为我国高等教育发展服务，欢迎您对我社的教材多提宝贵意见和建议。另外，如果您在教学中选用了本书，欢迎您对本书提出修改建议和意见。

机械工业出版社教材服务网网址：http：//www.cmpedu.com

一、基本信息

姓名：＿＿＿＿＿性别：＿＿＿＿＿职称：＿＿＿＿＿职务：＿＿＿＿＿＿＿＿＿＿

邮编：＿＿＿＿＿地址：＿＿＿＿＿＿＿＿＿＿＿＿＿＿＿＿＿＿＿＿＿＿＿＿＿＿

任教课程：＿＿＿＿＿＿＿＿电话：＿＿＿＿＿—＿＿＿＿＿＿（H）＿＿＿＿＿＿（O）

电子邮件：＿＿＿＿＿＿＿＿＿＿＿＿＿＿＿＿＿＿手机：＿＿＿＿＿＿＿＿＿＿＿＿

二、您对本书的意见和建议

（欢迎您指出本书的疏误之处）

三、您对我们的其他意见和建议

请与我们联系：

100037　机械工业出版社·高等教育分社　刘小慧　收

Tel：010—88379712，88379715，68994030（Fax）

E-mail：lxh9592@126.com